정책과정

정책과정

초판 1쇄 발행 2013년 7월 8일

지 은 이 | 존 허드슨 · 스튜어트 로우
옮 긴 이 | 이원진
펴 낸 이 | 박정희

기획편집 | 권혁기, 이주연, 양송희
마 케 팅 | 김범수, 이광택, 김성은
관   리 | 유승호, 양소연
디 자 인 | 하주연, 이지선
웹서비스 | 백윤경, 이정돈, 최지은

펴 낸 곳 | 사회복지전문출판 나눔의집
등록번호 | 제25100-1998-000031호
등록일자 | 1998년 7월 30일

서울시 금천구 가산동 60-3 대륭포스트타워 5차 1105호
대표전화 | 1688-4604   **팩스** | 02-2624-4240
홈페이지 | www.ncbook.co.kr / www.issuensight.com

ISBN: 978-89-5810-056-0(94330)

책값은 뒤표지에 있습니다.
잘못된 도서는 구입하신 서점에서 교환해 드립니다.

정책과정

존 허드슨 · 스튜어트 로우 지음 | 이원진 옮김

사회복지 전문출판 나눔의집

이 책의 초판은 우리가 요크대학의 사회정책 및 사회사업학과에서 몇 개의 교과목을 함께 가르치는 과정에서 탄생하였다. 그중 두 과목은 학부 교과목이었고 (복지정책분석, 고급정책분석) 한 과목은 대학원 교과목이었다(사회정책분석). 우리는 사회정책학과에서 강의를 하면서 정책형성policy making이라는 어렵고 복잡한 세계와 복지국가라는 주제를 동시에 다루는 책이 필요하다고 생각했다.

우리는 우리가 만들어낸 결과물이 어떻게 받아들여질지 걱정이 되었다. 그것은 결코 종합적인 책이 아니었고(일부 학파에 대한 내용은 어쩔 수 없이 간과하거나 빈약하게 다룰 수밖에 없었다), 이 분야의 많은 책들이 매우 중요하게 다루는 정책사이클 모델policy cycle model을 제외하는 새로운 접근방식을 채택하였다. 하지만 우리는 책의 포괄범위를 축소하는 대신에 보다 구체적이고 생생한 자료를 제시하기 위해 노력하였다. 흔히 정책과정에 관한 자료는 매우 건조하고 추상적인 방식으로 제시되기 때문에 가르치기가 쉽지 않았다. 이 책에 제시된 자료의 다수는 우리의 강의에 활용되었고, 우리는 학생들의 지속적인 피드백 덕분에 어떻게 하면 주요 이론적·개념적 정책분석 도구의 분석적 통찰력을 훼손하지 않으면서도 이해하기 쉽게 설명할 수 있을지를 창의적으로 고민할 수 있었다.

막상 뚜껑을 열고 보니, 이 책은 우리의 기대를 훨씬 뛰어넘는 큰 호응을 얻었다. 요크대학과 그 외의 학생, 동료들이 친절하게 피드백을 주었고 심지어 우리의 새로운 접근방식에 열렬한 지지를 보내주기도 하였다! 이러한 긍정적인 피드백과 폴리시 출판사의 커다란 격려에 힘입어 초판이 발행된 지 4년 만에 2판을 발행하기로 결정하였다. 2판을 발행하는 부분적인 이유는 우리가 받은 피드백을 반영하여 책의 일부를 명확히 하고 확장하기 위한 것이었다. 하지만 한편으로는 처음 책을 쓰기 시작한 2003년 이후 지금까지 많은 변화가 있었기 때문에 책을 업데이트해야 할 필요도 있었다. 사실 책을 쓰는 동안 이 책의 대부분에서 초점을 맞추고 있는 영국은 불확실한 시기의 한가운데를 지나고 있었다. 노동당의 리더십에 대한 도전이 계속되면서 고든 브라운Gordon Brown의 총리직은 오래 가지 못할 것처럼 보였고, 세계적인 금융위기는 경제정책의 규칙을 바꿔놓는 듯했으며, 급속한 유가 상승으로 인한 인플레이션 압력은 경제를 불황으로 몰아넣고 있었다. 이러한 급격한 변화의 와중에 책을 쓴다는 것은 너무나도 어려운 일이었다!

우리는 강의를 들으면서 유용한 피드백을 제공해주고 명쾌하게 생각을 정리할 수 있도록 도움을 준 학생들에게 다시 한 번 감사를 전한다. 우리는 초판의 서문에서 마크 에반스Mark Evans(요크대학 정치학과), 규진 황Gyu-Jin Hwang(시드니대학 사회학 및 사회정책학과), 리사 오말리Lisa O'Malley(요크대학 사회정책 및 사회사업학과), 마이클 힐Michael Hill(런던대학 퀸메리 정치학과) 등의 동료들에게 지지와 영감을 제공해준 것에 대해 특별한 감사를 전했다. 그들이 우리의 생각에 미친 영향은 2판에도 여전히 분명하게 나타나 있다. 그리고 2판에서는 우리의 사고의 폭을 넓히는 데 도움을 준 요크대학의 댄 호스폴Dan Horsfall, 스테판 쿠너Stefan Küner, 나탈리 오스크로프트Natalie Oscroft에게도 특별한 감사를 전하고자 한다. 세 사람은 예전의 학생들인데, 이들은 초판의 아이디어를 발전시켜 우리가 가르쳐 준 것을 훨씬 뛰어넘는 논문을 출판하였다. 우리는 2판에서 이들의 논문을 인용하였다. 이들이 정책과정을 배우는 학생에서 적극적인 논평자이자 동료 연구자로 성장하는 것을 지켜보는 것은 커다란 기쁨이다.

또한 우리는 폴리시 출판사의 모든 직원들, 특히 커다란 격려와 호의를 보내준 커미션 에디터 에밀리 와트_{Emily Watt}와 프로덕션 에디터 조 모턴_{Jo Morton}에게 감사를 전하고자 한다. 우리는 가족과 친구들이 관용을 베풀어준 것에 대해서도 매우 감사하게 생각하는데, 왜냐하면 이런 책을 쓰기 위해서는 불가피하게 주말과 저녁 시간, 심지어 휴일에도 작업을 해야 하기 때문이다. 무엇보다도, 그들 자신의 일 때문에 정신없이 바쁜 와중에도 끊임없는 지지를 보내준 우리들 각각의 배우자인 루이스_{Louise}와 수_{Sue}에게 감사를 전하고 싶다.

존 허드슨, 스튜어트 로우

요크대학

2008년 9월

PART 1 거시수준 분석

CHAPTER 1 세계화

CHAPTER 2 정치경제

CHAPTER 3 포스트산업경제

■ 일러두기

1. 이 책은 다음의 책을 완역한 것이다. John Hudson & Stuart Lowe, *Understanding the Policy Process*(Second edition), The Policy Press, 2009.
2. 인명과 지명 및 외래어는 관례로 굳어진 것을 빼고 국립국어원의 외래어 표기법과 용례를 따랐다.
3. 각주에는 '지은이 주'와 '옮긴이 주'가 있다. 지은이 주는 *, **, *** ……으로 표시했으며, 옮긴이 주는 1, 2, 3 ……으로 표시했으며, 본문의 해당 쪽수 아래에 배치했다. 옮긴이 주에는 본문의 내용을 이해하는 데 필요한 배경지식 등을 소개해놓았다.
4. 단행본에는 겹낫표(『 』)를, 정기간행물, 신문 등에는 꺾은 괄호(〈 〉)를 사용했다.
5. 원문에서 강조한 부분은 볼드체로 표기하였다.

정책분석이란 무엇인가?

2001년 9월 11일 세계무역센터World Trade Center와 펜타곤Pentagon에 대한 공격은 이 시대가 정말로 상호연결된 세계화 시대라는 사실을 의심할 여지없이 증명했다. 세계 곳곳에서 인터넷과 이동전화로 서로 연결되어 있는 테러 조직들은 3,000명이 넘는 사람을 죽이고 세계에서 가장 강력한 국가와 그 경제를 위기에 몰아넣었다. 첫 번째 비행기가 세계무역센터에 부딪히자마자 그 비극적인 소식이 전 세계에 보도되었고, 첫 번째 타워가 무너질 즈음에는 전 세계 수백만 명의 사람들이 그 사건을 텔레비전 화면을 통해 시청하고 있었다.

더 최근인 2008년 8월 8일에는 전 세계 수십억 명의 사람들이 베이징 올림픽의 화려한 개막식을 텔레비전과 인터넷, 아이폰i-Phones으로 지켜보았는데, 이러한 지리적인 확산은 불과 몇 년 전만 해도 상상할 수 없었던 것이다(개막식은 유투브YouTube에서 다시 볼 수도 있는데, 이는 우리가 이 책의 초판을 쓸 때만 해도 불가능했다). 화려한 개막식과 함께 중국 선수단이 메달 순위에서 손쉽게 정상을 차지하는 모습을 보면 중국이 세계 국가 공동체의 어엿한 일원이 되었음을 알 수 있다. 중국이라는 야심 찬 사회는 경제 규모와 생산량을 빠르게 발전시키면서 미국 경제의 강력함에 도전하고 있다. 이 역동적인 사회의 문화적 토대는 수천 년의 뿌리를 갖고 있고, 1970년대 말에는 경제를 자유화하지만 국가가 관리하는 사회질서는 유지하는 형태로 공산주의 통치시기를 지나고 있다. 이러한 형태의 시스템

은 인류 역사에 전례가 없는 것이며, 이로 인해 20세기 국제질서의 지배적인 사회
· 정치적 패러다임은 21세기에 들어 새롭게 변화하고 있다. 세계화와 경제변화,
기술변화가 진전되면서 역사의 구조를 이루는 거대한 판이 움직이고 있다.

이와 같은 새로운 정치적 풍경은 상호연관성interconnection으로 인해 증가하고
있는 복잡성과 위험의 일부일 뿐이다. 예를 들어, 어두운 면을 보자면, 2003년
사스SARS(강력하고 치명적인 인플루엔자) 사태는 단지 몇 명의 사람이(심지어 단 한
명일 수도 있다) 중국 남부지역에서 바이러스를 옮겨오는 바람에 시작되었지만,
이로 인해 주식시장이 요동치고 항공산업이 침체되었다. 이 사례는 네트워크 조
직에 기초한 현대 세계경제질서가 얼마나 취약한지를 보여준다. 네트워크는 현
대생활의 핵심이지만, 취약할 수 있다. 지난 10년간 미국에서는 전력수요를 예측
하지 못해 에너지 네트워크가 불안정해져 도시의 전력공급이 줄어들었고, 심지어
이탈리아에서는 나무 한 그루가 전력 케이블 위로 넘어지는 바람에 전국의 전력
공급이 중단되기도 하였다! 마이둠MyDoom과 같은 전자 바이러스는 인터넷을 통
해 빛의 속도로 확산되어 통신네트워크를 느리게 하거나 멈추게 하고 필수적인
컴퓨터 시스템을 붕괴시킨다. 하나의 작은 사건이 거대한 규모의 반향을 일으킬
수 있다는 생각은 이 책이 따르는 접근방식의 특징적인 테마 중 하나이다. 과거
에는 가능했을지 몰라도, 오늘날에는 정책결정자policy makers들이 명확하고 확실
한 결과를 만들어내는 프로그램을 설계하기가 매우 어렵다. 이것이 정책과정을
연구하는 데 온 힘을 기울이는 수천 개의 대학교육과정이 존재하는 이유이다. 오
늘날의 세계는 그 어느 때보다도 더 복잡하고, 불확실성과 위험도 크다. 이 책에
서 반복되는 두 번째 테마는 이와 밀접하게 연관되어 있는데, 그것은 바로 '의도
하지 않은 결과'라는 개념이다. 즉, 작은 사건이나 변화가 예상치 못한 커다란
결과를 가져올 뿐만 아니라, 신중하게 준비된 계획도 기대했던 결과를 가져오지
못하는 경우가 많다는 것이다.

최근의 유가 폭등은 그 적절한 사례가 될 수 있다. '액체 황금(석유)'의 공급이
감소하고 이를 둘러싼 경쟁이 치열해지면서 유가 폭등은 세계경제에 큰 영향을

미치고 있다. 환경보호론자는 이러한 현상이 바람직하다고 주장한다. 재앙적인 기후변화의 한 원인이 바로 더러운 화석연료의 연소이기 때문에, 기후변화로 위협받는 지구의 미래를 위해서는 석유를 바이오연료와 대안에너지로 대체할 필요가 있다는 것이다. 그러나 여기서 바이오디젤biodiesel 생산 경쟁의 '의도하지 않은 결과'로 인해 문제가 복잡해진다. 세계 식량가격의 인상은 저소득 국가에 살고 있는 수백만 명의 사람들을 기아로 몰아넣고 있다. 그리고 농부들은 바이오연료 산업의 새로운 시장에서 옥수수와 콩을 돈으로 바꾸는 데 혈안이 되어 남아메리카 아마존 열대우림을 파괴하고 있다. 이러한 연쇄적인 사건의 결과, 바이오연료의 확대가 온실가스 배출을 줄이는 것이 아니라 오히려 증가시키는 현상이 나타날 수도 있다.

이상의 몇 가지 짧은 이야기들은 이 책의 많은 테마를 포함하고 있다. 범세계적 변화라는 커다란 그림, 매우 작은 사건들이 야기하는 결과, 맥락의 중요성, 문화의 심층적인 기원 등이 이 책의 테마들이다. 그리고 오늘날에는 인간 게놈 구조에 관한 지식, 믿을 수 없을 정도로 빠르고 지능적인 정보처리, 신속한 교통 등과 같은 새로운 기술 덕분에 전 세계의 네트워크가 더욱 촘촘해졌다. 네트워크화된 세계에는 기회도 넘쳐나지만, 우리가 감당하지 못할 위험도 가득하다.

현대세계는 새로운 커뮤니케이션 기술로 인해 그 어느 때보다도 더 복잡하고, 상호의존적이며, 위험하고, 연결되어 있다. 이 책의 목적은 도대체 세상에 무슨 일이 일어나고 있는지를 이해하고, 최소한 초보적인 수준에서라도, 그러한 이슈들을 사고하는 데 도움을 주는 것이다. 이 책에서 논하는 **세계화**globalisation라는 현상은 오늘날에는 너무나 평범한 일상이 되어버려서, 사회학의 전문용어를 사용하자면, 사회에 '배태되어' 있다. 셔츠와 운동화는 베트남, 방글라데시, 중국에서 만들어진다. 슈퍼마켓의 꽃은 케냐에서 재배된다. 전화 문의에 응답해주는 콜센터는 델리에 있다. 올림픽 개막식을 생방송으로 시청하고 쌍방향 텔레비전의 '빨간 버튼'을 눌러 어떤 종목을 시청할지 선택할 수 있다. 수천 마일 떨어진 곳에 살고 있는 본 적도 없고 알지도 못하는 사람과 하루 단위, 심지어는 시간 단위로 상호작용하는 일상을 살고 있다는 사실을 이제 누가 의심할 수 있겠는가? 이러한 종류의 상호작용은 불과 몇 년 전만 해도 상상할 수 없었던 것이다.

그러나 세계화로 인해 서로 다른 국가들이 어떠한 하나의 공통모델로 수렴할 것이라거나 국민국가nation state는 더 이상 중요하지 않다고 생각하는 것은 커다란 잘못이다. 세계경제가 여러 사회의 모습을 유사하게 만드는 압력으로 작용함에도 불구하고, 어떻게 그리고 왜 여러 사회가 그 압력에 서로 다르게 반응하는지를 이해하기 위해서는 오랜 역사적 내러티브가 중요하다. 이것이 바로 이 책의 세 번째 테마이다. 그 핵심은, 세계화라는 현상은 마치 지구의 핵으로부터 지진이 시작되는 것처럼 심층적인 경험이기 때문에, 지각을 흔들고 부수어 새로운 형태를 만드는 힘은 거의 상상할 수조차 없을 만큼 오래전에 이미 형성되었다는 것이다(Pierson, 2004를 보라). 에스핑-안데르센(Esping-Andersen, 1990)이 그의 혁신적인 저서 『복지자본주의의 세 가지 세계Three Worlds of Welfare Capitalism』에서 보여주었고 이제는 우리 모두가 알고 있듯이, 복지국가에는 확실히 세 가지 이상의 서로 다른 유형이 존재한다. 서로 다른 유형의 복지국가는 오래전에 발생한 사건의 영향을 받아 형성되었고 시간에 따라 천천히 진화해 왔다. 이를 지리학적 심상을 동원하여 비유하자면, 마치 몇몇 사건들(전쟁, 석유위기 등)로 인해 대륙판이 주기적으로 흔들리고 갈라져서 전 세계의 모습이 과거와 크게 달라지는 것과 비슷하다. 이처럼 이 책은 복지국가에 어떤 변화가 나타나는지를 설명하는 데 주된 초점을 맞춘다. 왜냐하면, 의료서비스와 교육시스템의 성격, 연금 수급자를 위한 소득지원의 수준, 주거비용과 안전 등은 오늘날 일상생활에서 매우 중요하기 때문이다. 이 문제들은 아마도 우리가 입는 옷이 어디서 만들어지는지 혹은 인터넷 채팅방에서 만난 멀리 떨어진 곳에서 살고 있는 사람의 정체가 무엇인지와 같은 질문보다는 중요할 것이다.

이 책은 기본적으로 영국의 사례에 초점을 맞춘다. 하지만 우리가 취하는 접근방식의 이론적 뿌리는 본질적으로 비교적comparative 관점이기 때문에 다른 많은 국가의 사례도 함께 다룰 것이다. 이 책에 제시된 지식의 기초와 개념적 방향은 다른 사례에도 적용할 수 있다. 영국이나 다른 곳에서 무슨 일이 일어났는지를 설명하기 위해서는 정책 아젠다를 형성하는 거시적인 힘을 고려해야 한다. 한편 최근 발전한 정책분석 분야 연구들의 핵심적인 교훈 중 하나는 자민족중심주의 ethnocentrism, 즉 자국의 사례가 정상적이고 이를 기준으로 다른 모든 사례를 판단해야 한다는 생각이 얼마나 위험한지에 대해 경각심을 가져야 한다는 것이다. 이러한 맥락에서 복지국가를 형성하는 힘과 관련된 **방법론적**methodological, 개념적 이슈에 상당한 주의를 기울일 필요가 있다. 특히 우리는 사회정책의 문화적 토대를 강조한다. 문화적 토대란, 세계화와 새로운 세계질서에 대해 서로 다른 사회가 어떻게 반응하는지에 영향을 미치는 오랜 역사적 기반을 말한다. 다음으로 우리는 그러한 반응이 형성될 때 정치제도political institutions가 강력한 영향을 미친다는 점을 강조한다. 제도는 중간수준meso-level의 구조로서, 세계수준의 힘과 실제 서비스가 전달되는 미시수준microlevel의 개인을 연결하는 역할을 한다. 제도는 대규모 선거운동이 이루어지는 순간과 실제 정책이 집행되는 순간의 사이에 놓인 필터와 같다.

세계화 시대는 정책결정자에게 복잡성complexity이라는 새로운 층層을 가져다 주었다. 이로 인해 무엇보다도 명확한 결과를 만들어내는 정책을 설계하기가 매우 어려워졌다. 정책과정이란 어느 정도 합리적인 계획에 기초한 연속된 행위로 구성된 상식적인 사이클이라고 생각했던 시대는 지나갔다. 과거에는 정책과정이 문제발생, 조사수행, 정책설계, 마지막으로 정책전달이라는 일련의 합리적인 계획을 의미했다. 환자는 치료를 받았고, 홈리스에게는 주거가 제공되었다. 기차는 제시간에 운행되었고, 고속도로는 깨끗했다. 군대의 설비는 완전히 갖추어져 있었고, 온실가스 배출은 규제되었다. 그러나 세계화 시대의 정치적 과정은 훨씬 더 복잡해졌다. 그 어느 때보다도 더 정보의 양이 방대해졌고, 다양한 수준의 조직 네트워크가 더욱 복잡하게 얽혀 있다. 에이즈AIDS, 자유무역, 지구온난화와 같은 세계 공통의 문제를 해결하기 위해서는 집합적 대응이 필요함에도 불구하고, 국제적으로 합의된 규칙에 대한 개별 국가의 순응을 강제하는 것이 쉽지 않다. 사실 거대기업이 전 세계를 가로지르고 수십억 달러가 빛의 속도로 날아다니는 현대사회에서는 세계경제의 속도가 '정치'를 압도하는 것처럼 보인다. 역설적이게도, 세계화 시대에 거대하게 통합된 세계경제의 힘 앞에서 세계적 거버넌스global governance는 초라해 보인다. 이러한 무시무시한 경제적 힘 앞에서 국민국가는 19~20세기의 낡은 유물이 되어 버린 것처럼 보이기도 한다. 하지만 우리는 그렇지 않다고 생각한다. 비록 과거와는 다르지만, 국민국가의 역할은 사라지기는커녕 그 어느 때보다도 더 중요하다. 다음에서는 이 책의 논의가 어디서 유래했는지 그리고 정책과정의 복잡성을 어떻게 조망할 것인지를 설명하면서 이 책의 개념적 구조를 자세하게 소개할 것이다.

정책분석policy analysis

정책분석이란 본래 공공정책과정에 관한 지식을 쌓고 이해하는 것을 목표로 하는 정치과학의 하위분야로 시작되었다. 정책분석은 세계경제의 큰 그림에서부터 시작해서, 어떤 정책이 정치 아젠다에 포함되거나 배제되는지, 누가 정책을 설계하는지, 최종적으로 정책이 어떻게 교실, 병원, 홈리스시설, 감옥으로 전달되는지 등의 복잡한 문제를 다룬다. 정책분석 접근이 근대적인 형태로 발전한 것은 '냉전'이 막 시작될 무렵 2차 세계대전의 여파로 시대적 상황이 불확실한 때였다. 영국의 전시 지도자 윈스턴 처칠Winston Churchill은 서구 자본주의와 공산주의 소비에트 연방의 사이를 가르는 '철의 장막Iron Curtain'을 이야기했다. 냉전 시대는 전 세계를 핵전쟁의 무시무시한 수렁에 빠트릴 수도 있는 위협이 상존하는 위험하고 긴장된 시대였다. 냉전 시대는 위기의 시기였고, 정책분석은 한편으로는 전쟁을 준비하면서 또 다른 한편으로는 세상에 무슨 일이 일어나고 있는지를 이해하고자 하는 대응의 일환이었다. 미국의 정치과학자 해럴드 라스웰Harold Lasswell은 그가 '정책정향policy orientation'이라 부른 개념을 발명했고, 이로 인해 정치적 대응을 숙고하는 지적 전통에 가장 크게 기여한 사람이 되었다. 그가 어떤 생각을 갖고 있었는지는 전후 출간된 저서의 서두에 확실하게 드러나 있다. '오늘날 계속되는 국가적 안보위기는 미국 국민들의 인력, 설비, 자원을 가장 효율적으로 사용할 것을 요구한다'(Lasswell, 1951: 3). 그는 그러한 노력의 일환으로 철학, 자연과학, 생물학, 사회과학 등의 학문 분야 간 경계를 극복해야 한다고 주장하였다. 그는 '의사결정 흐름의 합리성을 개선해야 할 필요가 늘어나면서 정책과정 자체가 적절한 연구의 대상'(Lasswell, 1951: 3)이 될 수 있다는 인식이 점점 확산되고 있다고 주장하였다. 이처럼 정책분석의 몇 가지 핵심 테마는 다음과 같이 분명하게 정리될 수 있다.

- 정책분석은 그 자체만으로 하나의 사회과학 분과 학문이라기보다는 본질적으로 다학제적_{interdisciplinary}이다.
- 정책분석은 문제중심적_{problem-centred} 정향을 갖는다.
- 정책분석은 의사결정_{decision making}의 합리성을 개선하는 것을 목적으로 한다.

월다브스키(Wildavsky, 1979: 15)가 정의하듯이, '정책과정은 응용 하위학문으로서, 그 내용은 분과 학문적 경계가 아니라 시대적 상황과 문제의 성격에 따라 적합할 경우 무엇이든 결정될 수 있다'.

앞서 살펴보았듯이, 라스웰이 정책 '정향'이라는 개념을 만들어낸 동기는 서로 다른 학문을 지적으로 응용하여 사회를 개선하고 민주주의를 지키기 위한 것이었다. '이론과 실천의 영역에서 인간 존엄성 실현을 궁극적 목표로 하는 민주주의 정책과학이 특별히 강조되어야 한다'(Lasswell, 1951: 14~15). 그는 공공정책을 시민들이 개인과 사회의 발전을 위해 사회에서 활동하는 방법을 가르치는 공공교육의 한 형태로 간주하였다. 이것은 라스웰의 중요한 기여 중 하나다. 그리고 그는 이후의 연구에서 지식을 전달하고 복잡한 의사결정의 합리성을 증진하기 위해서는 정책과학의 역할이 필수적이라는 점을 보여주었다. 그는 그러한 목적을 달성하기 위해 '싱크탱크think tanks'의 개념을 발전시켰고, 새로운 세대의 정책 분석가를 훈련시키는 석사학위과정을 개설하였다.

정책 사이클policy cycle

라스웰은 더욱 체계적인 정책분석 접근방법을 만들어내기 위해 노력하면서 정책 과정이 일련의 연속적인 단계stages와 기능functions으로 분리될 수 있다고 주장하였다. 정책형성은 우선 문제에 대한 '이해intelligence'에서부터 시작하여, 이슈의 '홍보promotion', 무엇을 해야 하는지에 대한 '처방prescription', 정책의 '혁신innovation', 정책의 실제 '적용application', 문제가 해결될 때의 '종결termination', 효과의 '평가appraisal'와 같은 단계를 거치게 된다(Lasswell, 1951). 하지만 라스웰은 이 정책단계들을 '실재하는' 것으로 간주하지는 않았고, 이 모델은 시작과 끝을 상정하고 정책과정의 서로 다른 차원을 탐색할 수 있도록 도와주는 단순한 분석적 기능을 수행한다고 보았다. 그리고 그는 현실세계에서 정책을 형성하는 가치체계와 제도, 폭넓은 사회적 과정에 관심을 기울였다.

따라서 정책 사이클 혹은 단계 접근은 '현실세계'에 대한 묘사가 아니라 정책 과정에 관련된 지식을 발전시키기 위한 하나의 모델 혹은 은유로 받아들여져야 한다. 이것은 정책 시스템이 작동하는 방식에 관한 공통된 이미지이자 정책분석 분야에서 지배적으로 사용되는 모델이다. 그리고 정책 사이클 접근은 사례연구의 평가에 유용하게 활용된다. 하지만 정책 사이클 접근은 높은 수준의 합리성을 전제로 '하향식top-down'으로 정책이 형성된다는 관점을 함축하기 때문에 위험할 수 있다. 또한 정책 사이클 접근은 일선 노동자 혹은 '일선관료street-level bureaucra-cies'의 영향을 고려하지 않고, 정책이 한 단계에서 다음 단계로 어떻게 넘어가는지를 충분히 설명하지 못하며, 현실 정치의 수많은 복잡한 정책 네트워크에 대한 이해를 제공해주지 않는다. 그리고 이 접근을 따르게 되면 합리성, 정책 사이클, 정책단계 등과 관련된 논점이 형성되기 때문에 정책분석가들이 정책분석이라는 주제가 다학제적 토대를 갖고 있다는 사실을 망각하게 만드는 미묘한 위험이 있다.

따라서 우리는 이 책에서 전통적인 '정책 사이클' 접근을 채택하지 않기로 결정했다. 정책 사이클 외에도 정책을 사고하고 설명하기 위해 만들어진 다른 대안적인 은유들이 있다(예를 들어 네트워크를 통해 정책이 형성되고 전달된다는 아이디어가 있다). 이 책에서는 정책과정의 복잡성을 더욱 잘 파악할 수 있도록 도와주는 이러한 은유들을 사용하였다. ('쓰레기통garbage can' 모델과 같이) 더욱 극단적인 은유에서는 정책과정에 그 어떤 합리적인 경계도 존재하지 않는다고 보기도 한다. 이러한 관점에서는 정책이 자동적으로 해결책으로 이어지는 것이 아니라 쓰레기통 속에 제한된 수의 해결책이 문제들과 함께 뒤섞여 있고, 이 쓰레기들의 성격이 시간에 따라 변화하기 때문에 그 내용도 안정적이지 않으며, 따라서 쓰레기통 속에서 해설책과 문제들이 부작위로 충돌하는 과정에서 정책이 형성된다고 본다(Cohen 외, 1972).

'엉망진창mess' 정책과정

정책과정의 합리성과 '단계주의stage-ism'에 대한 비판 중 가장 널리 알려진 저술은 미국의 정치과학자 찰스 린드블롬Charles Lindblom의 논문이다. '그럭저럭 해 내는 과학science of muddling through'이라는 린드블롬(Lindblom, 1959)의 유명한 논문은 아마도 가장 많은 사람들이 읽은 정책분석 논문일 것이고, 이 책에도 크게 기여하였다. 그의 주장에 따르면 정책은 일련의 일괄적인 단계로 이해될 수 있는 것이 아니라 본질적으로 점진적인 변화와 성장의 과정이다. 이와 같은 그의 초기 주장은 현상유지에 대한 옹호, 즉 '시장체제에 대한 지지이자 계획에 대한 강력한 반대'(Hogwood & Gunn, 1983: 57)라는 비판을 받았다. 하지만 린드블롬(Lindblom, 1979)은 나중의 연구에서 생각을 발전시켜, 미국 헌법과 정부 시스템의 구조적 문제나 기업 및 상업의 이익이 초래하는 위협이 실업이나 자연환경 파괴와 같은 문제를 야기한다고 주장하였다. 그 이후에도 그는 미국 정치에 작용하는 '심층적인 힘deeper forces'의 존재와 정치적 불평등의 증대를 경고하였다(Lindblom & Woodhouse, 1993). 따라서 린드블롬의 점진주의적incrementalist 접근이 반동적 성격을 갖는다고 보기는 어렵고, 그는 단지 정책형성의 본질이 '뒤죽박죽muddle'이라는 점을 지속적으로 주장했을 따름이다.

이 책의 접근방식은 다방면에 걸쳐 있다. 우리는 다양한 이론적 접근을 끌어올 것인데, 그 부분적인 이유는 정책형성이 혼란스러운 과정이라는 관점에 크게 공감하기 때문이다. 우리가 생각하기에 정책분석 문헌은 풍부한 개념들이 저장되어 있는 창고와 같다. 우리는 그때그때 관찰하는 이슈가 무엇인지에 따라 창고에서 적절한 도구를 끄집어내어 사용할 것이다. 하지만 첫 시작점에서는, 정책분석이라는 매우 다양한 질문으로 가득한 분야를 이해하기 위해 우선 개념적 지도를 확인하는 것이 도움이 될 것이다. 정책의 지도를 그린다는 것은 흔하게 사용되는 은유로서, 복잡한 상황을 단순화하고 나아가야 할 방향을 찾을 수 있도록 도와주는 역할을 한다. 물론 그 지도의 유형과 축척은 다양하다. 가스 회사는 가스 파이프가 어디에 매설되어 있는지를 표시해 놓은 자세한 지도를 가지고 있고, 우리는 매일 텔레비전에서 대륙 혹은 전 지구의 기상지도를 보고 날씨의 패턴을 파악한다. 즉, 목적에 따라 지도도 달라진다는 것이다. 이 책에는 정책과정의 거시macro · 중간meso · 미시micro 수준이라는 세 개의 층層에 기반한 내부 지도가 있다.

거시수준 분석macro-level analysis

거시수준 분석은 정책이 만들어지는 광범위한 맥락에 관한 커다란 이슈를 다룬다. 파슨스(Parsons, 1995)는 이를 '경계boundary' 이슈라 불렀다. 거시수준 이슈의

한 가지 분명한 사례는 세계경제가 국민국가, 환경과 기후, 동물의 서식지에 미치는 영향 등의 **세계화**globalisation 이슈이다. 모든 정책은 이러한 거시적 경계 안에서 형성되고 관리된다. 거시수준 분석에서는 지난 2~30년간 세계경제 구조가 급격하게 변화했다는 사실이 중요하다. 사회정책을 공부하는 학생들은 포스트포드주의post-Fordist 네트워크 세계경제가 복지국가에 어떻게, 얼마나 큰 영향을 미쳤는지를 고민해야 한다.

이처럼 정책분석 분야에 거시수준에서 다루어야 할 몇 가지 질문들이 있지만, 또한 거시수준 분석을 통해서만 답을 얻으려고 할 때 부딪히게 되는 위험도 있다. 소위 '보편주의universalistic' 접근을 취하는 학자들이 다소 결정론적deterministic 태도를 보이는 경향은 거시수준 분석에서 주의해야 할 중요한 위험 중 하나이다. 결정론적이라는 것은, 연구문제를 설정하는 방식이 이미 분석결과를 결정해 버릴 수 있음을 의미한다. 예를 들어, 복지국가 발전을 설명하는 20세기의 지배적인 논리인 **산업주의**industrialism 관점을 따르는 학자들은 모든 발전된 산업사회가 거의 같은 방향으로 나아가고 있고 서로 다른 국가들이 발전해 나가는 속도에만 차이가 있을 뿐이라고 가정했다. 이를 윌렌스키(Wilensky, 1975)는 '선진국lead-ers'과 '지체국laggards'이라 불렀다. 한편 오매(Ohmae, 1990)와 같은 소위 과잉세계화론자들hyperglobalists은 현대사회에서 국민국가는 세계경제의 힘에 압도당해 무력해졌다고 믿었고, (국가 간 전쟁 등) 지금까지 우리가 알고 있던 역사는 전 세계를 달리는 '초고속도로superhighway'와 초국적 네트워크들로 거의 대체되었다고 주장하였다. 이처럼 **세계자본주의**global capitalism를 통일된 하나의 힘으로 간주하는 아이디어는 '전 세계 노동자들이여 단결하라'는 마르크스Marx의 주장의 본질과 일치하는 면도 있다. 이러한 사고방식은 전 세계 모든 국가들이 선택의 여지도 없고 탈출구도 없이 하나의 특정한 결과로 지속적으로 나아가고 있다고 가정한다. 즉, 거시수준 이론가들은 무의식적으로 **수렴 접근**convergence approach을 따르는 경향이 있다. 그렇다고 해서 우리가 거시수준 분석이 잘못되었다거나 중요하지 않다고 주장하는 것은 아니다. 다만 거시수준의 개념을 사용할 때에는 그 개념에 내재된 위험에 충분한 주의를 기울여야 한다는 것이다.

분명 거시수준이라는 큰 그림은 정책분석 아젠다와 관련하여 설명되어야 할 핵심적인 차원이다. 나중에 1장에서 설명하겠지만, '세계화'는 21세기 정책과정을 이해하기 위한 매우 중요한 맥락이다. 특히 빠른 속도의 커뮤니케이션 네트워크를 통해 작동하는 세계경제질서는 전 세계의 정치와 경제를 재구성하고 있다. 세계의 노동시장은 1980년대 이래 급격하게 변화하였고, 국민국가는 새로운 경쟁 압력에 대응하기 위해 거버넌스를 재창출하고 있다. 이러한 이슈들은 1부에서 자세하게 논의될 것이다. 정책과정을 공부하는 학생들에게 세계화 아젠다와 관련된 핵심적인 질문은, 새로운 정보 기술, 새로운 경제구조 형태, 새로운 패턴의 국가적ㆍ세계적 거버넌스와 같은 새로운 힘이 정책의 결과에 얼마나 큰 영향을 미치느냐는 것이다.

미시수준 분석micro-level analysis

미시수준 분석은 거시수준 분석과 반대로 사회의 가장 기본 단위인 개인individual people을 다룬다. 미시수준 분석은 (정치인, 공무원, 노동조합 지도자 등) 구체적인 개인들이 정책의 설계와 최종적인 결과에 미치는 영향을 고찰하고, (정치인, 소비자, 일선관료 등) 정책과정의 모든 말단부에 관해 질문한다. 예를 들어 토니 블레어Tony Blair 총리는 '재단병원Foundation Hospitals'이라는 아이디어를 설계, 추진하였는데, 실제로 의료서비스를 전달하는 의사와 간호사들이 과연 그 시스템의 성공을 위해 헌신할 것인가? 만약 직원들이 그 체계를 반대하기로 결정한다면 정책이 집행될 수 있을까? 이처럼 미시수준 분석의 일차적인 초점은 정책이 최종적으로 전달되었을 때 무슨 일이 일어나는지를 이해하는 데 있다.

미시수준 분석은 정책과정에서 개인의 역할과 관련된 주요 이슈를 다룬다. 그 주된 목적은 크게 두 가지이다. 첫째, 사회과학의 심층적인 이론 주제 중 하나인

구조structure와 **행위자**agency의 문제를 설명하는 것이다. 개인이 속해 있는 사회·정치적 제도는 개인의 행위를 얼마나 제약하는가? '구조'는 결과를 얼마나 결정하는가? 개인은 구조의 한계를 벗어나 자신의 운명을 얼마나 자율적으로 결정할 수 있는가? 이러한 질문은 물론 우리 모두에게 적용될 수 있지만, 정책분석에서 이 질문은 총리, 시민, 소비자 등 의사결정과정decision-making process의 주요 행위자들에게 적용된다. 토니 블레어는 대부분의 장관들과 노동당원, 다수 대중의 뜻을 거스르고 2003년 이라크 전쟁의 참전을 결정하였다. 수많은 비난에도 불구하고 영국군은 이라크 전쟁에 파견되었다. 만약 당시의 총리가 토니 블레어가 아니라 고든 브라운이나 찰스 케네디Charles Kennedy(당시 자유민주당의 대표)였다면 같은 일이 일어날 수 있었을까? 비록 그 확실한 답을 알 수는 없지만, 과연 그러하였을지 의문을 갖게 된다는 것은 행위자(이 경우에는 토니 블레어)가 정책과정에서 중요한 역할을 한다는 사실을 의미한다.

또한 미시수준 분석은 '정책'이 최종적으로 일선에 전달되는 정책단계에 관해 고찰한다. 오랫동안 일선관료는 거의 정책결정자들이 시키는 대로 행동한다고 가정되었다. 그러나 이제는 그렇지 않다는 사실이 분명해졌고, 때로 극단적인 경우에는 정책을 의도한 바대로 전달하는 데 완전히 실패하기도 한다. 실제로 정책집행 이슈를 다루는 초기 주요 문헌 중 하나의 제목은 다음과 같다.

> 집행 _ 워싱턴Washington의 커다란 기대는 오클랜드Oakland에서 어떻게 산산이 부서졌는가, 혹은 연방정부 프로그램이 조금이라도 작동한다는 것이 왜 놀라운 일인가?, 산산조각난 기대를 통해 교훈을 얻고자 하는 두 명의 동정적인 관찰자가 들려주는 경제개발처Economic Development Administration의 전설!

이 연구에서 프레스먼과 윌다브스키(Pressman & Wildavsky, 1973)는 정부기관 간 커뮤니케이션의 실패, 명확한 지침의 부재, 미약한 자원 통제와 같은 요인 때문에 많은 정책들이 목표 달성에 실패한다고 주장하였다. 이에 그들이 제안한 해결책은 소위 **하향식 접근**top-down approach, 즉 정책집행에서의 강력한 중앙통제였다. 이 모든 논의는 미시수준의 행위가 정책과정에서 매우 중요한 부분이라는 사실을 의미한다. 정책을 최종적으로 전달하는 사람은 주거 담당직원, 간호사, 교사, 공무원 개인들이고, 정책이 최종적으로 전달되는 장소는 그들이 일하는 사무실, 교실, 병원이다. 예를 들어 '주거'의 경우, 강력한 국가법령(2002년의 홈리스법Homelessness Act)과 중앙의 업무지침이 있음에도 불구하고 지역에 따라 지방정부의 홈리스 대우에는 상당한 차이가 있다. 한 유명한 사례를 이야기하자면, 남부 해안의 한 지방에서는 법원이 결국 지방정부에게 해변의 오두막에 살고 있는 임산부에게 주거를 제공하라고 명령했다. 그 지방정부는 그녀가 이미 적절한 주거에 살고 있다고 주장했던 것이다! 화이트홀Whitehall[1] 공무원들과 의회 의원들Members of Parliament: MPs의 생각이나 희망과는 달리, 이런 것들이 바로 정책과정의 가장 첨예한 말단이자 '정책'이 실제로 현실에서 전달되는 양상이다. 이렇게 본다면, 정책과정의 '최종 말단'에서는 정책결정자들이 의도한 '정책'이 전달되지 않을 뿐만 아니라 심지어 일선관료들이 사실상 다른 정책을 진짜 정책인 것처럼 집행할 수도 있다.

　마지막으로 거시수준 분석과 마찬가지로 미시수준 분석에서도 방법론적 이슈를 다룰 필요가 있다. 여기서 잠재적인 문제는 나무 때문에 숲을 보지 못하는 것과 같은 문제이다. 즉, 미시수준 분석은 가장 작은 분석단위에 집중하기 때문에 조사 범위가 최소공통분모로 축소되어 서로 다른 사례 간의 상호연결이나 패턴을 파악하지 못하게 된다. 이러한 미시수준 분석의 문제점은 보편주의적 경향으로 인한 거시수준 분석의 문제점과 정반대의 성격을 갖는다. 이것이 바로 우리가 정책분석에서 주로 중간수준 접근을 적용하는 이유이다. 중간수준 분석은 어떻게 정책이 만들어지는지, 특히 왜, 누구를 위해 만들어지는지와 같은 정책과정의 주요 질문들을 포괄한다. 이 책에서는 바로 이런 것들을 설명하고자 한다.

1　영국 정부를 의미한다.

중간수준 분석meso-level analysis

중간수준 분석은 정책과정의 **가운데**middle part에 해당한다. 중간수준 분석은 정책이 어떻게 만들어지는지, 누가 정책을 아젠다에 올려놓는지, 정책이 결정되고 최종적으로 집행되는 제도적 배치구조는 어떠한지 등의 질문을 다룬다. 중간수준 분석은 거시수준과 미시수준을 **연결**bridging하는 핵심적인 역할을 하고, 실제 현실에서 중간수준의 제도와 네트워크는 거시적인 영향을 여과filter한다는 점에서 매우 중요하다.

중간수준 분석의 이론적 뿌리를 이루는 학파는 수십 년간 거대 이슈를 설명하는 이론의 그늘에 가려져 있었다. 그 뿌리는 로버트 머튼Robert Merton이 창시하고 일군의 미국 사회학자들이 참여한 학파로 거슬러 올라간다. 머튼(Merton, 1957)은 광범위한 개념적 시야의 필요성을 인식했지만, 한편으로는 그가 '중범위 이론theories of the middle range'이라고 부른 개념을 만들어내는 데 기여하고자 하였다. 머튼은 경험적 조사방법론을 활용한 정책 연구의 선구자였는데, 예를 들어 그가 초점집단면접이라 부른 방법은 나중에 시장조사와 현대적인 포커스그룹focus groups 방법으로 발전하기도 하였다.

중간수준 분석은 분명 정책과정이라는 샌드위치의 중간, 즉 거시수준 분석의 광범위한 한계와 미시수준 분석의 세밀한 초점 사이에 위치한다. 그런데 중간수준 분석은 단순히 그 위치가 중간이라는 것이 아니라 서로 다른 두 수준을 연결하는 역할을 한다. 중간수준 분석은 바늘땀과 같이 촘촘한 사회과학적 개념과 분석적 접근들을 포함한다. 특히 중간수준 분석은 정책을 설계하고 전달하는 제도의 작동에 초점을 맞춘다. 제도들은 정책과정의 심장부라 할 수 있는데, 바로 이곳에서 수많은 아이디어들이 시도되고 검증되며 정치적 이해관계가 여과된다. 중간수준 분석의 핵심 개념은 정책 네트워크이다. 이 책의 뒷부분에서는 화이트홀이 통치했던 구시대의 '단일' 국가'unitary' state가 이제는 작은 조각으로 분할된 거버넌스 체제로 거의 대체되었음을 보여줄 것이다. 이러한 새로운 체제는 네트워크와 정책 공동체라는 필터를 통해 작동한다(Rhodes, 1997b를 보라). 이 체제의 주요 특징은 정책의 설계와 전달에서 중앙정부의 역할이 분리되었다는 점이다. 특히 정책의 전달 역할은 이제는 거의 준정부기관quasi-governmental agencies, 공공-민간 파트너십public-private partnership, (규제 당국의 통제를 받는) 민간부문private sector이 담당하고 있다. 그중에서도 민간부문의 역할이 점차 증가하고 있다. 이처럼 국가는 자신의 목표를 달성하기 위해 점점 더 다른 조직의 네트워크에 의존하고 있다. 물론 과거에도 어느 정도는 그랬지만, 오늘날에는 이러한 네트워크들이 사회정책을 형성하고 제약하며 심지어 결정하기까지 하는 등 더욱 두드러진 역할을 하고 있다.

'신제도주의new institutionalism' 문헌들 역시 정책과정에 관한 우리의 사고에 큰 영향을 주었다. 예를 들어 정부제도의 내부에서 무슨 일이 일어나고 있는지, 제도들이 아젠다 설정 과정에 어떤 미묘한 영향을 미치는지와 같은 질문들이 매우 중요하다. 스카치폴과 아멘타(Skocpol & Amenta, 1986), 피어슨(Pierson, 1994), 캐슬스(Castles, 1998)와 같은 이론가들이 보여주었듯이, 정치는 중요하다politics matters. 그리고 정책을 전달하는 국가의 작동 방식이 큰 차이를 만들어낸다(이러한 아이디어는 8장에서 자세하게 논의한다). '역사적 제도주의자들historical institutionalists'은 이러한 논의에 특히 중요한 영향을 미쳤다. 이들은 이미 형성된 기존의 정책과 20세기 세계대전과 같은 거대한 사건이 복지정책 발전에 미치는 영향을 고민하고 평가하면서 논의를 발전시켰다(예를 들어, Baldwin, 1990; Skocpol, 1992). 중범위 이론은 국가 간 차이를 설명하는 역사·문화적 요인들에 매우 민감하다. 이러한 관점에서는 모든 것을 설명하는 지배적인 이론을 무리하게 만들어내려고 시도하기보다는, 여러 국가들의 '유형types'이나 군집cluster을 형성하는 요인을 파악하는 것을 목표로 삼는다. 보편주의 연구의 수렴convergence 논리와는 달리, 이러한 이론은 발산divergence의 논리를 함축한다. 물론 그렇다고 해서 모든 개별 국가가 완전히 고유하다는 의미는 아니고(만일 그렇다면 국가 간 비교 자체가 의미가 없을 것이다), 이 이론이 함의하는 바는 여러 개의 국가들을 군집으로 묶어낼 수 있는 어떤 근본적인 패턴이 존재할 수 있다는 것이다.

이처럼 중간수준 분석은 다음과 같은 두 가지 뚜렷한 특징을 갖는다. 첫째, 사회문제가 정의되는 순간부터 정책이 설계되고 집행되는 단계에 이르는 정책과정을 설명하기 위해 중범위 이론을 사용한다. 둘째, 여러 복지국가 간의 차이에 대한 역사적/제도적 설명을 강조한다. 뒤에서 살펴보겠지만, 이러한 두 가지 측면은 실제로는 긴밀하게 연결되어 있다. 왜냐하면 왜 서로 다른 국가들이 서로 다른 방식으로 복지정책을 만들어 가느냐는 질문에 대한 대답의 일부가 바로 제도적 구조의 차이이기 때문이다.

이 책의 구성

지금까지 세 가지 수준에 대해 길게 이야기한 주된 이유는 거시 · 중간 · 미시수준의 틀에 기초하여 이 책이 설계되었기 때문이다. 1부에서는 몇 가지 커다란 거시개념macro concepts을 소개하면서 시작한다. **거시개념**에는 세계화(1장), 그와 관련된 정치 · 경제적 변화(이러한 변화는 국가 행위의 배경으로 작용한다), 포스트산업사회 노동시장으로의 이행(2장과 3장) 등과 같은 이슈들이 포함된다. 그리고 새로운 기술이 이러한 거시적인 변화를 촉진하는 데 어떤 역할을 하는지를 살펴본다(4장). 5장에서는 책 전체를 관통하는 개념인 정치권력political power의 성격을 고찰한다. 이 부분을 거시수준과 중간수준 사이에 배치한 것은 논의를 잠시 멈추고 기본 개념을 이해하는 것이 도움이 되리라 생각했기 때문이다. 다음으로 2부에서는 중간수준 분석의 몇 가지 주요 사례를 다룬다. 먼저 세계화의 압력으로 인해 국가적 · 세계적 거버넌스 구조와 방식이 어떻게 변화하는지를 논의한다(6장). 다음으로는 정책 네트워크(7장), 정치제도(8장), 정책이전(9장)이 정책형성에서 어떤 역할을 하는지를 살펴본다.

3부에서는 몇 가지 중요한 미시수준 이슈를 살펴본다. 먼저 누가, 어떻게 정책과 관련된 의사결정을 하는지를 살펴보고(10장), 다음으로는 정책의 집행 및 전달 단계에서 어떤 일이 일어나는지(11장), 그리고 정책 효과성 평가는 어떻게 이루어지는지, 경험적 근거가 정책형성에 어떤 유용한 역할을 하는지(12장)를 살펴본다.

마지막으로 결론에서는 이 책에서 다룬 다양한 이론과 개념이 현실세계의 정책 시나리오에 어떻게 적용될 수 있는지, 사회정책 문제를 연구할 때 정책분석 접근법을 활용하는 것이 어떤 가치가 있는지를 고찰하면서 마무리를 짓는다. 이 책에서 처음부터 끝까지 뚜렷하게 강조하는 주장 중 하나는, 각각의 층層만으로는 정책과정을 부분적으로로밖에 이해할 수 없다는 것이다. 정책과정을 전체적으로 이해하기 위해서는 **다수준 관점**multi-level perspective이 필요하다. 예를 들어 세계화와 새로운 기술을 논의하는 장에서는 중요한 거시적 힘이 초래한 사회·정치적 변화를 살펴볼 텐데, 이 부분에서 읽기를 중단한 독자라면 우리가 세계화, 기술변화와 같은 거시적 힘이 너무나도 거대하고 강력해서 정부 자율성의 기반을 무너뜨린다고 주장하는 것처럼 느낄 수도 있다. 그러나 사실은 전혀 그렇지 않다. 책을 좀 더 읽어보면, 세계화나 기술변화의 영향을 형성하고 조절하는 중간수준의 제도와 네트워크, 미시수준의 일선관료의 역할이 매우 중요하다는 사실을 알 수 있다. 마찬가지로 중간수준을 다루는 부분에서부터 책을 읽은 독자라면 우리가 중간수준 분석에서 모든 해답을 찾을 수 있다고 주장하는 것처럼 느낄 수 있다. 그러나 중간수준 분석의 관점은 변화를 설명하는 거시수준 이론과 결합되었을 때 가장 강력한 힘을 발휘한다.

비유하자면, 각각의 층層은 단지 식사의 일부분일 뿐 그 자체로는 한 끼의 식사가 될 수 없다. 마치 빅맥Big Mac™처럼, 우리의 식사는 세 개의 층으로 이루어져 있기 때문에 빵이나 채소 혹은 고기를 따로 먹는다면 진정한 풍미를 느낄 수가 없다. 비록 분석적 목적을 위하여 세 개의 구성적 요소로 분리할 수는 있지만, 분리한 채로 먹을 수는 없는 것이다!

거시수준 분석

CHAPTER 1

세계화

개요

세계화는 거시수준의 핵심적인 개념이다. 세계화는 우리가 세계를 이해하는 방식을 크게 변화시켰다. 시간과 거리는 급격하게 변형되었다. 새로운 기술로 조직 간의 연결이 더욱 강력해졌기 때문에 세계화 시대의 정치과정은 점점 더 복잡해지고 있다. 세계화는 국가, 그리고 복지국가의 성격에 큰 영향을 미쳤다. 1장에서는 과잉세계화론에서부터 실제로는 세계화가 전혀 새로운 현상이 아니라는 주장에 이르기까지 세계화의 영향에 관한 세 가지 학설을 살펴본다. 세계화 시대에는 그 어느 때보다도 정치·경제적 권력이 더 쉽게 재분배되는 것이 가능해졌다.

주요 용어

네트워크 사회network society, 경제적 확장economic stretching, 복잡계complex system, 성찰성/재귀성reflexivity, 과잉세계화론hyperglobalism

서론

널리 알려진 바와 같이 19세기 중반 마르크스가 세계자본주의에 맞서 전 세계 노동자들이 단결할 것을 촉구했을 때, 그는 사람들이 알고 있던 어떤 근본적인 사실을 표현한 것이었다. 과거 대영제국은 지구의 대부분 지역에까지 뻗어 있었다. 이처럼 세계수준의 정치·경제적 과정이란 전혀 새로운 현상이 아니다. 보다 최근에 정책분석의 창시자 중 한 명인 미국의 정치과학자 해럴드 라스웰은 정치과정의 세계적 성격과 초국적 현실에 대한 국민국가의 적응에 대해 꾸준히 이야기했다. 당시 2차 세계대전 이후 냉전이 도래했고 핵무기로 인한 대량학살이라는 아마겟돈의 위협이 나타났다. 최근에는 이러한 냉전의 위협은 줄어들었지만, 새로운 세계적 힘으로 인한 또 다른 무시무시한 결과가 나타나고 있다. 에이즈가 아프리카를 황폐화시켰고, 지구온난화는 근본적인 기후변화로 이어져 어떤 결과를 초래할지조차 알기 어려운 상황이며, 현대 자본주의와 그 생활양식의 심장부를 파괴해 버린 '9.11' 사태와 같은 국제테러가 서구사회를 전율시켰다. 그리고 새로운 '석유위기'와 세계적 '금융위기'(상자글 1.1을 보라)는 세계경제를 불안정하게 만들었다. 현대사회가 정말로 세계적인 성격을 가진다는 사실을 이제 그 누가 의심하겠는가? 이러한 사건들을 보면 최근 수십 년간 분명히 뭔가 새로운 현상이 나타나고 있음을 알 수 있다. 왜냐하면 이러한 현상들은 거대한 제국 때문에 발생한 것이 아니라, 사람들 간의 접촉을 통해 감염되는 새로운 바이러스, 대중매체 기술로 서로 연결된 소규모 테러 조직, 세계수준에서 운영되는 초국적 기업, 마우스 클릭만으로 전 세계의 자원을 이동시킬 수 있는 상품 및 금융시장 등 다양한 원천으로부터 발생하였기 때문이다.

　이 모든 일은 현대사회가 과거와 비교할 때 뭔가 상당히 다른 성격을 갖고 있음을 보여준다. 특히 수십 년 전만 해도 상상조차 할 수 없었던 방식으로 세계가 연결되어 있다는 점에서 더욱 그러하다. 오늘날에는 인터넷의 발명 덕분에 빛의 속도로 움직이는 정보통신 네트워크라는 멋진 도구를 사용할 수 있게 되었다. 전

2007년 봄 '신용경색credit crunch' 위기는 미국 서브프라임sub-prime 주택시장의 붕괴에서 시작되었다. 저소득가구들은 주택을 담보로 대출을 받았는데 금리가 상승하고 할인율이 한계에 이르면서 대출이자가 크게 늘어나 갚을 수 없는 지경에 이르렀다. 주택시장의 공급과잉 상황에서 주택가격은 급락하였다. 그러나 이것은 시작일 뿐이었다. 2008년 10월에는 세계경제체제가 붕괴하였다. 주로 증권화자산securi-tised assets과 관련된 대규모 부채로 인하여 금융 시스템 전체를 압도할 정도로 문제가 커졌다(증권화자산이란, 사무실 임대료, 항구 이용료, 스포츠 경기장 임대료, 담보대출 이자 등 다양한 원천의 소득이 증권의 형태로 묶인 것을 말한다). 그러나 보다 심각한 문제는 1990년대 이후 위험 상품에 대한 투자자를 보호하기 위해 만들어진 복잡한 보험 시스템이었다. 이러한 '신용파생상품credit derivatives'도 사고 팔 수 있었다. 미국의 리먼브라더스Lehman Brothers 은행이 파산하고 미국 정부가 구제를 거부하면서 리먼브라더스는 미화 1100억 달러의 채권과 미화 4400억 달러라는 거대한 규모의 파생상품을 더 이상 책임질 수 없게 되었다.

전체 세계경제에는 미화 55조 달러의 '유해한' 거래가 순환되고 있다는 추정이 있는데, 그중 대부분은 전자거래의 형태를 띠고 있다. 이처럼 거대한 규모의 부채 위에 지탱되고 있는 시스템에 과연 어떤 일이 일어날 것인지를 확실히 알기란 어렵다(이 규모가 얼마나 큰 것인지를 짐작하기 위해서는 세계에서 다섯 번째 규모인 영국의 GDP가 미화 2조 달러 미만이라는 사실과 비교해 보라). 금융위기는 상업과 무역의 실물경제에도 영향을 미쳤다. 왜냐하면 투자자들이 은행에서 급하게 돈을 인출해가는 바람에 대출할 수 있는 돈이 얼마 남지 않았기 때문이다. 소규모 기업들은 소비자와 주택 구매자들과 마찬가지로 사업을 운영하기 위해 신용에 의존하기 때문에, 자금의 원천이 없다면 경제가 멈추고 불황이 시작된다. 금융위기의 핵심적인 양상은 다음과 같다.

- 금융위기는 오늘날의 금융 시스템이 진정 세계적인 성격을 갖고 있다는 사실을 보여준다. 전 세계의 주식시장이 일제히 요동치고 수십억 달러의 주가가 한 번에 날아가 버렸다.
- 2008년 10월 영국 주식시장의 가치는 40% 가까이 하락하였다.

- 리먼브라더스를 구제하지 않기로 한 미국 재무장관 행크 폴슨Hank Paulson의 결정으로부터 금융위기가 촉발되었다. 주요 정책결정자의 잘못된 결정은 재앙적인 결과를 가져올 수 있다.

영국은 금융위기에 크게 노출되었다. 왜냐하면 영국경제가 금융시장에 의존하고 있을 뿐 아니라, 지난 20년간 런던금융가The City는 세계에서 가장 큰 금융센터이자 영국경제의 심장부였기 때문이다.

그 누구도 세계 금융시장 붕괴의 규모와 속도를 예측하지 못했다. 또한 그 누구도 이 위기가 전 세계를 이처럼 심각한 불황으로 몰아넣을 것이라고도 예측하지 못했다. G7 국가들은 금융 시스템 구제방안을 협의하였는데, 이는 세계 파생상품 시장을 통제하고 세계 금융혼란에 대한 대응책을 조정하기 위해서는 더욱 통합된 거버넌스 구조가 필요하다는 사실을 보여준다(6장을 보라). 계획적이고 조정된 형태의 정책대응이 이루어지지 못한다면 이미 심각한 상황이 더욱 나빠질 수도 있다. 영국 고든 브라운 총리의 지휘 아래, 개인저축계좌의 지급보증과 금리 하락을 위해 민간은행의 지분을 매입하는 정책방안이 국제적인 차원에서 조율되었다. 이 책을 쓸 당시 금융 시스템이 완전히 붕괴하는 사태는 가까스로 면할 수 있었지만, 금융 시스템에 대한 신뢰가 무너져 소비와 고용의 실물경제가 전례 없이 심각하게 침체되기 시작했다. 모든 산업국가에서 산업질서가 붕괴하고 실업이 증가하였다.

이 책의 곳곳에서 강조하듯이, 세계적인 '금융위기'는 우리가 살고 있는 이 상호연결된 세계가 위험, 불안정성, 불확실한 결과로 가득하다는 사실과 겉보기에는 그다지 중요하지 않아 보이는 작은 지역적 사건이 예측하기 어려운 방식으로 세계수준의 커다란 사건을 초래할 수 있다는 사실을 보여준다.

세계가 전자웹으로 연결되었고, 과거 세계무역의 걸림돌이었던 시간과 거리라는 물리적 장벽이 사라지고 있다. 비록 학자들 간에 세계화의 구체적인 성격과 영향에 대한 완전한 합의가 존재하는 것은 아니지만, 세계화의 중요성 자체를 심각하게 반박하는 사회과학자는 거의 없다. 여기서 특히 강조되어야 할 점은, 비교적 고정적인 사회구조와 지리적 경계로 이루어진 '사회'라는 개념을 이제는 새롭게 이해할 필요가 있다는 사실이다. 기든스Giddens가 지적했듯이, '사회적 생활이 어떻게 시간과 공간을 가로질러 구조화되는지에 초점을 맞추는 것에서부터 새롭게 시작'(Giddens, Held & McGrew, 2000: 76 재인용)할 필요가 있다.

즉, 인식하든 인식하지 못하든 우리의 일상은 잘 알지도 못하고 결코 만날 일도 없는 전 세계의 사람들과 연결되어 있다. 우리는 언제 어느 곳에서도 그들의 상품을 구매하고 웹사이트를 방문할 수 있다. 이것이 바로 '세계화'라는 단어가 나타내는 개념의 본질적 속성이다. 오늘날에는 그 어느 때보다도 더 시간과 거리가 갖는 의미가 해체되고 있고, 매우 지역적인 이슈와 생활이 멀리 떨어져 있는 곳의 사람과 경제에 연결될 수 있을 정도로 시간과 거리가 확장되고 있다(물론 먼 곳이 아니라 가까운 곳에 연결될 수도 있겠지만, 중요한 것은 멀고 가까움 자체가 별 의미가 없게 되었다는 사실이다). 세계화는 본질적으로 세계의 네트워킹에 관한 것이다. 인터넷, 위성 통신, 빠른 교통과 같은 네트워크에 의해 지역 · 국가 · 세계수준의 연결망과 경제시장, 정치구조가 형성된다. 심지어 세계화라는 개념 자체가 세계화 시대 네트워킹의 일례가 될 수 있다. 세계화라는 개념은 20년 전만 해도 소수만이 알고 있는 사회과학적 개념이었지만, 오늘날에는 정치인, 사회평론가, 학자들이 세계화라는 단어를 입에 올리지 않는 날이 하루도 없을 정도로 널리 확산되었다. 세계화 개념의 급격한 확산은 전 세계 커뮤니케이션의 속도가 극적으로 빨라졌다는 중요한 메시지를 상징적으로 보여준다. 현대사회에서는 하나의 개념이 인터넷을 통해 전 세계로 동시에 퍼져 나가기 때문에 개념이 널리 알려지고 수용 혹은 거부되기까지는 몇 년도 채 걸리지 않는다. 기든스(Giddens, 1999: 3)가 주장하듯이, '베이징, 서울, 아프리카 그 어느 곳에서도 모든 사람들은 전자기술을 이용하여 거의 동시에 같은 정보를 구할 수 있다'. 이처럼 세계화는 생각, 상품, 돈, 사람이 전달되는 속도가 빨라져 전 세계가 점점 수렴하고 있다는 생각을 함축한다(상자글 1.2를 보라).

21세기 초 현재, 세계화는 세계적인 경제조직에서부터 개개인의 일상에 이르기까지 인간생활의 모든 측면과 층위에 침투하고 있다. 기든스(Giddens, 1990)

1.2 세계화에 관한 사실과 수치

1999년에 유엔개발계획United Nations Development Programme: UNDP은 세계화를 인간개발보고서Human Development Report의 주제로 삼았다(UNDP, 1999). 이 보고서에서 밝혀진 적나라한 사실 중 몇 가지는 다음과 같다.

- 세계 통화시장에서는 매일 미화 150만 조 달러가 거래되었다.
- 외국인 직접투자의 규모는 1970년대에 비해 7배 증가하였다.
- 1997년 제너럴모터General Motor 사의 총매출은 6200만 인구가 살고 있는 타이의 GDP를 넘어섰다. 포드모터Ford Motor 사의 총매출은 산유국인 사우디아라비아의 경제 규모를 넘어섰다.
- 1985년 이후 미국경제의 수입 규모는 50% 증가하였고 멕시코경제의 수입 규모는 200% 증가하였다.
- 1996년 국제전화의 통화시간은 70조분이었다.
- 라틴아메리카 텔레비전 방송프로그램의 70%는 라틴아메리카 외부지역, 주로 미국에서 제작된다.
- 세계에서 가장 부유한 200명의 부는 가장 못사는 41% 사람들의 소득보다 크다.
- 세계에서 가장 부유한 억만장자 3명의 부는 총 6억의 인구가 살고 있는 모든 저개발국가least developed countries의 GNP를 합친 것보다 크다.

출처: UNDP(1999)

는 세계화의 주요 요소를 다음과 같이 세 가지로 정의하였다.

- 초국적 기업의 성장
- 경제통합의 증대
- 커뮤니케이션의 세계화

이러한 역동적인 변화의 중심에는 안정적인 금융 및 무역 조건을 확보하려 하는 세계경제질서의 강력한 힘이 존재한다. 또한 세계경제질서의 이면에는 초국적 기업이 거대한 정치·경제적 권력을 행사하여 세계경제를 통합, 수렴시키고 있다. 영국과 같이 제국의 역사적 유산으로 인해 세계금융시장에 대한 의존도가 높은 무역국가에게는(과거 영국은 '세계의 작업장'이었다), 통합세계경제의 문제가 세계화와 관련된 가장 핵심적인 이슈이다. 에반스와 커니(Evans & Cerny, 2003: 25)가 주장하듯이, 영국의 제도들은 세계금융시장의 반인플레이션 규범에 순응하도록 강제되었다. 1997년 선출된 신노동당 정부가 실시한 첫 번째 주요 정책이 영국 중앙은행Bank of England의 통화위원회Monetary Committee에 인플레이션 목표 달성을 위한 세부 지침과 함께 금리결정권을 이양하는 것이었다는 사실은 우연이 아니다. 이처럼 포스트세계화국가post-globalisation state는 세계화에 직면하여 정치·경제체제를 단순히 규제하고 관리하는 수준에 머무르지 않고 특정한 이익을 실현하기 위해 정치·경제체제의 개방을 촉진한다. 정책분석 관점에서 이러한 사실은 세계화의 주요 특징 중 하나를 보여준다. 그것은 바로 세계화가 전 세계 정치권력의 분배(혹은 재분배)와 관련되어 있다는 점이다. 따라서 영국 등 국민국가들이 기존 지리정치적geopolitical 경계를 넘어서는 새로운 권력 중심에 어떻게 반응하는지가 중요한 이슈가 된다.

이 책의 전반에 걸쳐 다루게 될 두 번째 주요 이슈는, 이러한 새로운 구조와 정치적 힘이 점점 더 복잡하고 상호연관된 시스템을 만들어내는 거대한 피드백 효과이다. 21세기의 정책과정은 '의도하지 않은 결과'로 가득하다. 핵심은 정치·경제체제가 단순히 복잡하다는 것이 아니라, 정책결정자들이 정책을 설계할 때 정책 의도가 결과로 나타날 수 있다는 확신을 갖거나 정책개입의 최종 결과물을 예측하기가 불가능하다는 것이다. 이러한 사실은 이제 단순한 선형적인 '원인과 결과' 과정만을 다루는 것이 불가능하며, 많은 정책들이 직관에 반하는 사회적 결과를 가져온다는 것을 의미한다(Hudson, 2007을 보라). 바이오연료의 확대 사례는 이를 잘 보여준다. 애초에 바이오연료 확대 주장은 더 많은 정부들이 석유와 같은 더러운 화석연료 대신 이산화탄소를 배출하지 않는 '녹색' 연료를 사용하기를 바라는 좋은 의도에서 시작된 것이었다. 그러나 몇몇 분석가들에 따르면 이 좋은 의도는 결국 지구온난화 심화라는 결과를 초래하였다. 바이오디젤 산업의 확대가 어떻게 지구온난화 심화로 이어졌는가? 바이오연료를 만드는 데 사용되는 곡물의 수요 증대는 아마존 유역의 삼림 벌목에 심각한 영향을 미쳤다. 즉, 바이오연료 산업의 확대로 수요가 증가한 '환금작물'을 생산하기 위해 기후조절에 결정적 역할을 하는 열대우림을 파괴한 것이다. 이러한 과정을 관찰한 분석가들은 바이오연료 전환이 전 세계 곡물가격과 식량가격 인상이라는 연쇄효과knock-on effects를 가져왔다고 주장하였다. 이처럼 세계화 시대에는 때로는 매우 작은 사건이나 서로 관련 없는 사건들의 연결고리가 연쇄작용을 통해 예측할 수 없는 결과를 가져오는 문제가 발생한다. 여기서 중요한 것은 복잡성 그 자체가 아니라, 조기 사건이나 변화의 시작이 나중의, 때로는 상당한 시간이 흐른 후의 결과에 강한 영향을 미친다는 사실이다(Chapman, 2004를 보라). 이처럼 복잡한 시스템에서 조그마한 시작이 거대하고 혼란스러운 결과를 가져올 수 있다는 생각은 수학과 철학의 오랜 주제 중 하나이기도 하다. 예를 들어, 19세기 후반과 20세기 초반에 활동했던 프랑스 수학자 앙리 푸앵카레Henrie Poincaré는 겉보기에는 혼란스러운 결과에 대해서도 이론적인 설명이 가능하다는 사실을 발견하였다. 이러한 생각은 이후 아인슈타인Einstein의 유명한 특수상대성 개념으로 이어졌다. 이와 같은 지식이 중요한 이유는, 조그마한 사건의 발단이나 그 연쇄작용의 구체적인 세부요소들이 결과에 큰 영향을 미치는 경우가 많기 때문이다.

이러한 발견은 정책결정자에게도 매우 중요하다. 왜냐하면 조직과 행위자의 연결 및 상호작용이 점점 더 강해지는 복잡한 역동적인 변화가 나타나고 있기 때문이다. 정보화 시대Information Age의 '혁명'이 이러한 변화를 촉진했고(4장을 보라), 이는 액설로드와 코헨(Axelrod & Cohen, 1999)이 '복잡성 혁명complexity revolution'이라 부른 현상으로 이어졌다. 그들은 전화, 라디오, 텔레비전, 레이더, 컴퓨터, 인터넷과 같은 많은 새로운 기술어 커뮤니케이션을 증가시키고 상호작용의 장벽을 축소시켰음을 지적하였다. 이러한 논의를 통해 우리는 거대한 양의 정보가 존재하고 이것이 예측불가능성의 원천으로 작용하여 세계화 시대의 정책과정을 더욱 복잡하게 만든다는 사실을 이해할 수 있다.

이 책에서는 이와 같은 새로운 복잡성을 이해하여 오늘날 무슨 일이 일어나고 있는지를 더욱 분명하게 파악하기 위해 노력한다. 그러나 서론에서 언급하였듯이, 이제는 '정책 사이클'이라는 단순한 선형적인 과정으로는 정책과정을 이해하기가 어렵다는 중요한 사실을 피해갈 수 없다. 정책과정을 공부하는 학생들은 거시·중간·미시라는 세 개의 수준 혹은 층層을 통해 정책과정을 사고할 필요가 있다. 우리가 '빅맥' 모델이라고 부르는 이것이 바로 이 책의 핵심이다. 하지만 이 모델 자체는 숨이 막힐 정도로 복잡한 정책과정이라는 주제에 학생들이 좀 더 쉽게 접근하게 하고 어디에서부터 시작해야 할지를 알게 하는 목적으로 사용하는 은유일 뿐이다. 이 장에서 세계화가 정책과정에 미치는 영향을 살펴보는 것처럼, 이 책은 정책과정을 이해하기 위한 첫 번째 층을 쌓기 위해 거시수준 이슈에서부터 출발한다. 하지만 심지어 이 첫 단계에서조차, 세계화가 현대 국민국가(특히 여기서는 영국)의 행동과 의사결정과정에 미치는 영향을 충분히 보여주기 위해서는 빅맥의 패티에 해당하는 중간수준과의 연결이 필요하다. 이제 하나의 국민국가만을 독립적으로 사고하기란 점점 더 불가능해지고 있다. 왜냐하면 한때 지역수준의 이슈였던 것들이 이제는 더욱 광범위한 파급력을 갖게 되었고, 마찬가지로 세계수준의 정책과정은 수십 년 전과 달리 국가·지역수준에도 즉각적인 영향을 미치기 때문이다.

… 그리고 국민국가는

과거와 비교할 때 일국 정부가 국내정책 아젠다를 얼마나 잘 통제할 수 있느냐는 문제는 세계화 시대의 복잡한 시스템과 관련된 주요 논점 중 하나이다. 세계화의 핵심적인 역설은, 세계화가 경제질서의 수렴을 초래함에도 불구하고 국민국가 역시 새로운 도전에 맞서기 위해 그 역할과 목적을 다시 정의할 수밖에 없다는 사실이다. 세계화는 결코 국민국가의 종말을 의미하지 않는다. 오히려 국민국가는 빠른 변화에 적응하는 능력을 극대화하기 위해 새로운 조직형태와 운영원리를 도입하고 그 구조를 '느슨하게' 변화시킨다. 왜냐하면 세계화의 가장 큰 특징이 바로 빠른 속도이기 때문이다. 이는 단순히 정보, 서비스, 화폐가 이동하는 속도만을 의미하는 것이 아니라, 더 높은 효율을 추구하는 아이디어와 정책이 이동하는 속도를 의미하기도 한다(9장을 보라). 이러한 상황에서 세계무대에서 경쟁하기 위해서는 무엇보다도 국민경제의 효율성이 강제된다.

이 책의 후반부에서 살펴보겠지만, 20세기 대부분의 시기 동안 영국은 화이트홀이 정치를 주도하는 낡은 방식의 단일국가unitary state였다. 그러나 세계화 시대에 접어들면서 뭔가 다른 변화가 나타나고 있다. 블레어와 브라운 정부는 전통적인 지방정부의 역할을 해체하고 상원의회the House of Lords를 개혁하였다. 그리고 과거 공공책임으로 간주되었던 서비스의 재정방식을 공공-민간 파트너십 형태로 전환하였고, 정책 '전달'을 위해 준자율기관quasi-autonomous agencies을 강화하는 한편 새로운 기관을 만들어내기도 하였다. 이와 같은 권력이양devolution 아젠다는 세계화 시대에 국민국가가 경험하는 중요한 변화 중 하나이다. 노동당 정부는 정책방향의 통제를 추구하지만, 정책의 전달은 정부의 영향력이 상대적으로 약하게 작용하는 준자율비정부기구quango나 공공-민간 파트너십에 크게 의존한다. 바로 이러한 역설적 현상이 정책과정 분석에서 최근 노동당 정부의 세계화 아젠다 적응 과정이 보여주는 가장 중요한 함의이다. 로즈(Rhodes, 1997b)의 표현에 따르면, 영국은 점점 더 '분화된 정치체differentiated polity'를 갖게 되었다. 이는 정부 운영의 하향식top-down 성격이 약해졌기 때문이기도 하지만, 보다 중요하게는 정치체의 분절된 구조가 위계가 아닌 네트워크를 통해서 작동하기 때문이다(6장과 7장을 보라). 즉, 새로운 정치체의 내부에서 시스템을 작동시키는 동력의 성격이 과거와 크게 달라졌다는 것이다. 이 네트워크들은 정치체제 전반에 걸쳐 작동하지만 특히 정책전달 단계에서 매우 특징적으로 나타난다(11장을 보라). 정부조직의 내부를 살펴보면, 과거의 낡은 단일국가에서는 획일적인 공공행정 관료제가 정부조직의 핵심을 구성했지만, 이제는 새롭게 등장한 '에이전시_{agency}'들이 그 자리를 이어받았다. 그리고 신공공관리_{New Public Management}는 이들의 생명선이다. 그 핏줄에는 성과급, 경쟁입찰, 평가, 빠른 승진, 그 외 민간부문으로부터 차용한 다양한 관리기법이라는 산소가 공급된다. 수십 년 전만 해도 이러한 방식의 관리는 상상할 수 없었다.

요컨대, 영국은 웨스트민스터_{Westminster} 모델[1] 통치에 기초한 중앙집권적 단일체제를 탈피하여 느슨한 형태의 분권화된 '거버넌스'로 변화할 것을 요구받고 있다. 이러한 새로운 거버넌스는 점점 더 상호연결이 강화되고 자율성이 증대하는 정책 네트워크의 특징으로 설명될 수 있다.

··· 그리고 복지국가는

세계화 아젠다는 주요 정책들이 나아가야 할 방향에 영향을 미치거나, 주요 정책들이 나아가야 할 방향을 설명하기 위해서는 적어도 세계화 아젠다의 영향을 고려할 필요가 있다. 예를 들어 몇몇 세계화 이론의 주창자들은 세계경쟁시장의 압력 때문에 복지국가가 해체되고 있다고 주장한다. 세계시장에서 상품을 거래하는 기업들은 저임금 국가로 회사를 이전하겠다는 협박을 일삼고 실제로 이전하기도 한다. 자본의 이동성이 크게 증가하여 자본은 더 높은 수익률을 찾아 철수하겠다고 위협한다. 따라서 세계화 시대에는 경제적 압력의 증가 때문에 정부가 복지국가 지출을 줄일 수밖에 없는 상황이 되었고, 우즈(Woods, 2000: 1)가 언급

---

1 영국 의사당이 자리 잡고 있는 웨스트민스터 궁의 이름을 딴 영국식 의회민주주의 체제를 의미한다. 다수당 의원들로 구성된 행정부, 선거를 통해 구성되는 양원제 입법부(상원의원은 지명), 상징적 국가수반 등을 특징으로 한다.

하였듯이, '바닥으로의 질주a race to the bottom'에 동참하게 된다는 것이다. 그러나 많은 논평자들은 이러한 주장이 사실과 다르다고 반박한다. 특히, 적어도 경제협력개발기구Organization for Economic Cooperation and Development: OECD 국가들의 경우에는 복지국가 지출이 크게 축소되었다는 주장을 뒷받침할 만한 경험적 근거가 부족하다(Swank, 2002를 보라). 심지어 1980년대 영국에서는 명백히 반복지국가적 지향을 갖는 대처 정부조차 국가 프로그램 지출의 증가속도를 억제하는 수준에 머물렀다(Castles, 1998: 322). 하지만 최근 신노동당 정부가 세계화에 적응하는 방향으로 선회하여 복지국가 개혁 프로젝트를 추진하고 있다는 것 역시 분명한 사실이다. 사회정책이 민간계약방식으로 전환되고 포스트산업복지국가post-industrial welfare state가 등장하고 있다. 또한 실업자의 노동시장 재통합을 목적으로 하는 '워크페어workfare' 프로그램에서 분명하게 드러나듯이, 사회정책의 경제적 차원이 강조되고 있다(2장을 보라). 게다가 신노동당 정부가 소득세를 인상하거나 소득재분배 논쟁에 휘말리기를 주저하였다는 사실은 '구' 노동당 사회정책의 기틀을 이루고 있던 평등주의적 관점이 상당히 약화되었음을 시사한다.

중요한 것은 세계화로 인해 전후 베버리지Beveridge식 복지국가가 재고되고 미국식 워크페어 국가로의 전환이 일어나고 있다는 사실이다. 하지만 그렇다고 해서 영국이 세계화의 힘을 통제하지 못하고 무력한 희생자로 전락하였음을 의미하는 것은 아니다. 사실 전혀 그렇지 않다. 오히려 세계수준의 새로운 사회·경제적 힘에 직면하여 21세기의 국가는 적응과 재창출이라는 과제를 수행해야 하고, 이러한 과정에는 국가들 저마다의 고유한 전통과 역사적 유산의 영향이 작용한다. 이 책의 뒷부분에서 살펴보겠지만, 일련의 '신제도주의' 이론은 다양한 국가들이 어떻게 세계경제의 힘에 적응해 왔는지를 설명한다. 모든 국가들이 사회지출을 삭감하고 '바닥으로 질주'한다는 식의 결정론적인 주장은 현실과 부합하지 않는다.

가장 근본적인 핵심은 세계화가 반드시 모든 것을 하나의 결과로 수렴시키지는 않는다는 사실이다. 또한 세계화가 반드시 국민국가의 종말이나 초국적 기업의 세계지배를 의미하지도 않는다. 다만 세계화는 여러 국가들이 저마다의 고유한 역사·문화·정치적 범위 안에서 세계화 압력에 대응해 나가야 한다는 사실을 의미한다. 국가수준의 정치제도는 세계경제 아젠다의 영향을 조절하는 데 결정적인 역할을 해 왔다. 복지국가의 내부개혁이 놀랄만할 수준의 적응유연성을 보여줄 수 있었던 것은 피어슨(Pierson, 2001)이 이야기한 '제도적 제약institutional lock-in' 때문이다(제도적 제약이란, 오랜 전통과 제도의 관행이 복지국가에 깊숙이 각인되어 있기 때문에 급격한 변화가 이루어지기는 어렵다는 것을 의미한다). 이와 관련된 내용은 이 책의 후반부(특히 8장)에서 다시 논의할 것이다.

세계화란 본래 시장의 경제적 힘이 만들어낸 산물이라는 것이 정통적인 설명이지만, 한편으로 세계화에는 강력한 정치적 차원의 성격도 내재되어 있다(이에 관해서는 6장에서 상세히 살펴볼 것이다). 일례로 유럽연합European Union: EU의 경우에서 보듯이, 세계화 시대에는 자본과 상품이 국경을 넘나들며 활발하게 이동할 수 있도록 제도를 정비하는 다자간 합의가 이루어진다. 세계화와 관련된 문헌의 대다수는 주로 경제적 차원에 초점을 맞추고 있어 세계화로 인한 정치·제도적 발전을 충분히 설명하지 못하고 있다. 세계화 시대의 거버넌스 구조에는 전 세계에 걸친 몇 개의 새로운 층이 포함된다. 예를 들어 세계수준의 교류를 통해 그 권력 기반을 강화하고 있는 새로운 엘리트 네트워크는 종종 국가의 경계를 뛰어넘는 초국적 성격을 띤다. 카스텔(Castells, 1996, 1997a, 1997b)은 세 권의 두꺼운 책을 저술하여 이러한 네트워크의 문제를 훌륭하게 분석하였다. 그는 과거에 비해 훨씬 유연해진 새로운 형태의 자본주의가 **네트워크 사회**network society를 만들어냈다고 주장하였다. 네트워크 사회에서는 세계적 권력에 대항하는 사회운동과 '정보경제'의 새로운 힘이 서로 맞물리면서 전 세계의 사회·정치적 형태가 거시적으로 변형된다. 네트워크 사회의 핵심은 전자처리되는 정보의 네트워크이다(4장을 보라).

역설적이게도 이러한 상황에서 국민국가의 역할은 더욱 중요해진다. 국민국가는 그 거버넌스 구조에 규제라는 새로운 층을 추가하는 동시에 네트워크와 상호의존하면서 문제에 대처해나간다. 그런데 세계적 정치체가 국민국가에 비해 더 불안정하다는 사실은 세계화의 복잡성이 만들어낸 역설 중 하나이다. 이와 관련하여 '순응compliance'의 문제가 제기되고 있다(McGrew & Lewis, 1992). 사스SARS 의 사례연구를 보면(상자글 1.3을 보라), 중국 정부는 사건이 터지고 한참이 지나서야 문제가 발생했다는 사실을 인정했을 뿐만 아니라 사스 사태의 초국적 성격 때문에 세계보건기구World Health Organization: WHO가 위기를 관리해야 한다는 주장도 받아들이지 않았다. 2004년 초에 '조류독감'이 발생했을 때도 이러한 패턴은 반복되었다. 이처럼, 특히 경제발전이 늦은 국가들의 경우에는, 세계적 정치체의 지리정치적 단위로 실재하는 주권국가의 역할이 더욱 강력해지는 것처럼 보인다. 국민국가는 비록 좋은 정책을 직접 '전달'하지는 않는다 할지라도 여전히 정책의 '결정' 과정에는 핵심적인 지위를 유지하고 있다. 파슨스(Parsons, 1995: 243)가 지적하듯이, '이슈와 문제가 점점 더 세계적인 성격을 띠게 되더라도, 의사결정과 집행은 여전히 국민국가의 맥락에서 분석되는 범위에 머무르고 있다'.

그럼에도 불구하고 세계적 거버넌스 구조가 국민국가에 대해 항상 온화한 태도를 취하지는 않는데, 특히 강력한 상업적, 정치적 이익을 대변하는 조직은 더욱 그러하다. 일례로, 국제통화기금International Monetary Fund: IMF은 개발도상국에게 돈을 빌려주고 세계적인 정책적 영향력을 확보한다. IMF는 채무국에게 엄격한 대출조건에 순응할 것을 요구하는데, 그 조건을 따른다고 해서 항상 좋은 결과가 나타나지는 않는다. 클린턴 대통령의 재임기간 동안 경제자문으로 활동했고 1997~2000년 세계은행World Bank의 수석 경제학자를 역임한 노벨 경제학상 수상자 조셉 스티글리츠Joseph Stiglitz 교수는 『세계화와 그 불만Globalization and its Discontents』(Stiglitz, 2001)이라는 베스트셀러에서 IMF를 강력하게 비판하였다. 이 책의 내용과 IMF가 저소득국가의 사회정책에 미친 영향에 관해서는 9장에서 자세히 소개할 것이다(특히 상자글 9.2를 보라). 간단히 요약하자면, 강력한 세계적 행위자인 IMF는 통치구조가 취약한 가난한 국가들에게 부적절한 사회경제 개혁 실시를 강요하여 때로는 빈곤 악화를 초래하는 등 부정적인 영향을 미친다. 스사스Severe Acute Respiratory Syndrome: SARS는 2002년 중국 광둥 지역에서 처음 발생하였다. 사스는 독감과 유사한 치명적인 증상을 유발한다. 이 증상은 다른 아시아 지역과 전 세계로 급격하게 확산되어 2003년 봄에는 마침내 토론토Toronto에서도 발견되는 지경에 이르렀다.

사스는 전염성이 매우 강하기 때문에 단지 몇 명의 사람들이 이동하는 것만으로도 쉽게 전파될 수 있다. 홍콩에서는 딱 한 명 때문에 사스가 발생하여 120명이 사망하였다.

이 사태의 주요 양상은 다음과 같다.

- 사스 발생 후 6개월이 지나 바이러스를 통제하는 약의 이용이 가능해졌다.
- 사스가 발생한 국가의 정부는 질병 퇴치를 위해 매우 강력한 조치를 동원하였다. 그러나 이와 대조적으로 세계보건기구는 범세계적인 캠페인을 조직하고자 하였지만 쉽게 성공하지 못했다.
- 사스의 확산으로 인해 몇몇 산업은 극심한 혼란에 빠졌다. 홍콩의 캐세이퍼시픽 항공Cathay Pacific airline은 항공 운행을 45% 감축하였다. 아시아 전 지역에서 호텔사업이 급감하였다. 대만에서는 주식시장이 폭락했고 환율이 크게 하락하였다.

사스의 사례를 보면, 단지 몇 명이 순식간에 바이러스를 퍼트린 후 전 세계가 전염병의 두려움에 떨어야 했듯이, 급속도로 확산되는 문제 앞에서 세계적 거버넌스가 얼마나 무력한지를 알 수 있다. 그러나 한편 과학자들은 인터넷을 통한 재빠른 대응을 통해 바이러스에 대항하는 약을 만들어내기도 하였다. 이 모든 일들은 작은 사건이 세계무대로 확산될 수 있다는 의미에서 위험구조의 세계적인 속성을 표상할 뿐만 아니라, 과학자 집단이 빠른 속도로 연구결과를 공유하고 치료약을 개발한 사실에서 보듯이 인터넷의 정보 활용 능력이 대단하다는 사실도 보여준다.

티글리츠가 주장하는 핵심은, 통화원칙에 대한 강한 집착, 자유시장경제 도입, 세계무역시장 개방과 같은 IMF의 학술적인 처방전(한 마디로 말하자면 '워싱턴 컨센서스')은 이러한 국가들의 현실에 맞지 않다는 것이다. 심지어 스티글리츠는 IMF의 정책제안을 거부할 수 있을 만큼 강력하고 용감한 정부를 가진 국가들이 (스티글리츠는 그 예로 중국을 들었지만, 말레이시아와 에티오피아도 일례가 될 수 있다) IMF의 개혁압력에 전혀 저항하지 못한 나라들에 비해 오히려 나은 성과를 거두었다고 주장하기도 하였다.

세계화는 실로 수많은 역설적 과정의 집합이다. 세계경제가 국경을 넘어 강력한 힘을 발휘하고 있음에도 불구하고 여전히 국민국가는 가장 중요한 지리정치적 실체로 존재한다. 또한 IMF와 같은 세계적인 경제 권력집단의 힘이 막강함에도 불구하고 세계적 거버넌스는 세계의 미래를 위협하는 이슈에 적절히 대처할 만한 능력을 갖추지 못하고 있다. 예를 들어 미국이나 중국과 같이 오염물질을 가장 많이 배출하는 국가들은 여전히 교토 조약을 지지하지 않고 있다. 모든 진지한 과학자들이 거의 재앙적인 수준의 기후변화를 경고하고 있지만 아직까지 교토 이후의 합의는 이루어지지 않았다(교토의정서의 자세한 내용에 대해서는 6장을 참고하라). 여기서 문제의 핵심은 과학이 아니라 정치에 있다. 세계화 시대 정책분석의 중요한 교훈 중 하나는 강력한 힘을 가진 국가가 국제적인 규칙에 순응하기를 거부할 때 이를 강제할 수 있는 수단이 없다는 것이다. 그런데 가까운 미래에 중국과 인도가 대다수 서구국가들보다 더 큰 경제 규모를 갖게 될 것이라는 예측이 지배적이고 세계의 권력 균형이 서에서 동으로 이동하고 있어 이 문제의 해결이 용이해질 가능성도 있다. '워싱턴 컨센서스'와 같은 신자유주의 이데올로기에 경도된 미국 경제의 권력집단은 기후변화에 대처하기 위한 공동의 노력을 거부하였다. 또한 스티글리츠가 지적했듯이, 미국은 IMF를 통해 개발도상국과 유럽 포스트공산주의 국가에 개입하여 그들의 발전을 지연시키고 오로지 자국의 경제적 이익만을 도모하는 행위를 자행하고 있다.

요컨대, 세계화의 역설 중 하나는 바로 세계적 거버넌스는 상대적으로 약한 반면 많은 국민국가, 특히 이미 강력했던 국민국가들이 더욱 강력해지고 있다는 사실이다. '순응'과 '의도하지 않은 결과'의 문제는 세계적 정치과정의 매우 중요한 속성이다. 이 모든 문제가 발생한 근본적인 이유는 거시·중간·미시수준의 거버넌스와 지역·국가·세계수준의 사회가 불과 몇 년 전만 해도 상상할 수 없었던 방식으로 강력하게 연결되었기 때문이다. 이와 관련된 거버넌스 아젠다는 6장에서 더 깊이 논의할 것이다.

세계화는 어떻게 작동하는가?

그렇다면 세계화는 세계정치, 세계자본주의, 정통 비교사회연구와 같은 기존의 담론과 어떻게 구별되는가? 포스트모던 시대에는 새로운 기술과 사회·정치적 과정, 경제적 힘의 재구성과 같은 현상이 나타난다는 점에서 본질적인 차이가 있다. 무엇보다 중요한 것은 그러한 새로운 힘과 기술이 결합되는 과정이다. 이 장의 뒷부분에서 살펴보겠지만, 몇몇 학자들은 세계화의 중요성을 인정하지 않는다. 세계화의 영향은 경제적으로 발전된 일부 국가에 한정되어 있기 때문에 세계화 이론은 과장되었다는 것이다. 하지만 우리가 볼 때 이러한 주장은 점점 더 의미를 잃어가고 있다(물론 우리는 이미 설명한 바와 같이 전 세계의 사회와 경제가 하나의 형태로 수렴하고 있다는 주장에도 의문을 제기한다). 세계화가 새로운 현상이라는 주장을 이해하기 위해서는 '무슨' 일이 발생했는지 뿐만 아니라 '어떻게', 어떤 과정을 통해 발생했는지를 질문해야 한다. 예를 들어, 기든스가 주장하였듯이, 오늘날에는 교통수단을 이용한 상호연결의 속도가 증가하여 과거 그 어느 때보다 시공간이 확장되고 전 세계가 연결되어 선택의 가능성이 커지는 한편 위험도 증가하고 있다. 교통이 빨라졌고(런던 중심가에서는 그렇지도 않지만!), 항공 및 기타 이동수단의 발전으로 과거에는 불가능했던 수준의 교류가 가능해졌다. 하지만 개인 간 커뮤니케이션과 거래에 혁명적 변화를 가져온 것은 무엇보다도 디지털

통신기술의 발명이다. 콰(Quah, 1999)는 이를 '무중량경제weightless economy'라 불렀다. 그의 계산에 따르면 전 세계 거래의 총량은 30년 전에 비해 5배나 증가하였으며, 그 대부분은 '무중량' 서비스거래, 특히 가상공간에서 전자처리되는 통화거래가 차지하였다. 이와 같은 경험적 근거가 보여주듯이, 텔레커뮤니케이션 네트워크라는 새로운 수단 덕분에 세계경제활동의 총량이 급속도로 증가하고 있다는 점이 세계화의 또 다른 주요 특징이다. 이는 제조업이 아니라 주로 금융서비스와 통화거래의 증대에서 비롯되었다.

헬드와 맥그류(Held & McGrew, 2000)를 인용하여 세계화의 네 가지 차원을 정리하자면, 시공간의 '확장', 교류의 '속도', 경제 규모와 인구이동의 '증대'에 덧붙여 '심화'라는 개념을 추가할 수 있다. '심화'란, 어느 한 지역에서 발생한 작은 사건이 해당 지역을 넘어 세계적인 의미를 가질 수 있다는 개념이다. 이는 세계화 과성이 지역의 사회문화적 유대를 느슨하게 할 수도 있지만 때로는 수십 년간 휴면 상태에 빠져 있었던 유대를 부활시킬 수도 있음을 의미한다. 예를 들어 1980년대 말 소비에트 연방의 붕괴 이후 중·동유럽에서는 수세기에 걸쳐 형성된 민족주의가 새롭게 부흥하였는데, 이는 오랜 문화·민족적 유대감 또는 민족 간 경쟁의식의 부활을 의미한다. 이처럼 세계화는 원칙적으로 기존의 지리정치적 경계를 넘나드는 경제적 이해관계나 초국적/지역적 수준의 새로운 거버넌스 구조만을 의미하지 않는다. 또한 세계화라는 도전 때문에 서로 다른 사회가 모두 동일한 빅브라더 국가Big Brother state로 수렴하지도 않는다. 오히려 세계화 시대에 서로 다른 국가들은 고유한 역사·문화적 유산을 토대로 다양한 형태로 발산한다. 6장과 8장에서 살펴보겠지만, 국가의 정치제도가 정책결과에 결정적인 영향을 미친다는 사실은 수렴보다는 발산의 가능성을 강하게 시사한다. 즉, 현대화 과정에서 여러 국가들은 저마다 나름의 경로를 개척해나간다는 것이다.

서론에서 언급하였듯이, 정책분석의 정수는 거버넌스 구조의 다양한 층위를 결합시켜 국가 간 차이의 패턴을 이해하는 데 있다. 하나의 국가는 완전히 고유한 실체라기보다는 역사, 언어, 종교, 문화적 요소로 주변 국가들과 연결되어 있는 존재임을 상기할 필요가 있다. 중간수준 분석 또는 중범위 접근의 함의가 바로 여기에 있다. 서로 다른 사회를 연결 짓거나 구별 짓는 요인은 무엇이냐는 질문에 대답하기란 쉽지 않다. 그렇기 때문에 정책분석 접근은 본질적으로 비교의 성격을 가지게 된다. 예를 들어, 더 이상은 영국 복지국가가 다른 모든 복지국가의 전범이 되는 모델 또는 패러다임이라고 생각하기 어렵다. 이제 영국 복지국가는 단순히 하나의 유형에 불과하며, 그 현대적 형태는 미국의 최소주의 국가 모델과 언어·문화적으로 연결되어 있지만 주변 유럽국의 사회적 시장 모델에도 어느 정도 의존하고 있다. 영국이라는 하나의 국가만을 따로 연구하고 이해할 수 있다는 생각은 (과거에는 가능했을지 몰라도) 더 이상 유지되기 어렵다. 복지체제와 같은 사회문제를 일국의 패러다임에 기초하여 판단해 버리는 태도를 자민족중심주의ethnocentrism라 하는데, 이러한 태도는 최근까지도 복지국가, 주거정책, 경제정책 등의 응용 연구에서 빈번하게 나타났다. 그러나 오늘날에는 세계화 아젠다로 인해 일국의 사례를 보다 광범위한 맥락에서 조망해야 할 필요성이 제기되고 있다. 단, 그렇다고 해서 통합된 세계경제의 영향으로 모든 국가가 일반적 형태로 수렴하고 있다는 것은 아니다. 여러 국가들을 군집으로 묶기도 하고 구별 짓기도 하는 역사·문화적 요인이 무엇이냐는 경험적 질문에 대한 고민이 필요하다는 것이다.

'심화'란, 광범한 양적·질적 데이터의 사용과 역사·문화적 맥락에 대한 깊이 있는 고민을 통해 국가 간 차이와 유사성을 밝혀내고자 하는 과정이다. 이것이 바로 세계화 과정의 결정적 특징이자 이 책의 핵심 주장이다. 21세기 초 현재, 세계화라는 회오리바람은 사회에 문화가 존재하는 방식에 대한 이해를 높여주었을 뿐만 아니라 지역수준의 문화 및 사회적 관계가 어떻게 기존 시공간의 제약을 넘어설 수 있는지를 보여주었다. 기든스(Giddens, 1999)가 지적하였듯이, 과거에는 상상할 수 없었던 방식으로 '공간을 넘나드는 상호작용'이 가능해졌다. 유럽과 그 외 지역에서 나타나는 민족주의의 부흥은, 한편으로는 세계화가 지리정치적 경계를 확장하고 국가의 실체를 사라지게 만드는 것에 대한 반동이기도 하지만, 다른 한편으로는 마치 땅 속 깊숙한 곳에서 발생한 지진이 지각을 조각내는 것처럼 커다란 세계적 변화로 인해 국민국가의 깊숙한 곳에서 생겨난 힘이기도 하다.

기든스(Giddens, 1999)와 벡(Beck, 1992)과 같은 사회학자들은 세계화가 세계적인 경제조직에서부터 국민국가 그리고 개인의 일상생활에 이르기까지 인간생활의 모든 측면과 층위에 깊숙이 침투했다고 지적하였다. 기든스(Giddens, 1999)가 언급하였듯이, 세계화는 '저기 바깥에서 일어나는out there' 일이 아니라 '바로 이곳에서 일어나는in here' 현상이고, 세계화 시대에는 모든 사람이 더욱 성찰적이고 개인화된 삶의 방식을 경험하게 된다. '개인화individualisation란 개인수준의 극단personal pole이다'. 즉, 세계화로 인한 변화의 스펙트럼의 한쪽 극단에 초국적 조직의 존재가 있다면, 반대쪽 극단에는 개인화라는 현상이 존재한다는 것이다. 기든스는 사회관계가 지역의 일상적 범위를 벗어나지 못했던 계몽주의 이전시대와 비교할 때, 현대사회의 문화는 굉장히 추상적이고 탈배태된disembedded 사회를 창조해냈다고 주장하였다. 기든스에 따르면, '고도' 근대성의 시대를 이전시대와 구별 짓는 특징은 사회 속의 개인을 설명하는 전통적인 관점(종교, 전통, '항상 그래왔던 것이다'라는 설명)이 해체되고 성찰성의 개념이 발전했다는 사실이다. 성찰성/재귀성reflexivity이란, 세계화·정보화 시대의 합리적이고 지적인 개인들이 낡은 전통의 영향으로부터 벗어나 이용가능한 모든 정보를 동원하여 스스로 판단하고 선택한다는 개념을 의미한다. 그렇지만 이와 같이 개인화된 세상을 살아가고 있음에도 불구하고 우리는 여전히 시장경제와 같은 새로운 제도의 경계를 벗어날 수는 없다. 정보는 후기 근대성을 특징짓는 동시에 그 조건을 결정한다. 앞서 언급한 기든스의 '개인수준의 극단'이라는 개념은 거시-미시 스펙트럼의 한쪽 극단이라는 점에서도 중요하지만, 한편으로는 사회세계가 창조되고 또 재창조되는 '개인화' 과정이라는 점에서도 중요하다. 10장에서는 개인과 퍼스널리티가 정책결과에 미치는 영향을 상세히 고찰함으로써 정책과정에서 개인이 가지고 있는 가치와 세계관의 역할이 매우 중요하다는 사실을 보여줄 것이다. 현대

사회의 도덕은 성찰적이고 '탈배태된' 성격을 갖고 있다는 사실이 매우 중요한데, 특히 세계화 과정의 영향 아래에서는 더욱 그러하다.

요컨대, 이와 같은 과정이 바로 세계화 담론의 핵심이자 확실성과 정통성이라는 과거의 개념을 재고해야만 하는 이유이다. 헬드와 맥그류(Held & McGrew, 2000)는 세계화가 사회, 경제, 정치에 영향을 미치는 과정을 다음과 같이 네 가지 테마로 요약하였다.

- 확장stretching: 사회, 경제, 정치 활동이 지리정치적 경계를 넘어 확장되고 있다.
- 증대intensification: 무역, 금융, 이주, 문화 영역에서 상호교류의 규모가 증대하고 있다.
- 속도velocity: 이 모든 과정의 속도가 급속도로 빨라지고 있다. 생각, 자본, 정보, 사람이 더욱 더 빠른 속도로 연결되고 있다.
- 심화deepening: 어느 한 지역에서 발생한 작은 사건은 해당 지역을 넘어 세계적인 의미를 갖는다. '이런 의미에서 국내문제와 국제문제의 경계는 점점 더 모호해진다'(Held 외, 1999: 15).

위의 목록에 벡과 기든스가 이야기한 '개인수준의 극단'이라는 개념을 추가할 수도 있다. 기든스의 '개인화' 개념은 세계화 과정을 상당히 잘 포착한다. 개인화 개념은 현대세계가 선택의 기회로 가득하다는 점, 세계화 과정에서 지역과 커뮤니티에 결부된 사회적 가치가 '탈착'된다는 점을 반영하는데(Hutton & Giddens, 2001), 이런 의미에서 개인화는 세계화를 이해하는 하나의 관점이 될 수 있다.

세계화 이론의 세 가지 학설

다른 사회적 담론과 마찬가지로 새로운 아이디어와 개념은 검증될 필요가 있다. 시간이 흐르면 다양한 이론적 관점이 뭉치고 흩어지면서 몇 개의 주요 학설을 형성하게 된다. 급속도로 사회과학 연구주제에 편입되어 큰 반향을 불러일으킨 세계화 논쟁도 예외가 아니다. 크게 보면 사회과학자들은 세계화에 대한 찬반을 결정해야만 하는 입장에 처했고, 이는 분명 간과되어서는 안 될 중요한 개념이다. 하지만 세계화 논쟁과 관련된 문헌의 양이 너무나 방대하기 때문에 새롭게 논쟁에 참여하는 사람들은 도대체 어디서부터 시작해야 할지를 알 수 없는 문제가 있다. 헬드와 그의 동료들(Held 외, 1999)이 정리한 바에 따르면, 세계화 이론은 대체로 회의론, 과잉세계화론, 변형론 세 가지 학설로 나눌 수 있다. 이 학설들의 일반적 특징을 이해하는 것은 세계화 연구를 위한 좋은 출발점이 될 수 있을 것이다.

회의론 sceptics

회의론자들은 세계화란 근본적으로 신화, 즉 지나친 상상력의 산물일 뿐이라고 주장한다. 이들은 세계가 과거에 비해 조금이라도 더 통합되었다거나 '네트워크화'되었다는 근거는 존재하지 않는다고 주장한다. 회의론자들이 보기에 경제활동의 증대는 주로 OECD에 가입되어 있는 몇몇 선진자본주의 국가들에게 제한적으로 나타나는 현상일 뿐 진정으로 세계적인 현상이라고 할 수 없다. 더욱 중요한 것은 세계화라는 근거 없는 주장으로 인해 주로 이익을 보는 집단이 초국적 기업과 우파 정치권력 동맹이라는 사실이다. 그들은 세계시장에서 경쟁하기 위해 국가경제의 군살을 빼고 효율성을 높여야 한다는 근거 없는 주장을 펴면서 고비용 복지국가를 비판한다. 따라서 일부 회의론자들에 따르면 세계화란 인플레이션 억제를 위한 공공지출 삭감과 조세 인하를 정당화하기 위해 신자유주의 경제학자들이 유포한 환상에 지나지 않는다. 이미 부유하고 강력한 권력을 가진 자들을 제외하면, 이 세계에 승자란 없다. 이와 같은 회의론자들의 주장은 자연스럽게 국민국가가 여전히 핵심적인 지리정치적 단위로 존재하며 그 자율성이 건재하다는 주장으로 이어진다. 이를 경험적으로 뒷받침한 연구로는 허스트와 톰슨(Hirst & Thompson, 1999)의 연구가 있다. 이들에 따르면 지난 수십 년간 세계경제의 성장곡선에는 굳이 새로운 개념을 동원하여 설명할 만한 어떠한 뚜렷한 변화도 나타나지 않았다. 게다가 개별 국민국가는 여전히 고유한 사회정책을 발전시켜 나가고 있기 때문에 세계화로 인해 어떤 공통된 모델로의 수렴 현상이 나타난다는 근거도 없다. 오히려 세계는 서로 구별되는 특징을 갖는 몇 개의 군집으로 분류될 수 있는데, 서로 다른 군집에 소속된 국가들은 각기 다양한 현대화 경로를 개척해 나가고 있다. 그리고 탈냉전 시대에는 더 오래되고 강력한 국가들의 세계 정치 · 경제에 대한 지배력이 한층 더 강력해지고 있다.

과잉세계화론 hyperglobalists

회의론의 반대편에는 과잉세계화론이 존재한다. 과잉세계화론자들은 전 세계가 지리정치적 경계를 초월하는 단일세계경제로 완전히 통합되었다고 주장한다. 예를 들어 오매(Ohmae, 1990)는 '터보자본주의 turbo-capitalism' 혹은 '초국적 자본주의 supra-territorial capitalism'의 도래로 국민국가의 기본적인 주권조차 힘을 잃었다고 주장하였다. 세계화는 매우 짧은 시간 동안 우리가 인식할 수조차 없을 정도의 급격한 변화를 가져왔다. 세계화가 초래한 변화의 핵심은 지구상에 존재하는 모든 국가들이 급속도로 세계경제에 통합되고 있다는 사실이다. 새로운 시장이 형성되고 인터넷을 통한 국민국가 간 경쟁이 심화되었다. 정보경제가 도래하여 새로운 형태의 경제활동이 크게 늘어났을 뿐만 아니라 기존 거래의 규모와 속도도 증가하였다. 통화와 서비스와 같은 '무중량' 거래의 규모가 크다는 점은 새로운 세계시장이 갖는 독특한 특징이다.

오매에 따르면, 세계화 시대에 전통적인 정치적 경계는 급속도로 사라지고 있고 국민국가는 이미 종말의 단계에 접어들었다. 정치 · 경제적 활동의 초점은 이미 국가수준을 넘어 아대륙亞大陸 수준으로 확장되었다(예를 들어, 잉글랜드 남동부 지역에서 프랑스 파리에 이르기까지 샤넬 터널Channel Tunnel로 연결된 지역에서는 새로운 경제활동이 활발히 나타나고 있다). 특히 런던, 뉴욕, 바르셀로나, 홍콩, 베이징, 그 외 환태평양에 위치한 도시들이 새로운 정치·경제의 핵심으로 떠오르고 있다. 이 거대한 메트로폴리스들은 세계경제에서 마치 강력한 자석과 같은 역할을 수행한다. 이들 도시를 가두고 있던 낡은 지리정치적 경계가 무너지고, 이 거대한 경제 블랙홀 주변으로 전 세계의 생산과 소비가 집중되고 있다. 이런 상황에서 '무역국가'는 낡은 개념이 되어 버렸다. 왜냐하면 어떤 지역이 특정한 국민국가에 소속되어 있다는 사실이 경제적으로 더 이상 큰 의미를 갖지 못하기 때문이다. 대도시 외 지역의 경제적 기능도 지속되고 있긴 하지만, 그 패러다임은 완전히 변화하였다. 세계자본주의의 심장 역할을 담당하는 몇몇 대도시들은 끊임없이 발전하지만 그 주변의 열악한 지역에는 경제·문화적으로 취약한 계층이 모여살고 있다. 이들 지역은 대도시에 빌붙어 간신히 경제적 생명을 유지하고 있다. 오매에 따르면, 당분간 세계경제는 두 개의 층으로 구성될 것이다. 그중 하나는 경쟁적이고 역동적인 신경제 부문으로 구성되고, 다른 하나는 느리고 둔하고 비효율적인 구경제의 잔여부문으로 구성된다. 요컨대, 과잉세계화론의 핵심은 세계화가 모든 것을 변화시켰다는 것이다.

변형론transformationalists

앞서 살펴본 양극단의 중간에 세 번째 학설이 존재한다. 변형론자들은 세계화가 새로운 사회적 힘이라는 논리를 수용한다는 점에서 회의론보다는 과잉세계화론에 더 가깝다. 크게 보면 이 책 역시 변형론의 관점을 따르고 있다. 변형론자들은 세계화가 경제적 변화를 가져올 뿐만 아니라 사회·정치적 일상도 크게 재구성한다고 주장한다. 하지만 이들은 국민국가가 종말을 맞이한 것이 아니라 오히려 새로운 세계적 힘에 적응하기 위해 재창출되고 있다고 본다. 헬드와 맥그류(Held & McGrew, 2000: 326)가 지적하였듯이, '네트워크와 체계가 세계화되는 동시에 지역화되고 있는 오늘날에는 국민국가의 역할이 재절합, 재구성, 재설정되어야 한다'. 국가는 세계화에 대응할 것을 요구받고 있지만, 그 대응은 국가의 고유한 역사·문화적 틀의 범위를 벗어날 수 없다. 따라서 모든 국가들이 어떤 보편적인 형태의 초국가superstate로 수렴하거나 전 세계가 초국적 기업의 지배에 종속된다고 보기는 어렵다. 물론 거버넌스 구조의 새로운 층層이 생성되고 새로운 권력 네트워크가 국민국가의 경계를 넘어서고 있는 것은 사실이다. 그럼에도 불구하고 권력이 사라졌다거나 국민국가가 약화되고 있다는 식의 설명은 세계화 시대의 새로운 기회구조를 정확히 표현하지 못하고, 오히려 세계화가 국민국가를 침식하고 있다는 근본적인 오해를 불러올 수 있다. 세계화로 인해 정치가 쓸모없어졌다고 볼 수는 없다. 다만 정치과정의 성격이 변화했을 뿐이다.

이쯤에서 과잉세계화론과 변형론을 구분하는 핵심적인 방법론적 차이를 설명할 필요가 있다. 과잉세계화론은 주로 세계경제시장에 초점을 맞추지만, 변형론은 역사와 문화를 강조한다. 과잉세계화론은 본질적으로 합리적 선택의 논리를 이론적 기초로 삼는다. 합리적 선택의 관점에서 정부와 민간기업 등의 주요 행위자는 경제적 이득을 극대화하기 위해 경제적으로 합리적인 경로를 따라갈 수밖에 없다. 가장 합리적인 경로를 선택하지 않을 경우 투자 철회와 자본 철수의 위험을 감수해야 하기 때문에 선택의 여지는 없다. 이처럼 과잉세계화론은 신고전주의 경제행위의 논리를 따르기 때문에 역사와 문화의 역할을 고려하지 않는다. 이와 달리 변형론에서는 외부적 힘의 영향을 조절하고 급격한 변화를 안정화시키는 제도의 역할에 주목한다. 현실은 복잡하고 가치와 이데올로기도 중요하다. 반면 합리적 선택 이론은 행위자와 정치문화가 정책결과에 미치는 영향을 (설명할 필요도 없지만) 설명하지 못한다. 합리적 선택의 세계에서는 모든 것이 시장의 논리에 의해 결정된다. 이처럼 과잉세계화론과 변형론의 결정적 차이는 방법론과 행위에 대한 의견의 불일치에 있다. 이 책의 뒷부분에서는 이 논쟁을 한 번 더 다룰 것인데, 왜냐하면 사회·역사적 맥락이 사회정책에 미치는 영향에 대해 정책분석가들이 충분히 주의를 기울여야 한다는 것이 우리의 핵심적인 주장이기 때문이다.

지난 수년간 변형론 관점을 옹호해 온 대표적인 학자는 기든스였다. 그는 시장의 세계화가 미치는 영향을 당연하게 받아들일 것이 아니라 보다 깊이 있는 고찰을 해야 한다고 주장하였다. 예를 들어 기든스에 따르면 커뮤니케이션 혁명은 시장의 세계화와 별개의 현상으로 중요하게 고려되어야 한다. 앞서 살펴보았듯 이 범세계적 커뮤니케이션의 발전은 개인 간 상호작용 방식, 사회적 관계, 개인 정체성의 근본적 패턴에 변화를 가져왔다. 세계화는 '단순히 경제적 힘에 의해 지배되는 현상이 아니라 커뮤니케이션과 훨씬 더 밀접한 관련이 있다. …… 커뮤니케이션은 국가와 개인의 일상에 영향을 미친다'(Giddens, 1999: 4). 앞서 주장한 바와 같이 세계화는 새로운 형태의 사회운동을 창조하기도 하고, 오랜 역사를 통해 심층의 문화적 의미와 경험에 뿌리내린 지역적 민족주의를 부활시키기도 한다. 하지만 세계화가 지역수준으로 '밀려 내려가면' 새로운 지역적 정체성이 등장할 기회가 만들어지기도 하고, 과잉세계화론자들이 주장하듯이, 기존의 지역적 경계를 넘어서는 경제 활동은 새로운 사회·문화적 연결을 만들어내기도 한다.

이처럼 변형론 관점은 세계경제의 힘과 수준이라는 두 가지 속성을 모두 인식하며, 사회·정치적 제도가 그에 대응하고 실제로 변형된다는 사실을 보여준다. 뿐만 아니라 새롭게 설정된 지리정치적 단위를 배경으로 지역·세계수준의 네트워크와 새로운 형태의 거버넌스가 나타나는데, 이 역시 정책분석이 고려해야 할 중요한 사실이다. 앞서 살펴본 바와 같이, 지난 2~30년간 영국은 중앙집권적 단일체제 통치 형태에서 느슨한 형태의 정치체로 탈바꿈하는 엄청난 변화를 경험하였다. 또한 시공간이 재구성되고 복잡성이라는 새로운 층이 생겨나면서 세계적 거버넌스 구조의 성격도 변화하고 있다. 이 주제는 이 책의 뒷부분에서 거버넌스에 관해 살펴볼 때 더 자세하게 논의할 것이고(6장을 보라), 국민국가의 역사·문화적 기초에 대해서는 신제도주의를 공부하면서 자세히 살펴볼 것이다(8장을 보라).

이 장의 결론을 내리기 전에, 지금까지 세계화에 대한 설명은 21세기 정책과정의 이해를 목적으로 하는 우리 여정의 출발점일 뿐이라는 사실을 다시 한 번 강조하고 싶다. 거시수준의 힘은 분명 전 세계에 매우 중요한 영향을 미치지만, 이

것이 절대 이야기의 끝은 아니다. 지금까지의 이야기는 빅맥 모델의 한 층에 해당하는 것이고, 우리는 이미 거시수준 못지않게 중간수준과 미시수준의 이슈도 똑같이 중요하다는 사실을 언급한 바 있다. 오랜 역사의 정치제도, 다양한 문화적

 **1.4 세계화와 복지서비스: 미시수준의 영향**

홀든(Holden, 2002)의 지적에 따르면, 세계화와 복지국가를 분석하는 연구의 대다수는 세계화가 국민국가의 정치·경제에 미치는 영향에 집중하거나(2장을 보라) 국제연합UN, 세계은행, 국제통화기금IMF과 같은 초국적 조직이 정책과정에서 수행하는 역할이 커지는 현상에 주목한다(6장과 9장을 보라). 그러나 홀든은 세계화가 거시수준에서만 작동하는 것이 아니라 서비스 전달과 같이 눈에 보이는 미시적인 영역에도 영향을 미친다고 주장한다. 특히 세계화는 주요 복지서비스를 전달하는 국제기업의 존재를 통해 미시수준의 서비스 전달에 개입한다. 예를 들어 장기요양보호 분야에는 BUPA케어홈스BUPA Care Homes, 애쉬본Ashbourne, 웨스트민스터헬스케어 Westminster Health Care라는 3개의 국제적인 기업이 존재한다. 이 3개의 기업은 영국에서 거의 500개의 요양원을 소유, 임대하고 있다. 애쉬본은 아마 이들 중 가장 국제화된 기업일 것이다. 이 회사는 미국에 본사를 두고 미국, 영국뿐만 아니라 오스트레일리아, 독일, 스페인 등에 진출해 있다. 애쉬본은 영국 장기요양서비스 분야의 두 번째로 큰 공급자로서, 영국에서만 8,000개의 병상을 가지고 있다. 이러한 사실의 중요성을 과소평가해서는 안 된다. 이들이 공급하는 서비스는 공공부문이 담당해왔던 영역에까지 이르고 있고 오늘날 복지국가 활동의 중심적 위치를 차지한다. 게다가 이 기업들은 영국과 다른 곳에서 시장 확대를 위해 노력하고 있는데, 홀든은 이러한 행위를 '시장추구market seeking'라 불렀다. 뿐만 아니라 이와 유사한 다른 기업들도 복지서비스 외 다른 영역으로 시장을 확대할 기회를 엿보고 있다. 홀든 (Holden, 2002: 63)은 '앞으로 이러한 현상이 정책적으로 함의하는 바를 연구해야 한다'고 제안하였다. '초국적 기업들의 시장추구 행위를 보면, 이들이 복지서비스 분야 민간시장의 발전과정에서 단순히 수동적인 행위자로 머무르지는 않을 것'이라는 사실을 짐작할 수 있기 때문이다. 요컨대, 세계화는 거시수준의 현상이지만 세계화가 미시수준에 미치는 영향도 간과해서는 안 된다.

토대와 같은 중간수준의 이슈도 있고, 총리, 대통령, 교사, 간호사, 공무원, 사업가, 노동조합 등 의사결정자 개인이 정책에 미치는 영향과 같은 미시수준의 이슈도 있다. 개인 행위자들은 각자의 역할을 수행하면서 전쟁을 선포하기도 하고 학교, 병원, 교통 시스템, 기업, 사무실에 전달되는 일상적인 서비스의 질을 좌우하기도 한다(상자글 1.4를 보라). 다시 한 번 강조하건대, 지금까지의 설명은 이 책의 한 장에 불과하다는 사실을 명심할 필요가 있다. 거시수준의 힘은 제도라는 필터를 통해 여과, 정렬되기 때문에, 거시·미시·중간수준 중 어느 하나에만 집중한다면 이야기의 일부밖에 이해하지 못한다. 이 책에서 사용하는 은유를 인용하자면, 정책과정을 공부하는 학생들은 빅맥의 진정한 풍미를 느끼기 위해 한꺼번에 빵을 씹어야 한다!

결론

무엇보다 가장 중요한 것은, 세계화가 한 가지 방향만을 가리키는 단일한 힘이 아니라는 사실이다. 세계화는 단순히 새로운 경제질서만을 의미하는 것이 아니라, 사회적 삶과 정치적 국가의 모든 주요 제도를 재창출하는 힘을 가지고 있다. 지금까지 살펴본 것처럼 세계화 과정은 우리 모두에게 영향을 미친다. 기든스의 표현을 따르자면, 세계화는 '바로 이곳에서' 일어나는 현상이자, 구시대의 계급과 지위, 전통을 무너뜨리고 모든 사람이 자기정체성을 더욱 성찰적으로 찾아나가도록 만드는 새로운 도전이다. 선택의 기회로 가득한 이 세계에서 우리는 자신이 누구인지를 스스로 결정해야 한다. 이것이 바로 '고도 근대성' 시대의 근본적인 특징이다. 우리는 모두 불과 수년 전만 해도 상상할 수 없었던 방식으로 세상을 살아가고 있고, 바로 이것이 세계화 과정에서 촉발된 강력한 경제적 힘만큼이나 중요하다. 물론 이러한 주장이 네트워크화된 초국적 자본주의의 힘을 저평가하는 것으로 이해되어서는 안 된다. 분명 세계화의 주요 측면 중 하나는 정치·

경제적 권력이 재분배되고 있는 현상이고, 현 단계에서 이로 인한 가장 큰 수혜자는 서구자본주의, 특히 미국 경제임이 틀림없다. 하지만 세계화 그 자체가 정치·경제적 불평등을 증가시키는 것은 아니다. 확장, 증대, 속도, 심화라는 4가지 핵심 테마를 통해 살펴본 바와 같이, 세계화는 전 세계에 커다란 도전으로 다가오고 있고 그 영향이 닿지 않는 곳은 거의 없다. 한편 중국이 세계 정치·경제의 주요 권력으로 부상하고 있는 현실은 역사의 구조를 이루는 거대한 판이 움직이고 있다는 사실을 보여준다. 근본적으로 세계화는 새로운 커뮤니케이션 네트워크와 권력 기반의 등장으로 관계의 속성이 변화되고 있음을 의미한다. 세계화는 세계가 작동하는 방식을 변화시켰고, 우리가 한 번도 만난 적이 없는 사람과의 관계에서부터 가장 가까운 친구와의 관계에 이르기까지 세계 곳곳에서 사람들이 서로 연결되는 관계의 방식을 재구성하였다.

요약

- 인터넷의 발명은 빛의 속도로 작동하는 정보통신 네트워크를 만들어내고 시공간을 재배치하는 강력한 힘을 촉발시켰다.
- 정치과정은 점점 더 복잡해지고 있다. 정치과정의 결과 역시 점점 더 불확실해지고 때로는 의도하지 않은 결과가 발생하기도 한다.
- 초국적 기업이 거대한 정치·경제적 권력을 행사하고 경제질서가 점점 더 통합, 수렴되고 있다.
- 세계화가 국민국가의 종말을 의미하지는 않는다. 국민국가는 소멸하는 것이 아니라 그 제도적 구조를 '느슨하게' 만드는 압력을 받고 있다. 하지만 국가 고유의 역사·문화적 유산이 국민국가에 미치는 영향은 여전히 지속되고 있다.
- 강력한 국민국가가 국제적인 규칙에 순응하도록 강제하기가 거의 불가능하기 때문에, 세계적 거버넌스는 선천적으로 무력할 수밖에 없다.
- 최근 영국의 국가는 과거 웨스트민스터 통치모델에 기초한 중앙집권적 단일체제에서 벗어나 훨씬 느슨한 '거버넌스' 형태로 재구성되고 있다.
- 확장, 증대, 속도, 심화는 세계화 담론에서 독특하게 나타나는 4가지 특징이다.

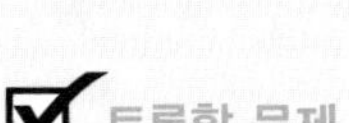

토론할 문제

- 기든스가 세계화 시대에 시간과 공간이 재배치되고 있다고 이야기한 것은 무슨 의미인가?
- 개별 국민국가가 기후변화에 대처하기 위해 국제적으로 합의된 규칙에 순응하도록 강제하기가 매우 어려운 이유는 무엇인가?
- 테러리스트의 위협은 어느 정도까지 세계화 과정의 산물이라고 볼 수 있는가?

더 읽을 거리

Held, D. & McGrew, A.(eds)(2000). *The Global Transformations Reader*. Cambridge: Polity Press.

Held, D., McGrew, A., Goldblatt, D. & Perraton, J.(1999). *Global Transformations: Politics, Economics and Culture*. Cambridge: Polity Press.

Hirst, P. & Thompson, G.(1999). *Globalization in Question*(2nd Edition). Cambridge: Polity Press.

Hutton, W. E. & Giddens, A.(2001). *On the Edge: Living With Global Capitalism*. London: Vintage.

CHAPTER 2

정치경제

개요

1장에서 살펴본 내용을 토대로 2장에서는 지난 30년간 '복지의 정치경제political economy of welfare'에 나타난 폭넓은 이데올로기 전환의 문제를 다룬다. 이러한 변화는 세계화에 의해 추동되는 경우가 많기는 하지만, 그럼에도 불구하고 세계화와는 구별되는 현상으로 고려할 필요가 있다. 2장에서 검토할 이데올로기 전환의 문제에는 다음과 같은 내용이 포함된다.

- 케인스주의가 붕괴하고 그 결과 경제영역에서 국민국가의 역할이 축소되었다.
- 포스트포드주의 복지국가가 등장하였다(제숍을 인용하자면, 케인스주의 복지국가에서 슘페터주의 워크페어체제로의 이동이 나타났다).
- 복지공급에서 민간부문의 역할이 증대하고 있다.
- 세계화된 지식경제에 적응하기 위해 사회민주주의가 '현대화'된 제3의 길The Third Way이 등장하였다.

주요 용어

정책패러다임policy paradigm, 패러다임 전환paradigm shift, 컨센서스consensus, 단절균형punctuated equilibrium, 경쟁국가competition state, 케인스주의 복지국가Keynesian Welfare National State, 슘페터주의 워크페어체제Schumpeterian workfare post-national regime

서론

1999년 11월 30일, 세계무역기구World Trade Organization: WTO 각료회의에 참석하기 위해 전 세계의 정책결정자들이 시애틀에 모여들기 시작하였다. 동시에 전 세계에서 모인 50,000명의 시위대가 세계화를 반대하는 대규모 시위를 벌였다. 반세계화 운동이 '성년을 맞는' 순간이었다. 언론은 이를 '시애틀 전투'라고 불렀다(BBCi, 1999a를 보라). 그와 같은 시각 전 세계 주요 도시에서도 '11. 30 세계 행동의 날' 깃발 아래 동시다발 시위가 전개되었다. 런던에서는 경찰과 시위대가 무력충돌을 일으킬 정도의 격렬한 시위가 발생하였다(BBCi, 1999b). 시애틀 전투 직전 1999년 6월 18일에는 독일 쾰른Cologne에서 열린 G8 정상회담에 때를 맞춰 '세계자본주의에 맞서는 축제'가 열렸다. 이날 영국은 1990년 반인두세anti-Poll Tax 폭동[1] 이후 가장 격렬한 시위가 벌어졌고, 이날 시위로 인해 런던금융가에서는 약 200백만 파운드의 손실이 발생하였다(BBCi, 1999b, 1999c).

이상의 사례가 생생하게 증언하는 것처럼, **세계화**는 현대 정치 담론의 중요한 개념으로 떠올랐다. 1장에서 살펴보았듯이, 불과 10년 전만 해도 세계화라는 개념은 모호한 사회과학 용어였을 뿐이었다. 사실 최근에 런던에서 벌어진 가장 격렬한 두 건의 저항운동인 1990년 반인두세 시위와 1999년 6. 18 반세계화 시위의 대조적인 배경원인은 최근 세계화 개념의 중요성이 커지고 있는 현실을 상징적으로 보여주는 것 같기도 하다. 즉, 대처 시대의 반인두세 시위는 **지방**정부의 재정조달과 관련된 '**국가**수준'의 정책 이슈 때문에 발생한 반면, 블레어 시대의 6. 18 시위는 **세계**무역과 관련된 '**지구적** 수준'의 정책 이슈 때문에 발생하였다는 것이다. 하지만 두 건 모두 반자본주의 시위로 이해할 수 있다는 점에서 이러한 설명

---

[1] 영국의 대처는 기존에 소득이나 재산에 따라서 차등적으로 부과하던 지방세를 18세 이상의 성인이면 재산이나 소득에 상관없이 일률적으로 부과하는 인두세로 대체하려 시도했다. 1989년 스코틀랜드를 시작으로, 1990년 잉글랜드와 웨일즈 전역으로 확대 실시된 인두세는 엄청난 저항에 직면했고 결국은 대처의 실각으로 이어졌다. 머릿수에 따라 부과한다고 해서 인두세라는 명칭이 붙었다.

은 그 차이를 지나치게 과장하는 것일 수 있다. 한편 반자본주의 시위로서의 성격도 관심의 대상이 되는데, 왜냐하면 두 시위가 자본주의 경제, 그리고 자본주의 경제와 국가의 관계가 시간에 따라 변화한다는 중요한 사실을 보여주기 때문이다. 이처럼 국가-시장의 관계를 둘러싼 오랜 논쟁에서는 수많은 아이디어와 주장이 나타나고 변화한다. 적절한 표현을 찾으려는 노력 끝에, 우리는 이러한 논의를 **정치경제**political economy라는 주제 아래에 배치하였다. 이 장의 목표는 지난 사반세기 동안 이루어진 정치경제의 커다란 전환을 살펴보고 이 전환을 복지정책의 변화와 연결 짓는 것이다. 요컨대, **복지의 정치경제**political economy of welfare의 전환을 살펴보고자 하는 것이다. 이 장에서는 먼저 복지의 정치경제가 최근 어떻게 변화하였는지를 탐색하고, 다음으로 현대사회의 경제적 특성이 어떻게 국가의 행위를 제약하는지를 몇 가지 주요 이론을 통해 살펴본 후, 마지막으로 복지의 정치경제가 왜, 어떻게 변화하고 있는지를 고찰할 것이다. 2장에서는 대부분 영국 사례에 집중하겠지만, 이 장의 후반부에서는 더 많은 국가를 포함하는 방향으로 논의를 확대할 것이다.

복지의 정치경제political economy of welfare

우선 왜 복지의 정치경제에 관심을 가져야 하는지에 대해 간단히 설명할 필요가 있다. 크게 보면 의사결정자의 행위가 대체로 당대의 지배적인 신념에 의해 틀지어진다는 것이 우리의 관점이다. 더 자세히 설명하자면, 어떤 시대에도 가장 지배적인 **관념적 패러다임**ideational paradigm(혹은 이데올로기적인 패러다임)이 존재하고, 이 패러다임이 설정한 한계 내에서 국가의 행위가 나타난다(Heffernan, 2002를 보라). 그렇다고 해서 우리가 지배적인 패러다임의 타당성에 대한 보편적인 합의가 존재한다거나 정책결정자들이 무조건 지배적인 패러다임을 따를 수밖에 없다고 주장하는 것은 아니다. 다만 우리는 주요 정당들이 정책적 가능성에 관한 다수의 핵심적인 가정들을 공유하는 경우가 많다는 사실을 지적하고자 하는 것이다. 주요 정당들은 몇 가지 핵심 가정을 전제로 두고 세부적인 정책 차이를 가지고 표를 얻기 위해 경쟁한다. 물론 분명 정당 간 정책 차이가 중요하고 복지국가의 성격에도 상당한 영향을 미쳤다는 사실은 실증적으로 확인된다. 하지만 주요 정당들이 근본적으로 상이한 세계관을 선언하고 경쟁하는 경우는 매우 드물고, 정당들이 시간이 지나도 동일한 정책적 입장을 고수하는 경우도 그다지 많지 않다. 곧 살펴보겠지만, 사실 지난 세기에는 국가가 무엇을 할 수 있고 또 해야 하는지에 대한 지배적인 신념이 크게 변화하였다. 이와 같은 현상을 국가적 컨센서스의 **패러다임 전환**paradigm shift이라 부를 수 있을 것이다. 패러다임 전환의 구체적인 원인에 대해서는 나중에 살펴보겠지만, 여기서는 기존 패러다임이 새롭게 등장한 문제를 해결하지 못하는 위기의 결과로 패러다임 전환이 일어난다는 점을 간략하게 짚고 넘어가고자 한다. 위기는 기존의 가정에 의문을 제기함으로써 기회의 창문을 열어젖히고 새로운 틀frameworks을 찾으려는 움직임을 촉발시킨다. 그러나 이 창문이 열리는 순간은 잠시뿐이며, 평상시에는 굳게 닫혀 있다. 정책분석가들에게 패러다임이 중요한 이유는 바로 이와 같은 패러다임의 안정성 때문이다. 패러다임은 행위의 한계를 설정함으로써 **아젠다 설정**에 핵심적인 역할을 한다(5장을 보라). 이와 같은 정치체제의 작동에 관한 가정은 종종 논쟁의 여지없이 받아들여진다. 룩스(Lukes, 1974)는 이를 권력의 제2차원, 제3차원이라 명명하였다.

영국의 전후 복지 컨센서스post-war welfare consensus

이러한 주장의 구체적인 사례로, 전후 영국에서 복지정책의 철학적 바탕의 전환이라는 역사적 경험을 들 수 있다. 2차 세계대전 이후 성립된 영국 복지국가의 기본 원칙에 대해서는 주요 사회정책 분석가들이 상세히 분석한 바 있다(Hill, 1993;

Gladstone, 1995; Glennerster, 1995; Jones, 2000; Fraser, 2003). 1942년 베버리지 보고서의 발간 이후, 전시 연립정부와 1945년 출범한 애틀리Attlee 노동당 정부는 주요 사회정책영역에서 국가의 역할을 크게 확대하는 일련의 개혁을 단행하였다. 예를 들어 교육영역에서는 1944년 (버틀러Butler) 교육법Education Act 제정으로 의무교육이 완료되는 연령에 이르기까지 모든 아동에게 무상교육이 보장되었다. 사회보장영역에서는 1945년 가족수당법Family Allowance Act, 1946년 국가보험법National Insurance Act, 1948년 국가부조법National Assistance Act이 마련되어 국가운영 소득지원체계를 합리적으로 개선하고 확대하였다. 의료영역에서는 1946년 국가보건서비스법National Health Service Act 제정으로 NHSNational Health Service가 시행되어 모든 사람이 의료를 무상으로 이용할 수 있게 되었다(영국 복지국가의 발전을 개관하기 위해서는 Fraser, 2003을 보라).

전후 복지국가의 발전이 과거와 얼마나 단절적인 현상인지, 정책 변화의 구체적인 원인이 무엇인지에 대한 의견은 분분하지만, 전후 복지국가의 주요 특징에 대해서는 대체로 다음과 같은 일반적인 합의가 존재한다.

첫째, 새로운 사회정책을 실시하기 위해 국가개입이 확대되었다. 이는 사회문제 해결을 위해서는 정부의 개입이 필요하다는 관점을 반영한 것이었다. 즉, 시장의 능력에는 한계가 있으며 시장의 악영향으로부터 국민을 보호하기 위해서는 강력한 사회정책이 필요하다는 주장이 수용되었던 것이다. 2차 세계대전은 이러한 명제의 타당성을 확인할 수 있었던 역사적 경험이었다. 예를 들어 전쟁을 수행하기 위해 국가적 자원을 동원하는 과정에서 의료의 접근성이 개선되는 결과가 나타났다. 이러한 의미에서 전후 복지정책의 상당수는 전시 행정의 연장 또는 확장이자, 전전戰前 정부의 시장지향적 접근과의 단절로 볼 수 있다(Addison, 1994; Fraser, 2003; Hill, 2003).

둘째, 새로운 복지국가는 사회보험 및 관련서비스 위원회가 제출한 소위 베버리지 보고서(Beveridge, 1942)의 영향을 강하게 받았다. 베버리지 보고서의 발간은 사회복지 역사에서 획기적인 사건이었다. 베버리지 보고서가 갖는 함의를 서술하는 것은 결코 쉬운 일이 아니지만, 그 기여의 가장 핵심은 사회권적 시민권을 강조한 것이다(Marshall, 1950을 보라). 베버리지는 그가 '5대 거악'이라고 부른 궁핍(빈곤), 불결(부적절한 주거), 질병(불건강), 무지(교육 기회의 부족), 나태(실업)를 해결하는 것은 국가의 의무라고 보았다. 베버리지 보고서는 더 나은 세상을 염원하는 전후의 시대적 분위기와 복지정책에 관한 한 단계 발전된 사고를 반영한 것이었다. 베버리지 보고서는 사회보험을 정부지출의 분리된 많은 기술적 수단 중 하나로 고려한 것이 아니라, 빈곤과 배제 극복을 위한 상호 연관된 포괄적인 정책집합의 사례라고 주장하였다. 즉, 복지정책보다는 복지국가가 필요하다는 것이었다.

한편, 복지국가는 케인스주의 경제관리와 긴밀하게 연관되어 있다. 베버리지 보고서 역시 사실 케인스주의의 가정에 기초를 두고 있다. 구체적으로 말하자면, 국가의 경제개입을 통해 완전고용을 달성하고 총수요 소절을 통해 경기변동을 완화할 수 있다는 생각이 전후 새로운 복지국가를 뒷받침하는 믿음이었다. 사회영역에서 국가개입이 확대되었을 뿐만 아니라, 경제영역에서도 국가가 경제를 관리하는 것이 유익하다는 사실이 전시 경험을 통해 입증되었다. 특히 전쟁 준비를 위한 국가 주도의 재무장 과정에서 고용이 크게 증가하였다. 1차, 2차 세계대전 사이의 전간기에 사람들은 혹독한 실업을 겪어야만 했기 때문에, 2차 세계대전이 끝날 때쯤에는 그러한 경험을 반복하고 싶지 않다는 대중적 열망이 고조되었다. 이러한 여러 가지 사회 · 경제적 이유로 완전고용의 촉진은 전후 정부의 공식적인 정책으로 안착되었다. 비록 사람들에게는 덜 알려져 있지만, 베버리지의 또 다른 보고서의 주제도 완전고용을 달성하기 위한 수단의 개발이었다(Beveridge, 1944).

이처럼 주의 깊은 경제관리를 통해 경기부침을 줄이고 지속적으로 안정적인 경제성장을 달성할 수 있다는 믿음이 전후 사회정책 마련의 기초가 되었다. 비록 절대적으로 확실한 것은 아니었지만, 지속적인 번영이 보장되어 있다는 암묵적인 생각 덕분에 사회지출 수준을 더 쉽게 향상시킬 수 있었다. 실제로 정책결정자들이 사회지출의 증가분을 경제성장으로 충당할 수 있다고 주장하는 것은 흔한 일이었다.

한편, 당시 완전고용은 남성들에게 해당되는 것이라는 가정이 있었다는 사실을 추가적으로 언급할 필요가 있다. 여성들은 전시 노동시장에서 상당히 중요한 역할을 수행했음에도 불구하고 전쟁이 종결된 후에는 다시 자녀를 양육하는 전통적인 역할을 맡아야 했다. 전후 복지국가는 대체로 남성 생계부양자 모델male breadwinner model에 기초를 둔 것이었다. 베버리지 보고서에 제시된 사회권적 시민권이라는 개념은 남성이 기여금을 납부하고 국가보험을 적용받는 형태로 실현되었고, 여성과 아동은 피부양자로 간주되어 가장과의 관계를 통해서만 수급자격을 얻을 수 있었다. 이와 유사하게 당시의 사회정책은 전통적 핵가족이라는 특정한 형태의 가족을 복지제공 단위로 보는 관점에 기초하고 있었다(고용과 관련된 이슈는 3장에서 더 자세히 다룰 것이다).

요컨대, 복지의 정치경제 관점에서 해석하자면, 전후 사회정책은 국가가 경제를 잘 관리할 수 있고 사회권적 시민권의 실현을 위해서는 과세와 규제가 필요하다는 가정을 전제로 성립되었다. 과거 전간기에는 전통적인 정책수단으로 불황을 극복하기가 어려웠고, 대량실업에 대한 대응이라고는 기껏해야 최악의 부작용을 조금 완화하고자 하는 시도 정도밖에 없었으며, 실업 증가로 대대적인 사회보장 확충이 필요한 때에 오히려 복지가 삭감되곤 했다. 이처럼 경제문제 앞에서 국가가 어쩔 줄 몰라 허둥대기만 하던 전간기와 비교할 때, 전후 사회정책을 뒷받침하는 핵심적인 가정은 거대한 사고의 전환으로 평가할 만하다(Fraser, 2003을 보라).

베버리지식 복지국가의 몰락

영국에서는 두 주요 정당이 위에서 설명한 핵심 가정을 공유하고 **전후 복지 컨센**

서스post-war welfare consensus의 기초를 형성하였다. 전후 노동당 정부와 보수당 정부는 모두 국가 활동을 확대하고 복지지출을 증가시켰다. 당시의 평론가들은 양당의 경제정책의 유사성을 표현하기 위해 '버츠컬리즘Butskellism'이라는 용어를 만들어냈다(버츠컬리즘은 1950년대 중반 보수당의 재무부장관 버틀러Butler와 노동당 그림자내각[2]의 재무부장관 게이츠컬Gaitskell의 이름을 합성한 것이다). 물론 스웨덴과 같이 훨씬 더 강력하고 안정적인 복지 컨센서스를 성공시킨 국가와 비교하면(예를 들어 Baldwin, 1990) 영국의 전후 복지 컨센서스는 그 구체적인 범위와 강도의 측면에 논쟁의 여지가 있다(Seldon, 1994). 그럼에도 불구하고 2차 세계대전 이후 복지의 정치경제에서 패러다임 전환이 일어났다는 사실은 의심할 여지가 없다. 하지만 1960년대 후반에 접어들어 광범위한 사회·경제적 변화가 나타나기 시작하면서 친복지국가 패러다임의 기초적인 가정들은 다음과 같은 심각한 도전에 직면하게 되었다.

첫째, 영국 경제에 몇 가지 중대한 문제가 발생하였다는 사실이 점점 더 분명해졌다. 1950년대 말에는 해럴드 맥밀런Harold Macmillan 총리가 '이처럼 좋은 때는 없었다'는 자랑을 떠벌리고 싶다고 생각할 정도로 경제가 괜찮았다. 그러나 1970년대에 접어들면서 영국의 경제성장 속도가 상대적으로 둔화되고 경쟁력이 약해지고 있다는 사실이 확실해졌다. 정부 경제정책으로 안정적인 경제성장이 유지되는 것이 아니라, 일시에 한계점까지 급격하게 성장한 후 경기과열을 방지하기 위해 다시 수요를 억제해야 하는 '확대-긴축의 순환stop-go cycle'이 나타났다. 게다가 더욱 심각한 문제는 실업이 다시 증가하기 시작했다는 것이다. 1970년대 후반에는 실업자의 수가 심리적 분기점인 '100만 명'을 넘어섰다. 실업의 증가가 통제를 벗어났다는 인식이 확산되면서 1979년 총선에서 노동당이 패배하게 되었다.[*] 게다가 완전고용의 실패는 고도의 인플레이션을 동반했다는 점에서 더욱 심

---

2 야당이 정권 획득에 대비해 예정한 각료를 의미하는데, 정권 획득 이후에는 그대로 내각의 장관이 되는 경우가 많았다.

각한 정치적인 의미를 갖는다. 케인스주의 경제학의 중요한 가르침 중 하나는 인플레이션과 실업이 반비례한다는 것이다. 즉, 둘 중 하나가 오르면 다른 하나는 내려간다는 것인데, 이를 소위 '필립스 곡선Phillips Curve'이라고 부른다. 그런데 경기침체stagnation와 물가상승inflation이 동시에 발생하는 스태그플레이션stagflation의 등장으로 이러한 케인스주의 명제가 과연 여전히 타당한지 의문이 제기되었다.

뿐만 아니라 영국 경제의 발목을 잡는 또 다른 구조적인 문제도 지적되었다. 몇몇 사람들은 영국의 주요 산업이 구시대의 작업관행에 의존하고 있고 생산성이 낮다고 생각하였는데, 이들은 이 문제 역시 지나친 국가개입 때문이라고 비판하였다. 즉, 국가가 사양산업을 지원하고 때로는 심지어 국유화할 뿐만 아니라, 코포라티즘적corporatist 경제관리 하에서 사회·경제정책의 결정에 노조가 크게 관여하는 바람에 부정적인 결과가 나타났다는 것이다(상자글 2.1을 보라). 국가가 자신의 능력 이상으로 비대해지고 있다는 국가 과부하 명제state overload thesis가 영향력을 획득하기 시작하였다. 이 와중에 캘러헌Callaghan 노동당 정부의 신용을 떨어뜨리는 두 가지 커다란 사건이 발생하였다. 그 중 하나는 파운드화의 지속적인 약세와 수지 불균형 때문에 IMF의 긴급자금을 대출받게 된 사건이다. 사실 IMF의 대출은 주로 저소득 국가가 심각한 위험에 처했을 때 받는 것이기 때문에, 이 사건은 과거 세계에서 가장 부유한 국가였던 영국이 이제는 확실히 한물갔다는 사실을 상징한다고 해석되었다. 설상가상으로 IMF가 대출의 조건을 내걸면서 문제는 더욱 심각해졌다. 대출 조건의 구체적인 내용은 공공지출을 삭감하고 통화공급(즉, 사실상 인플레이션)을 조절하는 데 정책 우선순위를 두어야 한다는 것이었다. 간단히 말하자면, 이 사건은 케인스주의 경제관리 시대의 종결이자 완전

---

* 1979년 선거에서 보수당 선거운동의 상징적 요소는 사치앤사치Saatchi and Saatchi가 디자인한 포스터였다. 이 포스터에는 실업수당을 받으러 창구에 길게 늘어선 사람들의 사진 위에 '노동당은 일하지 않는다Labor Isn't Working'라는 구호가 적혀 있었다. 이 포스터는 광고산업 잡지 〈캠페인Campaign〉에 의해 '(20)세기의 포스터'로 선정되었고, 당시 선거에서 핵심적인 역할을 한 것으로 평가받는다. BBCi(2001)을 보라.

오늘날의 관점에서 전후 컨센서스의 핵심요소인 코포라티즘적 경제관리를 이해하기란 쉽지 않다. 오늘날에는 민간이 거의 자율적으로 임금을 협상하지만, 1945~1979년의 두 정부는 국가적 차원의 임금정책을 통해 경제를 관리하였다. 코포라티즘적 경제관리 아래에서 원칙적으로는 정부와 기업 및 노조 대표 간 협상의 결과로 임금정책이 결정되는데, 때로는 국가가 일방적으로 정책을 강제하거나 아니면 지역노조가 전국적 합의에 반발하여 항의행동을 벌이는 경우도 있었다(Dorey, 2001). 특히 1970년대에는 석유위기 때문에 영국 경제가 휘청거리고 노사갈등이 증폭되면서 이러한 경향이 더욱 강해졌다. 예를 들어 히스Heath 정부는 5개월 간 임금인상을 금지하는 등의 엄격한 임금정책을 추진하였지만, 이에 반발한 광부들이 노동쟁의에 돌입하는 등 임금정책이 원활하게 실시되지 못하였다. 캘러헌 정부 역시 물가상승률보다 낮은 수준의 5% 임금인상안을 추진하였지만, 1978~1979년 '불만의 겨울'을 지나면서 임금정책은 극심한 혼란을 겪게 되었다.

이와 같은 정책의 시도와 실패는 국가가 통치불능의 상태에 빠져들고 있음을 의미했다. 당시 노동쟁의의 규모를 살펴보면 이를 잘 알 수 있다. 1979년 연간 근로손실일수는 2950만 일에 달하였다(참고로 1997년에는 23만 5천 일에 불과하였다; www.statistics.gov.uk). 당연히 대처는 선거운동에서 국가가 통치불능의 위기에 빠졌고 과부하로 허덕이고 있다고 주장하였다. 그녀는 1979년 보수당 선거 성명의 서두에서 다음과 같이 말했다. '지난 5년간 영국에 살고 있었던 사람이라면 우리 사회의 균형이 얼마나 심각하게 무너졌는지, 비대한 국가가 개인의 자유를 얼마나 침해하고 있는지를 잘 알 것이다'(Conservative Party, 1979). 그 직전에 발표된 성명서에는 다음과 같이 더욱 간명한 표현이 실려 있다. '영국 국민은 지나치게 큰 정부로 인해 고통 받고 있다'(Conservative Party, 1978).

고용의 포기를 의미하는 것이었다. 캘러헌은 1976년 노동당 당 대회에서 이러한 사실을 상당히 분명하게 언급하였다(상자글 2.2를 보라). 하지만 그의 공공지출 삭감 시도는 다음과 같은 두 번째 사건 때문에 커다란 저항에 부딪혔다. 그 사건

국제수지 위기에 처한 영국이 IMF와 거래를 맺은 후, 1976년 노동당 당 대회에는 짐 캘러헌Jim Callaghan 총리의 기념비적인 연설이 있었다. 그는 케인스주의 경제관리와 경제성장이 공공지출의 확대를 감당할 수 있다는 가정이 더 이상 유효하지 않다는 정부의 입장을 명확하게 밝혔다. 그는 당대회장에 모인 노조 간부들과 당 활동가, 의원들에게 다음과 같이 말했다.

> 우리는 세금을 깎고 정부지출을 늘려 고용을 증가시키고 불황을 극복할 수 있을 것이라고 생각했었습니다. 여러분에게 최대한 솔직하게 이야기하자면, 우리에게 그런 선택지는 이제 존재하지 않습니다. 심지어 그런 선택지가 존재했을 때조차 그 대가로 경제는 커다란 인플레이션을 겪어야만 했고 곧이어 실업이 증가하는 단계가 찾아오곤 했습니다(Callaghan, 1976).

많은 사람들이 대처 정부가 전후 복지 컨센서스를 종결시켰다고 생각하지만, 사실 사회·경제정책 방향의 재설정은 캘러헌 정부에서부터 시작되었다.

이란 바로 1978~1979년 '불만의 겨울Winter of Discontent'로 대표되는 노동쟁의의 급증이었다(상자글 2.1). 소방관, 앰뷸런스 운전자, 환경미화원, 산역꾼 등 공공부문 서비스 노동자들이 임금인상을 요구하며 파업을 벌였고, 공공부문 예산 감축 계획에 차질이 빚어졌다. 코포라티즘적 경제관리에 대한 정부의 신용은 땅에 떨어졌다. 결과적으로 이들의 파업은 정치적인 측면에서 국가 과부하 명제의 대표선수인 대처에게 힘을 실어준 셈이 되었고, 이후 1979년 총선거에서는 보수당이 승리하여 대처가 영국 총리로 선출되었다.

대처, 블레어, 브라운 그리고 그 이후

널리 알려진 바와 같이, 대처 정부의 개혁이 추구한 핵심적인 목표는 '**국가의 축소**rolling back the state'였다. 전후 복지체제의 성립은 국가개입 확대가 경제적 성과를 향상시키고 사회문제를 해결할 수 있다는 가정을 기초로 한 반면, 대처주의 Thatcherism는 정확히 그 반대의 가정에 기초하였다. 그것은 바로 국가개입이 문제를 해결하지 못하고 오히려 더 큰 문제를 야기한다는 생각이었다. 이에 대처는 급진적인 자유시장 지향적 개혁을 단행하여 그 이전까지 점진적으로 집합주의collectivism 방향으로 나아가고 있었던 역사의 흐름을 되돌리고자 하였다. 대처의 개혁 프로그램에는 국영기업 및 시설의 급진적 민영화, 공공부문 프로그램 축소 및 효율성 증대, 주요 공공서비스 시장화, 사회보장급여 수급자격 엄격화 및 급여율 축소, 과격한 감세 등이 포함되었다(Kavanagh, 1990을 보라).

국가의 행위는 해롭다는 대처의 신념은 사회권적 시민권에 대한 강조를 철회하고 개인의 책임을 강조하는 흐름으로 이어졌다. 대처에게 복지란 국가가 아니라 개인과 가족이 책임져야 하는 문제였다. 그녀는 경제영역뿐만 아니라 사회영역에서도 국가개입이 문제를 해결하지 못하고 오히려 더 많은 문제를 야기한다고 생각하였다. 예를 들어, 사람들이 미래를 위한 저축을 게을리 하고, 실업 상태에서도 일을 찾지 않으며, 가족을 돌보거나 지역사회 봉사활동에 참여하려 하지 않는다는 것이다. 실제로 높은 수준의 과세는 민간부문의 활동을 밀어내고 근로 인센티브를 감소시키는 효과를 만들어내고, 관대한 사회보장급여는 저축과 근로의 역인센티브로 작용하는 경향이 있다. 따라서 사회지출 감축이 경제발전에 긍정적인 영향을 주는 것은 물론 도덕적인 측면에서도 더 우월한 결과를 가져올 수 있다고 기대되었다.

경제학 이론의 관점에서 보면, 대처는 케인스주의를 거부하는 대신 통화주의 monetarist 접근을 채택하였다. 즉, 총수요를 진작하기보다 통화공급을 조절하는 것이 국가정책의 우선순위가 되어야 한다는 것이었다. 또한 통화주의 접근에서는 완전고용을 추구하기보다 인플레이션을 조절하는 데 강조점을 둔다.* 이러한 관점에 따르면 경제영역에서 정부의 진정한 역할은 인플레이션을 억제하여 경제 발전의 조건인 안정성과 확실성을 증진시키는 것이다. 국가는 경제의 수요측면이 아니라 공급측면에서 작동해야 하고, 경제성장과 혁신의 책임은 민간 기업이 담당해야 한다.

요컨대, 대처의 개혁에 내재된 가치는 전후 복지 컨센서스에 내재된 가치와는 거울상과 같이 정반대의 것이었다. 그것은 약간의 정책적 변화가 아니라 복지의 정치경제 패러다임의 전환이었다. 물론 이러한 전환이 하룻밤 사이에 일어나거나 저항이 없었던 것은 아니고, 대처가 바랐던 것만큼 여론이 빠르게 전환되지도 않았다. 그럼에도 불구하고, 중요한 것은 재무부, 금융기관, 주요 언론, 여론, IMF와 미국 정부를 위시한 강력한 이익집단들이 새로운 세계관을 받아들이고 확산시키는 데 일익을 담당하였다는 사실이다(Hall, 1992). 노동당 역시 예외가 아니었다. 처음에 노동당은 패러다임 전환에 강하게 반발하는 모습을 보여주었고, 1983년 총선거에서는 심지어 국가개입을 더 확대해야 한다는 주장을 펼치기도 하였다. 그러나 1983~1992년 닐 키녹Neil Kinnock 당수 시절에는 새로운 패러다임의 핵심 요소를 수용하는 방향으로 서서히 선회하였다. 그리고 1994년 블레어가 당수로 선출되면서 노동당의 변화는 가속하였다. 널리 알려진 바와 같이 블레어는 당수 취임 후 노동당 강령 제4조를 개정하였는데, 그 이유는 국가개입의 확대를 약속하는 이 조항이 시대에 뒤떨어졌다는 것이었다.

우리는 대처가 취한 일련의 조치가 정당했다거나 성공했다고 주장하려는 것이 아니다. 사실 그녀가 지적했던 문제점 중 상당수는 급진적인 개혁에도 불구하고 여전히 지속되었다. 예를 들어 호불황이 주기적으로 반복되는 현상은 사라지지 않았다. 실업은 크게 증가하였다. 공공지출의 증가를 역전시킨다는 것은 불

---

* 널리 알려져 있듯이, 실제로 전 보수당 장관 노먼 러몬트Norman Lamont는 인플레이션을 억제할 수만 있다면 상당한 수준의 실업은 '감당할 만한 가치가 있는 대가'라고 국회에서 선언하였다(1991년 의회 의사록 413행).

가능한 것으로 판명되었다. 감세로 인한 재정부족은 국가채무의 증가로 이어졌거나, 사실상 후세대가 납부하는 세금으로 충당될 수밖에 없었다. 그럼에도 불구하고 지금까지 이야기의 핵심은 대처의 정치적 견해가 기초하고 있는 패러다임의 방향으로 여론이 이동하였다는 것이다. 이후 1997년에는 보수당이 그 자신의 모순과 여러 가지 문제 때문에 결국 블레어에게 정권을 내주게 되지만, 노동당이 권력에 복귀하였을 때는 이미 급진적인 현대화 바람이 한바탕 휩쓸고 지나간 다음이었다. 게다가 블레어는 노동당 역시 '사회양극화, 범죄 증가, 교육의 실패, 낮은 생산성, 저조한 경제성장과 같은 문제에 대한 해답'(Blair, 1998b: 2)을 가지고 있지 못하다는 사실을 인정하였다. 결정적으로 블레어의 '제3의 길' 노선은 노동당이 과거의 실패로부터 교훈을 얻어야 하고 필요하다면 보수당으로부터라도 배워야 한다는 인식의 산물이었다. 심지어 노동당은 예전에 극렬하게 반대했던 대처의 아젠다를 '돌이켜 생각해보면 현대화 과정에서 필요한 것이었다'(Blair, 1998b: 5)는 이유를 들어 일부 수용하기도 하였다. 이에 블레어를 비판하는 사람들은 신노동당의 아젠다가 우경화에 다름 아니며, 노동당의 전통적인 가치를 포기하는 것이라고 주장하였지만(Hay, 1999), 블레어(Blair, 1998b: 1)는 '제3의 길은 좌우를 가르고자 하는 시도가 아니라 변화된 세상에 필요한 새로운 가치에 관한 문제'라고 반박하였다. 새로운 기술과 지식경제가 지배하는 세계화 시대에 전통적인 사회민주주의 접근은 시대에 뒤떨어졌다는 것이다.

블레어의 등장은 정책분석가들에게 다음과 같은 질문을 제기한다. 과연 신노동당의 접근은 대처와 메이저 정부의 프로그램과 다른 것인가? 즉, 신노동당의 접근을 또 다른 하나의 패러다임 전환으로 볼 수 있는가? 이 질문에 대답하기란 매우 어려운데, 왜냐하면 대처와 블레어(그리고 그 후계자인 브라운 총리)의 접근이 많은 측면에서 다음과 같이 강한 유사성을 띠기 때문이다. 첫째, 블레어의 접근은 국가의 행위에 분명한 한계가 존재한다는 가정에 기초한 것이었다. 예를 들어 블레어는 '국민소득의 일부로서 공공지출은 어느 정도 그 수용가능성의 한계에 이르렀다'(Blair & Schröedor, 1999: 2)고 주장하였다. 이와 유사하게, 제3의 길을 주창한 핵심 이론가인 앤서니 기든스(Giddens, 2000: 57)는 제3의 길 노선은 큰 국가와 강한 국가의 차이를 인정한다고 주장하였다. 블레어 내각의 장관이자 이제 총리가 된 브라운은 신노동당 접근의 경제적 차원을 설계하는 역할을 담당하였다.

둘째, 신노동당은 개인의 책임을 강조하면서 전후 사회권 모델에 대한 비판을 받아들이고 있다. 그럼에도 불구하고 권리와 책임이 병행되어야 한다는 사실을 강조한다는 점에서 신노동당의 접근은 단순한 개인주의를 넘어선다. 블레어 (Blair, 1998b: 4)는 다음과 같이 주장하였다.

> 너무나도 오랜 시간 동안, 국가에 대한 권리 요구는 시민이 의무를 다해야 한다는 사실, 개인과 제도의 상호책임성이 필요하다는 사실과 동떨어진 것처럼 인식되어 왔다. 실업급여는 종종 강력한 상호의무가 전제되지 않은 상태에서 지급된다. 자식과 같이 살지 않는 부모 때문에 아동이 방치되고 있다. …… 우리가 누리는 권리는 우리가 져야 할 의무를 반영한다. 책임 없는 권리와 기회는 이기심과 탐욕의 원천이다.

마지막으로, 경제영역에서 신노동당은 케인스주의 경제운용을 거부하고 **공급측면 접근**supply-side approach을 받아들였다는 점 역시 대처주의와의 유사성이 발견되는 대목이다. 실제로 블레어(Blair, 1999)는 이러한 사실을 상당히 확실하게 천명한 바 있다. 블레어는 케인스주의 수요관리모델이 기초하고 있는 가정이 '완전히 무너졌고', 세계화된 지식기반경제가 도래하고 있는 상황에서 '정책의 최우선순위는 인적자본과 사회자본의 개발에 두어야 한다'(Blair & Schroedor, 1999: 5)고 주장하였다. 기든스(Giddens, 2000: 73)가 이야기한 바와 같이, '거시경제정책의 목적은 인플레이션을 억제하고, 정부채무의 한계를 설정하며, 적극적인 공급측면 수단을 강구하여 경제성장과 고용증대를 달성하는 것이다'.

많은 공급측면 정책들, 특히 그 중에서도 실업급여, 교육, 훈련과 관련된 정책들은 전통적으로 사회정책영역에 속하는 것으로 간주되어 왔으나 이제는 경제적인 측면에서 그 역할이 강조되고 있다. '인적자본 투자는 복지개혁의 방향을 이끌어가는 테마이고, 정부는 지식경제에 대응하기 위해 인적자본 투자에 힘써야 한다'(Giddens, 2000: 165).

블레어와 마찬가지로 기든스(Giddens, 2000: 163) 역시 제3의 길이 '단순히 하향식 사회주의와 자유시장 지향적인 철학 사이의 중간지대를 점유하려는 시도가 아니라, 사회민주주의 원칙을 재구성하여 세계화와 지식경제라는 두 가지 혁명에 대응하고자 하는 것'이라고 보았다. 그러나 제3의 길이 실제로 대처주의와 얼마나 다른지에 대해서는 논쟁의 여지가 있다. 물론 대처주의와 블레어주의를 뒷받침하는 근거가 서로 다를 뿐만 아니라, 특정 분야, 특히 사회정책 분야에서 정책의 강조점이 다른 것은 분명한 사실이다. 그럼에도 불구하고 신노동당의 접근이 대처주의와 얼마나 다른 방향을 가리키고 있는 것인지, 혹시 대처주의의 단순한 변주에 불과한 것은 아닌지와 같은 질문에 대답하기는 쉽지 않다. 이 책을 쓰고 있는 현재 데이비드 캐머런_{David Cameron}이 이끄는 보수당은 여론조사에서 신노동당을 앞서고 있다. 이대로라면 다음 선거에서 보수당이 신노동당에게 강력한 도전이 될 것이 틀림없다.[3] 하지만 1980년대와 1990년대 초반에 노동당이 그랬던 것처럼, 캐머런의 보수당은 지난 10년간 신노동당이 지배해 온 정치의 중심에 이제 막 유력한 도전자로 등장했을 뿐이다. 사람들은 보수당이 집권한다 하더라도 과연 신노동당과 다른 무엇을 보여줄 수 있을 것인지 혼란스러워 하고 있다.

그렇다면 정책분석가들은 과연 포스트대처 시대에 새로운 복지의 정치경제가 등장하였느냐는 질문에 답을 제시할 수 있는가?

---

3 2010년 보수당 당수 캐머런은 영국 총선거에서 보수당을 승리로 이끌면서 총리직에 오르게 되었다.

복지국가에서 경쟁국가로?

커니와 에반스(Cerny, 1990; Evans & Cerny, 2003; Cerny & Evans, 2004를 보라)
는 전후 복지의 정치경제 전환을 이론적으로 논의하면서 **경쟁국가**competition state
라는 개념을 발전시켰다. 그들에 따르면, 전후 경제성장의 시대에는 사회정책이
상대적으로 자율적인 국내 이슈였기 때문에 다양한 경제적 문제에 크게 구애받지
않고 복지국가 지출을 지속적으로 늘려나갈 수가 있었지만, 최근에는 기존의 조
건이 크게 변화하여 '경쟁국가'가 등장하였다는 것이다. 경쟁국가란, 정부가 경
제적 성공의 조건을 마련하는 데 초점을 맞추고 그 목적을 실현하기 위해 사회정
책을 포함한 모든 정책수단을 동원하는 국가를 말한다.

구체적으로 논의하자면, 에반스와 커니는 '패러다임 전환'의 결과로 '세계자본
주의 경제 아래에서 국가의 역할에 대해 느슨한 신자유주의 컨센서스'가 새롭게
이루어졌다고 주장하였다(Evans & Cerny, 2003: 21). 이러한 컨센서스의 내용은
다음과 같다. 먼저 경제영역에서는 케인스주의 경제관리의 폐기, 자유시장과 공
급측면 경제에 대한 강조, 공공지출의 엄격한 통제, 인플레이션 억제에 대한 결연
한 의지와 같은 내용이 포함된다. 다음으로 사회정책 측면에서는 사회권적 시민
권이 아닌 개인 책임의 강조, 공공서비스의 시장화 혹은 민영화, 그리고 보험 방
식 실업급여를 워크페어 방식 적극적 노동시장정책으로 대체하는 것과 같은 내용
이 포함된다.

에반스와 커니는 경쟁국가의 등장을 추동하는 요인이 매우 복잡하고 다차원
적이지만 그중에서도 특히 세계화가 중요하다고 말한다. 그들은 '전 세계의 정부
들'이 직면한 '주요 과제'는 바로 세계화에 대응하는 것이라고 주장하였다
(Evans & Cerny, 2003: 25).

자본의 이탈을 방지하고 매력적인 국내투자 조건을 형성하기 위해, 국가
는 세계금융시장의 반인플레이션 규범에 순응하는 방향으로 그 경제정책

에반스와 커니에게 대처주의와 블레어주의는 둘 다 케인스주의 복지국가로부터 경쟁국가로의 전환이라는 커다란 흐름의 일부이다. 왜냐하면 두 접근 모두 국가의 역할을 제한하고 세계경제에서 성공하는 데 도움이 되는 사회정책을 도입하는 것을 강조하기 때문이다. 이런 의미에서 에반스와 커니(Evans & Cerny, 2003)는 대처주의를 제1경쟁국가, 신노동당 접근을 제2경쟁국가라 부른다. 그들의 관점에서는 두 접근이 근본적으로 동일한 세계관의 변주에 지나지 않고, 동일한 복지의 정치경제를 공유한다. 에반스와 커니는 신노동당 프로젝트가 대체로 '경쟁국가를 실현하기 위한 동맹을 구축'하는 것이었다고 주장한다(Cerny & Evans, 2004: 54). 하지만 그들이 대처주의와 블레어주의가 완전히 동일하다고 주장하는 것은 아니며, 사실 에반스와 커니(Evans & Cerny, 2003)는 두 접근이 사회정책의 세부적인 특징에서는 상당히 다르다고 생각하였다. 다만 그들이 강조하는 바는, 대처와 블레어가 현대사회에서 국가가 무엇을 할 수 있고 어떤 역할을 해야 하는지에 관한 핵심 가정들을 다수 공유하고 있었다는 사실이다. 요컨대, 에반스와 커니(Evans & Cerny, 2003: 24)는 '경쟁국가는 복지국가의 계승자로서 복지국가의 많은 특성을 포함하지만, 세계화라는 조건에 맞게 그 특성들을, 때로는 상당히 과감하게, 변형시킨다'고 주장하였다.

포스트포드주의 복지국가 post-Fordist welfare state

커니와 에반스의 연구는 주로 정치과학 분야, 특히 국제관계에 관한 연구에 뿌리를 두고 있는 반면, 그와 상당히 유사한 주장을 전개하는 제숩(Jessop, 1994, 1999, 2000)의 연구는 주로 사회학 분야에서 출발하였다. 구체적으로 제숩의 연구는 '포스트포드주의 post-Fordism' 개념에 함축된 조절이론의 작업을 기반으로 하였다(Burrows & Loader, 1994를 보라). 포스트포드주의란, 자본축적에 필요한 사회·경제적 조건을 국가가 보장하는 과거의 방식으로부터의 현격한 전환을 의미한다. 세계경제의 작동방식이 근본적으로 변화하였기 때문에 정부는 국가경제의 경쟁력과 수익성을 유지하기 위해 사회·경제정책의 기초를 개혁해야만 한다. 특히 시민의 욕구를 충족시키는 사회정책과 자본가계급의 욕구를 충족시키는 경제정책을 조정하려는 노력이 전개된다. 제숍(Jessop, 2000: 171~172)에 따르면, 이러한 조정의 결과 '전쟁이 끝난 직후와 비교할 때 오늘날에는 사회정책이 점점 더 경제정책에 종속되고 있고 … 사회정책전달에 대한 국가의 책임이 부분적으로 시장과 시민사회로 이동'하는 현상이 나타났다. 특히 '국가경제가 세계시장에 개방되었기 때문에 사회정책을 경제정책과 분리하여 추진하기가 어려워졌다'(Jessop, 2000: 182). 한 마디로, 과거의 케인스주의 복지국가Keynesian Welfare National State는 사라지고 '**슘페터주의 워크페어체제**Schumpeterian workfare post-national regime'가 탄생하였다는 것이다(〈표 2-1〉을 보라). 슘페터주의 워크페어체제는 경제영역, 사회영역, 확장성, 전달 메커니즘의 네 가지 차원에서 케인스주의 복지국가와 구별된다(Jessop, 1999).

| 표 2-1 | 케인스주의 복지국가에서 슘페터주의 워크페어체제로의 전환

케인스주의 복지국가		슘페터주의 워크페어체제	
Keynesian	• 완전고용 • 폐쇄경제 • 수요관리	Schum-peterian	• 혁신과 경쟁 • 개방경제 • 공급측면 정책
Welfare	• 복지권	Workfare	• 경제정책에 종속된 사회정책 • 사회임금 삭감의 압력 • 복지권에 대한 공격
National	• 국가의 우선성	Post-national	• 국가의 공동화
State	• 혼합경제 • 시장실패를 교정하기 위한 국가개입	Regime	• 시장실패와 국가실패를 교정하기 위한 거버넌스의 역할 증대

출처: Jessop(1999, 2000)에서 인용.

먼저 경제영역에서는, (국가수준의) 폐쇄경제 아래에서 완전고용을 위해 수요관리에 주력하는 케인스주의 접근이 쇠퇴하고, (세계수준의) 개방경제 아래에서 유연성, 혁신, 경쟁을 촉진하기 위해 공급측면 정책을 강조하는 슘페터주의 접근이 부상하였다(Jessop, 1999, 2000). 다음으로 사회영역에서는, 개방경제로의 전환 때문에 고세금, 고지출high-tax, high-spend을 특징으로 하는 복지국가를 유지하기가 어려워졌다. 제솝에 따르면, 경제변화로 인해 전후 복지국가의 심장과도 같았던 사회권이 축소되는 경향이 나타났고 결과적으로 사회정책은 경제정책에 종속되었다. 즉, 사회정책의 역할이 사회보호를 제공하는 것에서 경제적 경쟁력을 지원하는 것으로 전환된 것이다. 이제는 사회정책을 검토할 때 복지welfare가 아닌 워크페어workfare를 논해야 하는 상황이 되었으며, 게다가 사회정책의 전달주체가 국민국가도 아니게 되었다. 즉, '복지국가'가 더 이상 '복지'를 제공하지도 않고 '국가'가 전달하지도 않는 것이다. 이는 앞서 이야기한 네 가지 차원 중 세 번째와 네 번째 차원인 확장성과 전달 메커니즘과 관련된 문제이다. 오늘날에는 사회·경제정책이 국가의 상위수준 혹은 하위수준에서 다양한 공급자들에 의해 전달되는 경우가 점점 늘어나고 있다. 한 마디로 '국가의 공동화hollowing out of state'가 나타나고 있는 것이다(6장을 보라). 이제 우리는 '통치government'가 아니라 '협치governance'를 이야기하고, 국가 내부에서 초국적 조직과 지방정부의 역할이 증대하고 있는 현실을 목도하고 있다. 또한 국가 외부에서는 준정부기관, 민간기업, 자원부문voluntary sector이 과거 국가의 기능을 점점 더 많이 담당하고 있다. 요컨대, 국가수준에서 정부가 전달하는 정책은 줄어들고 탈국가적post-national 수준에서 다양한 부문이 전달하는 정책이 늘어나고 있는 것이다.

제솝이 이야기한 복지의 이념적 전환은 기든스와 블레어의 제3의 길과 맥을 같이하는데, 그 내용이 비슷할 뿐만 아니라 그러한 변화를 추동한 사회·경제적 힘에 관한 설명도 유사하다. 한편 제솝이 이야기한 전환은 대처주의의 특성 중 많은 부분을 반영하고 있다. 사실 제솝(Jessop, 1999)은 대처주의와 신노동당 접근이 둘 다 포스트포드주의 경제의 등장으로 인한 신자유주의적 변화의 일종이라고 생각하였다.

패러다임과 패러다임 전환

여론의 컨센서스가 전환되어 가는 과정을 살펴보면 블레어주의와 대처주의가 서로 동일한 패러다임에 기초하고 있는 것처럼 보이기도 한다. 그러나 다음과 같은 점이 다시 한 번 강조될 필요가 있다.

> 동시대의 정치가 신자유주의 컨센서스를 수용하였다고 주장한다고 해서 반드시 블레어가 대처의 환생인 것은 아니다. 이는 다만 노동당과 과거 보수당 사이에 존재하는 정책적 연속성이 신자유주의 정책패러다임을 반영한다는 사실을 의미할 뿐이다. 또한 이러한 정책패러다임이 정부정책을 완전히 결정하기보다는 일정한 제약을 가하는 것으로 보아야 한다(Heffernan, 2002: 754).

이쯤에서 복지의 정치경제 전환을 논할 때 사용하는 개념인 '패러다임'의 의미를 좀 더 상세하게 설명할 필요가 있겠다. 이 부분은 홀(Hall, 1992, 1993), 헤퍼난(Heffernan, 2002), 황(Hwang, 2006)의 연구에 많은 영향을 받았다. 홀(Hall, 1993: 279)은 다음과 같이 이야기하였다.

> 정책결정자들은 어떠한 하나의 틀framework 속에서 사고하는 경향이 있다. 그 틀은 정책의 목표와 수단을 구체화할 수 있는 아이디어와 기준을 제공해 줄 뿐만 아니라, 정책결정자들이 대처하고자 하는 문제의 성격을 정확하게 파악할 수 있도록 도와준다. …… 그 틀은 보통 철저히 검토되기보다는 당연한 것으로 받아들여진다.

이것이 바로 홀이 '정책패러다임'을 논할 때 '해석의 틀'이라 불렀던 개념의 내용이다. 정치는 대체로 다수에게 수용된 핵심적인 믿음의 집합, 즉 **컨센서스**를 중심으로 돌아간다. 컨센서스는 '정치·경제적 문제를 진단하고 정책적 해결책을 처방하는 과정을 통해' 많은 아젠다를 설정한다. 즉, '정책결정자에게, 비록 로드맵을 제공하지는 못할지라도, 나침반을 제공해주는 셈이다'(Heffernan, 2002: 743). 요컨대, 정책패러다임은 **가능성의 한계**를 설정하고, 정치 행위자들은 그 한계 내에서 활동한다(Heffernan, 2002; Hwang, 2006).

정책패러다임이 정책분석에서 너무나도 중요한 이유 중 하나는 정책패러다임이 매우 안정적이고 주기적으로만 변화하기 때문이다. 이러한 의미에서 정책패러다임은 쿤(Kuhn, 1970; Hall, 1993; Heffernan, 2002)이 논의한 과학적 지식의 패러다임과 유사한 성격을 가진다. 쿤에 따르면 우리는 대체로 '정상과학normal science'의 한계 내에서 사고한다. 즉, 세상이 돌아가는 방식에 관한 가정을 공유한 후 그 기초 위에서 사고하는 것이다. 그러나 시간이 지나면 새로운 사실이 발견되고 설명되지 않는 현상이 나타나면서 기존의 틀이 무너지기 시작한다. 이런 상황에서 새로운 생각, 즉 급진과학radical science이 무대의 전면에 등장하여 세상을 이해하는 새로운 틀로 기능한다. 한 마디로 '패러다임 전환'이 나타난다(Kuhn, 1970). 정책분석가들은 이와 유사한 과정이 정치영역에서도 나타난다고 주장한다. 기존의 정책패러다임이 위기에 처할 때 새로운 정책패러다임이 나타난다는 것이다. 헤퍼난(Heffernan, 2002: 750)은 다음과 같이 말하였다.

기존 패러다임을 '뜯어고치고자 하는' 급진적인 아이디어들은 정치 담론 속에서 다양한 형태로 떠돌아다니고 있다. 기존 패러다임이 '무너지지 않았을 때는', 국가가 책임질 수 있는 범위 내에서 급진적 아이디어들에 실체를 부여할 수 있는 표현을 찾기 어렵다. 오로지 현재의 상태가 '무너진' 것으로 간주되었을 때에만, 정치·경제적 변화가 요구되고 아이디어들이 발전하여 패러다임을 크게 '뜯어고칠' 것이다.

이와 유사하게, 황(Hwang, 2006)은 지배적 패러다임이 위기를 맞는 **불확실성**의 시대에 '새로운' 아이디어가 더 큰 힘을 발휘할 수 있다고 주장하였다. 그의 주장에서 결정적인 핵심은 '새로운'이라는 표현이 반드시 삽입되어야 한다는 것이다. 일반적으로 말하자면 최근에 등장한 아이디어라 할지라도 최소한 어느 정도의 시간 동안은 과거에도 존재했었다는 점에서 전혀 '새롭다'고 할 수 없다. '새롭다'는 것은, 정책결정 사이클에서 정책결정자들이 위기를 해결할 수 있는 새로운 아이디어를 찾으려고 노력할 때 그 아이디어에 대한 관심이 커지는 것을 의미한다. 바로 이 지점에서 황의 주장은 헤클로(Heclo, 1974: 305)의 관찰과 공명한다. 헤클로에 따르면, 사회정책이 형성될 때 '권력뿐만 아니라 불확실성에도 정치가 나타난다. 즉, 사람들이 무엇을 해야 하는지를 집단적으로 궁금해 하는 순간 정치가 시작되는 것이다'. 이러한 논의를 전제로 홀(Hall, 1992)과 황(Hwang, 2006)은 패러다임 전환이 **사회적 학습**social learning, 즉 문제를 해결할 새로운 아이디어를 집단적으로 찾아가는 과정의 일부라고 주장하였다. 홀(Hall, 1993: 289)은 케인스주의 패러다임의 붕괴를 다음과 같이 묘사하였다.

> 1970년대는 경제를 둘러싼 집단적인 혼란과 불확실성의 시대였다. 어떻게 하면 경제에 대한 통제력을 회복할 수 있느냐는 문제는 상당한 지적 수준을 요구하는 논쟁거리였다. 언론, 정당, 런던금융가, 정책결정자들 사이에서 이 문제를 둘러싼 수준 높은 논쟁이 전개되었다. 이러한 논쟁에서는 권력 경쟁 못지않게 아이디어의 경연이 논쟁의 결과에 중요한 역할을 하였다. 이러한 과정을 사회적 학습이라 부를 수 있을 것이다.

단, 패러다임 전환은 사회적 학습의 드문 형태라는 점이 강조될 필요가 있다. 홀(Hall, 1993)은 '사회적 학습'이 세 가지 수준에서 나타날 수 있다고 보았다.

- 1수준 변화: 정책목표와 정책수단은 영향을 받지 않지만, 정책수단의 설정

이 장에서는 복지의 정치경제와 패러다임 전환을 논하면서 주로 케인스주의 복지국가에서 포스트산업주의 경쟁국가로의 전환에 집중하였다. 하지만 그 이전의 패러다임 전환을 간단히 살펴보는 것도 의미가 있을 것이다.

산업혁명이 처음 시작되었을 당시 국가 행위는 전형적으로 비개입주의적 '자유방임 자유주의laissez-faire liberalism'로 설명될 수 있었다. 그러나 19세기 후반에 들어서면서 유럽의 대다수 산업국가들은 패러다임 전환을 경험하였다. 산업화가 사회에 부정적 영향을 줄 수 있다는 인식이 확산되면서 조정된 국가 행위가 요구되기 시작한 것이다. 또한 노동계급(남성)의 투표권 보장 덕분에 국가개입의 확대로 가장 많은 혜택을 볼 수 있는 집단의 정치적 힘이 크게 신장되었다. 따라서 많은 나라에서 국가가 사회보험을 도입하여 보호한 첫 번째 사회적 위험이 산업재해였다는 사실은 전혀 놀랍지 않다. 또한 초기 사회정책의 다수는 도시화, 비위생적 생활환경, 과밀주거와 관련된 공중보건 문제를 해결하기 위한 것이었다.

그렇다고 해서 20세기가 가까워오면서 자유방임 자유주의가 복지국가에 대한 약속으로 대체되었다고 표현하기는 어렵다. 대부분의 국가에서 새롭게 등장한 패러다임의 이름을 붙이자면 '소극적 집합주의reluctant collectivism'라 할 만하다. 물론 국가개입이 확대되고 현대 복지국가의 구성요소인 연금, 실업급여, 건강 및 질병보험, 공교육, 공공주택 등의 정책이 도입된 것은 사실이다. 하지만 당시 프로그램들의 적용범위는 보편적이지 못한 경우가 많았고 발전 전망에도 한계가 있었으며, 많은 경우 치열한 정치적 투쟁을 겪은 후에야 정책이 도입될 수 있었다. 또한 부의 재분배와 사회연대의 증진을 목적으로 하는 경우도 있었지만 사회통제의 수단으로 활용되는 경우도 많았다. 예를 들어 독일에서는 비스마르크Bismark가 소득비례earning-related 기여contributory 방식 사회보험체계를 도입하였는데, 그 의도는 매우 보수적이었고 사회적으로 불평등한 것이었다. 노동계급의 성장이 새롭게 통일된 독일제국의 정치적 안정을 위협하는 상황에서 비스마르크가 도입한 사회보험의 목적은 복지의 증진이 아니라 중간계급의 충성심을 확보하는 것이었다. 중간계급은 사회보험체계의 가장 큰 수혜자였다.

영국을 위시한 많은 유럽 국가들에서 국가개입의 정당성이 제도적으로 확고하게 수용된 것은 2차 세계대전을 겪은 후에야 가능했다. 왜냐하면 전쟁 통에 국가가 살아

남기 위해 국가적 차원의 집단적 대응이 요구되었고 국가가 사회를 관리하게 되었기 때문이다. 또한 국방을 위해 온 나라의 힘을 모으는 과정에서 계급적 장벽이 약화되었기 때문에 사회정책에서 연대주의적 관점이 등장할 수 있었다. 그제야 복지영역에서 완전히 공공적인 성격의 해결책이 가능하게 되었다. 복지국가에 대한 반동적 저항은 줄어들고 계급관계가 근본적으로 변화하였으며, 전시경험은 과거의 장벽을 무너뜨리는 데 큰 역할을 하였다. 그리고 사람들은 전쟁의 상처를 극복한 후에는 급여와 혜택을 받을 수 있기를 기대하였다. 이것이 바로 1945년 총선거에서 노동당이 위대한 전쟁영웅 처칠에게 승리할 수 있었던 결정적인 이유였다. 처칠은 나라를 전쟁에서 구했지만 평화를 가져올 수 있을 것이라는 신뢰를 얻지는 못하였다. 처칠은 전전戰前 사고방식에 갇혀 집합주의적 **케인스주의 복지국가** 패러다임으로의 전환이라는 시대적 분위기를 포착하지 못하였다.

이 조정된다.

- 2수준 변화: 정책목표는 영향을 받지 않지만, 그 목표를 실현하기 위한 새로운 정책수단이 도입된다.
- 3수준 변화: 실제 정책목표 또는 패러다임이 변화한다.

이 개념을 이해하기 위해 경제정책을 예로 들어 보자. 먼저 1수준 변화에는 일상적으로 이루어지는 정기적인 조정이 해당될 수 있다. 예를 들어 인플레이션 목표를 현 상태로 유지하면서 그에 맞추어 금리를 소폭 조정하는 것이다. 다음으로 2수준 변화는 거버넌스 구조를 상당한 수준으로 개혁하는 것을 의미한다. 예를 들어 1997년 신노동당 정부는 영란은행the Bank of England에 금리결정권을 넘겼는데, 이는 '경쟁국가'의 성격을 잘 보여준다는 점에서 매우 중요한 사건이었다. 하지만 인플레이션 조절이라는 정책목표는 여전히 유지되고 있었다는 점에서 이 사건이 경제정책의 최종목표가 전환되었다는 사실을 의미하지는 않는다. 마지막으로, 1970년대 후반과 1980년대 초반 케인스주의에서 통화주의로의 전환은 3

수준 변화의 예가 될 수 있다. 홀(Hall, 1993)에 따르면, 사회적 학습에서 1수준 변화는 2수준 변화보다 더 흔하고 2수준 변화는 3수준 변화보다 더 흔하다. 즉 패러다임 전환은 드물게 일어난다는 것이다. 복지의 정치경제의 대부분은 마치 야수가 조용히 잠든 것처럼 안정적인 상태를 유지하고 있다.

결론: 거시수준을 넘어

지금까지 정책패러다임/이념적 컨센서스/복지의 정치경제를 집중적으로 살펴본 이유 중 하나는 정책과정에서 **아이디어의 역할**을 전면에 불러오기 위해서였다. 사실 기존에는 정책과정에서 정치 행위자나 사회적 힘을 강조하는 반면 아이디어의 역할에는 그다지 주의를 기울이지 않는 경우가 종종 있었다. 그러나 우리가 보기에 아이디어는 정책의 심장이며 정책과정 분석에서 중요한 위치를 차지한다. 최근의 정치과학에서는 실로 '아이디어의 시대'라 부를만한 현상이 나타나고 있다. 점점 더 많은 이론가들이 정책 변화를 설명하는 데 아이디어가 중요하다는 점을 강조하고 있다(Hay, 2002; Bevir & Rhodes, 2003, 2004a, 2004b; Finlayson, 2004; Beland, 2005; Taylor-Gooby, 2005; Hudson 외, 2008을 보라). 심지어 몇몇 이론가들은 아이디어가 정책 변화를 설명할 때 주목해야 할 유일한 요인이라고 주장하기도 한다(Bevir & Rhodes, 2003, 2004a, 2004b).

하지만 아이디어의 힘이 매우 강력함에도 불구하고 아이디어가 정책과정 내부에 자율적으로 존재한다고 표현하는 것은 잘못이다. 헤퍼난(Heffernan, 2002: 749)이 주장하듯이, '아이디어는 실제로 발생한 변화의 형태를 **설명**해주지만, 행위자, 제도, 환경과 같은 요소는 변화에 영향을 미치는 **기회**를 제공해준다'. 예를 들어 홀(Hall, 1993)은 정치제도가 패러다임 전환의 영향을 조절하는 중요한 역할을 한다는 사실을 보여주었다. 홀에 따르면, 영국에서 촘촘하게 직조된 중앙집권적 공무원 조직은 케인스주의에서 통화주의로의 전환을 더욱 가속화하였다. 이와 비슷하게, 허드슨과 그 동료들은 독일과 영국에서 제3의 길 개혁 아젠다가 동일한 아이디어에 기초한 것임에도 불구하고 어떻게 서로 다른 정책결과를 가져왔는지를 설명하였다(Hudson 외, 2008). 그 원인을 살펴보면, 강력한 정책 네트워크(7장을 보라)와 서로 다른 정치제도(8장을 보라)가 변화를 제한하는 역할을 했다는 점도 중요하지만 아이디어가 해석되고 재해석되는 방식이 서로 상이했다는 점도 지적할 수 있다. 예를 들어 역사·문화적 규범에 따라 어떤 국가에서는 관대한 사회보장급여로 간주되는 정책이 다른 국가에서는 아주 인색한 정책으로 받아들여질 수도 있는 것이다.

나중에 7장과 8장에서 정책 네트워크와 정치제도를 다룰 때 더 자세히 논의하겠지만, 서로 다른 정치제도와 정치조직을 가진 국가에서는 동일한 정책패러다임이 다양한 형태의 정책결과로 나타난다. 예를 들어, 제숍(Jessop, 2000)의 슘페터주의 워크페어체제 개념은 복지국가가 근본적인 변화를 겪고 있고 특히 전통적인 사회민주주의적 가치가 위협받고 있다는 사실을 함의하지만, 제숍은 이러한 주장이 복지국가가 자동적으로 하나의 **신자유주의 모델로 수렴한다고 보지는 않는다**는 점을 언급하였다. 제숍은 현재의 지배적인 패러다임에도 다양한 변주가 존재할 수 있다고 주장하였다. 이와 유사하게 에반스와 커니(Evans & Cerny, 2003) 역시 경쟁국가라는 개념은 다양한 하위범주로 나뉠 수 있다고 주장하였다. 즉, 하나의 통치모델만이 존재하는 것이 아니라 강하고 약한 다양한 형태가 존재할 수 있다는 것이다. 호스폴(Horsfall, 2010) 역시 경쟁국가가 아니라 경쟁국가‘들’을 논해야 한다고 주장하였다. 그에 따르면 경쟁국가에는 질적으로 구분되는 다양한 형태가 존재하는데, 덴마크와 스웨덴 등의 국가는 적극적 노동시장정책과 관대한 사회보장 프로그램을 함께 유지하고 있지만, 뉴질랜드나 미국 등의 국가는 사회보호를 더욱 축소하는 접근을 채택하였다. 이와 유사하게 허드슨과 쿠너(Hudson & Küner, 2009)는 고소득 국가들 중 전통적인 사회보호에서 인적자본 투자로 돌아선 국가는 많지 않으며, 핀란드와 같은 국가는 강력한 사회보호와 인적자본 투자를 성공적으로 결합시켰다고 주장하였다.

이와 같은 사실이 의미하는 바는 최근의 경제적 변화 때문에 고지출 복지국가가 상당한 정치·경제적 압박을 받고 있음에도 불구하고 신자유주의 경로를 따르지 않는 복지체제가 사라질 것이라는 결론을 내리기는 어렵다는 것이다. 이는 에스핑-안데르센(Esping-Andersen, 1996: 24)의 주장과 맥을 같이한다. 에스핑-안데르센은 최근의 세계경제 변화가 복지에 미치는 영향을 분석한 결과 '대부분의 국가에서는 급진적인 변화가 아니라 오히려 "얼어붙은" 복지국가의 풍경이 목격된다'고 주장하였다. 이러한 그의 관찰은 서로 다른 유형의 자본주의 복지체제가 존재한다고 주장한 그의 이전 연구 결과(Esping-Andersen, 1990)를 뒷받침하는 것이다(상자글 2.4를 보라).

　그럼에도 불구하고 실제로 패러다임이 무너지는 때가 오면, 제도, 과거의 정책결정, 정책전문가 네트워크, 개별 정치 행위자 등이 새로운 정책 아이디어가 탐색되는 기간과 범위를 결정하는 데 핵심적인 역할을 하게 된다. 이것이 헤퍼난의 주장의 요지다. 펨버튼(Pemberton, 2004)은 바로 이 순간에 대안적인 아이디어를 찾으려는 노력이 이루어지면서 정부 바깥에 존재하는 권력의 힘이 극대화된다고 주장하였다. 이와 관련된 이슈는 6~10장에서 살펴볼 것이지만, 이 장에서는 다음과 같은 점을 반복하여 강조하고자 한다. 그것은 바로 복지의 정치경제가 매우 안정적이라는 사실이다. 이는 단절균형punctuated equilibrium으로 설명될 수 있다. 즉, 상당 기간 동안 안정 상태가 유지되다가 단절적인 위기를 겪은 후 다시 시스템이 재조정되어 안정 상태로 접어든다는 것이다(8장을 보라). 게다가 패러다임 전환이 일어난다 하더라도 반드시 모든 것이 변화하는 것은 아니다. 사실 정부는 과거의 정책결정에 상당한 제약을 받으며 과거의 정책적 유산은 정부의 행위에 커다란 영향을 미친다. 결론적으로, '어떤 하나의 컨센서스는 수정될 뿐 완전히 다른 것으로 대체되지는 않는다'(Heffernan, 2002: 755). 즉, 과거의 정치경제와 새로운 정치경제 사이에는 무시할 수 없는 수준의 중첩이 존재한다는 것이다. '새로운 패러다임이 과거의 패러다임을 얼마나 변화시키든 간에, 새로운 패러다임은 과거 패러다임의 기초 위에서 그것을 개혁하고 현대화한다. 바퀴는 결코 다시 발명되지 않는다'(Heffernan, 2002: 755). 왜냐하면 이해관계, 제도, 네트워크가 변화의 수준을 제한하기 때문이다.

　이와 같이 이 장의 주제는 제도와 이해관계가 아이디어의 영향을 조절하는 역할 등 다른 많은 논의거리와 연결되어 있고, 그 내용은 책의 뒷부분에서 살펴볼 것이다. 한편, 정책과정에서 아이디어의 구체적인 역할을 꼭 집어 설명하기란 매우 어렵다는 사실도 중요하게 지적될 필요가 있다. 아이디어의 역할은 시간과 장소에 따라 달라지며, 아이디어는 정책결정 과정의 다른 요인과 상호작용하기도 한다. 그럼에도 불구하고, 많은 정책분석가들이 아이디어의 역할을 효과적으로 설명하는 이론이나 모델을 개발하는 데 고생하고 있지만, 아이디어의 역할이 중요하다는 사실을 의심하는 사람은 거의 없다. 케인스(Keynes, 1936: 383)는 그의 저서 『고용, 이자 및 화폐의 일반 이론*General Theory of Employment, Interest and Money*』에서 다음과 같이 선언하였다.

> 경제학자와 정치철학자들의 아이디어는 옳고 그름에 관계없이 일반적으로 생각하는 것보다 훨씬 더 강력하다. 실로 세계는 이들의 아이디어에 크게 좌우된다. 어떠한 사상으로부터 별다른 영향을 받지 않았다고 믿는 현실적인 사람들이 사실은 이미 죽은 경제학자들의 노예이기 일쑤이다. 허공에서 목소리를 듣는 미치광이 권력자들은 수년 전 몇몇 학자들의 메모에서 광기를 추출해내고 있다. 조금씩 생각을 잠식해 들어가는 아이디어의 강력한 영향력과 비교하면 기득권자들의 권력은 별것도 아니라고 나는 확신한다. …… 좋건 나쁘건, 머지않은 미래에 닥쳐올 위험은 기득권이 아니라 아이디어일 것이다.

요약

- 정책결정자의 행위는 종종 지배적인 정책패러다임이나 정치경제에 의해 제약된다. 정책패러다임은 국가 행위의 한계를 설정한다.
- 정책패러다임은 굉장히 안정적이다. 하지만 위기의 순간에는 상당히 급격하게 전환될 수 있다. 이를 때로는 '단절균형'이라 부른다.
- 2차 세계대전 이후 친복지국가 정책패러다임이 등장하였다. 그 후 1970년대와 1980년대에는 복지국가에 적대적인 패러다임으로 전환되었다. 에반스와 커니는 이 새로운 패러다임을 '경쟁국가'라 명명하였다. 제솝은 케인스주의 복지국가가 슘페터주의 워크페어체제로 전환되었다고 주장하였다.
- 아이디어는 정책과정의 심장이다. 하지만 아이디어가 수행하는 역할은 상당히 복잡하며, 제도와 이해관계 및 네트워크에 의해 조절된다.

☑ 토론할 문제

- 정치경제의 넓은 맥락에서 볼 때 신노동당 정부와 대처 정부의 차이는 무엇인가?
- 패러다임은 왜 변화하는가?
- 정책 변화 과정에서 아이디어의 역할은 무엇인가?
- '경쟁국가론'은 1970년대 이후 나타난 변화의 성격을 정확하게 표현한다고 볼 수 있는가?

☑ 더 읽을 거리

Evans, M. & Cerny, P.(2003). "Globalisation and social policy". In Ellison, N. & Pierson, C.(eds), *Developments in British Social Policy 2*(pp. 19~41). Basingtoke: Palgrave.

Hall, P.(1993). "Policy paradigms, social learning and the state: the case of economic policymaking in Britain". *Comparative Politics*, 25, 275~296.

Hay, C.(2002). *Political Analysis*: *A Critical Introduction*. Basingtoke: Palgrave.

Heffernan, R.(2002). ""The possible as the art of politics": understanding consensus politics". *Political Studies*, 50, 742~760.

Horsfall, D.(2010). "From competition state to competition states?". *Policy Studies*, 31(1), 57~76.

Hudson, J. & Küner, S.(2009). "Towards productive welfare? A comparative analysis of 23 countries". *Journal of European Social Policy*, 19(1), 34~46.

Hudson, J., Hwang, G. & Küner, S.(2008). "Between ideas, institutions and interests: analysing Third Way welfare reform programmes in Germany and the United Kingdom". *Journal of Social Policy*, 27, 207~320.

Jessop, B.(2000). "From the KWNS to the SWPR". In Lewis, G., Gewirtz, S. & Clarke, J.(eds), *Rethinking Social Policy*. London: Sage Publications.

CHAPTER 3

포스트산업경제

개요

세계화가 가져온 중요한 결과 중 하나는 상품생산의 중심지가 아시아와 남반구로 이동하였다는 사실이다. 한때 영국은 '세계의 작업장'이었지만, 현재 영국 경제는 대체로 서비스기반경제service-based economy라 할 수 있다. 이러한 서비스기반경제로의 변화는 과거 산업화 시대 '남성 생계부양자' 모델을 지원했던 복지국가의 형태에도 큰 영향을 미친다. 3장에서는 경제구조 변화의 영향을 살펴볼 것이다. 구체적으로는 성별분업의 양상, 인구와 경제적 부가 과거의 산업중심지로부터 교외/소도시로 이동하는 현상, 그리고 이러한 변화가 공공서비스의 분배와 복지국가에 미치는 영향을 논의할 것이다.

주요 용어

노동시장labor markets, 경제구조 변화economic restructuring, 가톨릭의 문화적 규범Catholic cultural imperative, 역도시화counter-urbanisation, 교외화suburbanisation, 포스트산업주의post-industrialism

서론

1980년대 초반 이후 진행된 세계화의 중요한 결과 중 하나는 세계경제의 구조가 빠르게 변화하였다는 사실이다. 이러한 경제구조 변화의 중요한 양상 중 하나인 세계 노동시장 구조의 변화는 공공정책분석에서 매우 중요한 의미를 지닌다. 큰 그림을 그려보자면, 과거 산업시대의 심장부였던 북유럽과 미국 동부해안지역으로부터 최근에는 아시아-태평양 지역과 남반구의 다양한 국가들로 제조업이 이동하고 있다. 경제중심의 이동과 그에 따른 노동 '세계'의 변화는 최근의 복지국가 변화라는 퍼즐을 구성하는 중요한 조각들이다. 따라서 우리는 세계 노동시장이 어떻게 변화해 왔는지 뿐만 아니라 그러한 변화가 공공정책에 어떤 영향을 미쳤는지에 대해 주의를 기울여야 한다.

복지국가의 성격과 노동시장 구조 간에 밀접한 관계가 있다는 생각은 비교공공정책 분야 연구에서 여러 번 반복되어온 중요한 주장이다. 20세기의 가장 중요한 특징 중 하나는 대규모 복지국가가 '포드주의' 대량생산체제를 지원하면서 발전해 왔다는 것이다. 근대적 생산체제를 유지하기 위해서는 적절한 교육과 주거를 제공받은 건강한 산업노동자의 존재가 필수적이다. 또한 사회학자들과 비교학자들은 조직노동이 '자본'으로부터 어느 정도 삶의 질 개선이라는 양보를 이끌어 냈다는 점을 지적하였다. 그러나 2장에서 간략하게 살펴보았듯이, 남성 생계부양자 모델에 기초한 전후 복지 컨센서스는 1980년대와 1990년대에 회복될 수 없을 정도로 붕괴하였다. 낡은 포드주의 복지국가는 새로운 패러다임에 밀려났고, 세계화의 강력한 영향 아래에서 새로운 형태의 복지공급이 등장하였다. 피어슨이 복지국가의 장기적인 변화 과정을 논의할 때 사용했던 비유를 인용하자면, 베버리지식 복지국가의 불안정한 단층선斷層線에 지속적으로 압력이 가해져 마침내 대처주의라는 지진이 발생하여 기존의 복지국가를 크게 흔들어 놓았다(Pierson, 2004: 80~84). 그 지진이 모든 것을 파괴하지는 않았지만, 공공정책의 방향이 변화할 정도로 지각을 이동시켰다. 한편 역사적 상황의존성historical contingency

은 현대 공공정책을 이해하기 위한 중심적인 개념이다. 3장에서 논의하였듯이, 정책의 방향은 역사의 궤적, 즉 서로 다른 국가가 현대화 과정에서 걸어온 상이한 경로를 반영한다. 경로의존성path dependency, 사회진보의 '단절적' 성격과 같은 제도주의의 핵심 개념들(8장을 보라)은 최근 세계 노동시장의 변화와 그것이 현대 복지국가에 미치는 영향을 이해하는 데 매우 중요하다.

노동시장은 세계경제의 지각을 이루는 구조판이다. 일반적으로 노동시장은 서서히 변화하지만, 세계화의 영향 아래에서, 혹은 20세기에 터진 두 번의 전면전과 같은 사건이 발생했을 때는 그 변화가 가속화한다. 이 장에서는 먼저 2차 세계대전 이후 노동시장이 어떻게 형성·변화해왔는지 그 '지질학적 기원'을 거슬러 올라가 볼 것이다. 노동시장 변화를 전후 시기까지 추적해야 하는 이유는 노동시장의 역사적 내러티브가 전쟁과 그 여파에 의해 상당한 영향을 받았기 때문이다. 2차 세계대전과 같은 대규모 전쟁은 거대한 사회·경제적 지진을 발생시킬 수밖에 없고, 정책분석의 용어를 사용하자면, 사회 및 정책체제의 발전과정에 '단절' 지점을 형성한다. 전쟁이 일어나면, 국가는 사회를 지배하고 공통의 적에 대항하기 위해 사람들의 '단결'을 촉구한다. 따라서 전쟁이 끝난 후에도 그 여파 속에서 사람들은 전시에 경험한 고통과 상처에 대해 약속받았던 보상과 혜택을 (민간부문이 아니라) 국가가 제공해주기를 기대한다.

이상은 큰 틀에서 주된 경향을 살펴본 것이며, 다음은 구체적으로 영국의 사례에 초점을 맞추어 논의를 전개할 것이다. 이 장에서는 (특히 경제성장과 관련된) 경제구조의 변화, 제조업 생산과 새로이 등장하는 서비스경제 간의 균형, 경제활동에서의 새로운 성별분업 양상, 현대 노동시장의 지형도와 같은 이슈를 논의한다. 이러한 이슈들을 살펴본 후 마지막으로는 이와 같은 노동세계의 변화가 공공정책의 지평을 얼마나 변화시키고 있는지를 논의할 것이다.

2차 세계대전과 그 여파

2차 세계대전은 세계 역사에서 가장 커다란 정치 · 군사적 갈등이었다. 수백만 명의 사람들이 죽었고, 독일, 소비에트 연방, 영국 등 몇몇 국가들의 경제적 충격도 엄청났다. 한편 동맹국으로 참전하였지만 직접적으로 전쟁의 피해를 경험하지 않은 국가들의 경우에는 경제적 충격이 덜하였다. 사실 1939~1945년의 기간 동안 미국 경제는 3% 이상 성장하였다. 그러나 더 중요한 일은 전쟁이 끝난 후에 일어났다. 전후의 핵심적인 양상 중 하나는, 전쟁으로 황폐화된 유럽에서 국가가 사람들의 생활의 중심에 자리 잡았다는 사실이다. 상상조차 할 수 없었던 커다란 갈등의 와중에 국가가 크게 부상하였고, 전쟁이 끝난 후에도 전후 복구 과정에서 사회에 막강한 영향력을 행사하였다.

진후 유럽에서는 미국 달러로 운영되는 국가주도 프로그램과 집단적 대응을 통해 경제와 사회기반시설이 재건되었다. 영국의 경우 1945년 선거에서 노동당이 전시 지도자 처칠을 몰아내고 압도적인 승리를 거두었고, 이후 NHS, 공공부조_{National Assistance}, 공교육 시스템, 공공주거프로그램 등과 같은 베버리지의 전시 플랜이 열매를 맺을 수 있었다(2장을 보라). 반대가 없었던 것은 아니지만, 이러한 프로그램들은 시장주도방식이 아닌 국가주도방식으로 도입되었다. 이처럼 사회적 위기를 국가주도로 해결하는 방식에 대한 기대는 전쟁 중에 형성되었다. 영국과 같이 오랜 역사를 지닌 산업국가의 경우에는 이러한 사실이 더욱 놀랄만한데, 왜냐하면 빅토리아 시대 자선의 전통과 자유방임 이데올로기에서 보듯이 영국의 역사적 유산은 본질적으로 민간중심의 복지를 선호하는 것이기 때문이다. 오스트리아나 스웨덴과 같이 더 최근에 산업화된 국가들의 경우에는 사회문제를 해결하기 위해 국가가 개입하는 것이 더 자연스러운 방식이었다. 그리고 바이마르 공화국 시기 독일의 사회철학자들은 '사회적 시장_{social market}' 접근의 씨앗을 뿌렸다.

전후 10년간의 자료를 살펴보면, 가장 부유하고 강력한 무역국가들이 1950

년대와 1960년대에 매우 급격하게 성장하였다는 사실이 분명하게 확인된다. 서머스와 헤스턴(Summers & Heston, 1991)의 추정에 따르면, 1950~1960년의 기간 동안 OECD 국가들의 연평균 경제성장률은 3.3%였고 그 이후 더욱 증가하여 1970년대 중반까지는 4%를 넘어섰다. 캐슬스(Castles, 1998: 32)는 다양한 자료를 동원하여 분석한 결과 세계경제의 총량이 전전 130년보다 전후 40년간 더 많이 증가하였다고 보고하였다. 한편 캐슬스는 이러한 경제성장이 모든 OECD 산업국가들에 동일한 정도로 나타나지는 않았다는 사실을 보여주었다. 기존의 강대국들이 과거의 강력함을 기반으로 경제를 발전시키기도 하였지만, 상대적으로 약했던 국가들(그리스, 아일랜드, 이탈리아, 포르투갈, 스페인)이 전후 재건 시기를 지나 1970년대 중반 이후 경제번영의 시기로 접어들면서 앞선 국가들을 따라잡았다. 즉, 세계적으로 각국의 경제수준이 좀 더 평탄해진 것이다. 이러한 사실은 물론 공공정책의 발전에 매우 중요한 함의를 갖는다. 왜냐하면 경제적 번영과 복지 프로그램 지출 간에 상관관계가 존재하기 때문이다. 적어도 각국의 경제수준이 유사해졌다는 사실은 서로 다른 국가들이 역사적으로 유사한 경제발전수준을 기반으로 각각 어떻게 복지국가를 건설해 나갔는지에 관한 질문을 제기한다.

경제구조 변화와 노동시장

2차 세계대전이 끝난 후 세계의 경제활동 구조와 노동시장에는 커다란 변화가 나타났다. 이러한 변화는 실로 혁명적인 수준이었다. 간단히 살펴보자면, 먼저 전쟁이 끝난 직후부터 1970년대 중반에 이르는 재건 시기 동안에는 전례 없는 급속한 경제성장을 통해 우선 전쟁으로 인한 손실을 '만회'하였다. 이 기간 동안에는 전전의 농업 경제활동과 특히 제조업 생산이 상당히 회복되었다. 사실 전후의 경제성장 붐은 본질적으로 북반구의 영어권 국가들(그리고 호주)과 '오래된' 유럽

국가들 사이에 제조업 무역이 크게 확대되었기 때문에 가능하였다. 그러나 1970년대 중반이 지나면서 세계경제 구조에 중요한 변화가 나타나기 시작하였다. 먼저 아시아 환태평양 지역이 세계경제에서 차지하는 비중이 늘어났고, 다른 저개발 국가들이 제조업 생산의 중심으로 부상하였다. 한편 선진국들의 경우에는 제조업에서 서비스기반경제로의 전환이 이루어졌다.

〈표 3-1〉은 OECD 국가들에서 산업부문(농업, 제조업, 서비스업)의 균형이 어떻게 변화해 왔는지 그 패턴을 보여준다. 표를 보면, 1956~2006년 동안 영국에서는 제조업 고용이 차지하는 비중이 26% 포인트 하락하였고 서비스업 고용 비중은 30% 포인트 증가하였음이 확인된다. 2006년 서비스업은 전체 영국 노동시장의 3/4 이상을 차지하고 있다. 이러한 새로운 서비스 일자리들은 소매 할인점에서부터 은행 및 기타 금융서비스, 고등교육을 포함한 교육서비스, 첨단과학연구난시에 위지한 파생상품 산업, 컴퓨터, 여가 및 관광산업, 그리고 당연히 공공서비스와 정부행정 자체에 이르기까지 다양한 영역에 걸쳐 있다. 정부 통계를 보면, 피고용자 다섯 명 중 한 명은 직접적으로 정부에 고용되어 있고, 콜센터처럼

| 표 3-1 | 고용구조의 변화 수준(부문별 고용 비중, 단위: %)

	농업				제조업				서비스업			
	1956	1973	1989	2006	1956	1973	1989	2006	1956	1973	1989	2006
호주	12	7	5	4	39	36	26	21	49	57	68	75
프랑스	26	11	6	3	36	39	30	23	38	49	64	74
독일	17	7	4	2	46	48	40	30	37	45	57	68
일본	36	13	8	4	26	37	34	28	39	49	58	68
스페인	44	24	13	5	30	37	33	30	26	39	54	66
스웨덴	17	7	4	2	41	37	30	22	42	56	67	76
영국	5	3	2	1	48	42	33	22	47	55	65	77
미국	10	4	3	2	37	33	27	20	53	63	71	79

출처: OECD(www.sourceoecd.org/database/OECDstat)

정부가 외부에 위탁한 것까지 포함하면 그 수가 거의 7백만 명, 전체 고용자의 1/4에 달한다(텔레그래프The Telegraph, 2003년 7월 29일, 32쪽). 또한 이 자료를 보면 제조업으로부터의 이탈(그리고 1930년대 중반 750,000명을 고용하여 그 정점에 이르렀던 탄광산업과 같은 대규모산업의 쇠퇴)이 급격하게 이루어졌다는 사실이 분명히 확인된다.

물론 이와 같은 극적인 변화가 영국에서만 나타난 것은 아니다. 〈표 3-1〉을 보면, 호주나 미국과 같은 국가들이 영국과 상당히 유사한 수치를 보여줄 뿐만 아니라, 일본이나 스페인과 같이 영국에 비해 산업화가 상당히 늦은 국가들도 최근에 서비스기반경제로의 전환을 경험하였음을 알 수 있다. 스웨덴과 미국은 두 국가 모두 서비스 고용의 비중이 늘어났다는 점에서는 유사하지만 그 구체적인 내용에서는 상당한 대조를 이룬다. 왜냐하면 스웨덴 서비스부문 고용증가의 상당 부분은 '고세금 고복지' 복지국가의 공공서비스 투자로 인한 것이기 때문이다. 한편 독일의 경우에는 농업은 분명 크게 감소하였지만, 서비스 고용이 증가하였음에도 불구하고 영국, 스웨덴, 미국과 비교하면 제조업의 감소가 상대적으로 덜 두드러진다는 점이 특징적이다. 독일은 확실히 제조업 기반을 유지하려고 노력하였는데, 이 점에 관해서는 나중에 더 자세히 논의할 것이다.

모든 선진산업국가들은, 특히 1973년 이후, 분명히 상당한 경제구조 변화를 경험하였다. 또한 이러한 변화를 자세하게 살펴보면, 각 국의 역사·문화적 맥락에 따라 다양한 양상이 관찰된다. 전체적으로 OECD 국가들이 경험한 변화는 다음과 같이 정리된다.

- 1960년대에서 1990년대 초반에 이르는 기간 동안 농업부문 고용은 2/3가 감소하였고 제조업부문 고용은 1/4이 감소하였다.
- 1993년에는 OECD 국가들 모두 서비스부문 고용이 전체 고용의 절반이 넘는 비중을 차지하였다.
- 서비스부문 고용의 성장은 부분적으로는 건강, 교육, 복지 영역의 국가지

출 증가로 인한 것이다(Castles, 1998).

제조업의 새로운 지형

부유한 OECD 국가들에서 제조업이 줄어들고 있다는 사실은 당연히 다른 어떤 곳에서는 제조업이 늘어나고 있다는 사실과 동전의 양면을 이룬다. 제조업의 증가는 홍콩, 말레이시아, 싱가포르, 남한, 대만, 일본, 최근의 중국 등 환태평양지역의 후발 산업국가, 그리고 남반구의 소위 '저개발' 국가에서 나타났다. 1980년대에 세계무역이 자유화되고 경제 세계화의 흐름이 가속화하면서, 무역장벽이 무너지고 과거 수입관세로 보호되던 산업이 완전히 세계경쟁에 노출되었다. 영국의 경우에는 1980년대와 1990년대에 직물, 기계공업, 자동차산업, 원예산업 등 한때 안정된 일자리를 창출했던 산업이 급속도로 사라졌고, 심지어 석탄과 같은 1차 산업도 쇠퇴일로에 놓였다.

선진국의 제조업 쇠퇴에 상응하여 같은 시기에 저개발 국가에서는 제조업이 급격하게 증가하였다. 방글라데시, 케냐, 베트남을 그 대표적인 사례로 들 수 있다. 베트남에서는 1990~2000년 동안 900,000개의 제조업 일자리가 창출되었고 방글라데시에서도 1990년대 초반에 그와 유사한 수의 일자리가 생겨났다(Jenkins & Sen, 2003). 이러한 고용증가의 상당 부분은 다자간 섬유협정_{Multi-Fibre Arrangement} 아래에서 직물 및 의류산업이 개방된 덕분에 가능했다. 오늘날 의류산업은 방글라데시 수출의 75%, 베트남 수출의 50%를 차지한다. 베트남에서 국가가 조직한 대기업들은 규모의 경제, 저임금과 상대적으로 열악한 근로조건을 이용하여 빠르게 움직이는 거대한 세계시장에 상품을 공급하고 있다. 방글라데시와 베트남의 직물 및 의류산업 일자리의 대부분은 미숙련노동자가 차지한다. 대부분 여성인 이들은 매일의 일상을 미숙련노동자로서 살아간다. 국가관리 대기업과 경쟁하는 소규모 기업과 가내노동자들은 서구 기업과 국제노동기구_{Inter-}

national Labour Organisation: ILO가 요구하는 낮은 수준의 국제노동기준조차 충족시키기 어렵고 리스크도 크다(Nadvi & Thoburn, 2003).

최근 중국은 세계에서 가장 큰 제조업 국가로서 세계경제의 유력한 지위를 점하고 있다. 하지만 2001년 세계무역기구World Trade Organization: WTO 가입 이후 국내시장의 해외경쟁 노출로 인해 제조업기반의 확대 속도는 둔화되었다. 또한 비효율적인 공기업을 개혁하는 과정에서 고용이 감축되어, 국영기업이 중국의 전체 제조업 생산에서 차지하는 비중이 1980년대 초반 70%에서 현재 30%로 하락하였다. 저비용 생산에 수천만 명의 노동자를 투입할 수 있었다는 점이 바로 중국이 수출주도형 경제성장을 달성할 수 있었던 가장 큰 원동력인데, 최근에는 사회기반시설이 발전하고 특히 광둥성의 진주 강 삼각주와 홍콩 북부, 양쯔 강 삼각주 주변에서 급격히 증가한 광역도시권으로부터 산업 중심지가 이동하면서 전통적인 저비용 접근방식이 적용되는 지역이 늘어나고 있다. 이러한 과거의 방식이 유지되는 한 중국의 가장 외진 지역조차 근대화의 바람을 피해갈 수 없게 되었다. 이처럼 중국은 전 세계 직물 및 의류 생산의 상당 부분을 흡수하였지만, 한편 중국 시장경제 성장의 이면에는 농촌지역의 빈곤이라는 어둠이 존재한다.

중국 경제는 분명 점점 더 자유화될 것이다. 그리고 많은 중국 기업들은 기존의 저비용 제조업 중심 경제를 보완하기 위해 새로운 고부가가치 산업을 개발하려고 노력하고 있다. 일례로, 중국의 금융 시스템이 해외경쟁에 개방되었다(미국의 시티그룹 은행은 중국에서 가장 큰 금융회사 중 하나인 광둥개발은행을 인수하였다). 몇 년간은 불신의 시선을 받아야 했지만, 이제 중국에서 외국인투자는 일반적으로 투자자와 중국 경제 양쪽 모두에게 도움이 된다고 받아들여진다. 또한 중국 역시 대규모 해외투자를 하고 있는데, 이러한 사실은 중국이 가진 야망과 세계경제에서 차지하는 위치를 잘 보여준다. 특히 중국은 석유와 가스 등 원자재의 공급을 확보하기 위해 노력하고 있다. 한편 중국은 강력한 국가기구와 명령-통제형 정치체제가 경제발전에 미치는 영향이 크기 때문에 중국 경제의 미래에는 많은 불확실성이 존재한다. 기존의 패러다임과 비즈니스 방식이 도전받고 있고, 새로운 형태의 계약, 시장관계, 비즈니스 모델, 소유권 모델이 등장하고 있다. 중국은 지식 자본에 대한 투자도 소홀히 하지 않아서 연구센터와 고등교육이 크게 발전하고 있다(타임즈The Times가 전 세계 4,000개 대학에 순위를 매긴 결과 중국의 베이징 대학과 난징 대학이 10위 안에 들었다). 중국의 세계경제 진입으로 인해 제조업뿐만 아니라 하이테크 산업, 관광, 금융 서비스와 같은 다양한 산업부문의 경쟁 양상이 새롭게 전개되고 있다. 앞서 언급하였듯이, 중국이 베이징 올림픽을 치르고 메달경쟁에서 수위를 차지하고 있는 현실은 중국이라는 나라의 세련된 방식과 야망을 분명하게 보여준다.

3.1 메이드 인 차이나? 아이팟iPod 이야기

최근 중국이 세계 산업경제의 실세로 떠오른 것은 사실이지만, 생산의 세계적 성격이 강화될수록 상품의 생산과정에 관여하는 국가의 수가 늘어난다는 사실 또한 잊어서는 안 된다.

예를 들어, 린든과 그 동료들(Linden 외, 2007)은 애플사Apple의 유명 제품인 아이팟 뮤직 플레이어의 생산을 분석하였다. 그들은 아이팟을 '미국, 일본, 그리고 몇몇 아시아 국가들의 기술이 결합된 세계적인 혁신상품의 완벽한 사례'라고 표현하였다. 실제로 2005년 신상품인 30GB 3세대 아이팟의 부품을 분해해 보면, 하드 드라이브는 일본 기업 도시바Toshiba가 공급하고 중국 또는 필리핀에서 생산되었음을 알 수 있다. 멀티미디어 프로세서는 미국 회사 브로드컴Broadcom이 공급하고 대만 또는 싱가포르에서 생산되었다. 메모리 모듈은 한국 기업 삼성Samsung이 공급하고 생산하였다. 중앙처리장치(CPU)는 미국 기업 포탈플레이어PortalPlayer가 공급하고 미국 또는 대만에서 생산되었다.

이상의 부품 목록은 아이팟의 일부일 뿐이다. 아이팟을 구성하는 대부분의 부품들은 궁극적으로 중국 본토에 위치한 대만 기업 인벤텍Inventec에서 조립되었다. 이런 의미에서 아이팟은 '메이드 인 차이나'지만, 실제 생산과정을 들여다보면 수많은 나라에서 각각의 부품이 생산된 후에 중국에서 조립될 뿐이다. 결정적으로 소득창출의 측면을 살펴보자면, 린든과 그의 동료들은 아이팟의 조립과정이 중국 경제에 가져다주는 수익은 기껏해야 몇 달러에 지나지 않는 것으로 분석하였다. 반면 아이팟의 생산으로 인한 수익의 가장 큰 부분은 애플사에게 직접 돌아간다. 애플사는 아이팟 소매가 미화 299달러 중 약 80달러를 가져간다. 그리고 소매상들과 유통업자들이 각각 45달러와 30달러의 큰 몫을 가져간다.

요컨대, 미국에서 판매되는 표준적인 아이팟의 경우 조립 및 제작 과정의 상당 부분이 아시아에서 이루어짐에도 불구하고 수익의 가장 큰 몫은 애플사와 애플사의 소매상에게 돌아가는 등 미국이 가장 큰 이익을 얻는다. 제조업이 점점 더 저소득 국가로 이동하고 있는 것은 사실이지만, 상품 디자인, R&D, 판매, 마케팅 및 브랜딩과 같은 고숙련 지식기반 일자리들은 고소득 국가에게 커다란 이익을 가져다주는 것이다.

하지만 린든과 그의 동료들(Linden 외, 2007: 10)은 미국이 이러한 전리품을 당연한 것으로 여겨서는 안 된다고 경고하였다. 만약 미국이 혁신을 지속하지 못한다면 '금방이라도 미국의 자리를 꿰찰 수 있는' 세계의 경쟁자들이 다수 존재하기 때문이다.

다른 국가들도 수세기 동안 이어져 왔던 전통적인 삶의 양식을 바꾸어놓는 극적인 변화를 피해갈 수는 없다. 예를 들어 수송수단의 혁명, 특히 항공수송의 발전 덕분에 새로운 시장이 형성되고 있다. 아프리카에서는 신선한 과일과 야채를 생산하는 산업이 크게 성장하였다. 아프리카에서 생산된 과일과 야채는 유럽 시장, 특히 영국의 거대한 슈퍼마켓 체인에 공급된다. 케냐와 남아프리카공화국에서는 농산물 수출의 20~30%가 원예상품인데, 이 시장은 1990년대에 급격하게 성장하였다. 슈퍼마켓들은 엄격한 품질 기준을 적용하고 '적기just-in-time' 조달 방식을 도입하기 때문에, 과거 전통적인 노동시장의 구조가 비공식성, 유연성, 불안정성을 특징으로 하는 구조로 변화하고 있다. 돌란과 바리엔토스(Dolan & Barrientos, 2003)의 관찰에 따르면, 슈퍼마켓이 상품시장에 가하는 압력 때문에 과거 비공식적 소규모 자작농 생산방식에서 대규모 임시노동 생산방식으로의 전환이 이루어지고 있다. 이러한 전환이 가져온 결과 중 하나는 보험, 질병 수당 등과 같은 혜택의 비용부담 책임이 기업으로부터 지역의 가족 및 커뮤니티로 넘어가고 있다는 점이다. 또한, 이 일자리들이 여성에만 국한된 것은 아니지만, 늘어나고 있는 임시고용의 상당 부분은 '불균형적으로 여성들에게 돌아가고 있고, 여성들은 임시 · 계절 일자리의 대다수를 차지한다'(Dolan & Barrientos, 2003: 3). 또한 세계적 산업생산구조 역시 아프리카 사회에 커다란 영향을 미치고 있다. 예를 들어 남아프리카공화국에서는 최근 제조업 분야 미숙련 일자리가 크게 줄어들었는데, 과거 억압적인 아파르트헤이트 통치시기를 지나 서서히 회복되고 있던 경제는 다시 엄청난 충격에 빠졌고 실업률은 여전히 30%에 이를 정도로 심각하다.

이러한 사례연구로부터 얻을 수 있는 공통적인 시사점은 최근 노동의 세계에 극적인 변화가 나타나고 있다는 사실이다. 전체적인 추이를 살펴보면, 기존의 산업선진국들은 '포스트산업주의'로 빠르게 이동하고 있는 반면, 제조업은 아시아/환태평양 지역, 중국과 인도, 사하라 사막 이남 아프리카, 남아메리카로 이동하고 있다(4장을 보라). 최근 수십 년간 새로운 기술과 국제 항공수송의 성장 덕분에 세계화가 꾸준히 진행되었고, 새로운 시장과 새로운 형태의 상품 무역이 등장하였다. 앞서 살펴본 사례 중 대부분의 경우에는 새로운 고용의 대부분을 미숙련, 임시, 여성 노동자가 채우면서 노동시장이 크게 변화하였다.

남성과 여성의 노동 세계의 변화

영국에서는 제조업의 쇠퇴가 거의 남성 풀타임 일자리에서만 나타났다. 이러한 고용감소의 일부는 ('쫓겨나기 전에 나간다'는 의미에서) 사실상 실업의 일종이라고 볼 수 있는 조기퇴직이지만, 그 상당 부분은 주요산업의 대규모 폐쇄로 인한 것이다. 예를 들면 타인 위어Tyne and Wear나 클라이드Clyde 지역의 조선 산업, 또는 셰필드Sheffield나 사우스 웨일스South Wales 지역의 철강 산업이 문을 닫았다. 한편 젊은이들의 교육기간이 길어지고 있는 것도 고용감소의 부분적인 원인이다. 이처럼 노년 세대와 청년 세대는 정부의 공공지출에 큰 영향을 받는데, 노년 세대는 소득이전 정책에 영향을 받고 청년 세대는 고등교육 예산의 확대에 영향을 받는다(정부는 18세 인구의 50%가 고등교육을 받는 것을 목표로 삼았는데, 이는 거의 달성되었다).

이처럼 (복지)국가는 경제적 변화를 일으키거나 적어도 경제적 변화에 대응하는 데 큰 영향을 미친다. 이 책에서 여러 번 언급하였듯이, 영국에서 경쟁국가가 등장한 것은 세계경제의 성격이 변화하는 데 대한 대응이었다(2장을 보라). 또한 워크페어 국가와 그 구체적인 정책 및 프로그램들이 등장한 것도 외국인 직접투자의 증가나 전통 산업의 일자리 감소와 같은 변화에 대응하기 위한 것이었다. 국가는 무엇보다도 새로운 서비스기반경제가 번영할 수 있는 조건을 마련하고자 하였다. 즉, 경제 자유화, 계약 문화의 확립, 과거 낡은 중앙집권적 단일국가와의 단절 등과 같은 조건을 마련하여 새로운 경제적 변화를 적극적으로 수용하고자 한 것이다(6장을 보라).

새로운 세계 노동시장의 가장 두드러진 특징 중 하나는, 아시아/환태평양 지역과 사하라 사막 이남 아프리카 지역에서 과거의 풀타임 남성 제조업 일자리가 파트타임 여성 일자리로 대체되었다는 점이다. 영국에서도 새로운 서비스 고용의 대다수는 여성이 차지하였는데, 마찬가지로 파트타임의 비율이 높았다. 그런데 영국의 경우 1980년대와 1990년대에 여성이 남성의 일자리를 빼앗은 것이 아니라는 점을 지적해 둘 필요가 있다. 이 시기에 영국의 경제구조가 변화하여 노동시장에서 풀타임 남성 일자리가 크게 줄어들었는데, 이러한 일자리의 감소는 거의 모두 '낡은' 제조업에서 나타난 반면 파트타임 여성고용의 증가는 새로운 서비스기반경제에서 나타났다. 그리고 캐슬스(Castles, 1998)가 지적하였듯이, 역사적으로 보면 19세기까지는 여성이 주로 집 밖에서 일했다는 점도 언급될 필요가 있다. 19세기 이전 농업경제에서는 가족 내에서 남성, 여성, 아동 간에 노동분업이 이루어졌다. 당시의 생활반경은 매우 협소했고, 요람에서 무덤까지의 매우 짧은 인생은 파종, 수확과 같은 일련의 계절적 주기로 구성되었다. 하지만 그 후 등장한 공장 시스템은 많은 것을 바꾸어 놓았다. 공장 시스템은 단순히 생산방식의 혁명이기만 한 것이 아니라, 공장의 노동생활과 집의 가정생활을 분리시켜 일상생활을 크게 변화시켰다. 사람들의 생활은 '출퇴근'으로 측정할 수 있게 되었고, 일상생활은 더욱더 분절되고 규격화되었다(Harvey, 1973; Giddens, 1990). 고용주가 노동자 개인을 고용하게 되면서 가족을 하나의 생산 단위로 간주했던 봉건적 사고가 빠르게 사라졌다(고용주는 노동자에게 임금을 지급할 뿐 그 외에는 다른 어떤 의무도 지지 않게 되었다).

이와 같은 오랜 사회발전 과정에서 가정의 기능은 크게 변화하였다. 한 마디로 표현하자면, 가정이 여성과 아동의 영역이 되었다. 가정은 아동을 양육하는 공간이자, 현관 너머 낯선 사람과 적대적인 경제 영역으로부터의 안전을 제공받는 공간으로 변화하였다. 게다가 무엇보다도 가정은 모든 사회계급에게 사회적 지위와 체면의 상징이 되었다. 도시 생활의 분열과 혼란, 다양성은 사람들을 가정으로 이끌었고, 사람들은 자신과 비슷한 사람들과 공동체를 이루어 생활하기를 원했다. 라베츠와 터킹턴(Ravetz & Turkington, 1995: 4)이 관찰한 바와 같이, '사회적 계층, 특히 계급 간의 경계는 정체성과 안전에 중요한 영향을 미친다. 빅토리아 시대의 관점에서 볼 때 가장 중요한 것은 "존경할 만한 것respectability"과 "존경할 만하지 않은 것non respectability"을 구분하는 것이다'.

이처럼 역사적으로 볼 때 여성이 가정의 내부에 머무르는 것은 일탈적인 현상이다. 그리고 2000년대에는 여성들이 또다시 가정을 벗어나 노동시장의 전면에 등장하고 있다. 다만 과거와의 차이점은 이제는 여성들이 혼자서 일을 하고 돈을 벌게 되었다는 점이다. 이는 여성의 독립성이 더욱 커지고 가구 내 권력 균형이 크게 변화하고 있음을 시사한다.

2차 세계대전 이후 여성 경제활동참여율이 가장 먼저, 가장 빠르게 증가한 나라는 스칸디나비아 국가들이었는데, 이는 높은 수준의 복지국가 지출 덕분이었다. 스칸디나비아 국가들은 1930년대까지 거슬러 올라가는 오래된 사회민주주의 지배 아래에서 고세금 고지출 복지국가를 건설하였다. 이처럼 정당의 장기집권은 복지국가 지출 레짐의 성격을 보여주는 핵심적인 지표 중 하나이다. 한편 복지국가의 특징은 더 깊은 문화적 토대를 반영하기도 한다. 예를 들어, (캐슬스와 에스핑-안데르센과 같은 학자들이 지적하듯이) 가톨릭 교회의 영향력이 오래된 국가들(프랑스와 이탈리아가 그 예가 될 수 있고, 어느 정도까지는 독일도 그러하다)은 여성 경제활동참여율이 가장 늦게 증가하였다(Esping-Andersen, 1990; Castles, 1998). 왜냐하면 가톨릭의 교리는 평신도와 성직자의 위계적 관계, 시민사회에 대한 회의, 그리고 특히 가족생활과 도덕적 가르침을 강조하기 때문이다. 반면 프로테스탄트의 신학 체계는 하나님과 인간의 직접적인 유대를 강조하기 때문에 개인과 '세상'의 관계에 더 많은 의미를 부여한다. 이와 같은 유럽사회의 주요 문화적 특징은 나중에 종교의 공식적인 영향력이 크게 감소하는 시대에도 여전히 중요하다(Flora, 1986). 이처럼 사람들의 국가에 대한 태도는 국가의 역사 · 종교 · 문화적 조건 속에서 형성된다. 여기서 핵심은 가톨릭 문화권 국가에서는 여성 경제활동참여율을 높이는 데 상당한 어려움이 있다는 사실이다. 이들 국가의 문화적 전통에서는 여성은 집에서 아동을 양육해야 하고 국가는 남성 생계부양자를 지원하는 방식으로 개인의 삶에 개입해야 한다고 본다.

캐슬스의 자료를 보면, 스웨덴과 같이 프로테스탄트 전통을 갖고 있는 국가들에서 전후 여성 경제활동참여율이 가장 빠르게 증가하였다는 사실이 분명하게 확인된다. 이들 국가에서는 시민사회가 가톨릭의 영향으로부터 자유로웠고, 서비스에 대한 공공지출 수준이 높았다. 공공서비스의 상당수는 여성의 노동시장 참여와 직접적인 관련이 있었고 실제로 많은 여성이 탁아소 등 공공서비스 부문에 고용되었다. 반면 가톨릭의 영향을 받은 오스트리아나 이탈리아와 같은 국가들은 서비스에 대한 공공지출 수준이 낮았고 여성의 노동시장 참여도 가장 늦었다(Castles, 1998).

앞서 최근 등장한 새로운 일자리의 상당수(아시아와 남반구의 새로운 제조업 일자리든 포스트산업주의 서비스 경제의 일자리든)가 파트타임이라는 사실을 언급한 바 있다. 이러한 사실은 여성들이 일과 가정 사이에서 고생하고 가정에 대한 책임을 지속하는 비용을 치르면서 얻어낸 재정적인 독립 수준이 과연 어느 정도인지에 관한 정책적 이슈를 제기한다.

영국 노동시장 변화의 지리학

최근 경제구조 변화의 핵심적인 양상 중 하나는 경제적 변화가 인구의 지리적 이동을 동반한다는 사실이다. 영국에서는 이것이 역도시화counter-urbanisation라는 형태로 나타났다. 역도시화란 많은 사람들이 낡은 산업도시에서 더 작은 소도시나 교외 지역으로 이동하는 것을 의미한다. 사회학 분야의 연구들이 전통적으로 도시화와 국가의 성장 간의 관계에 주목해 왔던 만큼, 정책분석은 이러한 인구학적 변화에 매우 민감해야 한다. 이 주제에서 영국은 매우 특별한 사례인데, 왜냐하면 영국은 역사적으로 대규모 산업화를 경험한 첫 번째 국가이기 때문이다. 대규모 산업화를 경험했다는 것은 시골의 인구가 줄어들고 제조업을 중심으로 도시가 성장하였으며 대규모의 인구 증가가 지속적으로 나타났다는 사실을 의미한다. 영국의 전체 인구는 1801년~1850년의 기간 동안 9,000,000명에서 18,000,000명 이상으로 두 배가 늘어났고, 연간 증가율은 1930년대에 이르기까지 한 번도 10% 밑으로 떨어진 적이 없다. 영국은 발전된 산업경제의 기초 위에 도시화를 경험한 역사상 첫 번째 국가이다. 놀랍게도, 만국박람회Great Exhibition를 개최한 1851년에는 인구 100,000명 이상의 도시가 이미 10개에 달했다. 당시 이들 도시 지역의 인구는 전체 인구의 24.8%를 차지하였고, 그 비율은 전례 없는 무서운 속도로 증가하고 있었다(Burnett, 1986: 7). 도시화는 사회의 모습을 극적으로 변화시켰다. 먼저 도시화는 남성과 여성의 관계에 새로운 기회와 압력을 창출하였다. 출산, 이혼 등 가정과 가족생활의 전체적인 모습이 크게 변화하였다. 또한 도시화는 사회계급을 기준으로 사회를 재배열하였다. 그 결과 서로 다른 계급 간 관계, 계급대립이 정책의 선택과 결과에 큰 영향을 미치게 되었다. 그리고 도시화는, 경제적 자유방임주의 문화에도 불구하고, 국가개입의 증대를 가져왔다. 왜냐하면 공중보건과 위생, 가로등, 빈민가 철거, 주거개선 등과 같은 여러 가지 '도시' 문제에 대처해야 했기 때문이었다. 이러한 국가의 활동은 1884년 왕립위원회Royal Commission의 노동계급의 주거에 관한 보고서로 이어지는데, 이 보고서는 국가가 주거보조금housing subsidies을 지급하거나 직접 주거공급에 나서야 할 필요가 있다는 생각으로 발전하였다(Lowe, 2004).

경쟁국가의 지리학

(민간이나 지역의 계획과 대비되는 의미에서의) 국가개입과 '공공정책'의 성장은 19세기 도시화와 밀접하게 연관되어 있다. 당대의 사회변화, 특히 제조업 등 '낡은' 산업 중심지의 몰락과 서비스경제의 등장과 같은 경제적 변화 역시 이러한 역사적 유산을 배경으로 한다. 대규모 인구분포의 전통적인 패턴이 변화하는 것은 정책 분석의 관점에서도 상당히 중요한데, 특히 대규모 인구 변화를 가능하게 하는 국가의 역할에 대한 질문이 중요하게 제기된다. 경쟁국가의 등장은 지리적 인구구조의 변화를 동반하고, 이는 중요한 정책적 결과를 가져온다. 〈표 3-2〉에서는 15년간 나타난 인구 변화를 지역별로 요약하여 제시하였다.

| 표 3-2 | **지역별 고용량의 변화(1981-1996, 단위: 천명)**

총 고용량	1981	1996	변화(%)
소도시와 시골 지역towns and rural areas	11,278	12,953	+14.9
독립 도시free-standing cities	1,730	1,749	+1.1
광역도시권conurbations	4,497	4,208	-6.4
런던London	3,560	3,348	-6.0
영국Britain	21,064	22,258	+5.7

출처: Turok & Edge(1999: 3).

표를 보면, 고용이 소도시와 시골 지역에서 크게 증가한 반면 도시 지역에서는 감소하였다는 사실이 분명히 확인된다. 즉, 새로운 산업이 낡은 산업을 대체하는 현상은 같은 지역이 아니라 다른 지역에서 나타나는 것이다. 1990년대에는 북부와 중부지역의 광역도시권에서 해마다 약 40,000명의 사람들이 이주해 나가고 있다. 이들의 다수는 잉글랜드 남부지역이 아니라 원래 살던 곳의 인근 지역으로 이동한다. 이러한 자료를 보면 고용증가가 교외 지역에서 가장 크다는 사실을 알 수 있다.

'남성고용 대 여성고용'과 '풀타임 고용 대 파트타임 고용'이라는 두 가지 지표를 교차시켜보면, 지금까지 논의한 지리적 변화가 중요한 사회적 변화를 포함하고 있음을 알 수 있다(Turok & Edge, 1999). 터록과 에지의 분석에 따르면 남성 제조업 일자리는 모든 지역에서 감소하였지만 특히 광역도시권에서 가장 많이 감소하였다. 1981년~1996년의 기간 동안 140만 개의 제조업 일자리가 사라졌는데, 이 숫자는 1981년 전체 제조업 일자리의 1/3에 해당한다. 도시에서는 다른 일자리들, 특히 서비스 일자리도 그다지 늘어나지 않았다. 서비스부문의 파트타임 일자리는 1981년~1996년 동안 220만 개가 증가하였는데, 이는 새로운 일자리 전체의 60%에 가까운 숫자이다. 이러한 서비스 고용증가의 거의 대부분은 여성노동자로 채워졌고, 주로 소도시나 시골지역 또는 교외지역에서 나타났다(Turok & Edge, 1999). 한편 언제든 어느 한 시점에 고용된 전체 고용자의 약 7%가 임시고용이라는 사실도 지적될 필요가 있다.

이 자료를 통해 전체적인 그림을 그려보면, 경제구조 변화의 효과가 지리적으로 불균등하게 나타났다는 사실을 알 수 있다. 북부지역의 산업도시들은 인구감소와 함께 상당한 고용감소를 경험하였다. 반면 서비스고용의 증가는 소도시와 교외 지역, 특히 남부지역에서 나타났다(남부지역에만 나타난 것은 아니다). 터록과 에지(Turok & Edge, 1999: 50)의 결론을 인용하자면, '경제활동의 분권화'가 나타난 것이다.

공공서비스와 복지국가에 대한 영향

지금까지 살펴본 변화는 공공정책의 측면에서 중요한 이슈를 제기한다. 예를 들어 교외화 과정은 1980년대와 1990년대 자가 소유의 증가와 밀접하게 연관되어 있다. 이 기간 동안 미개발 지역과 새로운 서비스산업의 일자리와 가까운 지역에 수만 개의 자가 건축물이 건설되었다. 즉, 서비스기반경제의 성장과 함께 도시의 새로운 지리적 변화가 나타난 것이다. 모든 지역의 도시 외곽에 쇼핑 복합단지가 건설되었고, 이들은 외곽 순환도로로 연결되어 대중교통이 아니라 자가용으로 접근할 수 있도록 설계되었다. 그리고 새로운 과학 지식으로 이윤을 추구하기 위해 지방의 대학과 연계된 과학연구단지가 건설되고 파트너십 프로젝트가 추진되었다. 이러한 새로운 일자리들은 교외의 자가 소유를 가능하게 했고, 이들 가구는 일반적으로 풀타임과 파트타임 일자리라는 두 개의 소득원을 갖고 있었다. 한편, 글래스고Glasgow, 리즈Leeds, 리버풀Liverpool, 맨체스터Manchester, 뉴캐슬Newcastle, 선덜랜드Sunderland와 같은 낡은 북부 산업도시들에서는 경제 공동체가 급격하게 무너져 내렸다. 상자글 3.2의 사례연구가 보여주듯이, 한 때 번영했던 이들 지역에서는 경제가 무너지면서 주택수요도 감소하였다. 부동산 가격은 급락하였고, 공공이든 민간이든 부동산 소유자들은 주택 세입자를 찾을 수가 없게 되었다. 새로운 경제에서 일자리를 찾기 위해 사람들이 집단적으로 이탈해 나간 후 도시에 남은 사람들은 주로 노인, 미숙련 노동자 등 사회적 약자들이었다. 이들은 포스트산업주의 노동시장에서 일자리를 구하기가 어려웠고 빈곤의 위험에 노출되었다. 지방정부는 공공임대주택council housing을 철거하여 주택 재고를 축소하라는 압력을 받았다. 20세기 산업노동자의 주거를 위해 건설되었던 주택들이 지난 10년간 점차 사라져갔다. 웹스터(Webster, 1998)의 보고에 따르면, 1981~1999년 동안 글래스고의 공공임대주택은 10%(약 20,000호)가 철거되었다. 그 외에도 많은 연구들이 잉글랜드 북부지역의 주택 철거를 보고하였다(Lowe 외, 1999; Power & Mumford, 1999).

영국에서 공공임대주택이 폐기된 사례에서 보듯이, 과거에는 도시생활과 관련된 많은 서비스가 공공부문에 의해 공급되었지만 이제 그 상당 부분은 다양한 준공공기관이나 완전한 민간조직에 의해 소유되고 관리된다. 멀린스와 라이즈보로(Mullins & Riseborough, 2000)는 이를 '사회적 비즈니스social business'라고 명명하였다. 교통, 여가시설, 도로 유지보수, '공공' 시설 및 다양한 서비스들은 20세기 전반의 도시적 생활양식과 긴밀하게 연관되어 있었지만, 오늘날에는 서비스경제의 등장으로 도시생활과 공공서비스 간의 역사적 관계가 크게 약화되었다.

이러한 변화의 원인은 이제 막 논의되기 시작하였는데, 이는 영국에서 자가 소유home-owning 사회가 등장하는 현상과 긴밀하게 연관되어 있다. 다양한 자료를

3.2 낮은 주택수요

과거 제조업 중심지의 쇠퇴로 인한 결과 중 하나는 (주로 북부와 중부의 도심 지역의) 지속적인 인구감소와 이에 따른 주택수요의 감소다. 이들 지역에서는 많은 가구들이 교외지역으로 일자리를 찾아 떠나면서 빈 주택이 늘어나 공공임대주택의 세를 주기가 어렵게 되었다. 거주자가 없는 버려진 주택은 공공기물 파손자들의 표적이 되었다. 주택수요가 감소하고, 가게가 문을 닫고, 버스 서비스가 중단되고, 지역사회의 활력이 서서히 사라지는 악순환이 나타났다. 경제적 자원이 부족한 노인들은 도심에 남아 있었는데, 이들의 동네는 범죄가 넘쳐나고 가장 빈곤한 사람들만 거주하는 곳으로 변해갔다. 이러한 '빈곤층의 게토'에는 영국 사회에서 사회적으로 가장 배제된 사람들의 대다수가 모여 살게 되었다(Lowe, 2004).

많은 지방정부들에게는 이러한 지역을 철거하는 것이 유일한 해결책이었다. 1980~2000년 동안 글래스고 의회는 공공임대주택 재고의 10%(약 20,000호)를 철거하였고, 이러한 패턴은 전국에서 반복되었다. 이 문제는 민간부문에도 영향을 미쳐, 몇몇 지역에서는 주택가격이 급락하고 수천 호의 주택들이 사실상 아무런 가치가 없게 되어버렸다. 평균 주택가격은 100,000파운드를 상회하는 상황에서 런던 및 전국의 교외 지역의 주택가격 상승은 극적인 대조를 이루었다.

살펴보면, 자가 소유 가구들은 2차 담보설정remortgage(이사는 하지 않고 새로 주택 담보대출을 받는 것)을 통해 부동산을 경제적으로 활용하고 있다. 그들은 주택 자원을 이용하여 민간부문의 서비스를 이용한다(Westaway, 1993). 예를 들어 부모들은 주택을 이용하여 자녀의 사립학교 교육비용을 충당한다. 또한 노인을 위한 민간 재가돌봄산업 성장의 상당 부분은 '생애 마지막 시기last-time' 자산 매각으로 인한 것이다. 첫 주택 구매자의 40%는 담보대출을 위한 보증금을 (자신의 집을 2차 담보설정한) 부모들에게 빌리고 있다(Tatch, 2007). 노동연금부Department for Work and Pensions의 조사에 따르면, 미래의 재정적 보장과 은퇴 후 소득을 위해 부동산 자산에 의존하는 경향이 나타난다(Clery 외, 2007). 요컨대, 영국에서는 70%의 가구가 부동산을 소유하고 있는 '자가 소유 사회'가 등장한 것이다. 이는 사람들이 주택 자산을 사적 복지의 자원으로 활용한다는 측면에서도 매우 중요한 의미를 갖는다. 서비스기반경제의 성장, 자가 소유 사회의 등장, 복지국가의 구조 변화라는 세 가지 현상은 촘촘하게 맞물려 있다. 최근에는 '금융위기'로 인해 주택담보대출의 공급이 제한되었는데, 이는 경기불황과 주택가격이 하락하는 시기에 주택 자산에 근거한 복지체제가 매우 취약할 수 있음을 시사한다.

비교복지국가 연구들에 따르면, 자가 소유 사회는 민간보험과 주택 자산이 중요한 역할을 하는 '저세금 저지출' 복지국가로 나아갈 가능성이 크다. 반면 주택임대가 더 일반적인 국가들의 경우에는 세금을 많이 걷고 국가가 직접 높은 수준의 복지를 보편적으로 공급하는 사회적 시장 복지체제로 나아갈 가능성이 크다(Castles, 1998). 즉, 서로 다른 주택공급 형태가 포스트산업주의 복지국가의 형태에 영향을 미치는 요인이 될 수 있다는 것이다. 지면의 제약으로 자세히 논의할 수는 없지만, 교외화 효과와 복지국가의 구조변화가 뚜렷이 연결되어 있다는 사실을 유념해야 한다. 교외화는 소도시와 교외지역의 서비스산업 성장과 지리적 이동에 따라 나타나는 현상인데, 이는 거의 대부분 맞벌이 자가 소유 가구들에게 나타난다. 이는 다시 민간보험에 기초한 복지국가와 직접적으로 연결되고 경쟁국가의 맥락으로 이어진다.

반복하자면, 여기서 핵심은 경제구조 변화가 지리적으로 불균등한 효과를 가져왔다는 것이다. 예를 들어 잉글랜드 북부의 주요 광역도시권, 페나인_{Pennine} 지역의 산업 도시와 광산 마을에서는 경제구조 변화가 커다란 충격으로 다가왔다(상자글 3.3을 보라). 인구감소, 사회발전의 후퇴 등 도심지역의 악순환은 하나의 역사적 유산을 형성하였다. 이와 대조적으로 소도시와 교외에서는 새로운 민간 서비스산업이 집중적으로 형성되었다. 북부와 남부의 지역 격차 역시 이와 관련된 중요한 논점이지만, 사실 잉글랜드 남부지역 뿐만 아니라 북부지역의 많은 소

3.3 페나인 지역의 고용 변화

| 표 3-3 | 허더즈필드와 핼리팩스의 부문별 고용(단위: %)

	1971	1977	1987	1997
광산	1.8	1.9	1.7	1.4
제조업	49.1	42.0	29.8	24.4
건설	3.6	3.7	3.5	3.3
서비스	45.6	52.3	65.0	69.8

1971~1997년 동안 잉글랜드 북부 페나인 지역에서는 제조업이 거의 48%나 감소한 반면 서비스업은 53% 성장하였다. 구체적으로 보면, 25년간 제조업 일자리가 40,000개가 사라진 것이다(〈표 3-3〉을 보라).

1997년에는 서비스 노동자의 60%가 여성이었고 그중 85%는 파트타임 노동자였다. 반면 제조업 노동자의 3/4은 남성이었고 대부분 풀타임 노동자였다.

페나인 지역은 18~19세기 산업혁명의 요람이었다. 이 지역은 직물, 면화, 의류 제조업으로 세계적으로 유명했다. 초기에는 가내생산 방식이었지만 점차 공장에서 대량생산이 이루어졌다. 그런데 1980년대 이후에는 급격한 고용구조의 변화를 경험하게 되었다. 이와 같은 페나인 지역의 사례는 영국의 어떠한 전통적인 산업 지역에도 적용될 수 있다.

도시와 교외 지역도 마찬가지의 혜택을 얻었다. 20세기 후반의 교외화, 그리고 교외화가 공공정책에 미치는 영향은 전국적인 현상이다.

결론

1장에서 언급하였듯이, 세계화는 지금까지 상상할 수 없었던 방식으로 전 세계의 사람들을 연결시켰다. 세계화의 영향 아래에 노동 세계가 변화하였고, 그 결과 수많은 가족들의 삶이 영향을 받았다. 영국과 같이 이제는 포스트산업국가가 된 상대적으로 부유한 국가의 경우에는 이득과 손실이 공존한다. 교외에 사는 가족들은 도시 외곽의 슈퍼마켓에서 과일과 꽃, 야채를 구매한다. 이 상품들은 사하라 사막 이남 아프리카의 여성 임시직 노동자들이 재배한 것들이다. 제조업과 원예산업의 무대는 이제 저개발 국가로 이동하고 있는데, 이들 노동자에 대한 임금과 근로조건은 최저수준으로 치닫고 있다. 특히 여성은 이러한 노동 세계의 변화로 가장 큰 고통을 겪고 있고, 여성은 가정과 일터에서 모두 긴 시간의 고된 노동을 감당하고 있다.

간단히 요약하자면, 전 세계에 걸쳐 노동의 사회 · 지리적 분포가 크게 변화하고 있다. 세계경제의 실세로서의 미국의 지위가 흔들리고 있고, 중국의 힘이 점점 더 커져가고 있는 것처럼 보인다. 최근 중국의 저가 상품이 미국의 소비자에게 흘러들어 가고 미국이 재정적자를 메우기 위해 중국 정부의 대출지원을 받고 있는 현실은 세계의 권력관계가 변화하고 있다는 사실을 보여주는 하나의 척도이다. 그런데 중국은 커다란 부를 쌓아 올렸지만 저임금 노동시장을 대가로 치러야 했다. 한편 영국의 사례는 오래된 산업국가에 어떤 변화가 나타나는지를 잘 보여준다. 영국의 경우 교외 지역은 포스트산업주의 서비스경제를 기초로 점점 더 부유해지고 있는 반면, 잉글랜드 북부 및 중부지역의 낡은 산업도시에서는 인구와 부가 줄어들고 있어 극명한 대조를 이룬다. 새로운 형태의 정부와 조직 구조는 이러한 사회·경제적 지형의 변화를 촉진하고 관리한다(이에 관해서는 나중에 더 자세히 논의할 것이다). 영국에서는 포스트산업경제의 등장으로 사회의 지리적 특성뿐만 아니라 남성과 여성 간의 관계도 크게 변화하였고, 공공부문과 민간부문을 포함한 복지공급의 형태도 변화하였다. 즉, 서비스경제에 기초한 새로운 교외적 생활양식이 새로운 복지국가를 탄생시킨 것이다.

요약

- 1980년대 초반 이후 전개된 세계화의 주요 결과 중 하나는 세계경제의 구조가 빠르게 변화하였다는 사실이다.
- 제조업은 북부 유럽과 미국 동부 해안 지역의 낡은 산업 중심지로부터 아시아–태평양 지역과 남반구의 다양한 국가들로 이동하고 있다.
- 세계경제는 전전 130년보다 전후 40년간 더 많이 성장하였다. 이는 주로 제조업의 성장으로 인한 것이었다.
- 영국에서는 1960~1993년 동안 전체 노동시장에서 제조업 고용이 차지하는 비중이 18% 이상 감소하였고, 서비스 고용이 차지하는 비중은 24% 증가하였다. 2000년에는 전체 노동자의 거의 75%가 서비스산업에 고용되었다.
- 1980년대와 1990년대에는 저개발 국가들에서 제조업이 급속도로 성장하였다. 예를 들어, 베트남에서는 1990~2000년 동안 제조업 일자리가 900,000개 이상 증가하였다. 방글라데시에서도 1990년대 초반에 이와 비슷한 규모의 제조업 일자리가 창출되었다. 이러한 일자리의 대부분은 직물 및 의류산업이었다. 이 시기에 중국은 '세계의 작업장'이 되었다.
- 노동시장은 크게 변화하였다. 새로운 일자리는 대부분 미숙련, 파트타임, 임시직, 여성 노동자들로 채워졌다.
- 영국에서 제조업의 감소는 거의 풀타임 남성 노동자에게만 국한된 현상이었다. 한편 새로운 서비스산업의 일자리는 대부분 파트타임 여성 노동자의 몫이었다.
- 2차 세계대전 이후 여성 경제활동참여율이 가장 먼저, 가장 빠르게 증가한 나라는 스칸디나비아 국가들이었다. 이는 이들 국가의 높은 복지지출 수준 덕분에 가능했다. 스칸디나비아의 강력한 복지국가는 사회민주주의 정당의 장기집권과 프로테스탄트 문화의 영향을 받았다.
- 영국의 경제구조 변화는 지리적으로 불균등한 효과를 가져왔다. 고용감소는 주로 북부 산업도시에서 나타났다. 반면 고용증가는 주로 남부지역의 소도시와 교외의 서비스산업에서 나타났다(단, 남부지역에서만 고용증가가 나타난 것은 아니다).
- 영국의 교외화 현상은 본질적으로 '자가 소유 사회'로의 전환과 깊이 관련되어 있다. 자가 소유의 증가는 민간부문 보험방식 복지공급의 확대와 상응한다. 부동산에 대한 2차 담보설정remortgage은 사람들이 민간부문 보험방식 복지를 재정적으로 충당하기 위한 주요 원천이 된다.

 토론할 문제

- 세계의 제조업은 왜 주로 아시아와 남반구로 이동하는가?
- 제조업기반경제에서 서비스기반경제로의 전환은 복지국가에 어떠한 영향을 미치는가?
- 새로운 노동 세계에서 여성들은 얼마나 혜택을 누렸는가?
- 새로운 산업 권력으로서 중국의 등장은 세계정치의 패러다임을 새롭게 전환시켰는가?
- 왜 교외화는 복지서비스의 민영화와 관련이 있는가?

더 읽을 거리

Castles, F. G.(1998). *Comparative Public Policy: Patterns of Post-War Transformation*. Cheltenham: Edward Elgar.

Dolan, C. & Barrientos, S.(2003). "Labour flexibility in African horticulture". *Insights: Development Research*, No 47. Brighton: Institute of development Studies, University of Sussex.

Lowe, S.(2004). *Housing Policy Analysis: British Housing in Cultural and Comparative Contexts*. Houndmills: Macmillan/Palgrave.

Turok, I. & Edge, N.(1999). *The Jobs Gap in Britain's Cities: Employment Loss and Labour Market Consequences*. Bristol/York: The Policy Press/Joseph Rowntree Foundation.

CHAPTER 4

기술변화

개요

기술변화, 특히 강력한 새로운 정보통신기술의 등장은 1~3장에서 살펴본 많은 변화에 영향을 미쳤다. 정보혁명이라는 개념은 세계화의 진전, 지식경제의 등장, 서비스부문의 급속한 확대와 밀접하게 연결되어 있다. 4장에서는 경제적으로 발전한 국가들이 새로운 정보통신기술로 인한 심층적인 사회변화를 경험하였거나 경험하고 있다는 주장을 검토할 것이다. 이러한 주장은 벨Bell의 '포스트산업사회'와 같은 초기 형태에서부터 최근 카스텔Castells의 '네트워크 사회'까지 다양하게 존재한다. 4장에서는 이러한 변화를 앞서 살펴본 세계화, 복지의 정치경제와 관련지어 설명한 후, 어떻게 사회적 힘이 기술변화의 정도를 조절하는지 살펴볼 것이다.

주요 용어

정보혁명Information Revolution, 포스트산업사회post-industrial society, 네트워크 사회network society, 기술결정론technological determinism, 기술의 사회적 구성social construction of technology, 행위자-네트워크 이론actor-network theory

서론

지난 사반세기 동안 경제적으로 발전된 사회에서 새로운 기술로 인해 사회구조가 획기적으로 변화하였다는 주장은 이제 일반적으로 받아들여진다. 수많은 사회이론가, 평론가, 정치인들 또한 정보화 시대를 선언하기를 주저하지 않는다(Leer, 1999; Webster, 2001을 보라). 사회학자들은 강력하고 새로운 정보통신기술information and communications technologies: ICTs의 등장이 야기한 변화가 얼마나 크고 중요한지, 그 성격은 어떠한지 등의 질문에 대답하고자 노력해 왔다. 이들은 다음과 같이 '사회'라는 단어 앞에 다양한 접두사를 붙여 이러한 변화를 표현해왔다.

- 벨(Bell, 1974, 1979)은 지식기반knowledge-based, 정보통신기술주도ICT-driven 포스트산업사회post-industrial society의 개념을 제시하였다.
- 마쓰다(Masuda, 1980)는 일본이 '컴퓨토피아computopia'로 향하고 있다는 로드맵을 제시하였다. 이것은 정보사회의 개념을 처음으로 완전하게 표현한 것이었다.
- 카스텔(Castells, 2000a, 2000b)은 '네트워크 사회network society'라는 표현이 '정보' 경제 아래 기술주도변화의 특성을 가장 잘 포착한다고 주장하였다.

이처럼 '정보화 시대Information Age'(Álvarez & Kilbourn, 2002; Webster, 2006)에 관한 논쟁은 다방면에 걸쳐 있다. 이러한 논쟁은 대부분 추상적이고 이론적이지만, 정치인들은 이와 관련된 주제를 현실의 정책과정에도 많이 동원하였다. 정치인들은 기존의 이론을 활용하여 자신의 정책 아젠다를 변화나 현대화와 같이 기회를 표상하는 관념과 연결하려 했고, 특히 새로운 밀레니엄이 다가오는 시기에 정권을 잡고 있었던 정치인들은 더욱 적극적이었다. 예를 들어 토니 블레어는 다음과 같이 말했다(Blair, 1998a: i; 또는 Leer, 1999를 보라).

정보는 현대사회의 핵심이다. 새로운 정보화 시대에 미래의 가능성을 제한할 수 있는 것은 오로지 우리의 상상력의 한계뿐이다. 새로운 전자 네트워크의 잠재력은 숨이 멎을 정도로 거대하다. 새로운 시대의 변화에 대한 전망은 농업혁명과 산업혁명에 맞먹을 만큼 광범하고 근본적이다.

빌 클린턴(Clinton, 1997) 역시 그의 두 번째 대통령 취임 연설에서 새로운 세기의 도전을 다음과 같이 표현하였다.

우리는 우리나라를 해안에서 해안으로 넓혀가는 선택으로 19세기를 시작하였다. 우리는 자유기업, 대화, 인간존엄성과 같은 우리의 가치를 실현하기 위해 산업혁명을 활용하는 선택으로 20세기를 시작하였다. 이러한 선택은 매우 중요한 결과를 가져왔다. 이제 21세기를 시작하는 지금, 자유로운 인간들은 우리의 끝없는 잠재력을 실현하기 위해 정보화 시대와 세계사회의 힘을 만들어가는 것을 선택해야만 한다.

국제기구들도 이러한 관점을 지지해왔다. 예를 들어 1990년대 중반 EU(1994: 3)는 새로운 정보통신기술의 사회적 함의에 관한 연구를 실시하였는데, 그 결론은 다음과 같다. '(정보) 혁명으로 인간의 지성은 크게 발전하고 사람들이 함께 살아가고 일하는 방식에 중요한 변화가 나타날 것이다'. 비슷한 시기에 영국의 상원의회는 (일반적으로 현대화 개념과 잘 연결되지는 않는) 비슷한 주제의 연구를 실시하여 다음과 같이 주장하였다.

세계는 기술혁명을 경험하고 있고 정보사회의 시대에 들어서고 있다. …… 정보혁명으로 인한 기술적 · 경제적 · 사회적 격변은 농업경제에서 산업경제로의 전환과 맞먹을 수도 있을 만큼의 거대한 잠재적 영향력을 지닌다(상원의회 과학기술특별위원회, 1996년, 1.6절).

오늘날에는 인터넷이 크게 발전했기 때문에 아마도 정보화 시대라는 수사가 갖는 힘이 과거 월드와이드웹World Wide Web 시절만큼 강력하지는 않은 것 같다. 하지만 오늘날에도 정치인들이 기술변화에 뒤처지지 않고 적극적으로 수용하는 것처럼 보이기를 원할 때 정보화 시대라는 수사는 여전히 큰 힘을 발휘한다. 예를 들어 데이비드 캐머런은 영국 보수당의 당수로 선출된 직후 정치적 경쟁자인 고든 브라운을 공격하기 위해 의회연설에서 다음과 같이 말했다(2006년 의사록 305행). '그(고든 브라운)는 영국이 미래의 도전을 받아들이는 데 걸림돌이다. 그는 디지털 시대의 아날로그 정치인이다. 그는 과거다.'

버락 오바마Barak Obama는 미국 대통령에 도전하면서 인터넷을 선거운동의 출발점으로 삼았다. 오바마가 선거전 초기 제한된 자원에도 불구하고 빠른 속도로 영향력을 키울 수 있었던 것은 그의 선거운동팀이 웹사이트와 블로그, 아이폰 어플리케이션과 같은 도구의 활용능력이 탁월했기 때문이다. 미국 대통령선거와 같이 중요한 선거에서 인터넷을 그렇게 체계적으로 활용한 것은 처음이었고, 이는 미래의 선거운동에도 중요한 영향을 미칠 것이다.

정보혁명의 오랜 기원

정치인들은 종종 정보화 시대의 개념이 현대성의 극한인 것처럼 생각하지만, 사실 정보화 시대가 도래했다는 주장은 결코 새로운 것이 아니다. 영국은 정보기술부 장관을 1982년에 처음으로 임명하였는데, 그는 오늘날의 정치인들이 사용하는 표현과 놀라울 정도로 유사한 표현을 이미 사용했다.* 더구나 정보사회 출현과 관련된 학술적 논쟁은 그보다 더 이전인 1960년대 후반과 1970년대 초반의

---

* 예를 들어 베이커(Baker, 1984: 3) 장관은 다음과 같이 말했다. '(정보혁명)은 19세기 산업혁명만큼 이나 급진적인 사회변화를 약속해준다'.

매크럽(Machlup, 1962), 투렌(Touraine, 1969), 벨(Bell, 1974)과 같은 이론가들의 연구로 거슬러 올라간다.

예를 들어 벨(Bell, 1974, 1979, 1980)은 사반세기 전에 이미 '정보와 지식의 처리 및 조직에 혁명이 나타났고, 그 핵심에는 컴퓨터가 있다'(Bell, 1979: 163)고 주장하였다. 게다가 그는 '이러한 변화가 사회에 미치는 영향은 이전 세기의 산업혁명보다 더 대단할지도 모른다'고 말했다(Bell. 1980: ix). 그에 따르면, 과학의 복잡화, 지식의 합리화 및 체계화, 대량의 정보를 빠른 속도와 저비용으로 저장·처리·전달할 수 있게 되는 등 기술이 발전하면서 경제구조가 변화하였고, 이는 서구사회가 과거 산업사회에서 오늘날 '정보사회'라고 알려진 포스트산업사회로 이동하는 배경이 되었다.* 이러한 벨의 연구는 클라크(Clark, 1940)의 연구를 기초로 한 것이었다. 클라크에 따르면 모든 사회의 경제는 1차부문(추출산업extractive), 2차부문(제조업manufacturing), 3차부문(서비스업service-based)으로 구성되고, 산업국가의 경제발전 정도는 각 부문이 차지하는 상대적인 비중으로 측정될 수 있다. 예를 들어 한 국가의 소득이 발전하면 서비스 수요가 증가하고 결과적으로 2차부문에서 3차부문으로 노동력이 이동한다. 벨(Bell, 1979: 177)은 '이러한 방식으로 클라크는 전산업사회에서 산업사회로, 이어서 서비스사회로의 변화를 도식화하였다'고 말했다.

하지만 클라크는 사회가 경제적으로 발전하면 서비스부문의 규모가 증가한다고 주장하였을 뿐 '포스트산업사회'가 등장한다고 말하지는 않았다. 바로 이 점에서 벨은 클라크와 입장을 달리하는데, 벨은 지식과 기술을 훨씬 더 중요하게 생각한 것이다. 벨은 서비스부문을 다음과 같이 다시 3개의 하위부문으로 구분하였다. 첫째, 3차부문은 주로 교통이나 수도, 전기, 가스와 같이 산업을 지원하는 서비스에 해당한다. 둘째, 4차부문은 주로 은행과 같은 금융서비스에 해당한

---

* 벨은 처음에는 '정보사회'라는 용어를 사용하기를 꺼려했다(Bell, 1974). 그러나 곧 사용하기 시작하였는데, '포스트산업사회'라는 용어를 혼용하는 편을 선호했다(Bell, 1979).

다. 셋째, 5차부문은 과학, 연구, 교육과 같은 영역에 해당한다. 벨은 서비스부문으로의 전환이 이 중에서도 전문적이고 기술적인 과학직종, 즉 지식집약적 성격의 5차부문에 집중된다고 주장하였다. 그리고 이러한 변화를 추동하는 힘은 정보기술과 이론적 지식의 체계화라고 보았다. 요컨대, 벨은 '산업사회에서 에너지, 자원, 기계기술이 변화의 동력이었던 것처럼'(Bell, 1979: 206) 포스트산업사회에서는 지식과 정보가 전략적 자원이자 변화의 동력이라는 것이 나의 기본적인 전제'(Bell, 1979: 193)라고 주장하였다(〈표 4-1〉을 보라).

| 표 4-1 | 벨의 사회변화의 일반체계

	전산업사회 Pre-industrial society	산업사회 Industrial society	포스트산업사회 Post-industrial society
핵심 경제부문	1차부문 (추출산업): 농업 광업 어업 임업	2차부문 (상품 생산): 제조업 프로세싱	3차부문: 교통 수도, 전기, 가스 등 4차부문: 거래 금융 보험 부동산 5차부문: 건강 교육 연구 정부행정 레저/오락
핵심 직종	농부 광부 어부 미숙련노동	반半숙련노동 엔지니어	전문직 및 기술직 과학자
핵심 기술	원재료	에너지	정보

출처: Bell(1974: 116)에서 인용.

벨이 이러한 생각을 발전시켜 나갈 당시 컴퓨터 기술은 아직 초보적인 수준에 머물고 있었다. 그럼에도 불구하고 기술발전이 가져올 거대한 변화를 예측한 것은 벨만이 아니었다. 예를 들어 앨빈 토플러_{Alvin Toffler}는 1980년에 『제3의 물결*The Third Wave*』을 출판하였다. 그는 이 유명한 책에서 '제3의 물결은 1만 년 전 농업의 발명으로 촉발된 제1의 물결이나 산업혁명으로 촉발된 제2의 물결만큼이나 거대하고 심층적인 변화'라고 주장하였다(Toffler, 1980: ix). 또한 1970년대 후반에 이미 프랑스 정부가 정보화 사회_{L'informatisation de la société}라는 광범한 연구를 의뢰하였다는 사실도 놀랄 만하다. '컴퓨터 혁명'의 정책적 함의를 분석하는 이 연구에서 저자들은 '컴퓨터 혁명이 사회조직의 신경계 전체를 변화시킬 것'이라고 결론 내렸다(Nora & Minc, 1980: 3).

당시 퍼스널 컴퓨터의 발전도 핵심적인 문명사적 사건이기는 하지만, 무엇보다도 1990년대 중반* 인터넷의 등장 이후 정보통신기술 발전의 사회적 함의에 대한 이론적 논의가 엄청나게 늘어났다. 이러한 논의를 살펴보면, 사실 기술발전의 영향은 제한적인데 지나치게 과장되었다고 주장하는 회의론자(Golding, 2000)에서부터, 기술발전이 세상을 뒤흔드는 거대한 '혁명'이라고 주장하는 열광적인 지지자(Angell, 2000)에 이르기까지 다양한 관점이 존재한다. 뿐만 아니라 기술발전이 초래하는 변화의 방향에 대해서도 상당히 다양한 주장이 있다. 새로운 기술이 더 많은 능력을 부여할 것이라는 유토피아적 해석도 있고(Negroponte, 1995), 기술발전으로 인해 인간성이 약화될 것이라는 디스토피아적 견해도 존재한다 (Virilio, 1999).

이와 같이 많은 연구들 중에서도 가장 결정적인 연구로 손꼽히는 것은 바로 마뉴엘 카스텔_{Manuel Castells}의 연구이다. '네트워크 사회'라는 카스텔의 개념은 기술발전으로 인한 사회적 변화를 이론적으로 논의할 때 가장 많이 인용된다. 다

---

* 인터넷이 1990년대에 발명된 것은 아니고 다만 1990년대부터 널리 활용되기 시작했다는 점을 언급할 필요가 있다.

음은 이를 자세하게 살펴볼 것이다.

카스텔의 '네트워크 사회'

카스텔(Castells, 2000b: 28)의 주장은 다음과 같이 시작된다. '역사에는 중요한 변화가 나타나는 몇 개의 구간이 드물게 존재하는데, 20세기 말 우리는 그중 하나를 경험하고 있다. 이 구간은 정보기술로 조직된 새로운 기술 패러다임을 통해 "물질문화"가 변화하는 시기이다'. 카스텔(Castells, 2000: 9)은 '대다수 사회가 이러한 근본적인 변화를 경험하고 있다'고 주장하였다. 이 모든 변화들이 만들어낸 새로운 형태의 사회구조를 카스텔은 네트워크 사회라 불렀다. 사실 '네트워크 사회'의 개념은 총 1,500여 페이지에 달하는 세 권의 책에서 자세하게 설명되었을 정도로 복잡하지만(Castells, 1996, 1997a, 1997b), 그 본질을 간단히 표현하자면 정보화 시대의 사회적 관계는 '네트워크'로 특징지을 수 있다는 것이다. 카스텔에 따르면, 정보화 시대에는 네트워크 관계가 형성되면서 경제, 노동, 문화, 정치, 국가가 심층적인 변화를 경험하게 되었다.

먼저 경제적 측면을 살펴보면, 카스텔은 다음과 같은 세 가지 심층적인 변화가 나타났다고 주장하였다. 첫째, 경제가 정보화되었다. 이는 지식과 정보를 생산, 처리, 이용하는 능력이 국가나 지역, 기업의 생산성을 결정하는 핵심 요인이 되었다는 사실을 의미한다. 둘째, 경제가 세계화되었다. 왜냐하면 정보통신기술의 발전으로 전 세계에서 동시에 실시간으로 정보와 지식을 소통할 수 있게 되었기 때문이다. 셋째, 경제가 네트워크화되었다. 이는 단순히 정보통신기술을 이용한 연결만을 의미하는 것이 아니라 지배적인 조직 방식 자체가 변화하고 있다는 사실을 의미한다. 과거 기업은 하나의 (위계적인) 조직이었고, 기업활동은 핵심 조직의 주변에 서로 경쟁하는 작은 조직들이 부품을 공급하고 상품을 분배하는 형태를 이루었다. 그러나 이제 기업은 하나의 조직이 아니라 점점 더 네트워크화된

델 컴퓨팅(www.dell.com)은 카스텔(Castells, 2000b)이 '네트워크 기업'이라 부른 개념의 매우 좋은 사례이다. 델이 조그마한 1인 기업에서 세계에서 가장 큰 퍼스널 컴퓨터 공급자 중 하나로 성장하기까지는 20년도 채 걸리지 않았다. 델은 유연하고 네트워크화된 조직 형태 덕분에 투자·운영비용을 최소화하면서도 기술변화에 신속하게 적응하고 기업을 확장할 수 있었다. 델의 성공 사례의 핵심적인 요인은 다음과 같다.

- **소비자와의 직접적인 관계**: 주문은 인터넷이나 전화로 이루어진다. 따라서 소비자와 생산자 사이의 중개자가 없기 때문에 간접비용을 줄일 수 있고, 절감한 비용을 소비자에게 돌려줄 수 있다.
- **주문생산방식**built to order: 수요를 예측하여 상품을 미리 생산해두지 않고 주문생산방식을 채택하였다. 각 상품은 소비자가 주문한 후에 생산된다. 따라서 과잉생산의 위험을 없애고 비용을 절감하여 소비자에게 돌려줄 수 있다.
- **유연한 맞춤형 생산방식**: 상품이 주문 후에 생산되기 때문에 각 상품을 소비자 개인의 요구에 맞추어 생산할 수 있다. 소비자들은 상품에 어떤 기능을 포함할지를 주문 시 선택할 수 있다.
- **적기생산방식**just-in-time production: 주문 정보는 즉시 조립생산 라인에 전달되고, 이어 부품 저장 시스템에 전달되어 필요한 부품이 주문된다. 즉, 부품 재고를 쌓아두지 않고 실제 수요에 맞추어 부품을 주문하는 것이다. 이는 비용을 줄여줄 뿐만 아니라 재고를 처분해야 하는 위험 없이 최신 부품을 활용할 수 있게 해준다.
- **다양한 공급체인**: 적기생산방식이 가능한 것은 상품을 공급, 조립, 분배하는 파트너 기업과의 세계적인 네트워크를 보유하고 있기 때문이다. 파트너의 존재 덕분에 델은 생산비용을 상당히 절감할 수 있고, 파트너들은 종종 델을 둘러싸고 서로 경쟁을 벌이기도 한다. 델은 파트너 기업을 소유하지는 않지만 네트워크의 중심에 해당하는 '결절점'의 역할을 한다. 또한 델은 파트너 기업이 적정한 가격과 질의 부품을 적정한 속도로 공급하지 못하거나 소비자의 수요가 감소할 때는 그 활동을 정지시킬 수 있고, 물론 그 반대도 가능하다. 이러한 운영방식을 통해 델은 최소한의 자본투자비용으로 최대한의 유연성을 획득할 수 있다.

형태로 변모하고 있다(상자글 4.1).

이러한 경제적 변화와 함께 노동시장도 변화한다. 카스텔에 따르면 '세계화, 네트워크 기업, 정보통신기술의 발전은 유연노동을 증가시키는 방향으로 고용패턴을 변화시킨다'(Castells, 2000: 9). 새로운 경제가 등장하면서 '조직남성노동organisation man'이 줄어들고 '유연여성노동flexible woman'이 늘어난다. 그리고 스스로 새로운 기술을 배우고 급속한 변화에 적응하는 '프로그램 가능 노동programmable labor'과 기계기술로 대체하여 폐기할 수 있는 일반노동generic labor이 분리된다. 이와 같은 '노동의 구조적 격차가 존재하는데 이를 교정하려는 확고한 공공정책은 부재한 상황에서 지난 20년간 불평등과 사회양극화, 사회적 배제가 크게 증가하였다'(Castells, 2000: 12).

다음으로, 카스텔에 따르면, 상호작용, 멀티채널, 멀티플랫폼, 24시간 지속 등을 특징으로 하는 (인터넷을 포함한) 전자미디어가 발전하면서 더 빠른 속도, 더 작은 단위를 특징으로 하는 문화적인 변화가 나타났다. 이러한 변화는 정치의 성격에도 중요한 영향을 미치는데, 왜냐하면 정치는 새로운 미디어와 밀접하게 연관되어 있기 때문이다. 이에 대해 카스텔(Castells, 2000: 12)은 조금은 낙담한 태도로 다음과 같이 말했다.

미디어 정치는 매우 단순한 메시지를 전달해야 한다. 가장 단순한 메시지는 이미지이다. 가장 단순하고 개별화된 이미지는 사람이다. 따라서 정치 경쟁은 점점 더 정치의 인격화로 이어진다. 가장 효과적인 정치적 무기는

부정적 메시지이다. 가장 효과적인 부정적 메시지는 정적政敵과 정적이 지
지하는 조직에 대한 인신공격이다.

따라서 정치는 점점 더 개인과 개인에 대한 인신공격, 그리고 궁극적으로는
스캔들과 부패에 집중하는 경향이 나타난다.

다음으로 카스텔(Castells, 2000: 14)은 네트워크 사회에서 국가도 변화한다
고 주장하였다. '한편으로는 부, 통신, 정보의 세계적인 흐름으로 인해 국가의 주
권에 대한 의문이 제기되고, 다른 한편으로는 스캔들 정치와 미디어 정치에 대한
의존 때문에 국가의 정당성이 침식된다'. 이러한 변화에 대응하여 '국가는 그 영
향력을 유지하기 위해 서로 다른 국민국가들과 파트너십을 형성하고 주권을 공
유한다'(Castells, 2000: 14). 이러한 사례로는 EU, IMF, 세계은행, UN 등이 있다
(1장과 5장을 보라). 그리고 카스텔은 네트워크 사회에서 국가가 정당성을 강화
하기 위해 권력을 이양한다고 주장하였다. 권력이양이 이루어지면 정책과정에서
지방정부의 힘이 강화되거나 NGO의 역할이 증대된다. 이러한 변화의 최종적인
형태는 다음과 같이 요약될 수 있다. '정보화 시대의 국가는 네트워크 국가이다.
국가는 권력을 분점하는 복잡한 연결망으로 구성되며, 국가의 의사결정은 국제
조직, 다국적 조직, 국가조직, 지역조직, 비정부조직, 정치조직 간의 협상을 통해
이루어진다'(Castells, 2000: 14).

지금까지 논의한 변화들이 모두 '네트워크 사회'라는 개념으로 포괄되는데,
카스텔은 이러한 변화를 초래한 두 가지 핵심 요인이 있다고 주장하였다. 첫째,
새로운 정보기술의 등장이다. 새로운 정보기술은 네트워크의 발전을 촉진하였
다. 둘째, 네트워크 그 자체이다. 새로운 기술로 활성화된 네트워크는 점점 더
'정보 네트워크'화되고 있다. '네트워크는 매우 오래된 사회조직 형태이지만, 특히
정보화 시대에는 새로운 정보기술 덕분에 네트워크가 정보 네트워크로 변화하여
새로운 생명을 얻게 되었다'(Castell, 2000: 15). 한때는 시공간의 제약 때문에 네
트워크는 그다지 효과적이지 못한 조직 형태였다. 멀리 떨어진 곳의 사람들과 함

께 일하기도 힘들고, 네트워크의 각 지점끼리 정보를 소통하는 데도 많은 시간이 걸렸다. 하지만 이제는 그렇지 않다. 카스텔은 네트워크 사회의 등장이 시공간을 근본적으로 재정립한다고 주장하였다. 구체적으로 표현하자면, 무한한 시간timeless time과 흐름의 공간space of flows이 등장하였다는 것이다. 무한한 시간이란 '새로운 정보통신기술로 인해 시간적 제약이 무의미해지는 것'(Castell, 2000: 13)을 의미하고, 흐름의 공간이란 '지리적 한계가 사라지고 여러 사회가 동시에 조직될 수 있는 (사회적 실천의 동시성) 기술적·조직적 가능성이 커지는 것'(Castells, 2000: 14)을 의미한다.

사회정책과 정보화 시대

지금까지 살펴본 변화가 실제라고 가정할 때,* 복지국가는 '네트워크' 또는 '정보' 사회의 등장에 어떻게 대응해 왔는가? 국가에게 이러한 '변화'는 어떤 의미를 갖는가?

먼저 가장 기본적인 수준에서 대답하자면, 대부분의 국가에서 '정보화 시대의 정부'라는 아젠다가 등장했다는 사실을 지적할 수 있다(United Nations, 2008). 많은 국가는 공공서비스 전달에 정보통신기술을 활용하고 있는데, (비용이 많이 드는) 면대면 서비스 대신 인터넷 서비스와 콜센터를 활용하는 방식이 대표적이다. 그리고 어떤 경우에는 서비스공급방식의 변화가 공공서비스 자체의 성격에도 중요한 영향을 미칠 수 있다(상자글 4.2와 Hudson, 2009를 보라). 이처럼 공공서비스 전달에서 정보통신기술을 더 많이 활용하면 상대적인 저비용 서비스를 24시간 제공할 수 있다는 점에서 분명한 이득이 있지만, 그에 따르는 위험도 존재

---

* 앞서 이러한 변화에 대한 회의적인 시각이 존재한다는 사실을 언급한 바 있다. 여기서 회의론을 자세하게 설명할 지면은 부족하지만(May, 2001을 보라), 이 장의 후반부와 5장에서는 회의론의 몇몇 특징에 대해 추가적으로 설명할 것이다.

1990년대 후반 인터넷이 널리 확산되면서 많은 정부는 공공서비스 전달에 인터넷을 활용하지 않을 수 없게 되었다. 영국에서는 1997년 블레어의 첫 취임 이후 소위 전자정부electronic government(e-정부)가 본격적으로 등장하였다. 블레어 정부는 정권을 잡자마자 정보통신기술을 중심으로 정부 서비스를 현대화하겠다고 결정하였다(Cabinet Office, 1998, 1999, 2000). 특히 블레어 정부는 2005년까지 정부 서비스의 100%를 전자화하겠다는 계획을 포함하여 정보화 시대 정부가 달성해야 할 일련의 목표를 발표하였다(Cabinet Office, 1999, 2000; 개요를 위해서는 Hudson, 2002를 보라).

이러한 e-정부 계획과 그 프로그램을 살펴보면 카스텔이 말한 개념적 요소를 찾을 수 있다. 먼저 '24-7'[1]로 서비스를 이용가능하게 하는 시도에는 '무한한 시간'의 개념이 드러난다. 다음으로 시내 중심가가 아닌 콜센터로 서비스를 전달하는 시도에는 '장소로서의 공간space of place' 개념의 의미가 퇴색되고 있다는 사실이 드러난다. 마지막으로 서비스 전달에 민간부문과 자원부문을 활용하는 시도에는 네트워크 조직의 개념이 반영되어 있다. 커소이즈(Curthoys, 2003: 7)에 따르면, 이러한 e-정부 아젠다는 추락하는 정부 서비스의 정당성을 복원하기 위한 시도이다. 즉, 새로운 기술과 네트워크 조직을 활용하여 정부 서비스를 활성화하고 재창출한다는 것이다.

2005년까지 모든 정부 서비스를 전자화하겠다는 블레어 정부의 급진적인 목표는 아직 달성되지 못했다. 물론 세금을 온라인으로 납부하고 공공서비스나 의회 토론, 교통서비스 시스템 등의 정보에 더 쉽게 접근할 수 있게 되는 등 몇 가지 유용한 인터넷 서비스가 도입된 것은 사실이다. 하지만 2007년 블레어가 임기를 마칠 때까지도 대부분의 정부 웹사이트는 공공서비스 정보를 제공하는 데 머무를 뿐, 진정한 거래서비스transactional service를 제공하는 경우는 그다지 많지 않았다(Hudson, 2008을 보라).

아마도 정부 서비스 중 정보통신기술의 활용으로 가장 많은 변화를 경험한 것은 공공서비스의 백오피스back office일 것이다. 예를 들어 콜센터는 점점 더 많이 활용되는

---

1 하루 24시간 1주 7일, 즉 연중무휴를 의미한다.

한다. 예를 들어 정보통신기술에 접근하지 못하거나 능숙하게 활용하지 못하는 서비스 이용자가 주변화되고 소외될 수 있다. 이에 많은 정부들은 소위 디지털 격차digital divide(인터넷에 접근하지 못하거나 접근할 기술이 없는 사람들과 접근할 수 있는 사람들 간의 격차) 문제를 해결하기 위한 정책을 도입하고 있다(Norris, 2001; Servon, 2002; Steven & O'Hara, 2006를 보라). 예를 들어 영국에서는 사회적 배제국Social Exclusion Unit 내부에 정책실행팀을 설치하여(DTI, 2000) 100,000개의 사회적 배제 가구에게 개조 컴퓨터를 제공하는 컴퓨터접근계획Computers Within Reach Initiative을 실시하였다. 또한 모든 농촌지역에 인터넷을 연결하는 와이어업커뮤니티계획Wired Up Communities Initiative을 시험적으로 실시하고 있고, 6,000개의 UK-온라인 센터를 설치하여 지역사회에 인터넷 시설과 기본적인 IT 기술훈련을 제공하고 있다(Hudson, 2002). 더욱 중요한 것은, 이 모든 계획이 2005년 말까지 '보편적인’ 인터넷 접근성을 달성하겠다는 목표 아래 실시되었다는 점이다. 즉, 2005년 말까지 인터넷 사용을 원하는 사람은 누구나 인터넷 접근이 가능하고 인터넷을 사용할 수 있는 기술을 습득하게 하겠다는 것이다(Hudson, 2002, 2003).

이러한 정책들이 발전하는 게 그 자체로 중요하기는 하지만, 사실 크게 볼 때 디지털 격차를 해소하기 위한 구체적인 계획이나 ‘e-정부’의 세부적인 정책 프로그램들이 그렇게까지 중요한 것은 아니다. 사회정책과 정보화 시대라는 넓은 관점에서 보자면, 정보사회가 새로운 복지의 정치경제와 어떻게 연결되는지(2장을 보라), 새로운 지식기반경제(3장을 보라)가 전통적인 사회정책 아젠다에 어떠한 과제를 제기하는지 등과 같은 커다란 그림을 그릴 필요가 있다.

2장에서 살펴보았듯이, 영국에서는 1980년대와 1990년대에 복지의 정치경제가 크게 변화하였다. 우파 지도자들은 더 이상 케인스주의가 경제성장, 경제적 효율성, 인플레이션과 실업의 관계를 설명하지 못한다고 주장하였다. 그들은 세계화의 영향을 강조하는 한편, 시장에 대한 국가개입이 부정적 결과를 초래할 수밖에 없기 때문에 케인스주의가 몰락했다고 주장하였다. 하지만 이러한 주장은 좌파가 특히 소중하게 생각하는 복지국가의 역할을 감소시켜야 한다는 결론으로 이어지기 때문에, 좌파들은 이에 동의하기 어려웠다. 그러나 제3의 길 사회민주주의자들은 케인스주의의 몰락이 기술변화 때문이라고 보았고, 따라서 케인스주의의 몰락에도 불구하고 국가개입은 여전히 중요하다고 주장하였다. 블레어(Blair, 1999)는 케인스주의가 분명히 사망했고 그 원인은 세계화와 기술혁명이라고 믿었다.

> 베버리지는 당시 대부분의 사람들과 마찬가지로 케인스주의 수요관리를 통한 완전고용의 창출에 헌신적이었다. 완전고용의 가정은 1940년대와 1950년대에는 비교적 잘 유지되었다. 그러나 1970년대 초반에 접어들면서 그 가정은 무너지기 시작했다. …… 오늘날 그 가정은 완전히 붕괴되었다. 세계화는 새로운 기술에 적응할 수 있는 능력과 지식을 가진 노동

자에게 더 많은 혜택을 주고 있다.

이러한 블레어의 주장은 네트워크 사회의 새로운 경제가 기술변화에 적응할 수 있는 노동력을 요구한다는 카스텔의 주장과 맥을 같이한다. 이러한 노동력은 유연하고 프로그램 가능한 노동이라는 특징을 갖는다. 기든스(Giddens, 2000)가 분명하게 지적하였듯이, 신노동당의 제3의 길의 핵심은 기술변화와 관련되어 있다. '세계화와 정보혁명은 …… 제3의 길 정치의 핵심적인 관심사이다'(Giddens, 2000: 23). '제3의 길은 폭넓은 공급측면 정책을 실시하여 경제성장과 복지국가의 구조개혁을 결합시키려 한다. 왜냐하면 정보경제에서는 인적자본과 사회자본이 경제적 성공의 핵심 요인이기 때문이다'(Giddens, 2000: 52).

따라서 영국이나 다른 국가의 제3의 길 정부의 가장 중요한 우선순위는 '첫째도 교육, 둘째도 교육, 셋째도 교육'이다. 왜냐하면 '현대화의 가장 중요한 과제는 개인과 기업이 미래의 지식기반경제에 적응할 수 있도록 인적자본에 투자하는 것이기 때문이다'(Blair & Schroeder, 1999: 2). 여기서 중요한 것은 우리가 정보통신기술로 인한 변화를 경험하고 있고 또한 경험할 수밖에 없다는 사실, 그리고 지식기반경제, 기술기반경제, 세계화된 경제로의 변화가 나타날 것이라는 사실이다. 이러한 주장은 전통적인 케인스주의 복지국가의 폐기를 정당화하고자 하는 (중도좌파) 정치 지도자들이 주로 사용하는 레토릭이다. 그들은 기술혁명을 멈출 수도 없고 피할 수도 없다고 생각한다. 따라서 전통적인 사회정책에서 벗어나 새로운 접근을 취하는 것은 이념적인 선택의 문제가 아니라 외부적 압력에 대한 불가피한 대응인 것이다. 블레어(Blair, 1998b)에게 제3의 길이란, 전통적인 좌파 복지국가 이념을 폐기하는 것이 아니라 기술변화로 인한 (경제적) 변화에 적응하기 위해 어쩔 수 없이 가치를 현대화하는 것이다(Hudson, 2003을 보라).

과연 정말로 기술변화가 정치적 의사결정자의 통제를 벗어난 문제인지에 대해서는 이 장의 후반부에서 다시 살펴볼 것이고, 오늘날 영국과 같은 국가들이 정말로 케인스주의 사회정책이 작동하지 않는 '정보사회'인지에 대해서도 논쟁이 있을 수 있다. 다만 여기서는 전통산업의 역할이 줄어들고 지식기반서비스의 비중이 커지는 경제적 변화가 새로운 사회정책적 과제를 제기하는 것은 사실이라는 점을 분명히 하고자 한다. 일반적으로 경제학자들은 최근 많은 고소득 국가에서 관찰되는 소득불평등 증가 현상이 주로 소위 '숙련편향적 기술변화_{skill-biased technological change}' 때문이라고 주장한다(Aghion & Howitt, 2002; Powell & Snellman, 2004). 즉, 카스텔이 말한 것처럼 서비스기반경제로의 변화가 고임금 고숙련 일자리와 저임금 저숙련 일자리 간의 격차를 가져온다는 것이다. 예를 들어 런던은 금융 및 기업 서비스가 많고 1/3의 성인이 학사 이상 학위를 갖고 있는 등 지식기반경제가 상당히 발달한 반면, 잉글랜드 북동부와 북아일랜드 지역은 전통산업의 비중이 크고 학사 이상 학위 취득 비율은 런던의 절반밖에 안 된다. 그런데 런던이 잉글랜드 북동부와 북아일랜드 지역에 비해 소득불평등 수준이 훨씬 높게 나타나는 것이다(Hudson, 2006). 정보화 시대에 전통적인 사회지출이 아니라 인적자본 투자를 중심으로 복지국가를 발전시키려 하는 평등주의자들에게는 이러한 소득불평등 문제가 중요한 도전과제가 된다. 왜냐하면 교육지출 증대로 인한 경제적 혜택이 평등하게 분배될 것이라고 기대하기 어렵기 때문이다. 앳킨슨(Atkinson, 2005: 53)이 언급하였듯이, '제3의 길로 소득불평등에 대처하기 위해서는, 신경제_{New Economy}로 인해 무시하거나 되돌릴 수 없는 근본적인 변화가 나타날 것이라는 인식이 필요하다'. 또한 앳킨슨(Atkinson, 2005: 67)은 중도좌파 정책결정자가 사회정책의 평등주의적 목표를 폐기하지 않는 이상, 숙련을 향상시키고 고숙련 일자리를 창출하는 정책을 추진할 때는 '소득불평등이 증가할 때 조세정책을 어떻게 사용할지'에 대한 고민이 보완될 필요가 있다고 주장하였다.

한편 기든스(Diamond & Giddens, 2005: 112)와 같은 대표적인 제3의 길 설계자들은 세금을 올려야 한다는 제안에 반대하였는데, 그 주된 이유는 세계화로 인해 자본의 이동성이 증가하였기 때문이다(1장을 보라). 지식기반경제의 자본은 금융자본뿐만 아니라 인적자본을 포함한다. 앳킨슨이 언급하였듯이, 오늘날 많은 곳에서 경제정책의 중요한 목표 중 하나는 고숙련 노동자들을 해당 도시, 지역, 국가로 데려오는 것이다. 따라서 고숙련 노동자와 산업을 유인하기 위해서는 세금을 낮추어 조세 인센티브를 창출해야 한다는 주장이 있다. 그러나 한편으로는 기술발전 때문에 지리적 제약이 줄어들고 장소가 덜 중요해진다면, 역설적으로, 사람들이 어디서 일할지를 더 자유롭게 선택할 수 있기 때문에 오히려 장소가 더 중요해진다는 반론도 제기되고 있다. 이 논쟁의 전면에 나선 리처드 플로리다(Richard Florida, 2002, 2005a, 2005b)는 고숙련 노동자(그가 선호하는 표현으로는 '창조계급creative class')가 더 나은 삶의 질을 누릴 수 있는 곳에 거주하려는 경향이 증가하고 있다고 주장하였다. 그의 발견에 따르면, 미국에서 하이테크 산업과 능력 있는 노동자들은 점점 더 공동체의 다양성과(특히 성적sexually 다양성) 예술적 특성이 두드러진 곳으로 이동하고 있다. 이러한 현상을 소위 3T, 즉 기술technology, 인재talent, 관용tolerance이라 한다. 좌파에게는 지식경제 아래에서의 소득양극화 문제가 해결해야 할 정책적 도전과제인 것처럼, 우파에게는 3T의 존재가 도전과제이다. 왜냐하면, 플로리다에 따르면, 우파는 자유주의적 정책성향이 약하기 때문에 하이테크 지식경제 발전에 걸림돌이 될 수 있기 때문이다. 이러한 플로리다의 주장은 많은 자유주의적 사회정책을 정당화하고, 특히 도시의 지도자들이 창조적 노동자를 끌어들이기 위해 문화적 명소에 투자해야 하는 근거를 마련해 주었다. 실제로 유럽의 유명한 싱크탱크인 데모스Demos는 뉴캐슬-게이츠헤드Newcastle-Gateshead가 예술에 대한 과감한 투자 덕분에 잉글랜드 북동부에서 남동부 지역으로 창조적 노동자가 빠져 나가는 '두뇌 유출' 흐름을 뒤집을 수 있었다고 주장하였다(Minton, 2003). 이러한 경험적 근거는 앞 장에서 살펴본 바와 같이 최근 영국에서 산업의 지리적 구조가 변화하고 있다는 관찰과 상응한다. 포스트산업경제의 등장으로 유동적 서비스, 고등교육, 새로운 소매업, 하이테크 과학단지 등이 교외, 소도시 지역으로 이동하고 있고, 전통적인 제조업이 남겨진 낡은 산업도시의 도심은 쇠락하고 있다. 한편 스포츠 복합단지, 고급 소매업, 새로운 예술 시설(예를 들면 게이츠헤드의 세이지 음악센터The Sage) 등으로 도심을 회복시키려는 시도도 있지만, 새로운 문화 복합단지 바로 옆 타인 강변Tyneside의 몰락한 낡은 지역 공동체를 회복시키지는 못했다. 뉴캐슬의 중심부에는 백만 파운드짜리 시설의 길 건너편에 사실상 아무 가치가 없는 주택들이 늘어서 있다.

네트워크 사회에 관한 두 가지 비전

최근 새로운 경제가 등장하고 있는 현실은 분명 사회정책적 측면에서 해결해야 할 여러 가지 문제를 제기하고 있다. 그러나 지금까지의 논의에서 짐작할 수 있듯이, 최근의 변화로 인해 복지국가가 반드시 축소된다거나 미래가 오직 하나의 방향으로만 전개될 것이라는 주장은 사실과 다르다. 카스텔에 따르면, '변화로 인한 경로와 결과는 굉장히 다양하다. …… 정보사회의 단일한 모델이란 존재하지 않는다'(Castells & Himanen, 2002: 3).

정보사회와 복지국가의 관계와 관련하여, 카스텔과 히매넌(Castells & Himanen, 2002)은 미국의 '실리콘밸리 모델Silicon Valley model'과 '핀란드 모델Finnish model'을 극명하게 대비시킨 바 있다. 두 사회의 전반적인 차이는 비교적 잘 알려져 있다. 미국은 자유시장과 국가개입의 최소화를 강조하는 반면, 핀란드는 상당히 높은 수준의 국가개입과 공공서비스 지출을 자랑한다. 또한 미국은 비교적 불평등한 사회이고 지난 30년간 부자와 빈자의 격차가 증가한 반면, 핀란드는 비교적 평등한 사회이고 지난 30년간 더욱 평등해졌다. 그리고 미국은 수감율과 같은 배제의 지표가 비교적 높은 수준이지만 핀란드는 상대적으로 낮다(Castells & Himanen, 2002: 5~14). 한편 미국이 부유한 국가라는 사실은 잘 알려져 있지만, 핀란드 역시 부유하고 미국과 경쟁할 수 있을 정도로 기술적으로 발전된 경제를 갖고 있다는 사실은 덜 알려져 있다(〈표 4-2〉를 보라).

요컨대, 두 국가 모두 네트워크 사회에 경제를 적응시켰지만 그 방식이 서로 달랐고, 특히 새로운 경제의 적응을 촉진하는 복지국가의 역할이 상당히 상이했다. 많은 학자들(Angell, 2000; Tanzi, 2001)은 정보혁명 시대에 고세금 복지국가

	미국	핀란드
1인당 GDP(구매력 기준, 2000년) (OECD 평균: US$23,178)	US$35,619	US$25,240
UN 기술발전지수 순위 United Nations Technology Achievement Index Rank	2위(0.733)	1위(0.744)
GDP 대비 공공 및 사회지출(% GDP, 1998년) (OECD 평균: 20.8)	14.6	26.5
지니계수(1990년대 중반)	34.4	22.8
R&D 과학자와 엔지니어 수(1,000,000명당, 1998년) (OECD 평균: 3,305)	4,099	5,059
수감자 수(100,000명당, 2000년) (OECD 평균: 94.45)	468.49	49.55
빈곤율(중위소득 50% 미만, 1990년대 중반)	17%	4.9%
모바일 전화 이용자 수(1,000명당, 2001년) (OECD 평균: 605)	451	804
핵심 하이테크 기업	마이크로소프트	노키아

출처: www.sourceoecd.org; www.undp.org; Castells & Himanen, 2002

는 경제발전과 양립하지 못할 것이라고 생각했지만, 카스텔과 히매넌(Castells & Himanen, 2002: 85)에 따르면 '세계적인 정보경제의 압력에도 불구하고 핀란드는 여전히 실리콘밸리 모델과는 달리 관대한 복지국가와 결합된 정보사회를 유지하고 있다'. 그러나 오늘날의 핀란드가 '단순히 경제의 부정적 영향을 완화하고 근본적으로 경제에 대해 수동적인 입장을 취하는 낡은 복지국가가 아니'라는 점도 지적될 필요가 있다(Castells & Himanen, 2002: 87). 카스텔과 히매넌에 따르면 핀란드가 번영할 수 있었던 것은 기술변화에 적응하기 위해 복지국가의 역할을 재조정했기 때문이고, '핀란드 모델의 새로운 정보복지국가의 핵심은 정보경제와 복지국가의 선순환'이다(Castells & Himanen, 2002: 89). 이러한 선순환은 다음과 같은 요소를 포함한다.

- 교육에 많은 투자를 하고 특히 과학기술을 강조한다. 핀란드는 무상으로free 고등교육 정책을 실시하지만, 반드시 자유로운free 선택에만 맡기는 것은 아니다. 핀란드는 다른 OECD 국가들에 비해 과학기술 분야의 학생에게 더 많은 재정을 투자한다(인문학과 사회과학에는 더 적은 재정을 투자한다).
- 국가가 관대한 실업급여를 운영하는데, 이는 노동시장 변화의 충격을 완화하기 위한 필수적인 제도이다. 실업급여는 네트워크 경제에 적응하는 과정에서 겪어야 하는 경제적 변화에 따르는 사회적·개인적 비용을 줄여준다.
- 국가가 경제혁신을 촉진하는 강력한 역할을 한다. 하이테크 사업에 대한 보조금이나 조세 감면, (텔레커뮤니케이션과 같은) 핵심 경제부문에 대한 전략적 규제완화, 과학기술 연구 및 개발에 대한 투자 등이 이에 해당한다.
- 국가가 새로운 기술의 이용률을 높이려고 노력할 뿐만 아니라 국가 스스로 새로운 기술을 활용한다. 예를 들어 지역사회의 인터넷 사용률을 높이려고 노력하는 한편 e-정부 서비스를 개발하기도 한다.

이처럼 핀란드에서 복지국가와 정보경제의 관계는 선순환적이다. 한편으로는 기술발전을 통한 경제성장이 높은 수준의 복지지출을 가능하게 하고, 다른 한편으로는 높은 복지지출 수준이 네트워크 사회로의 통합적인 이행을 가능하게 한다. 이런 의미에서 카스텔과 히매넌(Castells & Himanen, 2002: 167)은 다음과 같이 말했다. '핀란드는 실리콘밸리 모델과 극명하게 대비된다. 실리콘밸리 모델은 전적으로 시장 메커니즘, 기업가정신, 리스크 문화에 의해 주도된다. 이러한 방식은 상당한 사회적 비용과 심각한 사회적 불평등을 유발할 뿐만 아니라 지역의 인적자본과 경제 인프라 기반을 무너뜨린다'. 그들은 핀란드의 사례를 관찰하면서 다음과 같은 두 가지 중요한 교훈을 끌어낸다. 첫째, '실리콘밸리 모델 외에도 발전된 정보사회를 건설할 수 있는 다른 길이 존재한다'. 즉, 네트워크 사회가 반드시 자유시장 사회여야만 하는 것은 아니다(Castells & Himanen, 2002: 151). 둘째, 고지출 복지국가는 네트워크 사회와 양립가능하다. 실제로 '정보사회의 핵

심적인 국가인 핀란드는 복지국가와 정보기술을 성공적으로 결합시켜왔
다'(Castells & Himanen, 2002: 153). 요컨대, 정보혁명이 최근의 다양한 사회적
변화를 추동하고 있지만 여전히 선택의 여지는 존재한다는 것이다.

　　많은 사회 이론가들과 정치 논평자들은 세계화된 지식경제 아래의 새로운 복
지의 정치경제는 전통적인 사회보호보다 인적자본 투자를 더 많이 강조한다고
주장한다(2장을 보라). 하지만 최근의 경험적 연구에 따르면 이러한 주장이 참인
정도는 고소득 국가들의 경우에도 상당한 차이가 존재한다. 즉, 카스텔과 히매
넌의 주장처럼 서로 다른 선택의 여지가 존재하는 것이다. 예를 들어 미국은 실제
로 사회정책에서 교육과 훈련에 더 많은 강조점을 두는 것처럼 보인다. 반면 덴
마크, 핀란드, 스웨덴의 경우에는 강력한 소득보장정책과 강력한 인적자본 투자
전략을 결합시키고 있다. 한편 벨기에나 독일의 경우에는 여전히 전통적인 사회
보호를 더 많이 강조하고 있다(Horsfall, 2009; Hudson & Küner, 2009를 보라).

기술: 주인인가 하인인가?

지금까지는 세계화된 지식경제 아래에서도 복지국가가 나아갈 방향에 선택의 여
지가 존재한다는 사실을 살펴보았는데, 그렇다면 과연 기술변화에 대한 선택의
여지는 얼마나 큰가? 이 질문은 기술의 '힘'이 얼마나 강력한지를 둘러싼 오랜 논
쟁에서 유래한 것으로, 과연 기술발전이 인간이 통제할 수 없는 변화를 가져오느
냐는 질문과 비슷하다. 기술과 사회변화의 관계를 보다 잘 이해하기 위해서는
이 논쟁을 살펴볼 필요가 있다.

　　먼저, 기술의 힘이 인간의 힘보다 우위에 있다는 주장을 보통 기술결정론이라
부른다. 기술결정론에는 '강경' 버전과 '온건' 버전이 있는데, 그 차이는 변화 과정
에서 기술 이외의 다른 요인의 역할을 인정하는지에 달려 있다. 강경 버전에서는
자율적 기술autonomous technology 개념을 사용한다. 위너(Winner, 1977: 13)에 따르

면 자율적 기술이란 '기술이 인간의 통제와 지시를 벗어나 그 자체의 독립적인 경로를 따른다'는 개념을 의미한다. 즉, 기술은 본질적으로, 심지어는 거의 '이념적으로', '지속적인 변화의 압력을 만들어내지만, 우리에게 그 변화의 방식을 결정할 수 있는 기회는 주어지지 않는다'(Street, 1992: 24). 이러한 관점에 따르면 새로운 기술이 등장하는 구체적인 맥락은 그다지 중요하지 않다. 왜냐하면 어찌 되었건 간에 더 빠른 자동차가 개발되고 더 작은 컴퓨터가 등장하는 똑같은 변화가 나타날 것이기 때문이다. 이는 상당히 디스토피아적인 견해다. 기술은 지속적으로 변화의 압력을 만들어낼 것이지만, 인간 행위자의 역할은 감소하고 사람들은 기술변화에 저항하지 못할 것이다. 이 이론의 대표적인 주창자인 기술 비관론자들은 미래를 우울하고 실존적으로 전망하였다.*

한편 스트리트(Street, 1992: 29)는 '자율적 기술 이론에 많은 문제가 있다'고 주장하였는데, 일반적으로 강경한 기술결정론보다는 이러한 주장이 널리 수용되고 있다(MacKenzie & Wajcman, 1999를 보라). 하지만 기술결정론의 '온건' 버전은 여전히 많은 지지를 얻고 있다. 온건한 기술결정론에서는 기술이 사회변화를 추동하는 힘인 것은 분명하지만 '기술 그 자체가 이념적인 근거라거나 기술의 영향이 어느 정도라고 특정하게 주장할 수는 없다'고 본다(Street, 1992: 30). 기술은 사회에 질문을 던지고 사람들의 적응을 요구한다. 변화에 저항하는 것이 가능하기는 하지만, 그럴 경우 기술을 잘 활용하는 경쟁자에게 패배할 것이기 때문에 저항은 헛된 것이다. 따라서 결국 기술에의 적응은 불가피하며 선택의 여지가 없다. 이러한 주장이 앞서 살펴본 견해와 큰 차이가 없는 것처럼 보일 수도 있지만, 사실 기술결정론은 그렇게 비관주의적이지 않다. 오히려 많은 '기술결정론자

---

* 예를 들어 마르쿠제는 이제 '모든 저항은 무의미하고, 자유를 고집하는 사람은 괴짜로 전락할 것'이라고 보았다(Street, 1992: 29에서 인용). 기계화 · 표준화된 장치에서 개인적으로 탈출할 수 있는 방법은 없다. 이는 궁극적인 편의와 편리를 추구하는 합리적인 장치이다. 이 장치는 시간과 에너지를 절약하고, 낭비를 제거하고, 모든 수단을 목적에 맞게 배치하고, 결과를 예측하고, 과정을 계산하고 안전을 보장한다.

들’은 기술이 사회에 미칠 영향에 대해 꽤나 긍정적이다.

그러나 온건한 기술결정론에도 여전히 이론의 모호함과 같은 문제가 남아 있다. 스트리트(Street, 1992: 35)는 다음과 같이 말하였다.

기술이 정치에 미치는 영향을 설명할 때 다양한 동사가 사용된다는 점을 지적할 필요가 있다. 때로는 '결정하다determine'라는 단어가 사용되는데, 이는 확정된 인과관계를 의미한다. 하지만 때로는 '형성하다shape', '안내하다guide', '영향을 주다influence'와 같은 단어가 사용되는데, 이는 상대적으로 분명하지 않은 관계를 시사한다.

기술결정론자들은 기술이 사회변화를 추동한다고 확신하지만, 기술적·사회적 변화의 과정에서 의사결정자들의 '진정한 선택'이 중요하다는 사실을 무시하는 우를 범해서는 안 된다는 점도 알고 있다. 하지만 기술결정론자들은 인간과 기술의 관계를 더 깊이 탐색하려고 노력하기보다는 단순히 그들의 주장의 강도를 완화하는 수준에 만족한다. 즉, 이론을 조정하기보다는 이론을 설명하는 언어를 조정하는 수준에 머무르는 것이다.

한편 맥킨지와 와이즈먼(MacKenzie & Wajcman, 1999: 4)은 '기술변화는 정치, 경제, 문화 등 다양한 변화 요인 중 하나일 뿐'이라는 점에서 '단순한 인과적 기술결정론은 사회변화를 충분히 설명할 수 있는 이론이 아니'라고 주장하였다. 이러한 주장에 대해서는 폭넓은 합의가 존재하고, 많은 이론가들은 기술 그 자체가 사회적으로 구성되었다는 점을 강조한다(MacKenzie & Wajcman, 1999; Bijker, 1995를 보라). 예를 들어 경제적 이익은 기술변화에 중요한 영향을 미친다. 자동차는 환경위기에도 불구하고 왜 계속 늘어나는가? 이 수수께끼에 답하기 위해 일단 기술결정론 관점을 참고해 보자. 즉, 자동차라는 이동 수단이 매력적이고 편리한 기술적 해결책이라는 것이다. 하지만 한편으로는 강력한 다국적 자동차 생산 기업들이 자동차를 소유해야 한다는 관념을 유포시키고 있다는 사실도 지적할 수 있다. 석유 기업들도 자동차를 홍보하면서 대안연료에 대한 지지가 확산되지 않도록 노력한다. 정부는 자동차 교통을 제한하거나 더 많은 세금을 부과할 수도 있지만, 유권자들과 기업의 심기를 건드리지 않기 위해 그러한 조치를 실행하기를 주저한다. 이러한 논의는 기술변화의 복잡한 그림을 더욱 풍부하게 설명해 준다. 기술은 그 자체가 서로 경쟁하는 강력한 사회적 이익집단으로 기능하면서 특정한 정책을 도입하거나 유지할 것을 추구한다.

하지만 실제로 기술이 사회적으로 형성되는 과정은 이러한 단순한 사례보다 훨씬 복잡하다. 왜냐하면 광범한 사회적 관계의 배치가 기술변화에 미치는 영향이 상대적으로 분명하지 않은 경우가 많기 때문이다. 게다가 의도되지 않았음에도 불구하고 기술이 형성되는 경우도 많다. 예를 들어 인터넷은 미국 정부가 핵전쟁으로 인한 통신 시스템의 붕괴를 대비하는 프로젝트에서 시작되었지만, 호기심 많은 기술자들, 아마추어 컴퓨터 애호가들, 서로의 작업을 교류하고 싶은 과학자들, 돈을 벌고 싶은 기업들에 의해 애초의 의도와는 완전히 다른 모습으로 탈바꿈하였다. 이러한 예에서 보듯이, 맥킨지와 와이즈먼(MacKenzie & Wajc-man, 1999: 16)은 기술에 관한 실험의 결과를 예측하기란 쉽지 않다고 주장하였다. 왜냐하면 '우리가 알고 있는 모든 기술이 사회적으로 형성된 과정을 보면 단 하나의 지배적인 힘만이 작용한 경우는 거의 없기 때문이다'.

한편 최근의 연구들, 특히 행위자-네트워크 이론_{actor-network theory}은 기술 그 자체가 기술을 사회적으로 형성하는 힘 중 하나라고 주장한다(Latour, 1999). 이 견해는 본질적으로 기술결정론과 기술의 사회적 구성론을 결합시킨 것이라고 볼 수 있다. 맥킨지와 와이즈먼(MacKenzie & Wajcman, 1999: 23)에 따르면, 기술의 사회적 구성론의 핵심적인 약점은 '기술결정론의 유효한 측면, 즉 기술이 사회적 관계에 영향을 미친다는 사실을 무시한다'는 점이다. 즉, 사회가 기술을 구성한다 하더라도, 기술이 사회적 관계에 미치는 영향이 전혀 없다고 보기는 어렵다는 것이다. 반면 행위자-네트워크 이론에서는 인간과 기술 두 가지가 모두 영향력을 갖는다고 본다. 인간과 기술이 모두 네트워크를 구성하는 '행위자_{actors}'에 해당하며, 이렇게 구성된 네트워크가 행위자의 행동을 형성하고 제약한다. 이러한 관점에 따르면 '기술과 사회가 각기 분리된 채 서로에게 영향을 미친다고 보는 것은 잘못된 시각이다. 기술과 사회는 서로를 구성하고 있다'(MacKenzie & Wajcman, 1999: 23). 결론적으로 이 관점에서는 인간과 기술이 똑같이 중요하다고 본다. 라투르(Latour, 1999)는 이를 '대칭성 원칙principle of symmetry'이라 불렀다. 즉, 인간이 세상을 건설하기도 하지만 인간이 창조한 인공물도 영향력을 갖는다는 것이다. 사실 이 둘은 서로 떼어놓을 수 없고, 지속적으로 서로에게 영향을 미치고 상호작용한다.

결론

이 장에서 기술과 사회의 관계에 대한 이론을 완벽하게 논의할 수는 없지만(MacKenzie & Wajcman, 1999를 보라), 대신 정책과정 분석에 기술의 차원을 추가하는 것이 얼마나 중요한지를 강조하고 기술이 사회변화에 복잡한 영향을 미친다는 점을 지적하였다. 어틀리(Uttley, 1991: 148)는 '새로운 복지국가를 설명하는 많은 이론적 모델에서 기술이나 기술변화가 그다지 직접적인 관심을 받지 못하는 것'에 대해 실망감을 표현하였고, 이 비판은 여전히 타당하다(Hudson, 2002, 2003). 정책과정 분석에서 기술은 중요한 하나의 층으로 고려될 필요가 있고, 특히 (카스텔이 강조하듯이) 최근의 기술발전이 심층적인 변화를 가져왔다는 점을 감안하면 더욱 그러하다.

그러나 앞서 살펴보았듯이 사회변화에 대한 기술의 설명력을 지나치게 과장해서는 안 된다. 기술은 사회변화를 추동하는 여러 가지 요인 중 하나일 뿐이며, 또한 기술 그 자체가 사회적 힘에 의해 구성되기도 한다. 특히 기술이 발전하면 정책이나 사회가 특정한 하나의 경로로 수렴되고 변화의 방향이 결정된다는 시각을 경계해야 한다. 전 세계에 네트워크 사회가 등장하고 심층적인 사회적 변화가 나타나고 있는 것은 사실이지만, 카스텔(Castells, 2000: 9)이 지적하였듯이, '이러한 변화는 문화, 제도, 역사적 궤적의 차이로 인해 실제로는 매우 다양한 형태로 나타난다'. 또한 카스텔과 히매넌이 지적하듯이, 정보화 시대의 복지정책 역시 다양한 형태로 나타날 수 있다.

한편 정보사회의 등장이 복지국가의 종말을 의미한다고 보는 사람들도 있지만(Angell, 2000), 이는 사실과 다르다. 진실은 훨씬 복잡하다. 복지정책의 몇몇 차원은 기술변화로 인해 약화되기도 하지만, 또 어떤 측면들은 강화되기도 한다. 이 장에서는 기본적으로 정보통신기술을 다루었지만, 우리의 주장은 다른 기술에도 적용될 수 있다. 예를 들어 의료기술의 발전은 더 비싼 치료법이 등장하면 의료비용이 증가한다는 점에서 NHS에 대한 도전이기도 하지만, 한편으로는 치료의 비용을 줄이고 속도를 높여 재정적 부담을 경감시킬 수도 있다. 즉, 기술변화가 단순한 선형적인 효과를 만들어내는 경우는 거의 없다는 것이다.

궁극적으로 복지정책이 기술변화에 대응하여 변화하는 정도는 기술 그 자체에 영향을 받기도 하지만, 대체로 특정 국가의 문화와 전통에 달려 있다. 여러 사회는 서로 다르다. 따라서 기술이 사회적으로 구성된다면 기술변화에 대한 사회의 대응도 각기 다르리라고 예측할 수 있다. 카스텔과 히매넌이 주장하듯이, 정보사회의 단일한 모델이란 존재하지 않는다.

요약

- 기술변화가 갖는 사회적 함의에 대한 사회과학자들의 관심이 점점 커지고 있다. 카스텔과 같은 학자들은 새로운 정보통신기술의 발전으로 인해 광범한 사회적 변화가 나타났다고 주장하였다.

- 이 주제에 대한 관심은 결코 새롭지 않다. 30년 전에도 벨과 같은 학자들은 새로운 정보통신기술의 영향으로 광범한 사회적 변화가 나타날 것이라 예측하였다.

- 전 세계의 정부들은 새로운 정보통신기술을 이용하여 정부 서비스의 질을 개선하고 경제적 경쟁력을 높이고자 한다. 어떤 학자들은 정보혁명에 따른 변화 때문에 정부가 '인적자본' 투자 아젠다를 중심으로 복지국가를 재조정해야 한다고 주장하였다.

- 기술발전이 혁명적 변화를 가져왔다는 주장은 조심스럽게 받아들여져야 한다. 왜냐하면 정보사회의 모델에는 여러 형태가 있기 때문이다. 서로 다른 사회는 서로 다른 방식으로 새로운 도전에 대응한다.

- 기술변화가 변화를 추동하는 강력한 힘인 것은 분명하지만, 인간이 그 변화를 통제하지 못하는 것은 아니다. 사실 많은 학자들은 기술이 사회적으로 구성되었다는 점을 강조한다.

☑ 토론할 문제

- 정보화 시대에는 새로운 복지국가가 필요한가?
- 기술변화의 흐름에 저항할 수 있는가?
- 카스텔의 '네트워크 사회' 이론은 최근 사회변화의 현실을 얼마나 잘 설명하는가?

☑ 더 읽을 거리

Castells, M.(2000a). "Materials for an exploratory theory of the network society". *British Journal of Sociology*, 5, 5~24.

__________.(2000b). *The Rise of the Network Society: The Information Age: Economy, Society and Culture*, Vol 1 (2nd edn). Oxford: Blackwell.

Castells, M. & Himanen, P.(2002). *The Information Society and the Welfare State: The Finnish Model*. Oxford: Oxford University Press.

Hudson, J.(2006). "Inequality and the knowledge economy: running to stand still?". *Social Policy & Society*, 5, 207~222.

United nations(2008). *e-Goverment Survey 2008: From e-Government to Connected Governance*. New York, NY: United nations Division for Public Administration and Development Management.

Webster, F.(2006). *Theories of the Information Society* (2nd edn). London: Routledge.

CHAPTER 5

권력구조

개요

정치권력의 개념은 정치과학이라는 학문의 핵심적인 정체성이며, 이 책의 전반을 관통하는 개념이다. 정책과정의 모든 부분에서는 권력이 교환된다. 이 장에서는 권력에 세 가지 차원이 있다는 개념을 사용한다. 각각의 차원은 그 이전 차원을 기초로 형성된다. 먼저 권력의 제1차원은 고전적인 다원주의이다. 권력의 제2차원에서는 정책 엘리트들의 정책 아젠다 조정을 이론적으로 논의한다. 마지막으로 권력의 제3차원은 사회적 담론이 어떻게 권력을 행사하는지를 설명하는 '심층이론'이다.

주요 용어

권력power, 다원주의pluralism, 무의사결정non-decision making, 정치 엘리트political elites, 권력의 숨겨진 차원the hidden faces of power, 헤게모니hegemony, 포스트모더니즘postmodernism

서론

이 책의 1부에서는 정책과정을 형성하는 거시적 힘에 대해 논의하였다. 예를 들어 근본적으로는 경제적 과정인 세계화가 정치적 권력을 재분배하는 현상, 초국적 기업이 핵심 부문을 이동시켜 새로운 제조업 중심이 만들어지는 현상 등을 설명하였다. 이러한 변화는 전 세계 수백만 가족의 삶에 영향을 미쳤다. 버트란드 러셀(Bertrand Russell, 1938)이 설명하듯이, 권력이란 의도적으로 누군가에게 권력이 아니었더라면 하지 않았을 일을 하게 만드는 힘이다. 그는 다음과 같이 주장하였다.

> 마치 물리학의 근원적인 개념이 에너지인 것과 마찬가지로, 사회과학의 근원적인 개념은 권력이다(Russell, 1938: 4).

정치권력의 개념은 이 책에서 논의되는 다른 모든 개념과 연결되어 있다. 권력은 정치과학의 인식론적 정체성이며 핵심 개념이다. 정치과학은 정치권력의 성격과 영향, 정치제도를 통해 권력이 행사되는 방식을 설명하는 데 주목한다는 점에서 다른 사회과학과 구분되는 관점을 갖고 있다.

권력은 혈류血流의 산소에 비견될 만하다. 우리는 혈액 속에 흐르는 산소를 직접 볼 수는 없지만, 산소의 효과를 매순간 느끼고 있고 산소가 없다면 곧 죽을 것이다. 이와 마찬가지로 정치권력은 '정치체body politic' 내부를 순환하고 있다. 정책과정에 영향을 미치는 모든 선택과 결정은, 심지어 어떤 이슈가 정치 아젠다로 채택되느냐 마느냐는 문제까지도, 권력의 행사이다. 전통적으로 정책분석 연구에서 권력과 관련된 내용은 흔히 '아젠다 설정'이라는 이름으로 논의된다. 아젠다 설정은 정책 사이클의 초기 단계에 해당하는데, 이 단계에서는 '결정하기로 결정하고deciding to decide', 어떤 이슈를 정치 아젠다에 올려놓거나 끌어내린다. 하지만 우리가 볼 때 이러한 전통적인 설명은 정치과정의 모든 단계에 권력이 존재하고 행사된다는 사실을 잘 보여주지 못한다는 점에서 한계가 있다. 초국적 기업이 일자리와 자본을 이동시키거나 총리가 전쟁을 선포(토니 블레어가 총리로 재임하는 기간 동안 세 번)할 때만 권력이 행사되는 것이 아니다. 권력은 일상생활에서 의사, 교사, 경찰, 공무원이 결정을 내리는 순간에도 존재한다. 즉, 어떤 결과에 영향을 미칠 수 있는 그 누구라도 권력을 행사할 수 있는 것이다.

미국의 정치과학자 달_{Dahl}은 이를 다음과 같은 문구로 요약하였다. '누가, 왜, 누구의 이익을 위해 결정하는가?'(Dahl, 1967). 이 장에서는 정치권력의 성격을 논의하고 정치과정의 핵심을 이해하고자 한다. 이러한 이유로 우리는 이 장을 이 책의 중간 지점, 즉 정책결정 과정의 중간수준에 관한 논의가 시작되는 지점에 배치하였다. (중간수준 분석은 거시수준의 큰 그림과 미시수준의 직접적인 정책전달과정을 연결하는 제도적 구조에 주목한다.) 권력은 정치제도와 네트워크를 통해, 전 세계에 걸쳐, 심지어 세월을 넘어 항상 이동하고 있다. 한 절묘한 설명에 따르면, 권력은 개인 간 관계를 결정하는 무엇이다. 어떤 의미에서는 우리들이 다른 사람과의 관계에서 권력을 행사한다는 점에서 우리들 개개인이 권력의 원천이라고 할 수도 있다.

한 장에서 이렇게 방대한 주제를 논의하기 위해(이 책의 뒷부분에서 관련된 이슈를 더 많이 다루겠지만), 이 장에서는 룩스가 제안한 권력의 3차원 모델을 사용하였다. 그는 1974년에 출간된 『권력: 급진적 관점*Power: A Radical View*』이라는 유명한 책에서 이 개념을 처음 제안하였다. 룩스는 2005년에 이 책을 재출간하면서 (Lukes, 2005) 두 개의 장을 추가로 서술하여 그에 대한 비판에 답하였고, 이러한 사실은 그의 주장이 여전히 유효하고 영향력이 있다는 근거라 할 수 있다. 룩스에 따르면 권력의 제1차원은 본질적으로 다원주의와 그 변형이다(〈표 5-1〉을 보라). 제1차원은 다른 차원의 기초가 된다. 다음으로 제2차원에서는 현실에서 많은 관심사들이 '무결정_{non-decision}'의 권력에 의해 의사결정과정에서 제외된다는 사실을 설명한다. 마지막으로 제3차원에서는 다원주의 패러다임을 넘어 다양한 '심층이론'을 고찰한다. 여기서는 사람들이 사용하는 언어가 어떻게 사람들을 정치 엘리트에게 복종하게 만드는지를 탐구하는 사회과학 학파의 주장을 다룬다. 제3차원은 가장 논쟁적인데, 왜냐하면 사례연구로 '보이지 않는' 무엇을 포착하기가 어려울 뿐만 아니라, 사람들이 기꺼이 혹은 의식하지 못한 채 자신들의 이익에 반하는 일을 하려 한다는 주장이 선뜻 이해가 되지 않기 때문이다. 이 장의 나머지 부분에서는 이러한 정치권력의 세 가지 차원을 자세히 논의한다.

고전적 다원주의

룩스가 말한 '권력의 제1차원'은 다원주의 패러다임에 기초한다. 다원주의는 좌우 모두에서 강력한 비판을 받았음에도 불구하고 20세기 동안 지속된 패러다임이다. 사회이론으로서 다원주의의 뿌리는 영국 시민혁명으로 권력과 국가의 성격에 대한 논쟁이 촉발되었던 17세기까지 거슬러 올라간다. 이후 미국의 정치적 전통에서는 권력의 다중심성, 헌법적 견제와 균형의 원리가 정치체제의 주춧돌이 되었다(행정부와 사법부, 대통령과 의회, 연방정부와 52개 주 사이의 견제와 균형을 의미한다). 유럽적 전통에서는 사람들이 사회 계급으로 규정되지만, 미국 사회의 사람들은 종교나 인종적 특성, 노예제에 대한 찬반 입장 등으로 규정된다. 미국의 헌법은 다원적 이익집단의 존재를 전제하고 이들 간의 균형을 달성하고자 하는 의도로 만들어졌다. 이처럼 미국의 정치철학 및 관행은 다원주의 이론과 매우 강하게 연결되어 있다.

다원주의는 본질적으로 차이와 다양성에 관한 것이다. 다원주의의 핵심 주장은 사회가 수많은 사회적 그룹, 조직, 이익집단으로 구성되어 있다는 것이다. 예를 들어 영국의 경우 조직 혹은 이익집단이란, 크게는 고용주를 대변하는 영국산업연맹the Confederation of British Industry이나 노동자를 대변하는 노동조합과 같은 거물급 조직에서부터, 작게는 지역에서 아마추어들이 운영하는 크리켓 클럽, 음악모임, '버밍엄 애완 생쥐 모임'과 같은 단체들에 이르기까지 매우 다양하다. 이처

구분	고전적	제도주의적 경향	엘리트주의	네트워크
정치체의 구조	동등한 접근성을 가진 수많은 경쟁적 집단들. 자원의 제약이 없다.	많은 집단이 경쟁하지만, 자원에 대한 접근성이 동등하지는 않다.	많은 집단이 존재하지만, 몇몇 강력한 이익집단, 특히 경제적 이익집단이 지배한다.	많은 집단이 군집으로 조직된다.
국가의 성격	경쟁적 집단들에 대한 중립적 심판자. 권력을 갖고 있지 않다.	심판자이지만, 갈등이 발생하기 전에 차단하는 역할을 한다.	강력한 내부자 집단의 이익을 대변하고 촉진한다. 중립적이지 않다.	중심에 권력이 집중되지 않는다. 다만 중심과 집행 수준이 분리된다. 정부 간intergovernmental 연계가 존재한다.
권력	투명하고 개방적이다. 분산되어 있다.	비교적 개방적이지만, 내부자 집단에 편향되어 있다.	몇몇 강력한 내부자 집단에 집중되어 있다. 대중은 수동적인 구경꾼이다.	중심에 권력이 집중되지 않는다. 다만 내부자의 통제에 의해 민주주의의 결여가 나타날 수 있다.
방법론과 이념	사실에 대한 행동 분석 behavioural analysis. 구조적 제약이 없다. 이념은 존재하지 않거나 암묵적이다.	사실에 대한 행동 분석. 이념적 영향을 고려한다.	행동 분석이지만 강한 결정주의적 경향성을 띤다.	행동 분석이면서 역사·문화적 영향을 고려한다.
정책 아젠다	대중의 여론을 반영한다. 갈등의 평화적 해결이다.	안전한 이슈만이 허용되고 다른 이슈들은 차단된다.	기업의 이익을 지원하는 경제적 아젠다에 초점을 맞춘다.	정책 공동체가 관리하고 설계한다.
주요 저자	Dahl(1961). *Who Governs?* Dahl(1967). *Pluralist Democracy in the United States.*	Schattschneider(1960). *The Semisovereign People.* Bachrach & Baratz(1970). *Power and Poverty, Theory and Practice.*	Mills(1956). *The Power Elite.*	Rhodes(1997b). *Understanding Governance: Policy Networks, Governance, Reflexivity and Accountability.*

럼 다원주의 관점에서 정치권력은 계급적 이해가 아니라 만화경과 같이 다양한 조직들의 이해를 반영하는 것이다. 권력은 분산되어 있고, 본질적으로 대중의 요구와 여론이 정책과정을 주도한다. 따라서 고전적 다원주의 관점에서 볼 때 국가는 권력의 원천이 아니라 경쟁적 이해관계competing interests의 심판자라는 매우 특별한 역할을 담당한다. 국가 시스템의 어떤 한 부분에 권력이 집중되어서는 안 되기 때문에, 정통적인 다원주의 이론은 정부의 입법, 행정, 사법 기능이 헌법적으로 분리될 것을 요구한다. 뿐만 아니라 국가와 시민사회도 명확하게 구분된다. 가장 영향력 있고 유명한 다원주의 사상가인 미국의 정치과학자 달은 '권력의 중심은 다양한데, 그 중 어느 하나도 절대적이지 않다'(Dahl, 1967: 24)고 말했다.

고전적 다원주의 관점의 아젠다 설정에서 국가는 게임의 규칙이 준수되도록 하고 협상을 통해 갈등이 해결될 수 있도록 하는 심판자의 역할을 한다. 개인은 집단으로 조직됨으로써 자신의 존재를 드러낼 수 있다. 많은 집단은 특정한 시점에 특정한 이해관계를 대변하기 위해 만들어지기 때문에 영원하지 않다. 이슈를 제기, 논쟁, 해결되면 관련된 집단은 소멸하고 새로운 이슈 집단으로 대체된다. 예를 들어 최근 영국에는 여우사냥과 관련된 조직, 1990년대 빈번하게 발생한 철도 사고의 희생자의 이해를 대변하는 로비 집단, 이라크와 아프가니스탄에서 부상을 입은 군인을 지원하기 위한 캠페인 조직 등이 있었다. 이처럼 정치 아젠다는 사회 현실로부터 생겨난다. 그리고 정치 아젠다는 (분산된 권력중심을 포함하여) 제한된 역할을 담당하는 국가와, 자신의 존재를 드러내고 정책에 영향을 미치고자 하는 소규모 집단들 사이에서 균형을 이루게 된다. 정상적인 상황에서는 정당이 정기적인 선거를 통해 더 많은 유권자의 일반 의지를 대변하는 역할을 맡는다.

물론 모든 이익집단과 압력집단이 가지는 정책결정 중심에 대한 접근성이나 캠페인 자원이 동등하지는 않다. 달(Dahl, 1967)이 지적하였듯이, 보통은 기업 집단이 정부에 대해 더 높은 접근성을 갖는 경향이 있지만, 그렇다고 해서 가장 부유한 기업 집단이 반드시 가장 높은 접근성을 갖는 것도 아니다. 왜냐하면 한편으로는 그들이 서로 경쟁하느라 바쁘기도 하지만, 다른 한편으로는 몇몇 개인과 더 약한 이익집단들이 정상적인 경로를 에둘러 가는 더 좋은 접근법을 찾을 수도 있기 때문이다. 사실 다원주의자로서의 그의 명성에 걸맞지 않게, 달은 고전적 다원주의의 단순한 공식에서처럼 모든 이익집단이 동등하게 대표된다거나 국가가 중립적인 심판자라고 생각하지는 않았다. 대신 그는 개방된 정치적 과정에서는 기본적으로 대중의 여론 속에서 어느 한편의 압력을 상쇄하는 균형적 힘이 형성된다고 믿었다. 예컨대 격렬한 이해관계의 충돌에도 불구하고(특히 노동과 자본의 갈등), 사회의 성격에 대한 기본적 합의가 존재하기 때문에 정치적 안정성이 심각하게 위협받은 적은 거의 없다는 것이다.

달은 거의 200년간의 미국 뉴헤이븐New Haven의 의사결정에 관한 자료, 특히 그가 연구하던 당시의 구체적인 자료를 분석하여 그의 주장을 뒷받침하였다(Dahl, 1961). 그는 뉴헤이븐의 주요 정책 논쟁을 살펴보면 자신의 주장을 전적으로 관철하는 하나의 집단은 존재하지 않는다고 주장하였다. 다원주의 이론이 예측하듯이 승자와 패자는 다양한 집단에 걸쳐 있었다. 게다가 달은 뉴헤이븐의 사례를 역사적으로 검토해보면 엘리트주의로부터 다원주의로의 전환이 확인된다고 주장하였다. 요컨대, 실제 관찰된 의사결정과정은 다원주의 명제를 지지한다는 것이다.

무결정non-decision으로서의 권력

하지만 1960년대와 1970년대에 들어서면서 고전적 다원주의라는 조금은 안이한 생각은 힘을 잃게 되었다. 대신 새로운 다원주의 학파가 등장하여 국가가 중립적이고 유순한 행위자라는 개념에 도전하기 시작했다. 이에 가장 강력한 영향을 미친 책은 샤츠슈나이더(Schattschneider, 1960)의 『절반의 인민주권*The Semi-sovereign People*』이다. 이 책에서 샤츠슈나이더는 시스템에는 항상 어떤 집단에 대한 다른 집단의 우위가 있기 마련이고, 정치 아젠다를 형성하는 것은 주로 '내부자insiders'의 힘이라는 것을 보여주었다. 그에 따르면 정부의 권력의 본질은 갈등이 발생하기 이전에 갈등을 제한하고 차단하는 것이다. 갈등의 승자는 현재의 정치적 범위를 유지하려 하고, 반대로 패자는 확장하려 한다. 이러한 견해는 국가가 중립적인 행위자가 아니라 강력한 정치 엘리트가 자신의 목적을 달성하기 위하여 정치과정을 관리하고 조작하는 영역이라고 보았다. 널리 알려져 있듯이, 샤츠슈나이더는 다음과 같이 말하였다. '누구든지 어떤 게임인지를 결정하는 사람이 누가 게임에 참여할 것인지도 결정할 것이다'(Schattschneider, 1960: 105).

바크라크와 바라츠(Bachrach & Baratz, 1962, 1963, 1970)는 시스템이 '외부자outsiders' 혹은 대중의 이익에 반하는 방향으로 편향되어 있다고 주장하였다. 그들은 미국 볼티모어Baltimore의 인종 관계를 분석하여 주요 집단들을 배제하는 제도저 편향성이 존재한다는 사실을 부여주었다. 분석결과, 도시 정치체제의 중심인 강력한 기업-정치 관계가 흑인 소수자의 이익을 체계적으로 차단하는 것으로 나타났다. 이를 위해 흑인 지도자 포섭, 국가 폭력 행사, 주요 흑인 지도자들에게 공산주의자나 말썽꾼이라는 딱지붙이기, 미디어를 통한 공포의 조장 등과 같은 다양한 전술이 활용되었다. 이처럼 '편향성의 동원mobilisation of bias'이란, 상대적으로 약한 집단의 이익에 반하는 방향으로 정치 아젠다를 조작하고 심지어 사회의 한 부문 전체를 체계적으로 배제시키기까지 하는 국가의 능력을 말한다.

바크라크와 바라츠는 이러한 과정을 압축적으로 보여주고 달과 같은 고전적 다원주의자들과의 방법론적 차이를 드러내기 위해 '무결정non-decision'이라는 용어를 사용하였다. 이들에 따르면, 달은 뉴헤이븐의 정치제도를 분석할 때 단순히 겉으로 드러난 논쟁만을 분석했기 때문에 '권력의 제2차원'을 포착하지 못하였다. 권력의 제2차원이란, 공적인 장場의 외부에서 어떤 특정 이슈가 정책 아젠다에 올라가지 못하도록 배제하는 은밀한 권력의 행사를 의미한다. 즉, 달은 무결정이 정책 아젠다 설정에서 중요한 역할을 한다는 사실을 고려하지 않았기 때문에 권력이 분배되는 정확한 양상을 파악하지 못했다는 것이다. 무결정이란, '혜택과 특권이 분배된 상태를 변화시키고자 하는 요구를 사전에 미리 차단하는 수단'

을 의미한다(Bachrach & Baratz, 1970: 7). 따라서 뉴헤이븐의 사례로 다원주의 명제가 확증되었다는 달의 주장은 잘못된 경험적 근거에 기초하였다는 것이다.

이러한 고전적 다원주의에 대한 비판은 베트남 전쟁, 소수인종의 폭동, 도심 공동체의 붕괴 등 현실의 중요한 사건들이 미국 사회를 위협하는 시기에 등장했다는 사실을 기억할 필요가 있다. 이 책에서 주장하듯이 역사적 조건은 정책과정을 이해하는 데 필수적일 뿐만 아니라 개념의 진화에도 중요한 역할을 한다. 그리고 고전적 다원주의를 변화시키는 데는 이와 같은 중요한 '사건들' 뿐만 아니라 세계경제의 가속화도 영향을 미쳤다. 세계경제의 등장은 국민국가 수준을 넘어 초국적 기업이 막강한 경제·정치적 권력을 행사하는 시대의 개막을 알렸다. 한편 경제·정치적 힘이 점차 통합된다는 개념인 코포라티즘도 다원주의의 발전된 형태이다. 코포라티즘적 거버넌스는 기업, 노조, 정부라는 세 가지 권력 축으로 구성된다(Middlemass, 1979; Cawson, 1982).

영국에서는 중앙정부가 현대적인 정치과정에서 수많은 집단들의 요구와 그에 따른 재정적 부담을 감당하려 애쓰고 있다. 이에 소위 '과부하' 명제가 등장하여 다원주의 모델을 변화시키는 또 다른 힘으로 작용한다(2장을 보라). 이 명제는 정당들이 선거에서 이기기 위해 점점 더 많은 공약을 내걸지만 정부는 수많은 공약을 다 지키기 어렵다고 본다. 이러한 주장은 '관료제'에 대한 뉴라이트_{New Right}의 비판, '너무 많은 정부'가 자유시장경제의 원활한 작동을 방해한다는 대처의 신념과 연결된다. 과거에는 다원성이 안정적으로 합의된 민주주의 절차의 기초로 작용하였지만, 이제는 통제 불가능한 위험을 만들어내고 있다. 내부자 집단과 강력한 새로운 네트워크 조직들이 정치체제를 장악하고 자신들만의 이익을 추구하며, 이로 인해 다른 많은 유권자와 외부자 집단이 구경꾼으로 전락하는 '민주주의의 결핍_{democratic deficit}'이 나타난다(6장과 7장을 보라).

다원주의를 넘어

무결정이라는 개념이 핵심적으로 의미하는 바는, 고전적 다원주의자들의 주장과는 달리 강력한 이익집단이 사람들을 조정할 수 있기 때문에 사람들이 전혀 '자유롭지' 않다는 것이다. 크렌슨(Crenson, 1971)은 이러한 주장을 다원주의 패러다임의 경계를 벗어나는 지점까지 발전시켜 나갔다. 그는 공기 오염에 관한 연구를 통해 아젠다 설정 과정에 이념이 영향을 미친다고 주장하였다. 즉, 사람들이 이슈에 반응하는 방식은 그들의 정치적 가치와 이념에 의해 사전에 미리 결정된다는 것이다. 그는 이를 '정치의식political consciousness'이라 불렀다. 정치의식은 사람들이 이슈에 대해 사고하고 반응하는 방식을 규정한다. 이와 유사하게 린드블롬(Lindblom, 1977)은 기업 이익집단이 이득을 보는 것은 단순히 특권적 지위를 갖고 있기 때문이 아니라 시스템의 구조 때문이라고 주장하였다. 여기서 시스템의 구조란 이념적 수준에서 보이지 않는 손에 의해 권력이 행사된다는 사실을 의미한다. 하지만 이러한 주장에도 불구하고 크렌슨과 린드블롬은 모두 급진적인 좌파적 관점으로까지 나아가지는 않았고, 여전히 경쟁적 집단의 존재가 정치체제의 기초라는 다원주의의 핵심적인 개념은 유지하였다. 이러한 입장은 스미스(Smith, 1995: 224)가 지적하듯이 '다원주의와 맑시즘이 수렴된' 형태의 신다원주의neo-pluralism로 이어졌다. 한편 엘리트 다원주의 모델은 초기 다원주의 모델에 비해 현대 사회에서 국가가 어떻게 작동하는지를 더 현실적으로 설명해준다. 이 모델은 아젠다 설정을 더욱 정교하게 분석하는 길로 나가는 문을 열었지만, 그 문을 지나 다원주의 패러다임이 끝나는 지점까지 나아가지는 않았다. 여기서 핵심은 다원주의, 즉 다양한 경쟁적 집단의 존재 그 자체만으로는 어떻게 보통 사람들의 정치의식이 형성되는지, 사람들이 어떤 해결책을 선호하는 성향을 갖게 되거나 어떤 이슈에 반응하지 않게 되는지를 설명할 수 없다는 것이다.

다원주의를 넘어서는 지점에는 룩스(Lukes, 1974)가 말한 '권력의 숨겨진 차원'과 파슨스(Parsons, 1995)가 말한 '심층이론'이 기다리고 있다. 이러한 개념들은 권력이 그들의 사고과정에 개입한다는 사실이 겉으로 드러난 사람들의 행동보다 더 중요하다고 본다. 이러한 약간은 비관적인 해석은 미셸 푸코_{Michel Fou-cault}의 초기 저술에서도 발견된다. 푸코는 사람들의 행동 패턴이 어떻게 학습되고 내면화되는지를 보여주었다. 그는 『감시와 처벌*Discipline and Punishment*』(1977)의 서두에서 국왕 암살범에 대한 공개처형을 자세하게 묘사하는데, 공개처형의 주된 목적은 사람들에게 규율을 훈육하기 위한 것이었다고 주장하였다. 국왕 암살과 같이 국가에 반역하는 심각한 범죄에 대해서는 암살범의 몸을 (살아 있을 때) 찢어 버리도록 성문화하였고, 누구든지 앞으로 그러한 범죄를 시도하는 자에 대해서는 같은 재앙이 닥칠 것임을 경고하였다. 푸코는 지배엘리트들이 행사하는 정치권력이 사회정치적 구조에 대한 통제권을 넘어, 사람들의 사회화 과정, 사고 방식, 심지어는 사회에 대한 지식을 논의하고 평가하는 언어, 단어들, 개념들까지 통제한다고 주장하였다. 푸코의 후기 저술에서는 이러한 생각을 발전시켜 권력이 어떻게 모든 개인의 머릿속에 존재하는지를 보여주었고, 이것이 바로 권력을 정의하는 본질적 속성이라고 주장하였다(상자글 5.1을 보라).

이처럼 추상적인 형태의 권력을 연구하기란 매우 어렵고, '권력의 제3차원'을 설명하는 룩스의 시도에 대해서도 많은 비판이 있었다. 모리스(Morris, 2006)는 룩스가 논의하는 것이 사실 권력이 아니라 단순한 지배관계일 뿐이라고 주장하였다. 헤이워드(Hayward, 2006)는 룩스가 주택시장과 같은 사회구조가 비인격적 특성을 갖고 있고 따라서 그 자체로는 권력의 원천이 아니라고 주장한 데 대해 정치적 의지만 있다면 저소득층에게 질 좋은 주거를 제공할 수 있다는 점을 망각한 주장이라고 비판하였다. 이에 룩스는 2005년 재출간된 책에서(Lukes, 2005) 1974년판에서의 입장을 어느 정도 수정하여, 지배가 아닌 다른 형태의 권력이 존재한다는 사실 그리고 주택시장과 같은 사회구조가 관리자, 금융업자 등의 행위자를 포함하고 있고 이들이 문제에 직접적인 책임을 갖는다는 사실을 인정하였다. 더 나아가 룩스는 이러한 행위자와 정치인들이 위기가 닥쳤을 때 아무런 행동을 하지 않는 것에 대해서도 비판해야 한다고 주장하였다. 룩스(Lukes,

5.1 푸코의 『성의 역사』*History of Sexuality*

프랑스 철학자 미셸 푸코는 정치권력의 성격을 광범하게 논의하였다. 그의 후기 저술에서는 정치권력이 정치구조나 지배계급에서 나오는 것이 아니라고 보았다. 인간의 섹슈얼리티에 대한 위대한 미완의 3부작(Foucault, 1997, 1998a, 1998b)에서 푸코는 권력이 강제적이지 않고 분산되어 있으며 사람들의 의식과 정체성, 심지어 신체에 내재한다고 주장하였다. 즉, 인간에게 권력은 어디에나 존재한다는 것이다. 권력은 제도가 아니라 앎에 존재한다. 푸코는 3부작을 통해 섹슈얼리티의 역사를 살펴보면서, 역사적으로 섹슈얼리티가 다양한 담론의 주제이자 남성과 여성, 부모와 자식, 젊은이와 노인, 성직자와 신도, 대중과 행정가 사이에 권력이 전달되는 초점이었다는 사실을 보여주었다. 이러한 복잡하고 심층적인 논의는 정치권력의 원천이 궁극적으로는 모든 인간의 의식에 존재한다는 사실을 시사한다는 점에서 의의가 있다(Foucault, 1988a).

2005: 67)에 따르면, 정치인과 같이 "전략적 위치"에 있는 행위자들은 개인적으로든 집합적으로든 결과에 영향을 미칠 수 있기 때문에, 개입하지 않음으로써 문제를 해결하지 않을 수 있는 권력을 갖는다. 즉, 개입하지 않는 것도 권력을 행사하는 하나의 방식이라는 것이다. 이러한 맥락에서 룩스는, 정치적 책임성이 필요하다는 헤이워드의 일반적 주장에서 한 발 더 나아가, 힘을 갖고 있는 특정 행위자가 공동체의 약점을 방어해야 할 직접적인 책임을 갖는다고 주장하였다. 이처럼 룩스는 권력에 대한 그의 정의에 포함된 '관계적' 속성을 유지·발전시켜 나갔다.

권력의 제3차원과 유사한 개념은 소설이나 영화에서도 많이 발견된다. 최근의 영화 〈매트릭스*The Matrix*〉에서 주인공은 자신이 가상현실에서 행복하고 만족스러운 생활을 누리고 있다고 믿게끔 조작되었다는 사실을 알게 된다(상자글 5.2를 보라). 루이스 캐럴(Lewis Carroll, 1865)의 『이상한 나라의 앨리스*Alice in Wonderland*』, 최근 필립 풀먼(Philip Pullman, 1995~2000)의 『그의 비밀스러운 물건들

워쇼스키Wachowski 형제의 1999년 영화 〈매트릭스〉는 룩스의 '권력의 제3차원'에 대한 은유로 해석될 수 있다. 낮에는 컴퓨터 프로그래머 토마스 안데르센으로 일하고 밤에는 해커 네오로 변하는 영화 속 주인공은 눈에 보이는 것보다 더 많은 코드가 있다고 확신한다. 그는 '매트릭스는 무엇인가?'라는 질문에 대한 답을 찾는 과정에서 반역자 집단을 만나게 되는데, 이들은 네오에게 그가 살고 있는 세상이 거대한 컴퓨터 시뮬레이션이라는 사실을 알려준다.

그런데 여기에 반전이 있다. 매트릭스를 보호하기 위해 컴퓨터가 만들어낸 요원을 제외하면 시뮬레이션 속에 존재하는 다른 모든 사람들은 실제로 살아 있는 존재라는 것이다. 하지만 한편으로 일반적인 단어의 의미를 따르자면 이들은 '살아 있는' 것이 아니다. 왜냐하면 현실에서 이들은 기계에게 신체 에너지를 공급하기 위해 무의식 상태로 매트릭스에 묶여 갇혀 있기 때문이다(영화의 배경인 22세기에는 인간 신체 에너지 외 다른 모든 에너지원이 전쟁과 재난으로 고갈된 상황이다). 이러한 삶에 자발적으로 굴복할 사람은 거의 없기 때문에, 매트릭스는 인간 노예들의 뇌에 전자 신호를 보내 바보로 만들고 행복한 삶을 살고 있다고 생각하게 만드는 것이다.

매트릭스는 복잡한 가상세계다. 인간 죄수들은 무엇을 입고 먹을지, 어디에 살지, 어떤 직업을 가질지, 누구를 사랑할지, 누구에게 투표할지 등 일상생활에서 자유로운 선택을 하고 있다고 믿는다. 매트릭스에 접속된 사람은 다른 접속된 사람과 서로 상호작용할 수도 있다. 시뮬레이션은 너무나 정교하기 때문에 마치 진짜 같은 물리적 감각을 만들어낼 수 있다. 인간 노예의 머릿속에서 가상세계는 실제만큼이나 현실적이며 모든 개인은 자유를 느낀다. 하지만 네오가 알게 된 것처럼 실제로 매트릭스에 살고 있는 인간은 그 누구도 자유롭지 않다. 매트릭스는 그들의 인생을 통째로 빼앗았다. 매트릭스는 속임수다. 매트릭스는 모든 사람들이 에너지를 빼앗기는 동안 행복감을 느끼도록 설계된 가상현실이다. 마치 '권력의 제3차원'처럼 매트릭스에 살고 있는 인간들은 자신의 욕망조차 강력한 외부의 힘에 종속되어 있다는 사실을 인식하지도 못한다. 그들은 매트릭스 가상세계 바깥의 현실에 대해서 알지 못하기 때문이다.

이제는 고전이 된 영화 〈매트릭스〉의 이면에 존재하는 개념은 대부분의 사람에게는 비현실적인 공상과학에 불과하다. 하지만 옥스포드Oxford의 철학자 닉 보스트롬

His Dark Materials』 3부작도 비슷한 예가 될 수 있다. 이 소설들에는 평행우주가 등장하는데, 어떤 상황에서는 한 우주에서 다른 우주로 건너갈 수 있다. 이 모든 것은 상상의 산물이긴 하지만, 실제로 최근 양자물리학이 발전하면서 제안된 끈 이론string theory에 따르면 지금까지 알려진 모든 자연적 힘과 물질을 '모든 것의 이론theory of everything'으로 통합하여 설명하는 방법에는 이론적으로 11개의 차원이 있다고 한다. 물론 여기서는 그러한 복잡한 개념을 논의하지는 않지만, 언뜻 보기에 불가능해 보이는 개념에 대해서도 열린 태도를 취해야 한다는 점은 지적할 필요가 있다. 푸코는 『성의 역사』에서 남성과 여성 간에 작동하는 일종의 평행우주가 역사를 형성해 왔다고 묘사하였다. 이처럼 우리는 권력 관계의 작동에 대해 적어도 눈에 보이는 것보다는 더 많은 것이 존재한다는 사실을 인식할 필요가 있다.

'권력의 제3차원'의 전통적인 예는 헤게모니hegemony 개념이다. 이탈리아 마르크스주의자 그람시Gramsci에 따르면, 헤게모니란 지배계급이 다른 사회계급을 완전히 통제하기 위해서 교회, 국가, 교육, 언론 등 모든 사회제도를 이용하는 능력을 의미한다. 그런데 종속계급이 지배계급에게 의식하지도 못한 채 완벽하게 종속되는 경우는 결코 존재하지 않는다(Gramsci, 1971). 왜냐하면 헤게모니 통제가 아무리 강력하다 하더라도 객관적인 삶의 조건이 헤게모니 통제와 다른 방향의 힘으로 작용하기 때문이다. 결국 하층계급은 그람시가 '이중의식dual consciousness'이라 부른 상태에 처하게 된다. 사람들은 불만을 갖기는 하지만 불만을 해결하기 위해 행동하기보다는 그냥 불만을 내면화한다. 그람시가 주장하는 핵심은, 종속계급이 행동하지 않는 이유는 지배계급의 이익을 지원하는 보이지 않는 권력 구조 때문이라는 것이다. 이 개념은 이 책의 곳곳에서 논의하는 순응_{compliance}의 개념과 크게 다르지 않다. 앞서 효율적인 정책전달을 위해 정책과정의 하위 전달자들이 위에서 시키는 대로 일해야 한다는 하향식 관점을 설명하는 부분이나, 국민국가가 국제적으로 합의된 규칙에 따르도록 강제하기가 얼마나 어려운지를 논의하는 부분에서 이러한 개념이 활용되었다.

조지 오웰(George Orwell, 1945, 1949)은 『동물농장*Animal Farm*』, 『1984*Nineteen Eighty-Four*』 등을 통해 20세기 두 개의 전체주의 정치체제(공산주의와 파시즘)가 사람들의 사고방식에 개입하기 위해 어떻게 언어와 언론의 힘을 이용했는지를 보여준다. 빅브라더_{Big Brother}는 심지어 성생활에 이르기까지 일상생활의 모든 부분을 감시하고 통제한다. 오늘날에도 탈레반과 같은 이념적인 광신도들의 사고방식, 여론조작의 강력한 힘(오웰은 이를 'Newspeak'라 불렀다), (특히 최근 인간 유전자 구조의 발견 이후) 과학적 발견과 도덕률 간의 지속적인 긴장, 세계적으로 운영되는 다국적 기업의 힘, 자유시장경제를 성장시키면서도 강력한 공산주의 국가구조를 유지하고 있는 중국 등의 사례들은 세계적인 권력집단이 여전히 사회를 통제하고 있으며 오웰의 아젠다가 아직도 유효하다는 사실을 증명하고 있다.

| 표 5-2 | **권력의 세 가지 차원**

이론가	권력의 개념
달	'A가 B로 하여금 권력이 아니었더라면 하지 않았을 일을 하게 만들 수 있는 정도까지 A는 B에 대해 권력을 갖는다.'
바크라크와 바라츠	'B에 영향을 미치는 의사결정에 A가 참여할 때 권력이 행사된다. 그리고 A가 자신에게 비교적 무해한 이슈들로 공적인 정치과정의 범위를 제한하도록 사회·정치적 가치와 제도적 관행을 창조하거나 강화하기 위해 노력할 때 권력이 행사된다.'
룩스	'A는 B로 하여금 하고 싶지 않은 일을 하게 함으로써 B에 대해 권력을 행사할 뿐만 아니라, B의 욕구 그 자체의 결정과 형성에 영향을 미침으로써 A는 B에 대해 권력을 행사한다.'

출처: Dahl(1961); Bachrach & Baratz(1963); Lukes(1974)

<표 5-2>에는 달의 개념을 따라, 'B'에 대한 'A'의 영향력이 어떻게 행사되는지를 중심으로 권력의 핵심 특징을 요약하여 제시하였다.

다원주의의 미래로 돌아가기

'현실' 세계를 돌아보면, 세계화가 마치 중력처럼 모든 것을 끌어들이는 통합적인 힘이라는 주장이 포스트모더니즘 하에서는 더 이상 유효하지 않다는 사실을 알 수 있다. 앞서 살펴보았듯이 거시수준 분석은 이러한 수렴론으로 이어지는 경향이 있기 때문에 주의할 필요가 있다. 예를 들어, 다소 거칠게 표현하자면 마르크스주의자는 모든 사회문제가 자본주의체제에서 비롯되었다고 믿었는데, 이는 수정되어야 할 관점이다. 또한 일부 경제학자들은 산업화가 전 세계를 수렴시킬 것이라 믿었는데, 이 역시 사실과 다르다. 실제 현실을 보면 한편으로는 통합과 통제의 시도도 있지만, 그 이면에 뿌려진 이질성과 '차이'의 씨앗(포스트모던 다원주의)이 결국 엄청난 결과로 자라났다. 베를린 장벽이 붕괴하고 소비에트 연방과 유럽 공산권 국가가 몰락한 이후, 개인에게 비판받지 않는 보편적이고 단일한 국가라는 개념은 크게 변화하였다. 그 변화의 한 원인은 인터넷을 통해 정보 교환의 속도가 증가한 것이었다(4장을 보라). 포스트모더니즘은 보편주의적이고 일반주의적인 사고방식에 대한 도전, 단일성이 아닌 다양성, 수렴이 아닌 발산, 획일화가 아닌 다문화주의에 대한 옹호, 정치적 이념의 소멸과 같은 주장을 함축한다. 그런데 이러한 변화가 너무나도 빨라서 새롭게 등장한 포스트모더니즘의 주장에 대해서도 이미 또 다른 문제가 제기되고 있다. 델란티(Delanty, 19999: 182)가 주장하였듯이, '이제는 잘못된 보편주의의 위험이 문제가 아니라 …… 걷잡을 수 없는 상대주의가 문제다'. 투렌(Touraine, 1995)에 따르면, 오늘날 한편으로는 강력한 세계경제 하에서 개인은 소비자로서의 의미밖에 없는 것처럼 보이지만, 다른 한편으로는 순수한 주관성, 즉 자신의 이해관계와 관련되지 않는 다른 모든 것을 무시하고 자신만의 도덕률을 선택하여 모든 것을 개인 수준으로 환원하는 극단적인 경향도 존재한다. 오늘날 현대사회는 이러한 두 흐름 사이에서 나아갈 방향을 찾아야 한다.

더 자세한 논의를 위해서는 이 책의 범위를 벗어나는 복잡한 개념적 문제를 다뤄야 하기 때문에, 여기서 이러한 주장을 더 논의하지는 않을 것이다. 하지만 정책분석을 공부하는 학생들은 이러한 '심층이론'의 질문들에 많은 관심을 가져야 한다. 다양성의 인식은 본질적으로 다원주의적인 주제이며, 세련되게 재구성된 다원주의는 오늘날의 시대적 담론을 구성하는 중요한 부분이다. 또한 다원주의는 이 책의 여러 곳에서 언급한 바 있는 역사·문화에 대한 강조와도 어느 정도 관련되어 있다. 오늘날 정책분석이 어디로 가고 있느냐는 질문에 대한 하나의 대답은 '미래로 돌아가고 있다 back to the future'는 것이다. 우리는 현대의 정책분석에서 역사적 제도주의의 중요성을 반복해서 강조한다. 역사적 제도주의에서 경로의존성은 과거의 흔적을 살펴 미래를 안내할 수 있고 장기적인 문화적 합의가 중요하다는 사실을 의미한다. 따라서 역사적 제도주의 관점을 통해 과거가 어떻게 국가와 아젠다 설정에 영향을 미치는지를 살펴볼 수 있다. 심층이론의 표현을 빌리자면, 문화가 주관성과 만나는 것이다.

이러한 주제는 새로운 정보화 시대 이론가들의 '포스트-포스트모던' 논의에도 유용한 함의를 제공한다. 카스텔(1장과 4장을 보라)의 '네트워크 사회' 개념에 따르면, 앞으로는 영토적 기반의 의미가 사라지기 때문에 이제 미래는 역사적 궤적으로 결정되지 않는다. 미래는 이미 몰역사적 ahistorical 이다. 이러한 주장은 앞서 우리가 역사와 문화의 중요성을 강조했던 것과는 대조를 이룬다. 이는 지식기반의 세계적인 '다문화'가 과거 국민국가가 담당해 왔던 역할을 어느 정도 대체한다고 주장한다는 점에서 과잉세계화론자들의 태도와도 유사하다. 활발한 정보교환은 고정된 국가·사회구조보다 사람들과 집단 간의 사회적 관계를 보다 중요한 것으로 만든다는 점에서, 현대사회는 과거에 비해 훨씬 더 문화적으로 정의된다. 현대사회는 과거의 공간적이고 영토적인 구획에 의존하지 않는다. 또한 카스텔은 미래에 신사회운동_{new social movement}이 핵심적인 행위자가 되리라고 보았는데, 왜냐하면 인터넷과 같은 모든 새로운 기술적 인터페이스가 국가, 교회, 심지어 기업 등 과거의 기득권을 무너뜨리고 있기 때문이다(Castells, 1996)(상자글 5.3을 보라).

우리는 세계화 때문에 국민국가가 대체되는 것이 아니라 다만 중요한 변화를 경험하면서 지속적으로 재구성되고 있다는 관점을 취한다. 정보를 연료로 움직이는 네트워크와 네트워크 사회라는 개념은 오늘날의 현실에 대한 매우 강력한 은유이긴 하지만, 커뮤니케이션 능력만으로 유지되는 네트워크로 현대사회를 완전히 정의할 수 있다는 주장은 현실에 맞지 않는다. 앞서 살펴본 예의 경우에도, 신사회운동은 대안적인 정치 패러다임이라기보다는 기존 국민국가의 맥락 안에서 자신의 아젠다를 홍보하는 것으로 이해해야 한다. 즉, 세계화 때문에 국민국가가 불필요해진 것이 아니라 국민국가는 새로운 경제·문화적 아젠다에 대응하기 위해 재구조화되고 있는 것이다.

사회운동이 국가의 외부에서 '시민사회'의 관심을 표명하는 역할을 한다는 주장은 언뜻 보기에 고전적인 다원주의 관점으로 설명되는 것처럼 보인다(상자글 5.3을 보라). 시민사회는 한편으로는 국가에 접근하기 위해 경쟁하면서 다른 한편으로는 국가의 헤게모니에 저항하기도 하는 다양한 집단과 운동으로 구성된 복합체이다. 이들이 주장하는 내용은 매우 다양하다. 그린피스로 대표되는 환경운동은 곡물 유전자조작, 지구온난화, 동물 서식지 파괴 등의 이슈에 관해 정부정책에 영향력을 행사하려고 한다. 하지만 다른 한편으로는 이러한 문제를 '진정으로' 해결하기 위해서는 정부정책만이 아니라 더 포괄적이고 참여적인 형태의 새로운 급진적 정치를 구성해야 한다고 주장하기도 한다. 이와 같은 주장은 경쟁적 이해관계에 대한 심판자로서의 국가의 역할과 합의를 강조하는 고전적 다원주의 모델과는 큰 차이가 있다. 신사회운동은 국가를 방어하려 하지 않고 국가권력이 중립적이라고 보지 않는다는 점에서 훨씬 현실적인 관점을 갖고 있다고 볼 수 있다. 하지만 고전적 다원주의자들과 마찬가지로 신다원주의자들_{neo-plu-}

오늘날 새로운 거버넌스와 관련된 중요한 현상 중 하나는 공식적인 정치체제의 외부에 다양한 조직이 등장하였다는 사실이다. 소위 '신사회운동'은 1970년대와 1980년대에 서구 사회의 공식적 의사결정과정의 관료적 성격에 대한 반발로 등장하여, 전통적인 정치과정에서 포착되지 않거나 주변적인 문제로 치부되었던 이슈들을 제기하였다. 특히 환경, 문화적 다양성, 평화 등의 이슈에 관한 운동이 전개되었다.

이러한 조직들이 '운동'의 형태로 통합될 수 있었던 것은, 엘리트의 규제와 위계적 통제에서 벗어나 시민사회를 보다 개방적이고 집합적인 방향으로 재구성하는 목적을 어느 정도 공유하고 있었기 때문이다. 이를 위해 이들은 공식적인 정당정치와 거리를 두고 비위계적 조직 구조, 직접행동과 저항운동을 강조하는 등 특징적인 활동을 전개하였다. 1960년대와 1970년대에 '도시' 사회운동은 특히 더 적극적이었고, 사회과학자들은 이에 대해 많은 연구를 진행하였다(Castells, 1977; Offe, 1985; Lowe, 1986).

몇몇 학자들은 지식기반사회의 발전 정도나(Melucci, 1998) 포스트산업주의에 대한 반응이(Touraine, 1995) 사회운동의 규모를 결정한다고 설명하였다. 이렇게 볼 때 전 세계적으로 사회운동이 발전한 근본적인 배경은 1장에서 세계화의 주요 특징으로 규정하였던 확장과 심화의 과정이라 할 수 있다. 더 나아가 오페(Offe, 1985)는 사회문제에 대한 비제도적인 해결책을 추구하는 '신'사회운동이 등장한 것은 더욱 분산된 성격의 권력, 지역적 활동의 광범한 세계적 동맹 구축 덕분에 가능하였다고 주장했다. 오페에 따르면 '신' 정치와 '구' 정치는 서로 경쟁하고 있다. '새로운 중산층'은 환경, 공공서비스, 여성 시민권, 세계평화와 같은 이슈에 관심을 갖고 한부모, 학생, 실업자와 같은 사회의 주변세력과 연합하여 전통적인 정치 지형에 도전하고 있다.

더 최근에 멜루치(Melucci, 1996)는 오페의 주장에 기초하여 현대국가에 도전하는 새로운 정체성은 세계화 과정, 특히 인터넷과 정보의 집중적인 흐름 때문에 형성되고 있다고 주장하였다. 왜냐하면 이러한 과정으로 선택의 다양성과 다원성이 커지기도 하지만 감시와 통제의 위험도 증가하기 때문이다. 정보는 점점 더 강력해지고 있다. 신사회운동은 새로운 아젠다를 설정하고 정치 담론의 성격을 변화시키며 정치 활동가들이 공식적인 시스템에 침투할 수 있는 기반을 제공하는 방식으로 제도에 직접적인 영향을 미친다. 멜루치의 시각에서 보자면, 정치권력이 점점 더 분산되고 있는 오늘날에는 느슨하고 네트워크화된 시스템이 만들어낸 '공간'에 새로운 사회운동의 활동 기회가 늘어나고 있는 것이다.

ralist 역시 자신의 '대안'이 작동하는 방식을 분명하게 표현하지는 못했고, 아젠다를 통제하고 반대를 차단하는 국가의 능력과 국가권력의 진정한 성격을 확실히 설명하지 못했다.

결론

정치권력은 이슈가 어떻게, 왜 선정되고 다뤄지는지에 관한 중요한 질문을 제기한다는 점에서 정책분석의 주요 관심사라 할 수 있다. 이 장에서는 룩스의 '권력의 세 가지 차원'을 이용하여 짧게나마 몇 가지 어렵고 추상적이고 심지어 형이상하적이기까지 한 개념을 설명해 보았다. 권력은 모든 정치과학의 중심 개념이며, 권력에 대한 다양한 접근을 살피다 보면 사회과학의 가장 깊숙한 곳에까지 이르게 된다. 어떻게, 왜 어떤 정책이 아젠다에 진입하거나 진입하지 않는지, 어떻게 권력이 작동하는지 등과 같은 질문에 대해 마술사의 지팡이처럼 확실한 대답은 없지만, 우리는 국가의 권력, 국가와 다양한 이해관계자들의 관계를 설명하는 하나의 접근으로서 엘리트 다원주의 모델을 중요하게 언급하였다. 앞서 '경쟁국가'에 대한 논의에서 살펴보았듯이(2장, 3장, 6장을 보라), 세계화 시대에는 경제적 능력이 현대국가에 커다란 영향을 미치지만, 그 영향 안에서 아젠다 설정은 여전히 다양한 가능성을 갖는 복잡한 문제로 남아 있다. 그리고 비록 그 주장에 지나치게 경도되거나 결정론의 함정에 빠져서는 안 되지만, 정치과정에서 언어와 상징이 강력한 무기가 된다는 심층이론의 교훈도 무시해서는 안 된다. 심층이론의 교훈에 따르면 조사연구는 사실 과학적 탐구라기보다는 경험적 근거의 선택적인 사용일 뿐이며, 이러한 비판은 푸코에 의해 제기된 바 있다. 하지만 그럼에도 불구하고 우리가 포스트모더니즘의 해석을 완전히 받아들이는 것은 아니다. 오늘날 보편적 '진리'가 설 자리를 잃고 소비에트 연방과 같은 획일적인 국가가 무너졌지만 ―더 정확히 말하면 과거의 일부분으로 해체되었을지라도 ― 유례없는 주체

담론의 범람과 '텍스트'에 매몰된 반대편 극단으로 돌아가서는 안 된다. 현대사회는 분명 '주체'를 재발견했지만, 대신 어떤 의미에서 사회적 책임성이나 인류의 본질적인 정치적 속성의 상실을 대가로 치러야만 했다. 20세기를 지배했던 이데올로기적으로 편향된 보편주의적 도그마 이후 복수성과 '차이'가 새롭게 강조되고 있다. 이와 같은 새로운 다원주의의 중요한 핵심 중 하나는 네트워크의 역할이다. 네트워크는 조직, 기관, 집단을 연결하여 군집과 이익 공동체로 묶어낸다. 네트워크는 영국 국가와 정치체제 변화에 핵심적인 역할을 하는데, 이에 대해서는 다음 장에 이어서 논의할 것이다.

권력은 정책과정의 거시, 중간, 미시의 모든 수준에서 작동한다. 권력은 한 층에서 다음 층으로의 흐름을 연결하는 힘이다. 권력은 마치 전류와 같이 전압이 높은 곳에서 낮은 곳으로 흘러내린다. 이러한 권력의 흐름이 바로 정치과정을 추동하는 원동력이다.

요약

- 정치적 권력은 정치과학의 인식론적 초점이다. 룩스의 '권력의 세 가지 차원'이라는 개념은 이러한 어렵고 추상적인 개념을 이해할 수 있게 도와준다.
- 권력의 제1차원은 다원주의이다. 이는 본질적으로 차이와 다양성에 관한 것이다. 그 핵심적인 주장은 사회가 다양한 집단과 조직, 이익집단으로 구성되어 있다는 것이다.
- 고전적 다원주의 패러다임에 따르면 정치권력은 분산되어 있고 정책과정은 본질적으로 여론의 요구에 의해 움직인다. 따라서 국가는 권력의 원천이 아니라 경쟁적 이해관계에 대한 심판자라는 특별한 역할을 담당한다.
- 권력의 제2차원은 무결정이다. 이는 『절반의 인민주권』(Schattschneider, 1960)이라는 샤츠슈나이더의 유명한 책에서 설명되었다. 이에 따르면 정치체제는 항상 몇몇 집단에 우호적인 방향으로 강하게 편향되어 있다. 이러한 정치체제 하에서 '내부자'의 힘이 정치 아젠다를 형성한다.
- 많은 작가들과 사회과학자들은 다원주의를 넘어 '권력의 숨겨진 차원'에 대해 이야기하였다. 이것이 권력의 제3차원이다. 이러한 관점에서는 겉으로 드러나는 사람들의 행동보다 권력이 사람들의 사고과정에 영향을 미친다는 점이 더 중요하다.
- 푸코에 따르면, 지배엘리트는 기본적으로 사회·정치적 구조가 아니라 사람들의 사회화 과정, 사고방식, 지식을 논의하고 평가하는 언어, 단어들, 개념들을 통제함으로써 정치권력을 행사한다.
- 포스트모더니즘은 사회적 과정에 대한 이질성, 문화적 맥락과 '차이'를 드러낸다는 점에서 결정론적이고 일반론적인 이론과 구분된다.
- 신다원주의와 엘리트 다원주의 접근은 고전적 다원주의나 포스트모더니즘의 주관성에 비해 국가와 아젠다 설정 과정에 대해 훨씬 더 현실적인 관점을 제공한다.

☑ 토론할 문제

- 권력은 동등하게 분배될 수 있는가?
- 누가 사회정책 아젠다를 설정하는가?
- 권력의 '숨겨진 차원'에 관한 현실세계의 예를 들어보라.

☑ 더 읽을 거리

Carrol, L.(1865). *Alice's Adventures in Wonderland*, published 2007. Scituate, MA: Digital Scanning Inc.

Dahl, R.(1967). *Pluralist Democracy in the United States*. Chicago, IL: Rand McNally.

Foucalt, M.(1977). *Discipline and Punishment: The Birth of the Prison*. Harmondsworth: Penguin.

Kingdon, J. W.(1984). *Agendas, Alternatives and Public Policies*. Boston, MA: Little Brown.

Lukes, S.(1974). *Power: A Radical View*. London: Macmillan.

Orwell, G.(1949). *Nineteen Eighty-Four*. London: Secker and Warburg.

중간수준 분석

CHAPTER 6

거버넌스 성격의 변화

개요

영국의 전체 국가기구state apparatus는 새로운 정치·경제적 현실에 직
면하여 변화, 발전해야 하는 과제에 직면해 있다. 과거 런던이 조직, 관
리했던 낡은 단일국가unitary state 대신 더 느슨하고 분절된 형태의 거버
넌스 시스템이 등장하고 있다. 새로운 시스템에서는 여전히 중앙이 주요
정책방향을 결정하지만 정책을 전달하는 역할은 점점 더 민간기관 및 준
민간기관에게 넘어가고 있어, 영국 정치가 '공동화되었다hollowed out'는
주장이 제기되고 있다. 한편 공동화의 또 다른 측면으로 국가의 주권 영
역이 유럽연합 의회European Parliament로 넘어가는 현상도 나타나고 있
다. 포스트공산주의 국가들이 유럽연합에 가입하면서, 국민국가의 정치
시스템에 대한 브뤼셀Brussels*의 영향력이 더 확장될 것인지에 관한 질
문이 제기되고 있다. 이러한 현상들이 세계화의 맥락과 관련되어 있긴 하
지만, 세계적 거버넌스는 아직 세계경제의 강력함에는 미치지 못하는 수
준이다. 그러나 최근에는 새로운 거버넌스 구조가 등장하고 전 세계의 다
양한 위협을 해결하기 위한 혁신적인 대책들이 협의되고 있다. 온실가스
배출을 규제하기 위해 도입한 배출권 거래제cap-and-trade 시스템이 그
하나의 사례이다.

주요 용어

거버넌스governance, 민주주의의 결핍democratic deficit, 국가의 공동화
hollowing out of the state, 신공공관리New Public Management, 유럽화
Europeanisation, 사회적 시장the social market, 포스트공산주의post-com-
munism, 순응의 결핍compliance deficit

* 유럽연합의 본부가 위치한 벨기에의 수도

서론

1장에서 지적했듯이, 세계화의 핵심적인 역설은 바로 세계화가 세계경제질서를 수렴시키는 동시에 국민국가가 오늘날의 핵심적인 지리정치적 제도로 기능하게 만들었다는 점이다. 앞서 살펴본 것처럼, 이러한 역설은 새로운 기술로 전 세계가 연결되는 상황에 대한 역사 · 문화적 대응이 심화되고 시공간적 경계가 확장되는 등 세계화를 뒷받침하는 몇 가지 과정의 결과이다. 한편 세계화의 또 다른 역설은 세계적 기업들의 권력이 막강함에도 불구하고 세계적 거버넌스는 아직 상대적으로 약하다는 것이다. 예를 들어, 에이즈의 위협에 대해 전 세계적으로 대응하거나 지구온난화 문제에 대해 교토 협약 이후의 합의를 이루기는 쉽지 않다. 사스나 조류독감과 같이 상대적으로 작은 문제들의 경우에도 마찬가지이다. 이러한 이슈에 대한 대응은 상당 부분 국민국가의 몫으로 남아 있었고, 지금도 그러하다. 범세계적인 문제의 해결을 위해서는 국민국가들이 대규모 회의를 통해 협약을 맺고 개별 국가가 그 이행의 책임을 져야 한다. 그런데 현실에서 국가들은 각자의 '국익'을 주장하고 있고, 이들에게 전 세계적인 이익을 강제할 수 있는 독립적인 권위는 존재하지 않는다. 요컨대, 세계적 거버넌스가 약한 이유 중 하나는 순응의 결핍_{compliance deficit} 때문이다.

카스텔(Castells, 1996)의 표현을 빌려 오늘날의 세계를 새로운 '네트워크 자본주의_{networked capitalism}'로 이해한다 하더라도, 20세기 거버넌스의 기본적 형태였던 국민국가가 과잉세계화론자들의 주장처럼 대체되거나 쓸모없어지는 것은 아니다. 사실 국민국가의 중요성은 오히려 더 커졌다고 할 수 있다. 뿐만 아니라 세계화 시대라고 해서 반드시 전 세계가 동일한 사회 · 정치적 형태로 수렴되는 것도 아니다. 새천년 초반 세계의 발전과정에서 국가들 간의 문화 · 정치적 차이는 여전히 중요하게 남아 있다. 분명 정치는 중요하다. 그리고 여러 국가들이 선택한 변화의 방향은 상당 부분 개별 국가들의 고유한 정책적 의사결정과정의 결과이다.

그러나 여전히 세계화는 강력한 힘이며, 고유한 역사적 · 문화적 · 정치적 범위 내에서 각 국민국가들의 변화를 강제하고 있을 뿐만 아니라 전 세계에 걸쳐 새로운 거버넌스 층과 새로운 형태의 정치를 만들어내고 있다. 새로운 엘리트 네트워크는 세계적 통로를 이용하여 그 권력기반을 강화하고 있다. 이러한 네트워크들은 국민국가의 경계를 넘어서는 초국적 성격을 가진다. 이처럼, 세계화는 강력한 경제적 힘이기도 하지만, 기존의 국가적 · 초국적 정치구조가 변화하거나 새롭게 등장하는 정치적 현상과도 관련된다. 영국의 경우에도 최근 국가구조 변화의 원인과 성격을 평가하는 데 이러한 논의가 일정한 함의를 갖는다. 구체적인 예로 영국과 유럽연합의 관계 등의 이슈가 제기되고 있다.

이 장의 앞부분에서는 새롭게 재구성된 영국의 국가구조와 작동방식에 초점을 맞추어, 헬드와 그의 동료들(Held 외, 1999)이 지적하듯이, 영국의 국가가 어떻게, 왜 재절합되었는지를 설명한다. 물론 지난 20년간 영국의 거버넌스 변화는 '경쟁국가'(세계화 시대에 사회정책과 경제정책이 긴밀하게 조율되는 국가를 말한다)의 등장과 맞물려 복지국가 자체에 커다란 영향을 미쳤다. 하지만 여기서 논의의 핵심은, 세계자본시장에서 서비스경제의 등장과 같은 새로운 경제적 현실을 맞아 영국의 국가가 어느 정도까지 재구성 — 또는 로즈(Rhodes, 1994)의 표현을 따르자면 '공동화' — 되고 있느냐는 보다 일반적인 질문이다. 다음에서는 이에 대한 대답을 살펴본 후, 유럽 아젠다를 논의하고, 최종적으로는 왜 세계경제가 강력함에도 불구하고 세계적 거버넌스는 약한지를 논의할 것이다.

거버넌스의 개념

현대사회의 정치과정에는 국가중심 행위자와 기관뿐만 아니라 비국가_{non-state} 행위자와 기관도 포함되어 있는데, 이 두 가지가 현대정치의 기능적 현실을 함께 구성하고 있다. 이것이 바로 최근 정치과학이 점점 더 통치_{government}가 아니라 거버넌스_{governance} 개념을 채택하고 있는 이유이다. 우리는 거버넌스 개념을 통해 전체 정치과정과 관련된 다양한 층위의 조직을 파악할 수 있다(Rhodes, 1996a, 1997b를 보라). 영국의 예를 들어보자면, 우선 공공_{public} · 민간_{private} · 자원_{voluntary}부문 간 경계가 어떻게 형성되었고 변화하고 있는지에 주목할 필요가 있다. 최근 영국에서는 네트워크 방식으로 정책이 관리, 전달되는 흐름 등의 중요한 구조적 변화가 나타나고 있다. 이러한 주장에 이견이 없는 것은 아니지만(Holliday, 2000을 보라), 우리는 네트워크가 현대 영국 정치체의 심장부라고 생각한다. 정책 네트워크에 관한 내용은 7장에서 보다 자세히 논의하겠지만, 여기서는 20세기 영국을 지배해왔던 낡은 단일국가의 기본 패턴과 방식이 급진적으로 해체되고 있다는 점을 인식하는 것이 중요하다. 행위의 속도, 반응성, 유연성에 대한 요구를 증가시키는 세계화의 압력 하에서 영국의 정치체가 어떻게 변화하고 있는지를 설명하는 요점은 바로 네트워크이다.

이러한 거버넌스 개념이 주는 함의 중 하나는, 새로운 조직 간 구조가 중심국가_{core state}로부터 상당한 수준의 자율성을 확보하였다는 사실이다. 공공부문에서 맡았던 전달과 관리의 역할이 상당 부분 네트워크에 이양되었다. 로즈(Rhodes, 1996a, 1997b)가 주장하듯이, 네트워크는 자기조직화_{self-organising} 하는 경우가 많고 현실세계 정책분석의 중요한 부분 중 하나가 바로 특정 정책영역에서 작동하는 네트워크에 관한 경험적 조사이다. 홀리데이(Holliday, 2000)가 정확하게 지적하였듯이 이러한 변화에 대한 체계적인 경험적 근거는 아직 빈약하지만, 그럼에도 불구하고 이러한 주장의 울림은 작지 않다. 한편 네트워크가 작동하는 정책 공간은 상당 부분 협상을 통해 구성되는데, '민주주의의 결핍_{democratic deficit}'이라는 개념도 이와 관련이 있다. 새로운 거버넌스는 다음과 같이 다양한 주제를 포함하고 있다.

- 정부나 중앙 행정부와 공공 · 민간 · 자원부문의 다양한 준국가_{quasi-state}/비국가_{non-state} 행위자 및 기관 간의 관계와 관련된 주제가 있다. 중앙은 그

주권을 얼마나 상실하였는가? 과연 정책결정과 서비스전달은 분리되었는 가(말하자면, 배의 방향잡기steering와 노 젓기rowing가 분리되었는가)?

- 정책 네트워크를 통해 높은 수준의 자율규제self-regulation가 가능한 시스템을 형성하는 것과 관련된 주제가 있다. 과거 영국의 국가는 위아래로 명령이 전달되는 위계적인 하향식 체제에 비유되었지만, 이제는 정책영역의 연계와 상호작용을 강조하는 이미지로 대체되었다. 즉, 하향식 권위가 협상과 계약으로 대체된 것이다.
- 정책 네트워크가 중앙으로부터 상당한 수준의 자율성을 가지고 자율 규제하는 것과 관련된 주제가 있다. 이로 인해 시스템에서 책임성accountability의 수준이 낮다는 문제가 제기되기도 한다.
- 제도적 필터로서 네트워크의 역할과 관련된 주제가 있다. 네트워크는 정책적 변화를 걸러내고, 정책 아젠다를 설정하며, 정책방향을 점진적으로 결정한다.

이와 같이 최근 단일국가에서 네트워크화된 정치체로의 전환이 이루어지고 있다. 이러한 과정에서 공공서비스와 시민권에 대한 전통적인 개념은 상당 부분 시장교환, 계약, 소비자 선택 논리를 강조하는 윤리로 대체되었다.

국가의 공동화

2장과 3장에서 여러 번 언급하였듯이, 세계화는 영국과 세계경제의 연결 방식을 크게 변화시켰고 국가가 나서서 영국 경제를 급진적으로 재구성하도록 강제하였다. 간단히 말하자면, 과거의 제조업기반경제에서 오늘날에는 서비스에 주로 의존하는 경제로 변화하고 있다. 새로운 서비스경제에서는 국제 통화거래가 이루어지는 장소인 런던금융가의 역할이 필수적이다. 영국은 19세기에는 '세계의 작업장'이었지만, 20세기에 들어서는 과거 거대한 세계제국으로서의 경제적 위상이 점차 줄어들었다. 20세기 후반에 영국이 세계화에 특히 더 취약했던 것은 이러한 과거의 역사적 유산 때문이다. 왜냐하면 영국 경제는 근본적으로 해외무역과 외국시장을 기반으로 삼고 있었고 지금도 그렇기 때문이다. 최근 영국의 국가는 새로운 경제에 대한 대응능력을 배양하고 경제발전을 촉진하는 중심적인 역할을 담당하기 위해 크게 변화하고 있다.

2장에서 대략적으로 살펴보았듯이, 새로운 거버넌스를 가장 간단하고도 훌륭하게 설명하기 위해서는 '경쟁국가' 개념이 필요하다(Cerny & Evans, 1999; Evans & Cerny, 2003). 경쟁국가 개념은 국가의 역할에 관한 기존의 사고방식과 상당한 차이가 있다. 2차 세계대전 이후 오늘날에 이르는 대부분의 시기 동안 국가는 자유시장의 힘을 억제하고 강력한 재분배를 추구하는 것으로 인식되어 왔다. 이것이 바로 케인스주의 수요관리 경제와 베버리지식 복지국가의 핵심이다. 그러나 이제는 다른 변화가 나타나고 있다. 〈표 6-1〉에는 지금까지 나타난 주요 변화를 요약하였다. 세계화라는 도전(사실 위협이라고도 할 수 있다) 때문에 국가의 역할이 재구성되었고, 그 결과 비효율적인 '웨스트민스터 모델' 통치에 기초한 단일국가(즉, 연방구조가 아니라 화이트홀이 직접 운영, 지휘하며 모든 권력이 '중앙'으로부터 나오는 국가)도 변화를 맞게 되었다. 19세기 후반기 이래로 웨스트민스

| 표 6-1 | **국가의 분절**

	1940년대~1970년대	1980년대~2000년대
구조	단일국가; '웨스트민스터 모델'; 강력한 중앙-지방 지향	분절된 국가; 의회의 이양; 약한 지방정부; 유럽연합
특성	관료적; 중앙집권적; 고전 베버주의적 위계	준정부기관; 정책 네트워크; 주요 정책 도구의 중앙집권화
수단	정책결정 및 전달의 통제; 다층적 권위; 거시 계획	위탁계약; 신공공관리; 공공/민간/자원부문 네트워크; 중간 및 미시수준 초점
문화	개입주의 국가; 베버리지식 복지국가; 케인스주의 수요관리	이해관계자 사회; 기업 지향; 신자유주의 기풍

출처: Cerny & Evans(1999)에서 인용.

터 모델은 영국 정치체의 정통적인 작동 방식이었다. 이 모델의 핵심은 총리 통치
와 내각제를 포함한 의회 주권, 제도화된 반대, 다수당의 행정부 장악, 선거를 통
한 책임성 등이었다.

〈표 6-1〉이 보여주듯이, 현대국가의 재구성은 국가의 기본 구조 및 작동 방
식, 과정과 수단을 모두 포함하는 변화이다. 영국 국가의 변화를 표현하는 한
가지 유용한 방법은 '공동화'라는 개념을 활용하는 것이다. 로즈(Rhodes, 1994,
1996a, 1997b)는 이 개념을 적극적으로 사용한 바 있다. (영국 정치체제의 작동 방
식을 설명하기 위한 정책 네트워크의 성격과 수준에 관한 로즈의 논의는 7장에서 자세히
살펴볼 것이다) 여기서는 과거의 단일국가가 점점 붕괴하고 있고 기업가적인 정부
가 등장하고 있다는 사실이 중요하다. 신공공관리 기술이 채택되면서 전통적인
공공행정이 크게 변화하고 있다(상자글 6.1을 보라). 공동화 명제에 따르면, 권력
은 중앙 기구로부터 분명하게 이동해 나간다. 블레어 재임 당시 겉보기에는 화이
트홀 행정부가 확대되고 엄격해졌음에도 불구하고 실제로는 공동화의 특징이 중
요하게 나타났다. 신노동당의 집권 기간 동안 영국의 거버넌스는 다음과 같이
급진적으로 재구성되었다.

- 첫째, 스코틀랜드 의회Scottish Parliament, 웨일스 의회Welsh Assemblies, 북아일
  랜드 의회Northern Irish Assemblies, 런던 의회London Assemblies가 만들어졌다. 이
  러한 변화는 기존 단일국가의 권력중심을 이동시켰다. 1999년에는 9개 지
  역에서 지역발전기구regional development agencies가 설립되면서 지역정부가 강
  화되었다.
- 둘째, 위원회committee 시스템의 전통을 폐지하고 강력한 선출직 시장과 내
  각을 구성하도록 지방정부를 개혁하였다. 이 역시 간소화된 기업가적 성격
  의 정치체를 만들겠다는 노동당 정부의 약속 중 하나였다. 이와 같은 중요
  한 헌정개혁은 서비스전달에서 공공부문과 민간부문의 조화로운 관계를
  촉진하기 위해 필요한 전제조건이었다.

1980년대에는 전통적인 관료제적 수단이 아닌 새로운 방식으로 공공부문을 관리하는 접근이 개발되었다. 당시 전 세계에 걸쳐 확산된 다양한 혁신들을 한 마디로 요약하자면 신공공관리라 부를 수 있다(Kettl, 2000; Pollitt & Bouckaert, 2000). 그 주요 특징은 다음과 같다.

- 성과측정과 모니터링
- 민간부문 방식의 관리
- 산출량 조절에 대한 강조
- 전통적인 전문직에 대한 불신

하지만 신공공관리에 이떤 고정된 원칙이 있었던 것은 아니며, 지역에 따라 다양한 방식으로 적용되었다(Pollitt & Bouckaert, 2000). 어떤 경우에는 지나치지 않은 수준의 감독으로 조직과 개인의 성과를 '탁월하게' 개선할 수 있는 조건을 마련하는 것이 개혁의 동기가 된 반면, 또 다른 경우에는 효율을 극대화하기 위해 행동을 엄격하게 통제하려는 목적으로 개혁이 시행되기도 하였다. 이러한 관점들이 상충하는 것처럼 보이지만, 결국 시장 규율의 논리를 중시한다는 점에서는 유사하다고 볼 수 있다. 영국의 경우에는 신공공관리가 강력한 하향식 기풍을 갖고 있어 탈집중화의 시도는 거의 이루어지지 않았다. 후드(Hood, 1991)에 따르면, '분할된 단위 disaggregated units'는 엄격한 중앙통제의 지배를 받는다. 예를 들어 지방정부에 신공공관리를 도입하는 경우에는 대체로 엄격한 재정·예산 통제가 동반되었다.

1980년대와 1990년대에 영국의 공공부문이 크게 주목받았음에도 불구하고, 신공공관리의 결과를 분석하는 경험적 연구, 예를 들면 '시장' 철학과 관리의 관행이 실제로 성과를 개선하였는지 등에 관한 연구는 놀랍게도 거의 없다. 성과가 있었는지 없었는지를 정확하게 알 수는 없지만, 실제의 경험은 대체로 신공공관리의 맥락에서 운영된 민영화된 공공서비스에 외부 규제가 필요하다는 사실을 알려준다.

더 읽을 거리

Hoggett, P. (1996). "New models of control in public service". *Public Admin-*

istration, 74(1), 9~32.

Hood, C. (1991). "A public management for all seasons". *Public Administration*, 69(1), 3~19.

Pollitt, C. (1993). *Managerialism and the Public Services*. Oxford: Blackwell.

Pollitt, C. & Bouckaert, G. (2000). *Public Management Reform: A Comparative Analysis*. Oxford: Oxford University Press.

하지만 권력의 지방이양은 중앙의 위험을 수반할 수 있다. 켄 리빙스턴Ken Livingstone이 당시 무소속 후보로 초대 런던 시장에 당선된 사례, 2007년 스코틀랜드에서 스코틀랜드국민당Scottish National Party: SNP이 소수 정부를 구성한 사례는 분명 신노동당 정부의 권위에 대한 도전이었다. 이 두 사례는 중앙이 '실수'할 수 있는 위험이 작지 않다는 사실, 이양된 지역의 제도에 대한 중앙의 통제 능력에 부담이 존재한다는 사실을 보여준다. 정치 현대화의 수단으로 실시한 정치적 · 헌정 개혁은 중앙 행정부와 다른 지역 간의 연계가 약화되고 예측불가능성이 증가하는 결과를 가져왔다. 특히 스코틀랜드에서처럼 비례대표제 하에서 연합정치로 의회가 구성되고 지방정부 역시 대부분 연립정부로 구성되는 경우에는 더욱 그러하다. 이는 불가피하게 타협과 '거래deals'의 정치로 귀결된다. 이러한 거래의 예로, 스코틀랜드 학생이 스코틀랜드 대학에 입학할 때는 추가 지불 비용을 없애기로 한 결정을 들 수 있다. 실제로 2007년 5월 비례대표제 하의 스코틀랜드 의회선거에서 스코틀랜드국민당은 카리스마적 지도자 알렉스 샐먼드Alex Salmond의 지휘 아래 가장 많은 의석을 차지하고 소수 정부를 구성하였다. 사실 10년 전만 해도 스코틀랜드국민당은 무시할 수는 없었지만 본질적으로는 군소정당에 불과했다. 이제 스코틀랜드국민당은 새로운 스코틀랜드 의회에서 노동당에 대한 강력한 도전자로 부활하였다. 게다가 이러한 선거 결과는 스코틀랜드의 독립을 가져올지도 모른다. 비록 여론조사에서는 다수의 스코틀랜드 국민들이 그런 급진적 변화에 대해서는 아직 준비되지 않았다고 응답하였지만 말이다(상자글 6.2를 보라).

6.2 스코틀랜드의 정치

2008년 여름, 스코틀랜드국민당은 노동당의 근거지 중 하나인 글래스고 이스트 Glasgow East 지역의 보궐선거에서 노동당의 표를 22.5%나 빼앗아 극적인 승리를 거두었다. 이 패배는 고든 브라운 총리를 크게 당황시켰고 그의 리더십에 대한 신뢰를 무너뜨렸다. 알렉스 샐먼드라는 역동적인 지도자가 지휘하는 스코틀랜드국민당은 이제 홀리루드 의회 Holyrood Parliament의 가장 큰 정당이 되었고 스코틀랜드의 소수 정부를 이끌고 있다.

스코틀랜드 정치의 특징은 비례대표제에 큰 영향을 받았다. 모든 중요한 정책결정은 협상을 거쳐야 하고 스코틀랜드 성지제제의 서의 내부분은 서로 다른 징딩들과 무소속 간의 연합으로 운영된다. 이는 제도가 어떻게 게임의 규칙을 결정하는지를 상당히 잘 보여주는 사례라 할 수 있다(8장을 보라).

최근 스코틀랜드 정치에 나타난 몇 가지 변화를 설명하면 다음과 같다.

- 노동당은 오랜 집권 이후 인기를 잃었다.
- 민족주의적 정서가 확산되면서 정치적 충성심의 장기적인 이동이 나타나고 있다.
- 유럽통화연합 EMU에 가입한 후 경제개혁에 성공한 아일랜드의 사례를 따라, 유럽 연합과 더 긴밀한 협력관계를 구축하기를 원하는 사람이 늘어나고 있다.
- 비례대표제의 도입 이후 연합정치가 나타나고 있는데, 이는 적어도 일시적으로는 스코틀랜드국민당에게 이득이 되었다.

그 결과가 어떠하든지 간에, 홀리루드 의회가 설립되는 등 영국과 스코틀랜드 정치의 연계가 약화되면서 정치적 역동이 크게 변화하고 있고, 결국 언젠가는 스코틀랜드가 독립할지도 모르는 상황이 되었다. 사실 블레어 정부의 개헌 아젠다가 이러한 결과를 불러오리라고는 거의 예상할 수 없었다. 이 사례는 정치체제를 형성하는 제도적 구조가 얼마나 중요한지를, 그리고 무엇보다도 이 책의 핵심 주제이기도 한 '의도하지 않은 결과의 법칙'을 잘 보여준다.

하지만 이러한 지방이양의 흐름에도 불구하고, 여전히 중앙은 하향식 통제의 성격을 보이는 경우가 많다(특히 고든 브라운이 토니 블레어의 뒤를 이어 총리가 되기 전에 장관을 맡았던 재무부가 그렇다). 홀리데이(Holliday, 2000)는 로즈의 '공동화' 명제가 상당히 잘못되었다고 주장하였다. 왜냐하면 정부의 중앙 기구가 여전히 강력할 뿐만 아니라 그 규모와 영향력이 블레어 정부 기간 동안 더 증가하였다는 근거가 뚜렷하기 때문이다. 2000년 내각사무처_{Cabinet Office}(화이트홀에서 총리실을 제외하고 총리와 가장 가까운 부처이다)에서 일하는 공무원 수는 1975년의 3배에 이르고 있다. 이러한 점을 볼 때, 홀리데이(Holliday, 2000: 175)는 '중앙은 그 어느 때보다도 더 크고 통합되어 있다'고 주장하였다.

신노동당 정부가 2001년 6월 재집권에 성공하고 2005년에 역사적인 세 번째 승리를 맞이한 후, 중앙정부의 현대화 개혁은 또 다른 단계에 접어들었다. 블레어는 총리 재임 마지막 시절에 공공서비스 개혁을 정치 아젠다의 최우선순위에 올려놓았고, 노동당의 연이은 선거 승리는 그 성과를 내놓으라는 국민의 뜻이라고 생각했다. 이러한 과제를 실현하기 위해 내각사무처와 총리를 연결하는 새로운 중앙 부서가 많이 만들어졌다. 예를 들면, 중앙정부의 정책을 추진하고 정책집행 과정에서 더욱 엄격한 중앙통제를 실현하기 위해 전달국_{Delivery Unit}이라는 조직이 만들어졌다(Barber, 2007을 보라). 이 모든 것들을 종합해 보면, 현대 영국의 그 어떤 총리 때보다도 더 촘촘하게 조직된 중앙 집행부가 탄생했다고 주장할 만도 하다.

하지만 중앙이 더욱 통합되었다는 사실이 국가의 공동화 주장과 양립하지 못하는 것은 아니다. 예를 들어 전달국과 같은 조직이 설립된 사실은 전달기관들과 효과적으로 연계하고 정책집행을 표적화하고자 하는 생각을 보여준다. 왜냐하면 전달국의 주된 역할이 중앙 외부의 조직들이 수행하는 활동을 모니터링하는 것이었기 때문이다. 현실에서는 공공서비스의 성과를 개선하라는 정치적 압력 때문에 정책결정과 집행을 분리하고 구조를 '느슨하게' 할 필요가 있는데, 이러한 개혁을 실시할 경우 정책과정에 대한 통제를 상실하는 등 의도하지 않은

'파급효과'가 나타날 수 있는 위험을 초래하게 된다. 예를 들어 앞에서 살펴본 바와 같이, 1997년에 신노동당 정부가 선출되었을 때만 해도 스코틀랜드 의회로의 권력이양이 스코틀랜드 민족주의의 부활을 가져와 스코틀랜드가 독립할지도 모르는 사태로 이어질 것이라고 상상하기는 어려웠다.

우리가 생각하기에 이와 같이 커다란 거버넌스 패턴의 변화는 국가의 공동화 명제로 설명되거나 아니면 적어도 현대사회의 아젠다 형성 과정이라 설명될 수 있다. 1980년대와 1990년대 동안 중앙정부로부터 스코틀랜드, 웨일스, 런던광역시, 그 외 수많은 정책집행기관으로 기능이 이양되었고, 신공공관리 수단이 도입되었으며, 공공 소유 인프라의 대부분이 민영화되었다. 또한 서비스의 위탁계약이 실시되었고, 공공 · 민간 · 자원부문 간의 경계가 모호해졌다. 이 모든 변화들로 인해, 오즈번과 개블러(Osborne & Gaebler, 1992)가 말했듯이, 정부가 '노를 젓기보다는 방향을 잡는steers rather than rows' 상황이 나타났다. 다른 말로 하자면, 중앙은 지출동의안이나 서비스 표적집단을 결정하는 등 정책의 일반적인 방향을 설정하지만 실제 정책의 전달은 주로 위탁계약의 형태로 실현되고 거버넌스의 상당 부분이 지방이양된 것이다. 세계화는 단일국가였던 영국이 더욱 분절된 시스템으로 분리되는 경향을 가속화한다. 로즈(Rhodes, 1997: 15)에 따르면, 통치government의 상당 부분은 거버넌스governance, 즉, '상호의존성, 자원의 교환, 게임의 규칙, 국가로부터의 자율성 등을 특징으로 하는 자기조직적self-organising 조직 간 네트워크'로 대체되고 있다.

준정부기관quasi-governmental agencies : 공공서비스의 혼성화hybridisation

1970년대 이후부터 '준정부기관' 설립이라는 형태로 정책전달체계가 느슨해지는 현상이 나타나기 시작했다. 이 기관들은 주로 정부가 임명한 중앙위원회가 통제하는 비선출non-elected 조직들이었다. 이들 조직의 재정은 공공부문과 민간부문에서 함께 조달되었다. 88헌장운동Charter 88[1]의 연구에 따르면, 1990년대에는 460억 파운드를 넘는 지출 프로그램을 가진 6,700개의 준정부 전달기관이 존재했다. 이 연구는 많은 기관들이 정치적으로 임명된 관리자에 의해 운영된다는 점에 비판적이었는데, 그 때문에 유권자나 서비스 이용자에 대한 책임성 수준이 낮고 행정 단계가 추가되어 관리비용이 크게 증가했다고 주장하였다(Charter 88, 1993). 보통 준정부기관은 하나의 영역의 전달을 책임지는 단일이슈 조직체이다. 예를 들어 예술위원회Arts Council는 주요 오케스트라, 지역 오페라 회사, 소규모 지역 예술 프로젝트의 주최자, 극장 회사, 음악 클럽 등에게 재정을 분배하는 책임을 맡는다. 1974년 주택법 이후 주택공사Housing Corporation는 주택조합housing associations이 사회주택social housing을 공급하는 역할을 확대하는 책임을 맡고 있다(영국에서는 사회주택이 지방공공임대주택council housing에 대한 유일한 실질적인 대안이다). 주택공사는 주택조합에 대한 재정지원 및 규제 시스템과 지역사무소를 갖추고 있다. 최근 주택공사는 대규모 민간자본을 사회주택부문에 투입하는 일을 감독했는데, 이는 사실상 주택부문의 '사회적 비즈니스social business' 설립이라 할 만하다(Lowe, 2004). 이러한 변화는 방향잡기와 노 젓기를 분리하는 과정의 시작이다. 여러 가지 정책을 도입하는 것은 정부지만, 정책과정의 말단에서 정책을 전달하는 역할은 전문기관들에게로 이양되었다. 이로 인해 상당한 수준의 상업적 자유가 허용되었을 뿐만 아니라, 정부 입장에서는 인기 없는 결정에 대한 비난의 화살은 전달기관에게 돌리고 정책 성공의 공은 정부의 몫으로 돌릴 수 있게 되었다. 이러한 모델은 NHS와 같은 대규모 서비스에도 잘 적용된다. NHS의 경우에는 원래 기능 자체가 워낙 대규모였기 때문에 중앙으로부터 관리를 이양하고 구조를 느슨하게 하는 개혁이 대체로 환영받았다. 또한 이 모델은 원자력(원자력에너지위원회), 산림관리(산림관리위원회), 우유마케팅(우유마케팅위원회)과 같은 매우 특수한 기능에도 적용될 수 있다. 뿐만 아니라 지도제작(영국지리원), 기상예측과

---

1 영국의 정치개혁을 위한 운동으로 "현대적이고 공정한 민주주의 캠페인"을 모토로 한다.

같은 기존의 서비스를 더욱 상업화된 기업 형태로 전환하는 데도 적용될 수 있다. 이 모든 경우에 과거의 공공서비스가 민간부문에 매우 근접한 형태로 변화하였다는 점은 분명하다.

준정부기관에 관한 표준화된 모델이 존재하지는 않지만, 방향잡기와 노 젓기를 분리하는 개혁은 화이트홀에 집중되어 있던 권력을 공공-민간 혼성적 성격의 기관들에게 확산시켰다는 점에서 공공서비스 관리·전달의 혁명이라 할 수 있다. 정책전달의 책임은 점점 더 책임성 수준이 낮고 전문성이 지배하는 정부 외부 엘리트 집단에게 넘어가고 있고, 민간상업부문이 쉽게 공공서비스 전달에 뛰어들 수 있는 조건이 마련되고 있다. 따라서 정책 네트워크 속에서 기관 간의 협상을 통해 정책이 규정되는 경향이 점점 더 강해지고 있다. 심지어 중앙이 관리하는 공공행정도 공동화 추세로부터 자유롭지 않다. 1980년대와 1990년대에는 과거 공공행정의 상당 부분에서 주도면밀한 계획 하에 노 젓기와 방향잡기를 분리하는 개혁이 실시되었다. 즉, 대규모 정부 부서department를 새로운 기관agency 구조로 분할한 것이다. 이러한 개혁으로 인해 과거의 관행이 크게 변화하였다. 상임 직원들이 자리를 지키는 단일한 위계적 공공행정은 사라지고, 준독립기관에 기초한 분절된 시스템이 등장하였다.

유럽적 차원European Dimension

'국가의 공동화' 명제의 두 가지 핵심적인 경험적 주장은 다음과 같다. 첫째, 앞서 살펴본 바와 같이 영국 국가의 내부에서는 권력이 아래로, 바깥으로 이동하는 현상이 나타났다. 둘째, 1973년 영국이 유럽공동체European Community에 가입한 이후 권력의 이동과 주권의 손실이 나타났다. 후자의 경우에는 권력이 초국적 수준, 즉 위로 이동했다고 볼 수 있다. 소위 유럽화Europeanisation 과정에서는 유럽 수준의 거버넌스가 발전한다. 즉, 의사결정과정의 초점이 점차 개별 국가 수준에서 유럽 수준 거버넌스로 이동하는 것이다. 그런데 사실은 영국의 경우 유럽통합에 관해서 '그들과 우리them and us'라는 관점이 지배적이었다. 영국은 유럽통화연합에도 가입하지 않았고, 니스 조약Nice Convention(포스트공산주의 국가의 가입을 받아들여 유럽공동체를 확대하고자 마련되었다)에서는 과세나 사회보장 등의 주요 이슈에 대한 가중다수결제도qualified majority voting[2] 도입을 반대하기도 하였다. 사실 유럽 속의 영국 문제를 흑백 관점으로 단순하게 바라봐서는 1986년 단일유럽시장Single European Market 등장 이후의 복잡한 관계를 제대로 이해할 수 없다.

1장에서 세계화의 결과로 '확장'과 '심화'가 나타났음을 설명한 바와 같이, 우리는 지역적 · 국가적 · 초국적 수준 간의 상호작용에 충분한 주의를 기울여야 할 필요가 있다. 후게와 마크스(Hooghe & Marks, 2001)가 주장하였듯이, 여기서 다루는 문제는 다양한 영토적 수준으로 의사결정이 분산된 다층적 거버넌스이다. 이러한 거버넌스 과정에서 정책 네트워크는 정책결과를 형성하고 여과하는 데 매우 강력한 역할을 수행한다. 이처럼 유럽 수준 거버넌스의 패턴을 설명할 때도 영국 거버넌스의 재구성을 설명하는 논리가 똑같이 적용될 수 있다. 크닐과 렘쿨(Knill & Lehmkuhl, 1999)에 따르면 다음과 같이 몇 가지 특징이 나타난다.

- 유럽 수준의 정책들 중에는 타협이 불가능해서 회원국의 순응을 강제해야만 하는 것들이 있다.
- 유럽연합 회원국의 내부 정치는 회원가입에 따라 재조정, 변경될 수 있기 때문에, 어떤 국가들은 유럽연합의 규칙에 따르는 것처럼 가장한 채 자신의 정책을 끝까지 밀어붙일 기회를 얻기도 한다. 이러한 '기회구조'는 국가마

---

2 유럽연합 정상회의 및 각료이사회의 의사결정시 회원국들의 비중에 따라 차등적인 수의 투표권을 행사한다. 이는 회원국 간 투표가치의 균형을 도모하여 힘의 균형을 이루게 하는 메커니즘이라고 할 수 있다. 리스본 조약으로 2014년부터는 이중다수결제도Double Majority System라는 새로운 제도가 시행될 예정이다. 이 제도는 EU 회원국 중 55%, 즉 15개국 이상이 찬성하고 찬성회원국의 인구가 전체 인구의 65% 이상이 되면 법안이나 결정이 통과되는 제도이다.

다 상이하기 때문에 모든 국가가 똑같이 대응할 것이라고 사전에 판단할 수 없다.

- 유럽적 차원의 등장으로 과거에 성립된 개념과 정치적 담론이 도전받고 있다. 혹은 로저먼드(Rosamond, 2003)의 표현을 따르자면, '전염되고 있다infected'.

영국의 경우 유럽적 차원이라는 이슈는 세계무역에 대한 개방, 경제구조 변화, '워크페어 국가'의 발전과 같은 구체적인 역사·문화적 맥락에도 영향을 미친다. 이처럼 영국과 유럽 간 관계의 중심에는 긴장감이 흐르고 있다.

로마 조약Treaty of Rome으로 유럽경제공동체European Economic Community가 설립된 후 1980년대 중반까지, 유럽경제공동체는 공동의 경제발전을 촉진하는 목적을 가신 '공농 시장'이었다. 1980년대에는 세계경제의 통합수준이 높아지면서 유럽의 경제통합을 강화하고 이를 위해 필요한 법적 틀을 만들어야 한다는 압력이 증가하였다. 1986년에는 단일유럽의정서Single European Act가 발효되면서 재화, 서비스, 노동, 자본이 자유롭게 순환하는 단일시장이 탄생하였다. 1993년 유럽연합 조약Treaty of the European Union(마스트리히트 조약Maastricht Treaty)이 발효된 후에는 해외·국방정책, 통화연합, 모든 회원국 국민에게 적용되는 공통된 사회정책 등 더욱 진전된 논의가 이어졌다. 이 시기는 친유럽적 세력의 통합 야심이 최고조에 달한 때였다. 그런데 이후 유럽통화연합의 설립 등 유럽연방으로 나아가는 다음 단계의 논의 과정은 파란만장하게 전개되었다. 특히 공산주의의 붕괴와 독일의 통일은 논의의 지형을 근본적으로 바꾸어 놓았다. 최근에는 대부분의 포스트공산주의 유럽 국가들의 가입을 받아들여 유럽연합의 회원국을 27개국으로 확대하는 데 따르는 법적인 이슈들에 집중하고 있다. 브뤼셀에서는 유럽연합 대통령 선출, 유럽연합 군대 창설, 공동의 외교정책 대응, 개별 국가의 정책 거부권 개혁 등 유럽연합을 강화하기 위한 여러 가지 논의를 진행하려 한다. 하지만 네덜란드, 프랑스, 아일랜드 공화국 등의 국민투표에서 유럽통합의 진전에 다수가 반대하는 바람에 상당한 차질이 빚어졌다.

오늘날 유럽연합은 시장에 대한 규제를 철폐하여 (극단적으로 자유로운 전자금융시장을 제외하면) 전체 세계경제의 거래조건보다 훨씬 더 자유로운 조건의 단일시장을 갖게 되었다. 뿐만 아니라 유럽연합의 단일시장은 생산 기준과 가격에도 점점 더 많은 영향력을 행사하고 있다. 이와 관련해서는 두 가지 설명이 대립하고 있다. 하나는 세계화(자유시장)로 나아가고 있다는 설명이고, 다른 하나는 더 정치적/제도주의적 개념인 사회적 시장, 즉 유럽적 차원이 존재한다는 설명이다. 서로 다른 국가들은 저마다의 고유한 역사적 유산 속에서 이러한 압력에 대응해 나간다. 예를 들어 나폴레옹의 유산을 물려받은 프랑스는 '지사prefect' 시스템을 통해 중앙이 지역 거버넌스를 대표하는 강력한 중앙집권적 전통을 유지하고 있다. 영국의 경우에는 정치적ㆍ시장적 힘의 성격이 뚜렷하지 않은데, 왜냐하면 역사적으로 미국과의 '특별한 관계' 때문에 신자유주의/시장지향적 아젠다를 추구해 왔지만, 여전히 핵심적인 유럽 국가로 남아 있기 때문이다. 이처럼 유럽연합 회원국들은 저마다의 경로의존성으로 인하여 다양한 결과와 반응을 보여주고 있다.

영국은 1986년 단일유럽시장의 설립보다는 시장지향적 입장을 취해 온 역사적 경험에 좀 더 많은 영향을 받은 것으로 보인다. 뿐만 아니라 다른 국가의 경우에도, 로저먼드(Rosamond, 2003: 54)가 주장하듯이, '정부가 정책 선택의 직접적인 배경으로 유럽연합의 요구를 인용하였다는 근거는 거의 존재하지 않는다'. 예를 들어 프랑스에서는 단일유럽시장의 요구나 유럽통화연합에 대비해야 한다는 주장은 공공지출 삭감의 핑계로 거듭 사용되었을 뿐이다. 영국의 경우에는 유럽통화연합 때문에 자국의 의회 주권이 제약되는 문제나 유럽통합의 진전이 유럽 외부 세계와의 무역에 지장을 줄 가능성에 훨씬 더 많은 관심을 갖고 있다. 영국이 자국의 화폐 제도를 유지하면서 유럽통화연합에 참여하지 않는 것은 영국이 외향적인 자유방임경제의 오랜 전통을 갖고 있다는 하나의 근거이다. 유럽통합이 더 진전되어야 한다는 주장은 상당히 부차적인 이슈이며 정치적으로 수용가능한 선택지가 아니다(Rosamond, 2003).

초국적 거버넌스_{transnational governance}

영국은 유럽연합의 회원국이기도 하지만, 동시에 유엔 등 유럽을 넘어서는 수많은 국제조직의 회원국이기도 하다. 그런데 세계경제의 힘이 세계무역시장을 변화시키고 국민국가에 강력한 영향을 미치고 있음에도 불구하고, 세계적 거버넌스를 실현해야 할 국제조직은 여전히 상대적으로 약하고 발전되지 않았다. 특히 공공정책이나 사회정책과 같은 분야에서는 더욱 그러한데, 이 분야에는 세계경제가 확장되면서 새롭게 탄생한 거버넌스 조직체가 매우 드물다. 한편 기존의 조직들은 국민국가와 마찬가지로 새로운 현실에 적응하기 위해 노력하고 있는 추세이다. 예를 들어 1940년대에 설립된 세계은행과 IMF는 세계화가 잠재적으로 상당한 역기능적인 사회적 비용을 수반할 수 있음을 인식하고 전 세계에 걸쳐 주요 사회 프로그램의 재정을 지원하고 있다(George & Wilding, 2002; Deacon, 2001). 그러나 1장에서 살펴보았듯이, IMF가 저소득 국가와 포스트공산주의 유럽 국가에 개입한 기록을 살펴보면 그 효과가 제대로 발휘되지 못했음을 알 수 있는데, 그 이유는 이들이 스티글리츠가 '워싱턴 컨센서스'라고 명명한 이념적 지향을 가지고 있기 때문이었다. 예를 들어 세계은행과 IMF는 1980년대 말 공산주의 붕괴 이후 구 소비에트 연방과 유럽의 포스트공산주의 국가에서 많은 프로젝트를 추진하였다. 이 프로젝트들의 표면적인 목적은 주로 이 나라들의 파산한 경제를 서구식 자유시장경제로 이행할 수 있도록 지원하는 것이었지만, 사실 진정한 동기는 공산주의가 사라진 자리에 신자유주의 이념과 경제를 이식하려는 것이었다. 스티글리츠(Stiglitz, 2001)가 주장하였듯이, 이러한 프로그램들은 사회적 조건을 개선하기보다는 악화시키는 경우가 많았다.

아마도 지난 50년간의 가장 중요한 정치적 사건은 공산주의의 극적인 붕괴이겠지만, 다른 많은 '세계적 변화들'도 여러 국제조직이 행동에 나서는 배경으로 작용했다. 예를 들어 세계보건기구는 1980년대 후반과 1990년대에 에이즈의 확산을 막기 위한 캠페인을 주도했고 초기에는 성공적으로 세계적인 합의를 모을 수 있었다. 그러나 개별 국가들이 현실을 인정하지 않거나 질병퇴치에 필요한 비용의 부담을 거부하면서 결국 이 프로젝트는 좌초하고 말았다. 다국적 제약회사는 저개발국에게 싼값에 약품을 제공하기를 거부했고, 이로 인해 세계보건기구의 정당성이 훼손되었다. 1장에서 지적하였듯이, 이러한 순응의 문제는 사회 프로그램에만 국한되는 문제가 아니라 세계적 거버넌스의 핵심 이슈이자 세계적 정치체의 가장 중요한 문제이다. 세계무역회담의 결렬 사태는 이를 잘 보여준다. 세계무역회담은 세계무역기구의 주최 아래 2001년 도하(카타르)에서 시작되었고 2008년 여름 제네바에서 끝내 합의를 이루지 못한 채 종결되었다. 합의를 이루지 못한 것은 미국 정부가 값싼 수입품으로부터 자국의 목화 농업을 보호하기 위해 설정한 제한조건을 인도와 중국이 수용하지 않았기 때문이다. 모든 주요 무역국들이 모여 세부적이고 집중적인 협상을 7년이나 진행하였지만, 마지막 순간에 한 강대국이 자국의 이익 때문에 비타협적인 태도를 취하는 바람에 회담은 결국 무산되었다. 미국의 이익이 달려 있을 때, 특히 미국의 국내 정치적 상황이 대통령 선거가 임박했을 때에는 개방적이고 자유로운 시장경제라는 레토릭은 실현되지 않는다.

스티글리츠(Stiglitz, 2001)도 『세계화와 그 불만*Globalization and its Discontents*』에서 부유하고 강한 국가들이 자신의 이익에 따라 행동하는 경향이 있음을 지적하였다. 스티글리츠의 비판을 수용하든 그렇지 않든 간에, 일반적으로 국민국가는 자국의 이익을 방어해야 하기 때문에 개별 국가에게 국제적으로 합의된 규칙을 강제하기란 거의 불가능하다는 점은 분명하다. 이처럼 국제조약이나 협정에는 취약성이 내재되어 있다. 세계적 거버넌스가 약한 이유는 개별 국가의 순응을 강제하는 주체가 누가 되어야 하는지, 아니면 다른 방식의 거버넌스 기제가 가능한지에 대해 분명하게 대답하기 어렵기 때문이다. 예를 들어 2005년에 프랑스

1997년 세계 184개국은 재앙적인 기후변화를 방지하기 위해 온실가스 배출을 감축하는 시스템을 만드는 교토의정서에 서명하였다. 이것은 전 세계 대다수 국가들의 참여 없이는 성공할 수 없다는 점에서 매우 중대한 거버넌스 과제였다. 또한 이 과제를 달성하기 위해서는 자국의 이익을 방어하는 문제로 인한 국가 간 협조의 어려움도 극복해야만 했다. 그런데 교토의정서에서는 이러한 문제를 해결하기 위해 독특하고 혁신적인 거버넌스 수단이 개발되었다. 그것은 바로 국가별 탄소감축목표를 정하고 탄소배출권 carbon credit 거래가 가능한 세계시장을 설립하는 것이었다. 말하자면, 국민국가와 세계경제가 만나는 것이다!

교토 시스템을 통해 배출권 거래제 cap-and-trade 방식의 탄소배출권 거래가 시작된 후, 이 거래는 국가 간 관계뿐만이 아니라 개별 산업 간 관계에서도 상당히 중요한 산업으로 성장하였다. 왜냐하면 이 시스템은 일반적으로 특정 산업에 감축 목표를 부과하고 배출량이 상대적으로 적은 다른 산업과 배출권을 거래하게 하는 방식으로 운영되기 때문이다.

배출권 거래제 방식이 법적 강제 방식에 비해 가지는 장점은 개별 국가가 쉽게 약속을 파기해 버리는 문제에 대응할 수 있다는 점이다. 비록 이 방식이 완벽하지는 않지만, 시장의 가격 신호를 통해 재정적 인센티브를 제공하여 행동을 변화시킬 수 있다는 장점이 있다. 따라서 어느 정도 시간이 흐르면 탄소배출권 시장이 개별 국가들의 배출 감축 목표를 집합적으로 달성하는 기제로 작동할 것이다. 탄소배출권이 거래되는 세계시장의 규모는 매우 크기 때문에 어떤 국가가 이 시장에서 빠져나가기를 선택하기는 어렵다. 또한 어떤 국가가 단순히 탄소배출권 구매만으로 기후변화협약이 부과하는 의무를 다하기도 점점 어려워질 것이다. 시장의 가격 신호는 단순히 탄소배출권을 거래하는 것을 넘어 탄소배출을 감축할 수 있는 혁신적인 해결책을 개발할 유인을 제공할 것이다(Keohane & Raustiala, 2008).

탄소배출 할당단위량 Assigned Amount Units은 거래가능하고 재정적 가치를 지닌 상품이기 때문에 주식현물시장에서 투자자들은 미래의 가격을 예측하여 이 상품을 구매하고 투자할 수 있다. 예를 들어 2005년 런던 주식시장에는 탄소배출권을 거래하는 유한책임회사가 상장되었다. 오늘날 탄소배출권 시장에서는 은행, 펀드 매니저, 민간 거래자들의 거래가 활발하게 이루어지고 있는데, 2007년의 시장 규모는 미화 600억 달러를 넘어섰을 정도이다.

와 독일은 재정적자의 수준을 제한하는 유럽연합의 규칙을 위반했지만(즉, 허용된 수준 이상으로 돈을 빌린 것이다) 벌금을 내지 않았다. 심지어 이 두 국가가 재정적 규율을 요구하는 통화제도의 설계를 주도했음에도 불구하고 말이다. 이처럼 세계적 거버넌스에서는 국가 간 협조가 어렵다는 문제가 제기되는데, 최근 환경정책 분야에서는 이에 대한 하나의 혁신적인 해결책이 제안되기도 하였다(상자글 6.3을 보라).

세계적 거버넌스를 약화시키는 요인은 무엇인가? 앞서 지적한 바와 같이, 대부분의 정책분석가들은 강대국들이 국제적 합의에 순응하도록 강제하기 어렵다는 점이 핵심적인 문제라고 주장한다(Stiglitz, 2001; Stone, 2002; Keohane & Raustiala, 2008). 이는 다음과 같은 몇 가지 결과를 가져왔다.

- 국제적 협상은 흔히 불명확하거나 약한 형태의 합의로 귀결된다. 또한 그 합의의 내용에는 기존 상태를 유지하려는 경향이 반영되기 때문에 합의에 의한 실질적인 변화는 그다지 크지 않다.
- 국제회의에서는 종종 야심찬 주장(예를 들어 세계빈곤 퇴치)이 발표되곤 하지만, 실제 집행이 뒷받침되지 않는 위험이 존재한다. 예를 들어 일부 국가들이 합의에 순응하지 않기도 하고, 심지어 나중에 비공식적으로 재협상을 하는 경우도 있다. 몇몇 분석가들은 국가들이 과도한 목표를 설정하고서 그 목표에 순응하지 않는 것이 오히려 더 심각한 문제를 가져온다고 주장한다(Stone, 2002).
- 강대국들이 합의에 순응하지 않았을 때 제재를 가하기가 어렵다. 강대국들은 조약이나 협약을 일방적으로 파기하고도 아무런 처벌을 받지 않을 수 있다. 국제조약의 협상 과정은 흔히 불투명한 방식으로 진행되기 때문에 도덕적 해이가 나타날 가능성이 있다. 즉, 개별 국가가 제재의 위협을 받게 되면 그냥 협상을 파기해 버릴 수도 있는 것이다(Keohane & Raustiala, 2008: 8).

- 스톤과 스티글리츠가 지적한 바와 같이, 국가 간 협상이 요구되는 어떠한 시스템이라 할지라도 정치적 게임의 압력으로부터 자유로울 수 없다. 스티글리츠(Stiglitz, 2001)가 IMF 개발원조 사례를 통해 설명했던 것처럼, 원조 수혜국이 차관조건으로 요구된 개혁 패키지를 얼마나 잘 수용하는지에 따라 원조 제공국은 차관협정을 유지하거나 취소할 수 있는데, 그 조건은 부적절한 것으로 판명되는 경우가 많다.

지금까지의 논의를 살펴보면, 세계적 거버넌스가 약하기 때문에 경제 세계화의 흐름을 통제하지 못하는 것처럼 보인다. 하지만 이러한 해석에는 주의가 필요하다. 비록 세계적 거버넌스 조직의 정치적 영향력이 '약하다' 하더라도 '세계시장의 힘'을 지나치게 중시하는 우를 범해서는 안 되기 때문이다. 제도주의적 관점에서는 국제적 위계질서 속에서 위아래로 영향력이 작용한다고 주장할 것이다. 예를 들어, 어떤 상황에서는 국민국가가 세계적 거버넌스의 영향을 받아 개혁 아젠다를 추진할 기회를 얻기도 한다. 구체적인 예를 들면, 유럽연합의 경우 유럽위원회European Commission가 노사관계 관행 등의 정책을 국가 간에 조율하기 때문에 개별 국가의 입장에서는 유럽연합의 규칙을 빌미로 국내적으로 인기가 없는 개혁 프로그램을 실행할 기회를 잡을 수 있다. 또한 이론적으로는 유럽연합 외 다른 국제조직의 프로그램에 대해서도 똑같은 기회가 적용될 수 있다. 예를 들어 OECD는 꾸준히 세계 각국의 각종 비교통계 및 동향 자료를 수집, 모니터링하고 정책의 효과성을 평가하는데, 이러한 OECD의 활동을 통해 새로운 지식과 아이디어가 확산되면서 개별 국가가 새로운 국내정책을 실시하게 되기도 한다(Armingeon & Beyler, 2003). 즉, 비록 '약한' 세계적 거버넌스라 할지라도 개별 국가의 정책 프로그램 패턴에 일정한 영향을 미칠 수 있다는 것이다. 이처럼 세계적 거버넌스가 '부드럽게' 개혁을 촉발하는 효과는 제도적 영향을 면밀하게 평가하지 않으면 간과되기가 쉽지만, 사실 매우 중요하다(Beyler, 2003). 한편 교토의정서로 성립된 배출권 거래제는 세계적 거버넌스가 '강력하게' 개혁을 촉발하는 구체적인 사례로 볼 수 있다. 오늘날 배출권 거래제는 새로운 거버넌스 수단의 하나로 자리 잡고 국가 수준의 커다란 피드백 효과를 가져오고 있다. 21세기 초반 우리가 목격하고 있는 변화는 단순한 정태적 반응이 아니라 새로운 위협과 국제이슈에 대처하기 위해 새로운 제도적 구조를 형성하고 있는 세계적 거버넌스의 등장이다. 세계화는 너무나도 역동적인 과정이기 때문에 경제적 변화뿐만 아니라 정치적 차원의 재구성도 나타나기 마련이다. 결국 정치와 경제는 동전의 양면인 것이다.

결론

지난 2~30년간 세계경제의 발전과 함께 국가적·세계적 수준의 거버넌스 구조가 재협상, 재구성되었다. 예를 들어, 영국은 원래 '세계의 작업장'(이제 이 칭호는 중국에게 돌아갔지만)이라 불리는 무역국가였는데, 최근에는 전통적인 제조업과 광산업이 크게 쇠퇴하고 대신 새로운 형태의 금융거래, 세계적인 고등교육 시장, 하이테크 연구, 기타 다양한 서비스 거래 등에 힘입어 서비스기반경제로 전환되었다. 그런데 이러한 경제적 변화는 거버넌스 구조 및 과정의 변화에도 영향을 미쳤다. 예를 들어 20세기 전반을 지배해 왔던 영국의 낡은 단일국가는 분절된 정치조직체와 공동화된 국가로 대체되었다. 중앙의 통제 성향에도 불구하고 오늘날에는 정책결정과 정책전달의 연계가 상당히 느슨해졌다. 뿐만 아니라 유럽연합과의 관계도 변화하였다. 국가 주권의 일부가 유럽연합의회로 넘어갔고, 유럽의 사회적 시장 프로젝트로 경제가 개방되었다. 하지만 한편으로는 세계경제의 힘에 맞서 국민국가가 핵심적인 지리정치적 단위로 부상하였고, 세계적 거버넌스는 여전히 약하다. 국제적 합의는 기본적으로는 조약이나 국제법을 통해 이루어지지만, 세계적 거버넌스가 실질적으로 작동하기 위해서는 개별 국가가 외부적인 규칙에 순응하도록 강제할 필요가 있기 때문이다. 그런데 여기서 중요한 사실은 강대국들은 언제든지 국제적으로 합의된 의무를 저버리거나 이념적으로 자신이 선호하는 해결책을 추진할 수 있다는 것이다. 예를 들어 스티글리츠는 그의 유명한 책에서 워싱턴 컨센서스의 부정적 영향을 잘 보여준 바 있다. 이처럼 세계적 거버넌스는 약하다. 하지만 그럼에도 불구하고 세계적 거버넌스를 무시할 수는 없다. 세계적 거버넌스가 국민국가의 정책 대응을 '부드럽게' 촉발하는 피드백 효과는 경험적 근거로 뒷받침된다. 뿐만 아니라 국제 공동체가 세계적 이슈에 대응하기 위해 새로운 정책수단을 개발하려고 노력하기도 한다. 탄소 배출을 감축하기 위한 교토의정서의 배출권 거래제는 세계적 거버넌스의 미래를 보여주는 매우 좋은 사례이다. 교토의정서가 재앙적인 지구온난화의 방지를 목적으로 삼은 것처럼, 새로운 형태의 거버넌스가 과연 그 목적을 달성할 수 있을지 지켜볼 필요가 있다.

요약

- 영국의 국가는 경제구조의 변화에 앞장서는 한편 낡은 하향식 단일국가의 '웨스트민스터 모델' 통치 방식을 해체하고 있다.

- 영국의 국가는 공동화되었다. 국가의 기능은 중앙으로부터 다양한 기관과 집행조직으로 이양되었다. 공공서비스가 민영화되었다. 서비스 위탁계약이 등장하였다. 공공·민간·자원부문 간 경계가 흐릿해지고 있다.

- 정책결정과 서비스전달이 분리되는 현상은 전문화된 엘리트 기관으로 권력이 이동하고 있음을 시사한다. 국가의 권력기반은 상당부분 정책집행에 필요한 영향력과 지식을 갖고 있는 전문적인 엘리트 기관으로 이동하고 있다.

- 영국이 유럽연합의 일원으로 자리 잡은 이후 국가의 권력은 '위로' 이동하고 있다. 그런데 유럽의 전체 거버넌스 역시 새로운 네트워크 및 제도적 구조의 영향을 받아 변화하고 있다. 유럽화는 세계화와 상호작용하는 복잡한 아젠다이다. 정치적으로 규제되는 시장(유럽)과 자유시장(세계화)이 만나고 있다.

- 세계적 거버넌스는 약하다. 최근에는 정치권력과 경제적 자원의 세계적인 분포가 불균등한 상황에서 세계적 거버넌스가 실제로 집행되기 어렵다는 점이 가장 핵심적인 문제로 떠올랐다. 그럼에도 불구하고 세계적 거버넌스가 국민국가의 정책 개혁을 '부드럽게' 촉발하는 효과와 잠재적인 피드백 효과는 작지 않다.

- 탄소 배출에 관한 교토의정서를 통해 탄소배출권 거래라는 새로운 거버넌스 구조가 설계되었다. 탄소배출권 거래시장은 개별 국가들의 온실가스 감축 노력을 집합적으로 연결하였다.

토론할 문제

- 영국이 더 이상 단일국가가 아니라는 주장은 경험적 근거로 뒷받침되는가?
- 사회적 시장이라는 유럽적 개념은 세계시장경제에서 살아남을 수 있는가?
- 세계적 거버넌스가 약한 주된 이유는 무엇인가?
- 교토 시스템의 배출권 거래제 방식이 과연 온실가스 배출을 감축할 수 있을 것인가?

더 읽을 거리

Castles, F. G.(1998). *Comparative Public Policy: Patterns of Post-war Transformation*. Cheltenham: Edward Elgar.

Evans, M. & Cerny, P.(2003). "Globalisation and social policy". In Ellison, N. & Pierson, C.(eds), *Developments in British Social Policy 2*(pp. 19~41). Basingtoke: Palgrave.

George, V. & Wilding, P.(2002). *Globalisation and Human Welfare*. Basingtoke: Palgrave Macmillan.

Rhodes, R. A. W.(1997b). *Understanding Governance: Policy Networks, Governance, Reflexivity and Accountability*, Buckingham: Open University Press.

Stiglitz, J.(2001). *Globalization and its Discontents*. London: Penguin.

Stone, R.(2002). *Lending Credibility: The International Monetary Fund and the Post-Communist Transition*. Princeton, NJ: Princeton University Press.

CHAPTER 7

정책 네트워크

개요

정책 네트워크 개념은 1990년대 정책분석 연구의 주요 패러다임으로 등장하였다. 이 장에서는 4장에서 살펴본 카스텔의 네트워크 사회 논의를 기초로, 거시수준과 미시수준, 아젠다 설정 이론과 정책전달 분석을 연결하는 네트워크 이론이 강력한 중간수준의 분석적 도구임을 보여줄 것이다. 한편 6장에서 논의한 새로운 거버넌스는 본질적으로 조직 간 네트워크의 집합으로 구성되는데, 이러한 네트워크들은 중앙의 시스템 관리 능력에 의문이 제기되고 새로운 연결고리가 요구되는 분절된 정치체를 배경으로 등장하였다. 이 장에서는 정책 네트워크 분석 연구의 기원을 설명하고 관련 연구를 비판적으로 검토할 것이다. 네트워크 분석은 정책분석 연구의 언어, 이미지, 관행이 형성되는 데 중요한 기여를 하였다.

주요 용어

정책 네트워크policy networks, 정책 공동체policy communities, 이슈 네트워크issue networks, 중심-주변core-periphery, 변증법적 접근dialectical approach

서론: 사회과학에서의 네트워크

1990년대 초반 이후 사회과학 분야의 학생이라면 어떤 형태이든 네트워크 분석을 피해 가기란 거의 불가능하게 되었다. '네트워크'라는 용어는 사회과학에 완전히 스며들었다. 네트워크와 관련된 주제는 다음과 같이 매우 다양하다.

- 조직 연구: 위계적hierarchy 방식이나 시장기반market-based 방식으로 설명되지 않는 새로운 조직 관계를 네트워크로 파악한다(Thompson 외, 1991).
- 경제학: 느슨하게 연결된 적기just-in-time 네트워크가 거래비용을 낮추기 때문에 수직적·수평적으로 통합된 대규모 기업에 비해 네트워크에서 훨씬 효율적인 생산이 가능하다(Williamson, 1985).
- 사회학: 4장에서 살펴보았듯이, 카스텔(Castells, 2000a, 2000b)은 '네트워크 사회'가 등장하고 있다고 주장하였다. 새로운 정보통신기술의 발전을 배경으로 등장한 네트워크 사회에서는 사실상 모든 사회제도에 네트워크 방식의 관계가 확산되고 있다.
- 정책과학: 정책문제가 점점 더 복잡해지고 해결이 어려워지는 현실에 대응하기 위해 국가가 네트워크 거버넌스를 확대한다(Kickert 외, 1997).
- 정치과학: 1990년대 초반 이후 정책과정의 중심에 상호연관되고 상호의존적인 조직 간 정책 네트워크가 존재한다는 주장이 점차 지배적인 견해로 수용되었다.

이상의 목록이 다가 아니다. 그 외에도 다양한 사회과학 분야에서 네트워크와 관련된 연구가 많이 이루어졌다. 로즈(Rhodes, 2006: 42)는 네트워크 분석이 '모든 사회과학 분야에 공통적'이라고까지 주장하였다. 게다가 하나의 특정 분야 내에서도 '네트워크 개념에 대해 매우 다양한 이해와 적용 방식이 있다'(Börzel, 1998: 254)는 점도 지적될 필요가 있다.

이처럼 '네트워크 이론'이 급증하고 있지만, 네트워크 개념이 분명하고 간결한 의미로 사용되지 않을 때에는 별다른 도움이 되지 못하는 경우가 많다. 그럼에도 불구하고 네트워크 개념을 다루는 수많은 연구가 존재한다는 사실은 정책과정 분석에서 네트워크를 무시해서는 안 된다는 사실을 잘 보여준다. 오늘날 정책 네트워크에 의해 정책이 형성·집행된다는 주장은 이 책에서 다루는 많은 논의에서 중심적인 역할을 한다(특히 통치government에서 거버넌스governance로의 전환을 논의한 5장에서 중요하다). 또한 정책 네트워크 접근policy network approach: PNA은 오늘날 대부분의 정책분석에서 사용되는 가장 중요한 분석적 무기라 할 수 있다. 1995년에 다우딩(Dowding, 1995: 136)은 정책 네트워크가 '영국 정치과학의 정책결정 과정 연구에서 가장 지배적인 패러다임이 되었다'고 주장하였다.

정책 네트워크 접근의 등장

일반적인 네트워크가 아니라 '정책 네트워크'로만 논의를 한정하더라도, 네트워크 개념이 너무 많이 사용되기 때문에 명확한 의미를 정의하기가 쉽지 않다. 영국의 정치과학만으로 범위를 좁혀도 정책 네트워크 분석에는 다양한 모델이 존재한다. 예를 들어 마시(Marsh, 1998)는 정책 네트워크 분석을 서로 다른 이론적 기반을 가진 네 가지 커다란 접근으로 구분하였다.

- 합리적 선택 접근rational choice model: 이기적인 행위자들 간의 관계와 행위를 모형화한다.
- 개인적 상호작용 접근personal interaction model: 특정한 개인들 간의 상호작용을 탐구하는 인류학적 접근을 채택한다.
- 형식적 네트워크 분석formal network analysis: 실제 네트워크 관계의 구조를 분석한다.

• 구조적 접근structural approach: 사회 집단 간의 광범위한 관계를 분석한다.

우리는 마지막 접근, 특히 소위 '로즈 모델'*에 초점을 맞출 것이다. 왜냐하면 이러한 접근이 가장 영향력이 있을 뿐만 아니라 정책 네트워크 접근에 대한 가장 보편적인 이해를 제공하기 때문이다(Marsh & Rhodes, 1992c; Rhodes, 1996b, 1997b).

로즈 모델Rhodes model

로즈 모델의 주요 주창자들에 따르면(Marsh & Rhodes, 1992c; Kickert 외, 1997; Börzel, 1998; Evans, 1999a), 로즈 모델은 벤슨의 유명한 개념 정의를 기초로 설계되었다. 벤슨(Benson, 1982: 148)에 따르면, 정책 네트워크는 '자원의존성re-source dependencies으로 상호연결된 조직들의 군집cluster 또는 복합체complex로서, 자원의존성 구조가 단절된 지점에서 다른 군집 또는 복합체와 구분된다'. 이 정의는 여러 가지 측면에서 흥미로운데, 특히 이 정의가 사실은 정책 네트워크가 아니라 정책부문policy sector에 대한 정의였다는 점이 흥미롭다. 실제로 벤슨은 이 정의를 제시한 연구에서 '정책 네트워크'라는 표현을 전혀 사용하지 않았다. 그럼에도 불구하고 벤슨의 정의는 로즈 식 네트워크 접근이 어디서 유래하였는지를 이해하는 데 도움을 준다. 기본적으로 벤슨의 정의는 (6장에서 거버넌스 개념을 논했던 것과 유사하게) 정부조직을 포함한 많은 조직들의 집합이 정책을 형성·집행하고, 이러한 조직들이 자신의 목적을 달성하기 위해 상호의존한다고 가정한다.

---

* 이 모델은 로드 로즈(Rod Rhodes, 1990)에 의해 개발되었기 때문에 로즈 모델이라 명명되었다. 하지만 마시와 스미스(March & Smith, 2001: 540)는 사실 이 모델이 '마시와 로즈 모델'이라고 주장한다. 데이비드 마시가 로즈 모델의 깃발 아래 현대적인 정책 네트워크 접근 모델을 개발하는 데 핵심적인 역할을 했기 때문이다.

그리고 가장 중요하게는 이러한 조직들은 서로 이해관계를 공유하고 있기 때문에 자연스럽게 뚜렷한 연계를 형성하게 된다고 가정한다. 이러한 점에서 '정책부문policy sector'과 '정책 네트워크policy network'는 거의 호환 가능한 용어이지만, 후자가 좀 더 효과적으로 조직 간의 복잡한 연결망의 개념을 드러낸다고 볼 수 있다.

이상의 논의는 로즈의 논의와 맥을 같이 한다. 로즈 자신은 로즈 모델의 핵심적인 가정을 다음과 같이 설명하였다(Rhodes, 1997a).

- 상호의존성interdependence: 네트워크가 존재하는 이유는 조직들이 자신의 목적을 달성하기 위해 다른 조직들에 의존하기 때문이다.
- 지속적인 자원의 교환continuous change of resources: 네트워크의 구성원들은 정기적으로 서로 접촉한다.
- 게임방식의 상호작용game-like interaction: 네트워크의 구성원들은 그들의 목적을 달성하기 위해 '게임의 규칙' 안에서 경쟁 전략을 활용한다.
- 자율성autonomy: 네트워크는 자기조직화self-organising하며, 내외부적으로 다른 권위에 의해 지배당하지 않는다. 그럼에도 불구하고 어떤 집단은 다른 집단에 비해 더 강력할 수는 있다.

이러한 가정에서 보듯이, 로즈 모델은 네트워크 관계를 '참여자들이 자신의 이익을 위해 움직이는 "게임"'으로 특징짓는다. 각각의 참여자들은 자신의 자원을 효율적으로 활용하여 게임의 결과에 대한 자신의 영향력을 극대화하는 한편 다른 참여자의 힘에 종속되지 않도록 노력한다'(Marsh & Rhodes, 1992c: 11). 로즈(Rhodes, 1988, 1990)는 이를 자원의존 모델resource dependency model이라 명명하였다.

정책 네트워크의 유형

이상에서 살펴본 바와 같이, 상호의존성과 자원 경쟁에 관한 분석은 정책 네트워크 접근의 핵심 요소라 할 수 있다. 하지만 이러한 논의는 추상적이고 난해하기 때문에 정책 네트워크가 무엇이고 어떻게 작동하는지를 분명하게 파악하기가 어렵다. 따라서 로즈 접근의 실체를 실질적으로 이해하기 위해서는 로즈(Rhodes, 1988, 1990)가 개발한 '정책 네트워크'의 5가지 분류법을 살펴볼 필요가 있다. 이에 따르면 정책 네트워크는 다음과 같이 5개의 서로 다른 정책부문으로 구성된다.

- 정책 공동체policy community
- 전문직 네트워크professional network
- 정부 간 네트워크intergovernmental network
- 생산자 네트워크producer network
- 이슈 네트워크issue network

이러한 다섯 가지 네트워크 유형을 구분하는 기준은 네트워크의 통합 수준, 구성원의 수, 구성원 간의 자원 분포 등과 같은 특징들이다. 로즈는 5가지 네트

| 표 7-1 | **로즈의 5가지 정책 네트워크 유형**

네트워크 유형	네트워크 특징
정책 공동체	안정성, 상당히 한정된 멤버십, 수직적 상호의존성, 제한적인 수평적 구조
전문직 네트워크	안정성, 상당히 한정된 멤버십, 수직적 상호의존성, 제한적인 수평적 구조, 전문직의 이익에 봉사
정부 간 네트워크	한정된 멤버십, 제한적인 수직적 상호의존성, 강한 수평적 구조
생산자 네트워크	유동적인 멤버십, 제한적인 수직적 상호의존성, 생산자의 이익에 봉사
이슈 네트워크	불안정성, 대규모의 구성원, 제한적인 수직적 상호의존성

출처: Marsh & Rhodes(1992d: 14)에서 인용.

워크 유형이 연속선상에 존재하는 것으로 보았다. 연속선의 한 쪽 끝에는 강하게 통합된 폐쇄적인 정책 공동체가 있고, 다른 쪽 끝에는 더 개방적이고 불안정한 이슈 네트워크가 있으며, 나머지 3가지 네트워크는 그 가운데 어딘가에 위치한다.

이러한 유형화는 네트워크 접근을 현실에 훨씬 분명하게 적용할 수 있도록 도와주고, 실제 복지정책 분야의 네트워크도 이 중 어느 한 가지 유형으로 설명될 수 있다. 예를 들어, 의료 전문직은 항상 의료정책의 형성에 중요한 역할을 해왔고(Ham, 1999를 보라), 사실 의료정책은 환자보다는 의료 전문직의 이익에 봉사하는 경향이 크다는 주장이 있다(예를 들어 Alford, 1975를 보라). 이러한 점에서 의료정책 분야의 네트워크는 '전문직 네트워크'로 분류될 수 있을 것이다.

하지만 로즈는 곧 이러한 네트워크 분류를 폐기하였다. 왜냐하면 5가지 유형을 연속적이라고 보는 관점이 문제가 되었기 때문이다. '정책 공동체와 이슈 네트워크가 왜 양쪽 끝에 있는지를 설명하기는 쉽지만, 나머지 3가지 유형의 위치는 상대적으로 분명하지 않다'(Marsh & Rhodes, 1992d: 21). 게다가 연속선을 가정한다는 것은 각 유형이 상호 배제적임을 전제한 것이기 때문에, 결국 '전문직 네트워크 또는 생산자 네트워크이면서 동시에 정책 공동체인 유형은 있을 수 없다'(Marsh & Rhodes, 1992d: 21)는 결론으로 이어진다. 결국 마시와 로즈(Marsh & Rhodes, 1992b: 249)는 중간의 3가지 유형을 폐기하고 더 단순한 새로운 유형화를 제안하였다. 새로운 유형화에서는 '양쪽 끝의 정책 공동체와 이슈 네트워크를 구분하는 데 초점을 맞추고', 2가지 네트워크 이념형의 핵심적인 특징들을 구체화하였다(Marsh & Rhodes, 1992b: 250). 이러한 과정을 통해 로즈 모델의 개요가 설계되었다. 새로운 모델에 따르면, '정책 네트워크'는 어디에나 존재한다는 점에서 모든 정책 분야를 아우르는 포괄적인 개념으로 사용되지만, 구체적으로는 (단단하게 통합되고 잘 조직되고 접근이 제한된) '정책 공동체'에서 (느슨하게 조직되고 더 개방적이고 덜 일관된) '이슈 네트워크'에 이르기까지 다양한 특징을 가질 수 있다. 〈표 7-2〉에는 이 모델의 주요 내용을 요약하여 제시하였다. 이

| 표 7-2 | 정책 네트워크의 유형: 정책 공동체와 이슈 네트워크의 특성

구분	정책 공동체	이슈 네트워크
멤버십membership a) 참여자	매우 제한된 수의 참여자. 어떤 집단은 의도적으로 배제된다.	많은 수의 참여자.
b) 이익의 종류	경제적 이익 또는 전문직의 이익이 지배적이다.	관련된 이익을 넓게 포괄한다.
통합integration a) 상호작용의 빈도	상호작용의 빈도가 잦고, 질이 높다. 모든 문제에 관한 모든 집단의 상호작용이 정책 이슈와 관련된다.	접촉의 강도와 질이 유동적이다.
b) 지속성	멤버십, 가치, 결과가 시간이 지나도 지속된다.	접근성이 시간에 따라 유동적이다.
c) 합의	모든 참여자가 기본적 가치를 공유하고 있으며, 결과의 정당성을 수용한다.	합의 수단이 존재하긴 하지만, 항상 갈등이 존재한다.
자원resources a) 자원 분포-네트워크 내부	모든 참여자가 자원을 가지고 있다. 기본적인 관계는 교환 관계이다.	어떤 참여자는 자원을 가지고 있지만, 다른 어떤 참여자에게는 자원이 제한된다. 기본적 관계는 자문consultative 관계이다.
b) 자원 분포- 참여 조직의 내부	위계적이다. 지도자가 구성원을 지휘할 수 있다.	자원의 분포와 구성원에 대한 규제 능력이 다양하고 가변적이다.
권력Power	구성원 간 권력의 균형이 존재한다. 한 집단이 지배적일 수도 있지만, 공동체가 존재하기 위해서는 반드시 포지티브섬positive-sum 게임이어야 한다.	권력이 불평등하다. 이는 불평등한 자원 및 접근성 분포를 반영한다. 제로섬zero-sum 게임이다.

출처: Marsh & Rhodes(1992b: 251).

와 같이 정책 네트워크 연속선의 양쪽 끝의 특징을 규정한 '진단적 모델'을 이용하여 현실의 어떤 정책 분야가 정책 공동체에 더 가까운지 이슈 네트워크에 더 가까운지를 분류할 수 있다.

이와 같이 모델을 단순화하면 실제 정책상황에 대한 적용 가능성이 높아진다. 그런데 마시와 로즈(Marsh & Rhodes, 1992b: 256)는 모든 정책 네트워크가 토크와 마시(Toke & Marsh, 2003)는 정책 네트워크가 영국 정부의 유전자조작genetically modified: GM 곡물 정책에 미친 영향을 분석하였다. 유전자조작 곡물 문제는 1990년대 후반에 많은 정치적 논쟁을 불러일으켰다. 환경운동가들은 자연환경의 변화로 인해 야생 동물에게 피해를 입힐 가능성이 있고 비유전자조작 곡물이 오염될 수 있는 위험이 있기 때문에 유전자조작 곡물 개발이 중단되어야 한다고 주장하였다. 반면 바이오기술 회사와 몇몇 과학자들은 유전자조작 기술에 관한 지식이 발전하고 곡물생산이 증대되는 이익이 있기 때문에 유전자조작 곡물 개발은 지속되어야 한다고 주장하였다.

이러한 간단한 요약만으로도 이 조그마한 기술 분야의 정책에 영향력을 행사하고자 하는 이익집단이 얼마나 광범한지를 짐작할 수 있다. 바로 이 집단들이 정책 네트워크이다. 토크와 마시에 따르면, 이 집단들은 정부가 지속적으로 자문을 구하는 중심 집단과 정부와의 접촉이 별로 없는 주변 집단으로 구분된다.

먼저 중심부에는 다음과 같은 집단들이 있다.

- 유전자조작 곡물 생산자들이 있다. 구체적으로는 바이오기술 회사, 국가농민연합National Farmer's Union: NFU, 곡물보호협회Crop Protection Association: CPA, 영국농산물공급거래협회UK Agricultural Supply Trade Association: UKASTA, 영국사탕무씨앗생산자협회British Sugar Beet Seed Producers Association: BSBSPA 등이 있다. 이들은 조직과 자원이 튼튼한 단체들이고, 저마다 많은 유권자를 대표한다. 이들은 유전자조작 곡물 정책의 집행에 직접적인 경제적 영향을 받으며, 정책의 집행을 실제로 책임지기도 한다. 이들은 정책적 영향력 강화를 목적으로 연합하여 유전자조작곡물공급체인계획Supply Chain Initiative on Modified Agricultural Crops: SCIMAC이라는 친유전자조작 곡물 단체를 결성하였다.
- 개인 과학자들, 특히 주요 정부정책자문위원회에 참여하여 문제를 전문적으로 검토하는 과학자들이 있다. 그리고 전문적인 비정부기구들Non-Governmental Organisations: NGOs도 야생동물과 관련한 이슈 등에 관해 공식적으로 정부에 조언을 제공하기도 한다. 예를 들면 야생동물보호단체Game and Wildlife Conservancy Trust가 있다.

- 어떤 비정부기구들은 자연을 보호하는 책임을 맡기도 한다. 예를 들어 영국의 자연English Nature이나 조류보호왕립협회Royal Society for the Protection of Birds: RSPB 와 같은 단체들이 있다.

다음으로 주변부에는 다음과 같은 집단들이 있다.

- 비교적 규모가 큰 환경운동단체들이 있다. 예를 들어 지구의 친구Friends of Earth, 그린피스Greenpeace, 토양협회Soil Association와 같은 전문적인 압력단체들이 있다. 이들은 인지도도 높고 자원도 비교적 풍부하다. 그러나 이들은 유전자조작 곡물 생산자, 주요 토지소유자, 과학적 자문 제공자 등과 달리 정책의 실제 집행에는 별다른 역할을 하지 못한다.
- 유전자조작 곡물의 장기적인 영향에 대해 광범하게 접근하는 압력단체가 있다. 예를 들어 세계개발과 빈곤에 대해 캠페인을 벌이는 액션에이느Action Aid는 유선자조작 곡물이 저소득 국가의 농업에 미칠 영향에 많은 관심을 갖고 있다.

이처럼 네트워크의 중심부는 농부, 바이오기술 회사, 토지 소유자 등 정부가 정책을 집행할 때 도움을 제공해 줄 수 있는 집단들로 구성된다. 과학자들도 바이오기술의 안전성을 감독하는 등 공식적인 역할을 수행하기 때문에 중심 집단에 포함된다. 반면 네트워크의 주변부는 그런 역할을 하지 못하는 집단들로 구성된다. 게다가, 토크와 마시에 따르면, 주변 집단들은 생태적 요구와 바이오기술의 이익을 조정하는 타협 과정에 참여할 가능성도 가장 낮다. 즉, 주변 집단들은 정책 집행과정에 필요하지도 않을 뿐만 아니라 정부가 그들의 주장을 듣고 싶어 하지도 않는다.

2층의 구조를 가질 수 있다고 주장하여 또 다른 복잡한 차원을 하나 더 추가하였다. 그것은 바로 중심과 주변core and periphery이라는 구조이다. 정책 네트워크의 주변부에는 자족적인 이슈 네트워크가 존재할 수 있다. 의료정책 분야의 예를 들면, 정책 네트워크 중심에는 단단하고 촘촘한 정책 공동체가 있고 그 주변에는 상대적으로 약한 이슈 네트워크가 둘러싸고 있다. 주변부의 이슈 네트워크들은 특정 질병(예를 들어 암)이나 특정 질병 원인(예를 들어 흡연)에 관심을 갖는다. 이들은 공공장소 흡연 논쟁이 촉발되는 등의 때에 따라 크게 주목받기도 하지만, 전반적으로 이슈 네트워크의 영향력은 비교적 제한적이다. 이러한 논의는 스미스 (Smith, 1993)의 주장과 유사하다. 스미스는 정책 공동체가 일련의 이슈 네트워크들로 둘러싸여 있고 그 둘은 서로 연결되어 있다고 보았다. 이러한 복잡한 시나리오는 복잡한 정책결정 과정을 반영하고 있다(정책 네트워크의 '멤버십'에 대해서는 상자글 7.1의 사례를 보라).

정책과정에서 네트워크의 영향

지금까지는 로즈 모델이 다양한 형태로 수정되어왔음을 살펴보았다. 로즈 모델은 잘 정리된 몇 가지 가정에 기초하고 있으며, 진단적 모델을 활용하여 어떤 네트워크가 정책 공동체-이슈 네트워크 연속선의 어디에 해당하는지를 분류할 수 있다. 그런데 지금까지의 논의에는 한 가지 중요한 질문이 빠져 있었다. 그것은 바로 이러한 접근이 정책과정을 이해하는 데 어떤 도움을 주느냐는 것이다. 예를 들어, 어떤 정책부문의 성격이 정책 공동체라는 것을 안다면 그 부문의 정책과정을 분석하는 데 도움이 될 것인가?

이 질문에 대답하기 위해 마시와 로즈 그리고 그 동료들은 로즈 모델에 기초하여 일련의 경험적 조사를 실시하였다(Marsh & Rhodes, 1992a, 1992c). 조사 결과, 정책 네트워크가 정책결정 과정에 대한 접근을 제한하고, 정책부문의 주요 이해관계자들 간의 관계를 규칙화하며, 이를 통해 안정성과 지속성을 증진시키는 것으로 나타났다. 또한 그들은 '정책 네트워크가 정책 관성inertia을 야기하는 주요 원천'이라고 결론 내렸다(Marsh & Rhodes, 1992b: 260). 근본적으로, 그들은 다음과 같이 주장하였다.

다른 말로 하면, 정책 네트워크는 어떤 정책부문의 다양한 집단들 사이에 권력이 분배되는 방식을 설명해준다는 점에서 중요하다. 세계화, 경제적 변화, 신기술 개발과 같은 공통적인 압력에도 불구하고 서로 다른 정책부문들의 반응이 다양하다는 사실은 정책 네트워크의 중요성을 잘 보여준다. 예를 들어 4장에서는 정부 행정서비스 전달에서 정보통신기술의 역할이 점점 커지고 있음을 살펴보았다. (항상 그런 것은 아니지만) 흔히 일선 직원들은 서비스전달에 새로운 정보통신기술이 사용되는 것을 별로 좋아하지 않는다. 왜냐하면 관리자가 근무태도를 더 잘 감시할 수 있고, 개인의 성과가 자료로 수집되며, 컴퓨터로 일이 처리되면 인력이 감축될 수도 있기 때문이다. 따라서 새로운 정보통신기술을 도입하는 변화에 대한 저항이 많다는 사실은 놀랍지 않다. 실제로 이러한 저항 때문에 영국 정부의 컴퓨터 프로젝트는 아예 도입되지 못하거나 도입되더라도 완전하지 못한 경우가 많았다(Hudson, 1999를 보라).

하지만 보다 장기적인 관점에서 기술변화가 1980년대와 1990년대 영국의 복지정책에 미친 영향을 살펴보면, 경우에 따라 변화에 대한 저항의 수준이 다르게 나타나는 흥미로운 양상이 관찰된다(Hudson, 1999). 예를 들면, 정부 주변에 이슈 네트워크들이 포진한 정책부문(예를 들어 사회보장정책)에 비해 정책 공동체가 존재하는 정책부문(예를 들어 의료, 사회적 돌봄)의 경우에는 변화의 속도가 상당히 느렸다. 정부는 정보통신기술과 연계된 급진적인 정책을 도입하고자 시도하여 세간의 이목을 끌었는데, 사실 3가지 부문에서 모두 정책 네트워크가 변화에 강하게 저항한 사례가 있다(예를 들어 사회보장정책 부문에서는 장기간 파업이 진행되기도 하였다). 하지만 정책 네트워크의 중심에 강력한 전문직 집단이 존재하는 경우에는 (의료부문의 의사, 사회적 돌봄 부문의 사회복지사) 정책 공동체의 협상력 덕분에 변화의 속도가 둔화되었지만, 사회보장정책의 일선 직원들이 소속된 이슈 네트워크는 정부에 대한 협상력이 크지 않아 결국 기술변화를 수용할 수밖에 없게 되었다(Hudson, 1999).

마시와 로즈(Marsh & Rhodes, 1992a)는 대처주의Thatcherism가 공공정책에 미친 영향에 관해서도 비슷한 주장을 전개하였다. 대처의 개혁이 다양한 정책부문에 미친 영향을 분석해보면, 앞서와 마찬가지로 부문에 따라 그 영향이 상이함이 확인된다. 예를 들어, 주거부문의 경우에는 광범한 변화가 도입되었지만 강력한 정책 공동체가 존재하는 의료나 농업부문의 경우에는 상당한 수준의 정책적 지속성이 나타났다. 마시와 로즈(Marsh & Rhodes, 1992a)에 따르면, 이러한 차이가 나타나는 결정적인 요인은 정책 네트워크의 역할이다. 변화가 크지 않은 부문의 경우에는 '정책 네트워크가 급진적인 정책의 도입 자체를 막을 뿐만 아니라 도입이 되더라도 원활한 집행을 방해할 능력이 있기 때문에 정책적 지속성이 보존될 수 있었다'.

흥미롭게도, 최근 정부들의 경쟁국가 개혁 역시 유사한 양상으로 전개되었다(Hudson 외, 2008). 예를 들어 2000년대에 독일과 영국의 중도좌파 정부들(독일의 슈뢰더와 영국의 블레어)은 '제3의 길' 사회정책 개혁 아젠다를 추진하였다. 슈뢰더와 블레어는 수많은 사회정책을 개혁하였는데, 이때 정책 네트워크가 강한 정책부문(의료정책)보다 상대적으로 약한 정책부문(실업정책)에서 제3의 길 개혁이 훨씬 쉽게 추진되었다. 말하자면, 정책 네트워크가 변화를 완전히 막지는 못하더라도, 정책을 뒷받침하는 이념(혹은 2장에서 이야기한 복지의 정치경제)이 전면적으로 관철되는 것을 막고 개혁을 약화시키는 역할은 할 수 있다.

중간수준 개념으로서의 정책 네트워크

지금까지의 논의를 살펴보면 정책 네트워크 접근은 거시수준 변화에 대한 설명과 결합되었을 때 커다란 통찰력을 발휘한다는 사실을 알 수 있다. 달리 표현하자면, 정책 네트워크 분석은 거시수준(세계화나 인구학적 변화 등)과 미시수준(일선 현장에서 특정 이슈를 둘러싼 개인 및 집단의 협상 과정, 개인이 정책을 전달하는 구체적인 방식 등)을 연결하는 중간수준에 놓여 있다. 마시와 로즈(Marsh & Rhodes, 1992b: 268)는 '"정책 네트워크"라는 중간수준 개념은 거시수준 이론들과 나란히 배치되어야 한다'고 분명하게 주장하였다. 더 나아가 그들은 중간수준 개념으로서의 정책 네트워크를 포스트포드주의의 등장(2장을 보라)과 연결지어 설명하였다(Marsh & Rhodes, 1992b: 267). 그들에 따르면, 각 국가마다 정책 네트워크의 성격이 상이하기 때문에 '포스트포드주의로 인한 변화의 속도와 양상도 상이하게 나타난다'. 따라서 '"정책 네트워크"라는 중간수준 개념은 변화에 대한 저항, 정치제도와 관행의 적응방식을 이해하는 데 핵심적인 역할을 한다. 왜냐하면 정책 네트워크는 (포스트포드주의적) 변화를 여과하고 매개하는 정치구조이기 때문이다'.

은유인가 이론인가?

정책 네트워크 접근의 주창자들은 그 가치를 극찬하지만, 그에 대한 비판도 만만치 않다. 다우딩(Dowding, 1995, 2001)은 정책 네트워크 접근의 설명력이 부족하다고 단호하게 비판한다. 그에 따르면 '네트워크'라는 용어는 단순한 은유이고, 로즈 모델은 네트워크 관계의 역동을 설명한 것이 아니라 단순히 정책부문들에 이름을 붙인 것에 지나지 않는다. 다우딩은 '정책의 세계를 몇 가지 네트워크 유형으로 분류하여 정책과정에 대해 많은 것을 배우기는 했지만, 그것만으로는 더 이상 나아가지 못한다'고 주장하였다(Dowding, 1995: 136). 정책 네트워크 접근은 '그 설명의 원동력인 독립변수들이 사실 본질적으로 네트워크의 특성이 아니라 네트워크 내부 구성요소의 특성이기 때문에 …… 정책과정의 근본적인 이론을 구성하는 데는 실패했다'.

말하자면, 네트워크의 중요성을 강조하는 말들은 많지만 막상 정책 네트워크 접근의 주창자들이 이슈 네트워크-정책 공동체 연속선을 활용하여 구체적인 정책부문을 분석할 때는 네트워크의 실제 구조에 그다지 주의를 기울이지 않는다는 것이다. 다우딩은 네트워크 그 자체가 정말로 핵심적인 설명변수라면, 구체적인 네트워크의 배열형태가 정책과정에 미치는 영향을 이해하기 위해 네트워크의 정확한 구조(예를 들어 행위자 간 연결의 강도와 개수, 방향 등)를 파악해야 한다고 주장하였다(상자글 7.2를 보라). 이처럼 네트워크의 형식을 구체적으로 분석하는 접근을 취한다면 단순한 은유를 넘어 권력 관계를 적절히 포착할 수 있는 진정한 정책과정 이론이 될 수 있고, 그 이론은 몇몇 사회학자들이 시도한 수학적인 네트워크 분석과 유사한 형태가 될 것이다(Wellman, 1992; Knoke, 1998).

이상에서 살펴본 바와 같이, 다우딩은 네트워크 분석의 가치에 대해 회의적이었다. 그는 다음과 같이 말했다(Dowding, 1995: 145).

정책과정과 이익 네트워크의 특성은 굳이 네트워크라는 언어를 사용하지 않고도 설명될 수 있다. 예를 들어 협상 전략, 권력자원, 연합 가능성과 같은 언어가 사용될 수 있다. 정책은 다양한 이해관계 간의 권력투쟁의 결과이다.

다우딩은 초기의 로즈 모델이 '권력의존성power dependency'의 문제를 중요하게 다루었음을 인정한다. 하지만 최근의 로즈 모델은 '게임에서 행위자의 자원을 고려하지 않고' 대신에 거의 은유의 성격이 강한 네트워크 분류에 치중하고 있어, 정책과정을 설명explain하는 것이 아니라 기술describe하는 데 유용하게 사용될 수 있

그림 1

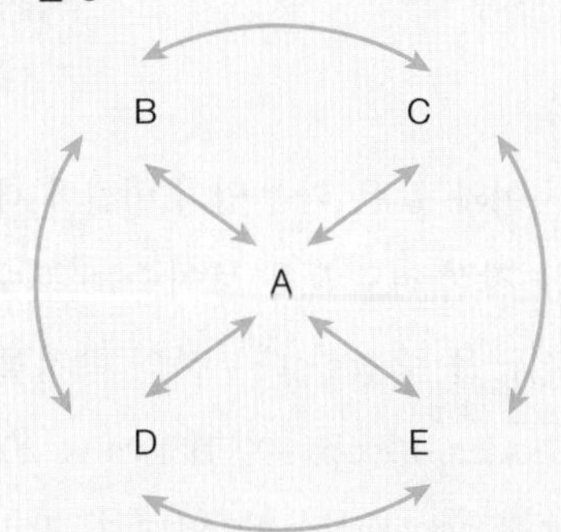

그림 2

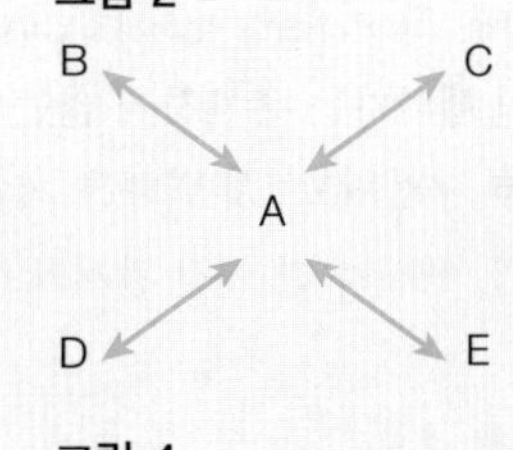

그림 3

그림 4

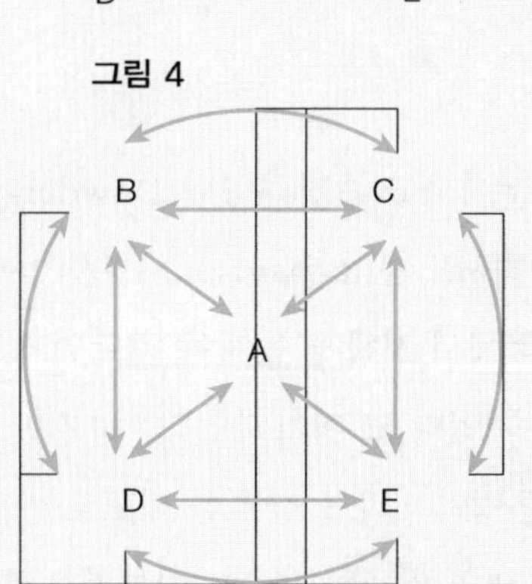

네트워크 분석에 좀 더 형식적인 formal 접근이 필요하다는 다우딩의 주장은 다음과
같은 단순한 사례를 통해 잘 표현될 수 있다(Dowding, 1995). 위의 그림에는 5명
의 행위자(A, B, C, D, E) 간의 관계가 4가지 형태로 제시되어 있다. 먼저 그림 1은
위계적 관계를 표현하고 있다. 여기서는 정보와 명령이 A에서 B, C, D, E의 순으로
오직 한 방향으로만 흘러간다. 가장 큰 책임과 권력을 가진 행위자는 물론 A이다.
다음으로 그림 2를 보면, 정보와 명령이 여전히 A에서 나오고 있지만 이제는 A가 4
명의 행위자와 직접 소통한다는 점에서 차이가 있다. 그리고 다른 4명도 A와 직접
소통할 수 있어 양방향의 흐름이 나타난다. 첫 번째 경우보다 관계가 더 복잡하지
만, A는 여전히 유일하게 다른 행위자와 접촉할 수 있는 행위자로서 분명히 중심에
있고, 따라서 가장 많은 권력을 갖고 있다. 다음으로 그림 3을 보면, 이제는 A 이외
의 다른 행위자들도 서로 소통이 가능하다. B는 A, C, D와 접촉하고, E는 A, C, D
와 접촉한다. 주변부의 다른 행위자들이 A를 거치지 않고 서로 소통할 수 있기 때문
에 A의 권력이 약화되었음을 알 수 있다. 마지막으로 그림 4를 보면, 모든 행위자가

을 뿐이라고 주장하였다(Dowding, 1995: 146).

리처드슨(Richardson, 1999: 189~190) 역시 이와 같은 다우딩의 비판에 대해 '영국에서 정책 공동체와 네트워크 분석에 대한 지적 피로감을 보여주는 분수령일 수 있다'고 평가하였다. 하지만 네트워크 접근을 주창한 대부분의 학자들은 다우딩의 비판을 단호한 태도로 반박하였다(Rhodes, 1996b, 1997b; Evans, 2001; Marsh & Smith, 2001). 기본적으로 로즈(Rhodes, 1996b)는 네트워크 접근이 설명력을 결여하고 있다는 다우딩의 비판을 다음과 같이 반박하였다. '권력의존성은 언제나 정책 네트워크의 중심적인 특징이었다. …… 네트워크 내부 자원의 종류와 분포는 행위자들의 상대적인 권력 수준에 영향을 미친다. …… (그리고) 자원의존성의 상이한 패턴은 정책 네트워크 간 차이를 설명한다'.[*]

---

[*] 스미스 역시 권력이 정책 네트워크 접근의 핵심이라고 주장하였다. 그는 다음과 같이 말했다(Smith, 1993: 64). '정책 공동체에서는 권력이 포지티브섬이다. 즉, 정책 공동체에서는 한 집단이 다른 집단을 위해 권력을 희생하지 않는다. 정책 공동체에서는 각각의 집단이 정책에 대한 영향력을 증가시키면서 함께 권력을 확대해나간다. 반면 이슈 네트워크에서는 권력이 불평등하고 승자와 패자가 나뉜다. 패자는 자원이 부족하기 때문에 정책의 발전과정에서 자신의 이익이 희생당하더라도 힘을 쓰기가 어렵다'.

정책 네트워크의 변증법적 관점the dialectical view of policy networks

하지만 또 다른 학자들은 정책 네트워크 접근에 대한 비판을 일정하게 수용하여, 관점을 수정하고 이론의 설명력을 높이고자 하였다. 특히 이론가들이 정책 네트워크의 변증법적 관점이라 명명한 중요한 논의가 전개되었다(Marsh & Smith, 2000, 2001; Dowding, 2001; Evans, 2001). 정책 네트워크 접근을 옹호하는 핵심 인물인 마시와 스미스(Marsh & Smith, 2000: 5)는 '변증법적 관계란, 두 변수가 서로 영향을 주고받는 과정이 무한히 반복되는 상호적 관계를 의미한다'고 설명하였다. 그들은 정책 네트워크 분석가들이 알아야 하는 3가지 핵심적인 변증법적 관계가 있다고 주장하였다(Marsh & Smith, 2000: 20). 첫째는 네트워크 구조와 네트워크 내부 행위자 간의 관계이고, 둘째는 네트워크와 네트워크가 작동하는 맥락 간의 관계이며, 셋째는 네트워크와 정책 간의 관계이다.

마시와 스미스에 따르면, 정책 네트워크는 정책결과에 영향을 미치고 거시적 흐름을 여과하여 개인 행위의 배경이 되는 구조를 마련하는데, 이러한 관계들은 본질적으로 양방향two-way이다. 예를 들어, 앞서 살펴보았듯이 영국에서는 다양한 정책부문들의 정책 네트워크가 정보통신기술과 관련된 변화의 강도에 영향을 미쳤다. 의사 등 강력한 전문직 집단은 정책 네트워크 내에서의 특권적 지위를 활용하여 변화에 저항하였다. 그런데 의료부문에서 정보통신기술과 관련된 또 다른 변화의 사례를 찾아볼 수 있다. 예를 들면 인터넷을 통한 건강 정보 접근성이 높아지면서 환자들이 의사의 판단에 도전하는 일이 많아지고 의사의 권력을 뒷받침하는 신비감이 줄어들고 있다(Hardey, 1999를 보라). 또 다른 예로 민간기업과의 대규모 계약을 통한 공공부문 컴퓨터 어플리케이션 개발 때문에 민간기업이 정책 논쟁의 새로운 행위자로 등장했다는 주장도 있다. 이러한 사례의 경우에는 강력한 정책 네트워크의 존재에도 불구하고 의사들의 권력이 다소 약화된 것이다. 이처럼 의료부문 정책 네트워크가 정보통신기술과 관련된 변화에 효과적으로 저항한 것도 사실이지만, 반대로 정보통신기술과 관련된 변화가 의료부문 정책 네트워크의 형태에 영향을 미치기도 하는 것이다. 영향과 상호작용은 양방향이다. 즉, 변증법적이다.

네트워크 내 개인들의 역할에 대해서도 비슷한 논의를 적용해 볼 수 있다. 앞서 논의한 사례를 다시 살펴보자. 의료부문에서 정보통신기술의 사용을 둘러싼 논쟁이 벌어질 때, 의사 개인의 행위는 네트워크에 의해 구조화된다. 예를 들어, 의료부문 네트워크의 핵심적인 위치에 있는 영국의학협회_{British Medical Association}는 의사들에게 변화에 저항하라고 지시한다(Hudson, 1999). 그런데 반대로 개인들의 행위가 논쟁의 성격이나 네트워크 핵심 구성요소의 작동방식에 영향을 미치기도 한다. 컴퓨터 보안 전문가 로스 안데르센_{Ross Anderson}의 작업이 그 예가 될 수 있다. 그는 새로운 정보통신기술 시스템이 환자의 프라이버시를 침해할 수 있다는 사실을 보고하였는데(Andersen, 1996), 이 보고를 접한 영국의학협회는 변화에 대한 반대 입장을 굳혔다.* 이처럼 네트워크는 중간수준 구조로서 미시수준의 개인의 행위에 영향을 미치기도 하지만, 네트워크 구조를 구성하고 있는 개인의 행위가 네트워크에 영향을 미치기도 한다. 이와 유사하게, 네트워크가 정책결과에 영향을 미치기도 하지만 반대로 정책결과가 네트워크에 영향을 미치기도 한다. 예를 들어 1980년대와 1990년대의 대부분의 기간 동안 의료부문 네트워크는 정보통신기술과 관련된 변화에 효과적으로 저항하였다. 그런데 2000년대에는 신노동당 정부가 정부 현대화의 주요 과제로 정보통신기술의 사용을 늘리기로 하면서 상황이 변했다. 이제 정보통신기술 관련 이슈가 정책 아젠다에서 높은 우선순위를 차지하게 되었기 때문에 이에 저항하기가 더욱 어려워졌다. 그리하여 한때는 의료부문 네트워크가 승리를 거두었던 몇몇 영역에서 이제는 마지못해 패배를 인정하게 되었음을 보여주는 근거들이 발견된다. 이러한 과정을 통해 다시 한번 정책과 네트워크가 서로에게 영향을 미치는 변증법적 관계를 확인할 수 있다.

---

* 안데르센의 보고가 영국의학협회의 반대 입장을 완전히 결정하지는 않았다 하더라도 적어도 강화했음에는 틀림없다.

이와 같은 변증법적 관점은 두 가지 점에서 중요하다. 첫째, 변증법적 관점은 기존의 이론보다 더 효과적으로 변화를 설명할 수 있다. 로즈 모델은 네트워크를 거의 항구적인 구조로 간주했기 때문에 다소 정태적인 성격을 띠었다. 마시와 로즈(Marsh & Rhodes, 1992c)는 이러한 약점을 인정했고, 그들은 일시적으로 네트워크의 균형을 깨트리는 외부적 요인에 주목하여 기술적 · 경제적 변화나 새로운 이념 및 아이디어의 등장으로 새로운 상황이 만들어지면 조정이 필요해진다는 사실을 언급하면서 로즈 모델의 약점을 극복하고자 하였다. 이처럼 변증법적 관점은, 비록 일반적으로는 네트워크의 실질적인 변화가 크지 않다 하더라도, 네트워크가 지속적인 유동 상태에 있다는 역동적 관점을 제공하여 우리의 사고를 발전시켜준다.

둘째, 변증법적 관점은 정말 중요한 것은 네트워크 자체가 아니라 네트워크를 구성하는 개인들의 행위라는 다우딩(Dowding, 1995)의 주장을 어느 정도 반영한다. 변증법적 관점을 주창한 학자들에 따르면, 변증법적 접근은 행위자(개인의 행위)와 구조(네트워크의 효과)를 모두 고려한다. 따라서 변증법적 관점은 다우딩의 우려를 해결할 뿐만 아니라, 다우딩의 관심과 로즈의 관심을 결합하여 사고의 단계를 한 단계 더 발전시켜줄 수 있다.

하지만 다우딩의 비판에 대한 마시와 스미스의 반박에 대해 다우딩(Dowding, 2001)이 재반박한 것은 아마 불가피한 일이었을지도 모른다. 다우딩은 변증법적 접근이 우리의 사고를 발전시키는 데 도움이 된다고 생각하지 않았다. 심지어 그는 다음과 같이 말했다(Dowding, 2001: 102). '정책 네트워크, "변증법적 접근", "신제도주의" 등 정책과정에 대한 모든 끔찍하고 애매모호한 이론에 대한 무의미한 논의를 중단해야 할 때다'. 다우딩(Dowding, 2001: 89)은 네트워크 분석을 통해 밝혀진 것은 대부분 사소한 것들이고 세상에 대한 일상적인 관찰을 통해 이미 알고 있던 것을 다시 확인하는 수준에 지나지 않는다고 주장하였다. 물론 마시와 스미스(Marsh & Smith, 2001)는 이러한 주장을 다시 반박하였다. 반박의 핵심은 정책과정을 탐구하는 데는 다양한 인식론에서 유래한 다양한 방식이 존재할 수 있다는 것이다. 즉, 지식이 어떻게 생산되는지를 설명하는 상이한 관점이 존재한다는 것이다. 이 주장은 다우딩과 네트워크 이론가들 간의 논쟁의 성격을 잘 드러낸다. 다우딩과 네트워크 이론가들 간에는 지식 발전과 조사 연구를 바라보는 관점의 문화적 차이가 존재한다. 다우딩은 개인의 행위를 모형화하기 위해 형식적formalistic이고 준과학적인 접근을 옹호하는 반면(이는 본질적으로 합리적 선택 접근이라 할 수 있다. 이에 대해서는 Ward, 2003을 보라), 마시와 스미스(Marsh & Smith, 2001: 535)는 세상을 해석하고 설명하기 위해 은유를 활용하는 기술적인descriptive 접근을 즐겨 사용하였다. 그들은 '은유와 비유는 사회과학에서 광범하고 유용하게 활용된다'고 보았다(Evans, 2001을 참고하라). 물론 그들이 자신들의 접근이 단순한 은유에 불과하다고 생각한 것은 아니다. 중요한 것은 다우딩의 인식론적 기초를 공유하지 않는 정치과학의 전통도 분명 강하게 이어져 왔다는 사실이다. 다우딩이 다른 논의를 자신과 출발점이 다르다는 이유로 배척한다면 그것은 잘못된 일일 것이다.[*]

막다른 골목?

우리는 이 논쟁을 보면서 2가지 입장에 모두 공감한다. 정책 네트워크 접근이 은유에 크게 의존한다는 다우딩의 주장도 타당하지만, 은유가 정책과정을 이해하는 데 도움을 준다는 마시와 스미스의 주장도 타당하다. 그러나 문제는 이 논쟁이 유용한 성과를 거두지 못하고 막다른 골목으로 나아가고 있는 것처럼 느껴진다는 데 있다. 우리가 생각하기에 지난 20년간 사회정책의 전달에 뭔가 변화가 나타나고 있고 정책전달에서 조직 간 네트워크가 점점 더 중요해지고 있다는 사

---

[*] 마시와 스미스(Marsh & Smith, 2001: 530)는 스포츠에 비유하여 다음과 같이 말했다. '사실 다우딩은 게임의 규칙을 만들고 심판을 보면서 그가 부적격하다고 판단한 선수를 퇴장시키고 싶어한다'.

실에는 의심의 여지가 없다. 6장에서 서술한 바와 같이, 사회가 점점 더 복잡해지고 정책문제의 해결이 어려워지면서 국가가 다른 조직에 의존하는 경향이 증가한 결과 '새로운 거버넌스'가 등장하였다. 새로운 거버넌스에서는 '국가와 시민사회의 경계가 흐려지고, 국가는 정부와 다양한 사회적 행위자들로 구성된 조직 간 네트워크의 집합으로 변모하였다. 이러한 구조에는 전체 방향을 설정하고 통제하는 절대 권력을 가진 행위자란 존재하지 않는다'(Rhodes, 1997b: 57).

많은 사회정책 연구들은 이러한 주장을 경험적으로 확인하였지만, 정책 네트워크에 관한 보다 추상적인 이론과의 잠재적인 연결고리는 아직 충분히 탐구되지 않았다(Hudson 외, 2007). 우리는 '네트워크의 특성으로 정책의 산출이나 결과를 설명하고자 하는 정책분석가들의 시도에 별다른 진전이 없다'는 랍과 케니스(Raab & Kenis, 2007: 192)의 평가에 동의한다. 사실 사회정책 연구들은 흔히들 네트워크나 파트너십이 정책 및 정책 연구에 중요한 함의를 갖는다고들 이야기하지만, 그 용어의 사용이 엄밀하지 않고 단순한 은유로 사용되는 경우가 많기 때문에 이러한 논의가 정확하게 로즈, 스미스, 마시, 에반스 등의 작업에 기초한다고 보기는 어렵다(예를 들어 Duke, 2002). 이에 대해 네덜란드의 키커트와 코펜얀(Kickert & Koppenjan, 1997: 35)은 영국의 정책 네트워크 논쟁이 막다른 골목에 갇히고 있다는 아이러니를 강조하였다. 그들의 관찰에 따르면, '네트워크, 네트워크의 특성, 네트워크 형성의 영향요인, 그리고 (그보다는 덜하지만) 네트워크가 정책결과에 미치는 영향에 대해서는 관심이 존재하지만, 네트워크의 존재가 거버넌스나 공공관리에 미치는 영향은 거의 주목을 받지 못한다'.

이러한 기존의 경향과 대조적으로, 키커트와 그 동료들은 정책 네트워크의 등장이 일선 공공서비스에 미치는 영향, 즉 정책 네트워크가 일선의 업무 관행에 어떤 변화를 가져오는지, 관리 절차에는 어떤 함의를 갖는지 등과 같은 질문에 주목하였다. 간단히 말하자면, 그들의 연구는 정책 네트워크가 미시수준의 정책집행에 미치는 영향을 분석하였다(11장에서 논의될 것이다). 기존의 영국 정책 네트워크 논쟁의 흔한 연구들과 비교할 때 그들의 연구가 갖는 장점이자 기여는, 네트워크가 거버넌스에 어떤 함의를 갖는지를 밝히고, 과감하게 네트워크를 이용한 공공정책 개선 전략을 제시하였다는 점이다. 사실 로즈(Rhodes, 1997b: xiii)도 이러한 이슈가 '영국에서는 부차적인 관심사였음'을 인정하고 '키커트의 선구적인 연구를 알고 있는 사람이 너무 적다'고 말했다.

또한 네덜란드의 연구에서는 '네트워크 관리network management'와 같은 개념을 통해 정책 네트워크의 중심인 국가가 특정한 정책목표의 달성을 위해 네트워크를 관리, 설정, 조정한다는 사실을 밝혔다는 점이 매우 흥미롭다. 이러한 주장은 도시 재개발 분야 등의 파트너십 네트워크를 분석한 영국의 경험적 연구들과도 맥을 같이한다(예를 들어 Skelcher 외, 1997; Davies, 2002). 이와 관련하여 로즈와 그 동료들 역시 네트워크가 '자기조직화self-organising'한다는 개념을 강조하였다. 이 개념은 네트워크에는 지배적인 참여자가 존재하지 않고 네트워크는 스스로 통치한다는 주장을 뒷받침하는데, 이러한 주장은 '정부 없는 통치governing without government'의 등장을 함의한다(예를 들어 Marsh & Rhodes, 1992d; Rhodes, 1996a, 1997b; Evans, 1999a). 이러한 표현들은 최근에 나타난 변화의 일반적인 특성을 잘 설명하지만, 한편으로는 국가의 힘이 여전히 강력함에도 불구하고 국가의 쇠퇴를 지나치게 강조할 위험도 있다. 사실 국가의 역할은 사라지지 않았고, 다만 변화하고 있을 뿐이다. 네트워크들 또한 정부의 바깥에서 등장하기보다는 정부에 의해 만들어지는 경우가 많다. 다음과 같은 로즈(Rhodes, 1997b: 51)의 서술도 이와 유사한 맥락에서 해석될 수 있다. '영국 정부는 서비스를 전달하기 위해 지방정부를 우회하여 전달기관을 만들고, 특별한 목적을 갖는 조직체를 활용하며, 공공-민간 파트너십을 촉진한다. 이러한 과정을 통해 영국의 통치 구조에서 네트워크가 점점 더 현저하게 나타나고 있다'. 이러한 변화는 물론 세계화나 기술발전과 같이 국가가 통제하지 못하는 거시적 변화에 대한 대응이기도 하지만, 동일한 거시적 압력에도 불구하고 서로 다른 정부들이 변화를 촉진하는 속도와 방식이 다양하다는 사실도 분명하다. 요컨대, 이는 복잡하고 반복적인 과정의 결과이다.

결론

키커트와 그 동료들(Kickert 외, 1997)이 주장하듯이, 네트워크는 정책과정의 핵심이고 앞으로도 그럴 것이다. 로즈(Rhodes, 2006: 441) 역시 다음과 같이 대담하게 주장하였다. '이제 정책 네트워크의 미래에 대한 논란은 없다. …… 이 주제는 너무나 자연스럽고, 공공정책의 결정을 설명하는 어떤 교과서에도 포함되는 표준적인 주제이다'. 따라서 정책 네트워크 접근에 분명 몇 가지 문제가 있음에도 불구하고, 네트워크 중심의 정책과정 이론을 탐구하고 발전시키는 것은 매우 중요하다. 우리도 정책 네트워크가 어떻게 작동·관리되는지를 이해하기 위한 노력이 매우 중요하다고 믿는다. 정책 네트워크 접근은 점점 더 확장되고 있기 때문에 현존하는 모든 네트워크 이론을 종합하는 것은 이 장의 범위를 벗어나지만, 다만 이 장에서는 사회정책이나 공공정책을 공부하는 학생들이 정책과정의 작동 방식을 이해하기 위해 고민해 보아야 할 몇 가지 중요한 주제를 간단히 검토하였다.

지금까지의 논의가 주는 첫 번째 교훈은 정책 네트워크는 정책결과에 영향을 미치기 때문에 중요하다는 사실이다. 정책 네트워크는 세계화, 기술적·경제적 변화, 새로운 아이디어의 등장과 같은 공통된 압력에 대해 여러 정책부문들이 반응하는 방식에 영향을 미치는 필터로 작용한다. 정책부문의 유형을 분류하는 로즈 모델은 공통된 변화가 왜 상이한 결과를 가져오는지를 이해하고 현재의 변화가 미래의 특정부문에 어떤 영향을 미칠 것인지를 예측하는 데 도움을 준다. 하지만 네트워크의 영향은 상당히 복잡하기 때문에 어떤 예측을 할 때는 충분한 주의를 기울여야 한다. 네트워크는 네트워크의 주변 환경, 네트워크가 작동하는 거시적 맥락, 네트워크를 구성하는 개인들, 네트워크가 생산하는 정책들과 상호작용한다(혹은 변증법적 관계를 맺는다).

따라서 다른 형태의 분석과 연계되지 않은 채 정책 네트워크 분석만이 홀로 이루어질 수는 없다는 사실이 매우 중요하다. 정책 네트워크 분석은 거시수준과 미시수준 분석을 매개하는 중간수준 분석으로 설계되었다. 정책 네트워크 분석은 변화를 설명하는 다른 논의들과 결합될 때, 예를 들어 왜 어떤 거시적 변화가 한 정책부문보다 다른 부문에 더 큰 영향을 미치는지를 설명할 때 가장 강력하다. 또한 정책 네트워크 접근은 변화에 대한 저항과 그 방식을 설명하는 데 강력한 힘을 발휘한다는 점도 강조될 필요가 있다. 거시수준 변화에 관심을 갖는 사람들은 종종 세계화나 '정보혁명'(1장과 4장을 보라)과 같은 거시적 현상의 잠재력을 강조하는 경향이 있는데, 정책 네트워크 이론가들은 그러한 변화의 영향은 정치 구조(정책 네트워크)에 의해 제약된다는 점을 강조한다. 정책 네트워크는 정치적 관계를 규정하고, 정치적 권력을 통합하고, 이익(기득권)을 보호하고, 정책 변화를 제한하기 때문이다. 요컨대, 정책 네트워크는 급진적 변화를 막고 점진적 변화를 촉진한다.

마지막으로, 네트워크 방식으로의 이동에 대한 현장 정책결정자들의 반응에 대해 많은 연구가 이루어질 필요가 있다. 마시와 스미스의 변증법적 모델은 네트워크가 지속적인 유동 상태에 있음을 개념화하였다는 점에서 진일보하였다고 볼 수 있다. 하지만 정책을 형성, 집행, 관리할 때 조직 간 네트워크와 파트너십이 어떻게 활용되는지를 완전히 이해하기 위해서는 추가적인 연구가 필요하다. 로즈를 포함하여 정책 네트워크 논쟁의 주요 인물들 중 몇몇은 이제 정책 네트워크 접근이 네트워크를 바라보는 개인의 관점에 좀 더 집중해야 한다고 주장하기 시작했다. 실제로 로즈의 최근 연구(Bevir & Rhodes, 2003: 62)에서는 '분산된decentred 접근'을 채택할 것을 촉구한다. 분산된 접근이란, 네트워크의 형태와 구조를 측정하려고 시도하기보다 '의미를 만들어내는 개인들의 능력을 통한 정책 네트워크의 사회적 구성'에 초점을 맞추는 문화기술적 접근을 의미한다. 이러한 몇 가지 이슈에 대해서는 10장에서 개인의 역할과 정책결정을 논의할 때 다시 살펴볼 것이다.

요약

- 정책 네트워크는 정책에 영향을 미친다. 정책 네트워크는 거시적 변화의 영향을 여과하는 필터로 작용하고, 특정한 목표를 달성하기 위해 정책의 방향을 조정한다. 정책 네트워크는 점진적인 변화를 촉진하고 현상을 유지하는 경향이 있다.
- 로즈 모델에서 정책 네트워크는 한쪽 끝에는 정책 공동체가 있고 다른 쪽 끝에는 이슈 네트워크가 있는 연속선으로 이해된다. 또한 정책 네트워크는 강력한 중심부를 주변부의 이슈 네트워크가 둘러싸고 있는 형태로 이해된다.
- 몇몇 논평자들은 정책 네트워크 접근의 가치를 의심한다. 그들은 정책 네트워크 접근이 은유에 불과하다고 주장한다. 로즈 모델과는 상당한 차이가 있는 보다 형식적인 접근도 있다.
- 정책 네트워크 접근은 중간수준 접근으로, 거시적 변화를 설명하는 이론과 결합될 때 가장 설명력이 크다. 정책 네트워크 접근은 특히 거시적 변화에 대한 내응이 왜 정책 네트워크에 따라 딜라지는지를 설명힐 때 유용하다.
- 마시와 스미스는 정책 네트워크가 거시수준 및 미시수준과 '변증법적' 관계를 갖는다고 주장한다. 정책 네트워크는 네트워크가 작동하는 거시적 맥락, 네트워크를 구성하는 개인들, 네트워크가 생산하는 정책들과 상호작용한다.
- 정책 네트워크는 관리되어야 한다. 네트워크의 구성원들은 네트워크를 활성화하거나 특정한 목표의 달성을 위해 네트워크의 방향을 조정하는 전략에 관여할 필요가 있다.

☑ 토론할 문제

- 정책 네트워크는 왜 중요한가?
- 정책 네트워크는 어떠한 방식으로 정책적 변화를 제약하는가?
- 보다 형식적인 형태의 정책 네트워크 접근은 분석적인 측면에서 얼마나 유용한가?

☑ 더 읽을 거리

Dowding, K.(2001). "There must be an end to confusion: policy networks, intellectual fatigue, and the need for political science methods courses in British universities". *Political Studies*, 49, 89~105.

Evans, M.(2001). "Understanding dialectics in policy networks". *Political Studies*, 49, 542~550.

Marsh, D. & Rhodes, R. A. W.(1992c). *Policy Networks in British Government*. Oxford: Clarendon Press.

Marsh, D. & Smith, M. J.(2000). "Understanding policy networks: towards a dialectical approach". *Political Studies*, 48, 4~21.

Rhodes, R. A. W.(1997b). *Understanding Governance: Policy Networks, Governance, Reflexivity and Accountability*. Buckingham: Open University Press.

CHAPTER 8

제도

개요

이 장에서는 정책과정에서 제도가 수행하는 핵심적인 역할을 살펴본다.
이를 위해 1990년대 초반 이후 정치과학에서 점점 더 중요해지고 있는
신제도주의 연구들을 많이 참고할 것이다. 신제도주의는 제도가 정치 행
위자들 간 '게임의 규칙'을 설정하여 정책 선택의 가능성을 제한하고 안
정성을 증진하는 역할을 한다는 사실을 강조한다. 이 장에서는 국제비교
를 통해 제도가 정책결과에 미치는 영향이 얼마나 중요한지를 살펴보고,
경로의존성, 정책피드백, 편향성의 동원, 단절균형과 같은 개념들을 논의
할 것이다.

주요 용어

경로의존성path dependency, 정책 피드백policy feedback, 수확체증increasing returns, 비토점veto points, 편향성의 동원mobilisation of bias, 의도하지 않은 결과unintended consequences, 단절균형punctuated equilibrium

서론: 정치는 중요한가?

이제는 더 이상 정치가 중요하지 않다고 말하는 사람들이 늘어나고 있다. 오늘날 민주주의란 의미 없는 절차일 뿐이고, 모든 정부와 정당들이 다 똑같다고들 한다. 아젠다를 주도하는 것은 정부가 아니라 거대한 기업들이다. 정말 중요한 문제는 각국의 정부가 아니라 워싱턴이 결정한 후 전 세계에 강요된다. 세계화로 인해 국민국가의 주권은 소멸되었다. 이처럼 정치와 정치인의 역할에 대한 냉소가 널리 퍼져 있다는 사실은 전 세계의 수많은 여론조사 결과와 많은 국가들의 투표율 하락을 통해 나타나고 있다. 정치제도의 구조가 어떻든지 간에 많은 시민들은 정치를 공허한 절차처럼 느낀다. 왜냐하면 일반적으로 적어도 어느 정도는 세계화 시대에 국민국가의 의미가 퇴색된다는 과잉세계화론자의 주장이 타당하다는 인식이 존재하기 때문이다. 최근 유럽 시민을 대상으로 실시한 조사에 따르면, 정부가 세계화를 통제하지 못한다고 분명하게 응답한 비율이 65%에 이르렀다(European Commission, 2001: 3).

사실 이러한 인식은 전혀 새롭지 않다. 크릭(Crick, 1962)은 1960년대 초반에 이미 비슷한 느낌을 받고 『정치에 대한 변호*In Defence of Politics*』라는 제목의 고전을 저술하였고, 이후 많은 정치과학자들이 크릭을 따라 정치의 중요성과 정치가 우리 삶에 미치는 영향을 연구하였다(Castles, 2001을 보라). 크릭의 연구는 기본적으로 관용과 열린 논쟁의 사회적 가치를 강조하는 철학적 논의이지만, 보다 최근의 연구들은 더 구체적으로 정치제도의 역할에 주목한다. 이들에 따르면 정치제도는 변화를 여과하는 역할을 한다. 공통된 거시적 압력(세계화, 탈산업화, 실업 증가, 고령화, 기술변화 등)에 대해 여러 국가들이 각각의 역사적 전통과 정치문화를 토대로 다양하게 반응하는 것도 정치제도 덕분이다. 요컨대, 이들은 거시적 압력이 사회·경제정책에 강력한 영향을 미침에도 불구하고 여전히 정치가 중요하다는 사실을 주장한다. 이들의 연구는 주로 '신제도주의new institutionalism'(Hall & Taylor, 1996)라 불리는 주제와 관련된다. 신제도주의는 정책과정에서 제도의 역

 **8.1 제도란 무엇인가?**

제도는 다음과 같다.

- 제도는 **중간수준 구조**meso-level structures이다. 제도는 개인들에 의해 만들어지지만, 개인들의 행위를 구조화하고 제약한다.
- 제도는 **공식적, 비공식적인**formal and informal 차원을 갖는다. 제도는 규칙이고 법이지만, 관습이나 규범일 수도 있다.
- 제도는 시간에 따른 **안정성과 정당성**stability and legitimacy을 보여준다. 제도는 그 자체로 가치를 갖는다.

제도의 예는 다음과 같다.

- 선거규칙, 투표 시스템
- 정당 시스템 및 구조
- 정부기관 간 관계
- 주요 경제집단이나 이익집단의 구조 및 조직
- 복지국가의 기관 및 전달체계

출처: Thelen & Steinmo(1992); Lowndes(1997).

할을 강조한다(상자글 8.1을 보라). 신제도주의는 공공정책분석 분야에서 가장 흥미로운 주제 중 하나이다.

'신제도주의'란 무엇인가?

기본적으로 신제도주의는 '제도적 환경이 어떻게 정치적 투쟁을 조절하는지를 밝히는 것'(Thelen & Steinmo, 1992: 2)을 목적으로 삼는다. 신new제도주의가 '새로운new' 이유는, 이전의 많은 사회과학 연구들도 제도의 중요성을 강조하긴 했지만 다소 경직되고 정형화된 접근을 취했기 때문에 인간 행위(행위자)를 상대적으로 경시하고 제도의 역할(구조)을 지나치게 강조하는 경향을 보였기 때문이다. 이에 반해 신제도주의는 행위자와 구조를 모두 강조하는데, 특히 제도가 정치 행위자 간 상호작용을 구조화하는 역할에 주목한다(앞에서 텔렌과 스타인모를 인용한 부분이 이를 잘 보여준다).

신제도주의는 마치와 올센(March & Olsen, 1984, 1989)이 『제도의 재발견Rediscovering Institutions』을 썼던 1980년대에 등장하여, 이후 경제학(Williamson, 1985), 사회학(DiMaggio & Powell, 1991), 정치과학(Hall & Taylor, 1996) 등 많은 사회과학 분야로 확산되었다. 그리고 각 사회과학 분야 내에서도 그 갈래가 나뉘면서 더욱 복잡한 양상으로 발전하였다. (예를 들어 홀과 테일러(Hall & Taylor, 1996)는 정치과학에 신제도주의와 관련된 3가지 갈래가 있다고 주장하였다.) 하지만 이 모든 논의들은 제도를 탐구하는 것이 사회·정치적 세계를 이해하는 열쇠라고 생각한다는 점에서 동일하다.

그러나 위에서 보듯이 신제도주의의 내부에도 상당히 다양한 관점들이 존재하기 때문에, 신제도주의가 반드시 일관된 개념적 분석도구를 제공해주는 것은 아니라는 사실을 인식할 필요가 있다. 따라서 신제도주의는 제도가 중요하다는 믿음을 공유하는 여러 가지 접근으로 이해하는 것이 타당할 것이다. 사실 이 분야의 2명의 주요 학자는 신제도주의를 정치적 결과를 설명하는 데 제도가 핵심적인 변수라고 믿는 '경험에 기초한 편견empirically based prejudice'(March & Olsen, 1984: 747)이라 부르기도 하였다.

이 책의 앞부분에서 살펴본 바와 같이, 우리는 제도가 중요하다는 믿음에 동의하고 제도가 정책과정에 중요한 영향을 미친다고 생각한다. 또한 우리는 역사가 중요하고 과거가 현재에 강력한 영향을 미친다고 주장하기도 하였다. 따라서 우리는 신제도주의의 주요 학파 중 하나인 역사적 제도주의historical institutionalism에 초점을 맞출 것이다. 우리는 신제도주의 학파 중에서도 역사적 제도주의자들이 역사가 정책결과에 미치는 영향을 강조한다는 점에서 가장 강력하다고 생각한다. 뿐만 아니라 복지국가에 가장 많은 관심을 기울인 것도 역사적 제도주의자들이었다(Baldwin, 1990; Immergut, 1992a; Skocpol, 1992; Pierson, 1994, 2001; Castles, 1998). 따라서 우리는 이들의 연구를 출발점으로 삼아 제도가 사회정책에 미치는 영향을 논의할 것이다.

제도와 안정성

역사적 제도주의 관점의 핵심은 제도가 안정성을 증진한다는 것이다. 왜냐하면 제도 그 자체가 높은 수준의 '고착성stickiness'을 가지고 있어 제거하거나 개혁하기가 어렵기 때문이다. 크라스너(Krasner, 1988: 73~74)는 이러한 주장을 다음과 같이 간결하게 요약하였다. '제도주의 관점은 어떤 것이 시간이 지나도 지속되고, 변화가 즉각적으로 이루어지지 않으며, 변화에 비용이 든다는 사실을 함의한다'. 따라서 제도주의자들은 흔히들 공공정책의 지속성과 정책 변화의 점진적 성격을 강조한다. 뒤에서 살펴보겠지만, 제도는 정책 변화의 걸림돌로 작용하는 경우가 많다. 혹은 더 정교하게 표현하자면, 제도는 변화를 특정한 방향으로 유도하여 정부의 정책개혁(특히 급진적 개혁)을 어렵게 만든다. 크라스너(Krasner, 1988: 74)가 주장하듯이, '제도주의 관점에서 볼 때 변화는 결코 쉽지도, 부드럽지도, 꾸준하지도 않다'.

이와 같이 제도의 안정성이 정책결과에 영향을 미친다는 생각은 역사적 제도주의에 시간적 차원이라는 강력한 분석틀을 더해주었다. 역사적 제도주의자들은 제도가 시간이 지나도 지속되기 때문에 제도의 효과 역시 지속된다고 주장한다. 따라서 제도가 정책결과에 미치는 영향을 이해하기 위해서는 먼저 제도가 장기간에 걸쳐 정책을 형성한다는 사실을 이해해야 한다. 이 점은 상당히 중요한데,

왜냐하면 신제도주의의 다른 학파들은 몰역사적ahistorical 접근, 즉 제도가 바로 지금 이 순간에 정치적 행위의 맥락을 형성한다는 사실에 주목하는 것만으로도 충분하다고 생각하기 때문이다. 이와 대조적으로 역사적 제도주의자들은 시간에 따른 정책의 변화를 이해하는 것이 방법론적으로 필수적이라고 생각한다. 따라서 이들은 제도가 정책의 발전과정에 미치는 복잡한 영향을 파악하기 위해 자세한 역사적 사례연구를 실시한다.

경로의존성과 수확체증

그렇다면 역사적 제도주의자들이 정책 변화가 느리고 점진적인 방식으로 진행된다고 생각하는 이유는 무엇일까? 한 가지 이유는 정책 그 자체가 고착된 제도를 형성하는 경향이 있다는 것이다. 그 예로 연금기금이나 건강보험기금은 개혁이 쉽지 않아 변화의 걸림돌로 작용한다는 사실을 들 수 있다. 피어슨(Pierson, 2001)과 같은 주요 학자들은 이러한 생각을 발전시켜 제도의 고착성이 정책의 수확체증increasing returns을 가져온다고 주장하였다. 이 개념은 경제학 이론의 기본 법칙 중 하나인 '수확체감diminishing returns'의 법칙과 대비된다. 수확체감의 법칙은 이익이 일정한 수준에 이르면 추가적인 노력이 주는 보상이 점점 더 작아지는 경향을 의미한다. 반대로 수확체증이란 정책이 특정한 경로에 오르면 기존의 경로를 지속함으로써 얻는 이익과 경로를 바꾸는 데 드는 비용이 점점 더 증가하는 경향을 의미한다. 이러한 현상이 나타나는 이유 중 하나는 한 번 확립된 사회권을 제거하려 할 때는 커다란 정치적 논란이 발생한다는 사실이다(바로 이러한 점에서 역사적 제도주의자들은 최근 복지축소의 정치와 전후 복지확대의 정치가 상당히 다르다고 주장하였다. Pierson, 1994를 보라). 마일스와 피어슨(Myles & Pierson, 2001)은 연금개혁의 예를 들어 수확체증을 설명하였다. 그들은 모든 서구국가들의 연금제도가 1980년대 이후 개혁의 압력에 부딪쳤다고 주장하였다. 왜냐하면 사회적으로 연금 수급자의 비율이 증가하고 임금 소득자의 비율이 감소하기 시작했기 때문이다. 특히 대부분의 국가는 부과방식Pay As You Go: PAYG 연금제도를 채택하고 있는데, 이는 전례 없이 빠르게 늘어나고 있는 노인들의 연금 지급을 위한 재원을 점점 줄어들고 있는 임금 소득자들의 세금으로 충당해야만 한다는 사실을 의미한다. 이러한 상황에 세계화와 같은 다른 요인들까지 더해지면서, 세계은행(World Bank, 1994)을 비롯한 많은 사람들은 연금에 대한 국가 책임을 축소하는 급진적 개혁이 필요하다고 예상하였고, 특히 연금 민영화가 그 주된 방안으로 거론되었다.

그러나 1980년대 이후 OECD 국가들의 실제 연금 정책을 살펴보면, 연금제도가 민영화 모델로 수렴할 것이라는 예상을 깨고 2가지 상이한 정책 경로가 나타났다. 오스트레일리아, 덴마크, 스위스, 영국 등 몇몇 국가에서는 실제로 연금 제공에서 민간부문의 역할을 늘리는 급진적 개혁을 실시하였다. 하지만 독일, 이탈리아, 스웨덴, 미국 등 많은 국가들은 민간 제공 방식으로 급격하게 전환하기보다는 공급을 어느 정도 축소하는 완만한 개혁을 실시하였다. 게다가 이 2가지 유형의 사례로 언급된 국가들의 목록이 정치문화나 역사적 복지 레짐을 기준으로 하는 기존의 분류(예를 들어 Esping-Andersen, 1990)와 깔끔하게 일치하는 것도 아니다. 예를 들어 사회민주주의 레짐의 덴마크는 급진적 개혁을 실시한 국가로 분류되지만, 자유주의 레짐의 미국은 완만한 개혁을 실시한 국가로 분류된다.

마일스와 피어슨은 이와 같은 개혁 경로의 상이함을 설명하는 것은 바로 기존 연금의 제도적 배치이라고 주장하였다. 오랜 기간 동안 부과방식 공적연금제도가 잘 구축된 국가들의 연금개혁은 예외 없이 급여를 일부 삭감하는 주변적인 수준에 머물렀다. 반면 연금제도가 성숙하지 않았거나 잘 발전되지 않은 국가들의 경우에는 민영화를 확대하는 훨씬 급진적인 개혁을 실시하였다. 마일스와 피어슨에 따르면, '부과방식제도의 경로로 얼마나 나아갔는지가 개혁의 범위를 제약하는 결정적인 요인이고'(Myles & Pierson, 2001: 313), '과거로부터 전해져온 제도적 · 프로그램적 특성이 정책결정자들의 선택 가능성을 제약한다'(Myles & Pierson,

2001: 306). 요컨대, 연금제도에 대한 공통된 개혁 압력에도 불구하고 그 해결책은 상이하게 나타난다는 것이다. 왜냐하면 잘 확립된 제도(즉, 연금기금)를 가진 국가들의 경우에는 이 제도를 해체하는 것이 거의 불가능하기 때문이다.

이러한 '수확체증' 개념은 역사적 제도주의의 또 다른 근본 개념인 경로의존성 path dependency과 연결된다. 마일스와 피어슨(Myles & Pierson, 2001: 306)은 '연금 정책은 "경로의존적" 변화의 표준적인 사례에 해당한다'고 말했다. 여기서 "경로의존적"이라는 표현은 '과거의 선택이 미래의 선택을 체계적으로 제약하는 과정'을 의미한다. 국가연금제도의 예를 더 살펴보자. 1950년대 많은 국가들은 전후 번영에 힘입어 국가연금을 확대하는 결정을 내렸다. 이러한 경로를 채택한 국가들에서는 커다란 연금 수급자 집단이 형성되었다. 이 집단은 1980년대 긴축경제 하에서 연금제도가 위협받게 되었을 때 연금제도를 유지해야 한다는 강력한 정치적 선호를 표출하였다. 이러한 양상은 성숙한 연금제도가 부재한 국가들의 정치적 분위기와는 극명하게 대조된다. 연금제도가 미성숙한 국가들의 경우에는 국가연금제도에 강한 애착을 느끼는 국민의 수가 많지 않다. 요컨대, 서로 다른 국가들은 연금제도에 대한 공통된 압력에 대해 다른 방식으로 반응한다. 왜냐하면 이미 3, 40년 전에 2가지 경로 중 하나로 나아갈 수밖에 없게끔 '고정되어 locked' 있기 때문이다.

정책 피드백 policy feedback

경로의존성은 과거의 결정이 미래의 결정을 제약하고 영향을 미친다는 것을 의미한다. 역사적 제도주의자들은 이러한 현상을 흔히들 정책 피드백이라 불렀다 (Skocpol, 1992; Pierson, 1994). 정책 피드백이라는 용어는 현실의 정책이 단순히 정책과정의 결과가 아니라 정책과정의 중심이라는 관점을 반영한다. 사회정책 분야에서는 특히 더 그러한데, 왜냐하면 정책이 자원을 대규모로 (재)분배하여 커다란 이익 공동체를 형성하면 이들이 다시 기존의 정책적 합의를 유지 · 방어하기 때문이다.

이러한 주장을 가장 잘 표현한 사람 중 하나가 바로 스왱크(Swank, 2002)이다. 그는 세계화 이후 각국의 복지개혁/축소 논쟁의 양상은 근본적으로 해당 국가의 기존 복지공급 형태에 의해 결정된다고 주장하였다. 그에 따르면, 포스트세계화 시대 복지축소 압력에 대한 친복지 진영의 저항의 강도는 복지국가의 조직 방식, 자원의 재분배 범위, 사회정책에 대한 민주적 통제 수준 등의 요인에 의해 주로 결정된다. 예를 들어, 영국에서는 주요 복지국가 영역의 대부분이 중앙정부에 의해 직접적으로 통제된 반면, 독일에서는 행정과 의사결정의 측면에서 모두 상당한 수준의 분권화가 진행되었다. 이러한 제도적 배치의 차이는 구체적인 분야의 정책 네트워크 형성에 직접적인 영향을 미쳤고, 이어서 그러한 네트워크 내부의 비정부 행위자들의 권력에도 영향을 미쳤다.* 따라서, 스왱크(Swank, 2002: 52)가 주장하였듯이, '프로그램 구조의 특성은 친복지 이익집단들의 상대적인 정치적 능력과 대표성에 큰 영향을 미친다'.

요컨대, 복지정책은 이익 공동체를 형성하고, 이익 공동체는 다시 정부(혹은 초국적 조직)의 공격으로부터 복지국가 제도를 방어한다. 따라서 현재의 정책결정자들은 과거의 정책결정자들이 내린 결정을 바꾸기가 어렵다. 스카치폴과 아멘타(Skocpol & Amenta, 1986: 149)가 지적하듯이, '정치가 사회정책을 형성할 뿐만 아니라 사회정책도 정치를 형성한다. 즉, 일단 정책이 실행 · 집행되면, 정책이 공공 아젠다와 정책 변화를 둘러싼 집단 간 갈등의 패턴을 변화시킨다'.

이와 같은 주장을 특정 정책의 혜택을 받거나 정책을 전달하는 주요 집단들과 정부 간의 협상에 주목하는 정책 네트워크 접근(7장을 보라)과 비교해 볼 수

---

* 예를 들어, 영국의 NHS는 일반조세로 재정이 충당되는 단일조직이다. 반면 독일의 의료 시스템은 분권화된 준국가기관들의 기금으로 재정이 충당되는 사회보험 방식인데, 각각의 기금은 서로 다른 사회집단에게 상이한 혜택을 제공한다. 독일에는 1,000개가 넘는 기금이 있고 그 수급자들은 기금의 관리에 민주적인 영향력을 행사한다(Bolderson & Mabbett, 1997).

있다. 2가지 접근은 모두 정책이 이익집단을 형성하고 이들이 기존 상태를 유지 · 방어하기 때문에 변화가 나타나기 어렵고 정책이 점진적으로 조정되는 경향이 크다는 사실을 강조한다[사실 로즈(Rhodes, 1995)는 신제도주의와 정책 네트워크 접근이 똑같다고 주장했다]. 하지만 (역사적) 제도주의 관점은 정치를 자원의 협상을 넘어서는 어떤 것으로 바라본다는 점에서 정책 네트워크 접근보다 더 나아간다. 예를 들어 스웽크(Swank, 2002; Rothstein, 1998도 함께 참고하라)는 정책이 이해관계뿐만 아니라 가치를 형성하기도 한다는 점을 강조하였다. 역사적 제도주의는 인간을 자신의 이익만을 추구하는 이기적인 행위자를 넘어서는 어떤 것으로 이해하고 이러한 인간들의 상호작용을 포용하려고 노력한다는 점에서 정책 네트워크 접근과 상당한 차이가 있다. 역사적 제도주의는 정책과정에서 사람들이 옳고 그름에 대한 도덕적 판단이나 이념 등과 같이 폭넓은 동기에 따라 행동하기도 한다고 가정한다.

의도하지 않은 결과

이와 같이 역사적 제도주의자들은 정책 피드백이 정책의 발전 방향과 성격에 매우 강력한 영향을 미친다고 보지만, 정책 피드백의 세부적인 모습을 예측하기란 불가능하다는 점도 언급될 필요가 있다. 따라서 역사적 제도주의자들은 정책결정이 의도하지 않은 결과unintended consequences를 가져온다는 점을 함께 강조한다. 사실 이 분야의 많은 주요 학자들은 정책발전과정이 다소 무계획적인 성격을 띤다는 사실을 강조하였다. 아마도 볼드윈(Baldwin, 1992)의 유럽 복지국가 기원에 관한 연구가 이를 가장 잘 보여주는 사례일 것이다. 볼드윈의 연구의 핵심은, 현재의 어떤 사회정책을 정당화하는 근거가 그 정책의 원래 도입 의도와 일치한다는 가정, 즉 정책이 반드시 의도된 목적을 충족시킨다고 보는 생각이 틀릴 수도 있다는 것이다. 볼드윈이 자세히 분석한 스웨덴의 국가기초연금basic state pension의 예를 들어보자. 제대로 된 첫 국가연금제도 중 하나인 스웨덴의 국가기초연금이 시작된 것은 1913년으로 거슬러 올라간다. 이 제도는 처음부터 보편적인 성격을 띠었고 일반조세를 통해 재정이 충당되었다. 이는 흔히 사회적으로 공정한 이타주의 이념에 기초한 선구적인 복지정책의 사례로 간주되었을 뿐만 아니라, 스웨덴 정치문화의 핵심이자 관대한 사회민주주의 복지국가를 지탱하는 원칙인 연대성을 보여주는 초기의 증표로 받아들여졌다.

하지만 볼드윈에 따르면, 스웨덴에서 연금제도가 처음 도입되었을 당시 연금제도의 성격을 둘러싼 논쟁은 사회정의나 사회연대, (현대적인) 사회민주주의 등의 고결한 이념과는 별 관계가 없었다. 사실 사회민주주의자들은 보편적 연금제도를 지지해야 하는지를 두고 입장이 나뉘었는데, 많은 사회민주주의자들은 도시 노동계급에게만 혜택을 제공하는 제도를 선호하였다. 보편주의 시스템을 도입하라고 주장한 것은 주로 상대적으로 부유한 농민집단이었는데, 이들은 도시 노동자들을 위한 연금제도에서 농민집단이 소외되는 것을 우려하였다. 하루라도 빨리 노인빈곤을 해결해야 할 필요성이 컸음에도 불구하고, 국회에서 자원의 분배를 둘러싼 논쟁이 계속되면서 결국 제도의 도입은 20년 넘게 지연되었다. 이처럼 보편적인 조세방식 연금제도의 도입은 논쟁의 출발점이 아니라 교착상태를 타개하기 위한 타협의 결과물이었을 뿐이다. 볼드윈(Baldwin, 1989: 23~24)에 따르면, '보편성과 조세방식이라는 두 가지 특징은 물론 나중에는 복지정책의 연대성과 진보성을 보여주는 특성으로 자리 잡게 되지만 …… 원래는 농민 중산층 계급이 자신의 이익을 실현하기 위해 요구를 표출한 결과였다'. 요컨대, 관대하고 보편적이며 재분배적 성격이 강한 조세방식으로 운영되는 현재의 스웨덴 연금제도는 의도하지 않은 결과의 고전적인 예라고 할 수 있다. 스웨덴 연금제도는 상대적으로 부유한 집단의 이익추구 행위의 결과로 도입되었다. 현재 연금제도의 주요 수급집단인 (도시) 노동계급의 다수는 당시 이 제도를 반대하였다. 이처럼 스웨덴의 연금제도는 자원의 분배를 둘러싼 꽤나 지저분한 논쟁의 산물이었지만, 현재는 사회적으로 공정한 이상적인 연금제도로 받아들여진다. 볼드윈(Baldwin,

1989: 24)은 이와 같은 아이러니를 다음과 같이 멋지게 요약하였다. '미덕의 기원은 세속인 것으로 드러났다. 한 시대의 연대는 다른 시대의 이기심으로부터 비롯되었다'.*

'게임의 규칙'으로서의 제도

이러한 사례는 연금이나 건강보험기금과 같은 복지국가 제도의 형성과정에서 과거의 정책결정이 현재의 논쟁과 미래의 결정에 중대한 영향을 미칠 수 있다는 사실을 분명하게 보여준다. 과거의 결정은 개혁(특히 축소)을 어렵게 하기 때문에, 안정성을 증진하고 현상을 유지하며 점진적인 변화를 촉진한다. 따라서 이러한 경향이 각국에서 진행된다면 여러 국가들의 정책발전 경로도 매우 다를 것이다. 연금이나 의료와 같은 분야에서는 과거의 정책결정으로 인한 결과가 장기간 지속되면서 미래의 정책방향을 편향시킨다. 과거의 정책결정은 현재 가능한 여러 경로 중 특정한 하나의 경로로 나아가게 하는 편향된 논리를 촉발시킨다. 그러한 논리가 어떤 것일지를 예측하기는 매우 어렵지만 말이다.

그런데 제도는 어떤 결정이 이루어지기 전에도 정책에 영향을 미친다. 제도는 게임의 규칙을 설립하여 처음부터 정책결정자들의 선택을 제한한다. 즉, 초기 연금제도나 의료체계에 관한 논쟁이 시작되기도 전에 이미 정책이 발전할 수 있는 경로 중 일부를 막아버린다는 것이다. 이를 잘 보여주는 사례가 바로 가장 근본적인 게임의 규칙 중 하나인 선거규칙이다. 선거규칙은 분명 때와 장소에 따라 매

---

* 에스핑-안데르센(Esping-Andersen, 1990)은 그가 선진국 중 가장 관대한 사회보장체제라고 생각하는 스웨덴의 발전 요인을 설명하면서, 시장경제에서 이상적인 사회민주주의 복지 레짐으로 나아가는 일관된 정책 청사진이 있었던 것은 아니라는 점을 강조하였다. 심지어 관대한 사회정책을 가장 강력하게 옹호한 사람들 사이에서도 그런 청사진은 존재하지 않았다. 사실 스웨덴 복지국가를 발전시킨 요인은 지난한 정치적 협상과 투쟁이었다.

우 다양하다. 한 정당이 강력한 단일정당 정부를 형성하기 위해 60%의 지지를 얻어야 하는지(스웨덴의 경우) 아니면 40%의 지지만 얻어도 되는지(영국의 경우)의 문제는 정당의 선거전략에 매우 중요한 의미를 갖는다. 영국에서는 하나의 정당이 홀로 정부를 구성하기 위해 40%의 지지만 확보하면 되기 때문에 상대정당의 신뢰를 떨어트리는 적대적인 전략을 구사하는 것이 합리적일 수 있다. 반면 스웨덴에서는 하나의 정당이 독자적으로 60%의 지지를 얻기가 상당히 어렵기 때문에 가장 많은 지지를 획득한 정당이라 할지라도 선거 후에 다른 정당과 연합정부를 구성해야 할 가능성이 크다. 따라서 스웨덴에서는, 논쟁의 여지가 있지만, 가능하면 합의를 통해 서로 협조적인 관계를 유지할 수 있는 합의지향적 전략을 구사하는 편이 합리적이라고 볼 수 있다. 이와 같이 간단한 게임의 규칙의 차이(최다득표제first-past-the-post와 비례투표제proportional voting system)가 정책의 논쟁과 결과에 엄청난 영향을 미칠 수 있다. 즉, 게임의 규칙이 정책과정의 성격에 중요한 영향을 미치고, 정책과정에 영향을 미치는 규칙이 지역에 따라 다양하기 때문에 정책과정 역시 다양하게 나타난다. 그런데 제도주의자들은 한 걸음 더 나아가, 상이한 규칙은 서로 다른 행위자의 힘을 강화하기 때문에 게임의 규칙이 불가피하게 특정한 게임 참여자에게 유리하게 작용한다고 주장한다(이것이 바로 상이한 제도적 배치가 서로 다른 정책결과를 만들어내는 또 다른 이유이다). 이러한 주장은 '편향성의 동원mobilisation of bias'이라는 개념으로 간결하게 표현될 수 있다. 다음에서 살펴보겠지만, 제도는 수많은 복잡한 방식으로 편향성을 동원한다.

비토점veto point으로서의 제도

유럽 의료 시스템의 형성을 분석한 이머구트의 연구는 이러한 사실을 잘 보여준다(Immergut, 1990, 1992a, 1992b). 앞서 7장에서는 정책 네트워크와 비정부 행위자들이 복지정책의 형성과정에 어떤 역할을 하는지를 살펴보면서 강력한 지위를 가진 의료전문직이 의료정책의 형성에 중요한 영향을 미친다는 사실을 확인하였다. 이처럼 의사집단은 정부가 정책목표를 달성하기 위해 의존하는 권력집단의 고전적인 사례로 자주 거론된다. 우리는 영국의 경우만을 살펴보았지만, 사실 다른 어떤 선진국에서도 의료전문직은 비슷한 역할을 수행한다. 그런데 의료전문직의 막강한 권력이 보편적인 현상임에도 불구하고, 의사가 의료 시스템 발전에 미치는 영향은 지역에 따라 상당히 다르고 전 유럽에 걸쳐 의료 시스템의 성격에는 상당한 차이가 있다.

이러한 관찰이 바로 이머구트의 연구의 출발점이다. 그녀는 다음과 같은 3가지 의료 시스템의 역사적 발전과정을 분석하여 국가별 의료 시스템의 차이를 이해하고자 하였다.

- 스웨덴: 높은 수준의 사회화, 국가가 운영하는 보편적 서비스, 일반조세 재정방식.
- 스위스: 높은 수준의 시장화, 국가 역할 최소화, 주로 민간부문.
- 프랑스: 사회보험을 통한 관대한 재정지원, 준국가기관의 강력한 역할.

이머구트에 따르면, 의료 시스템의 차이를 설명하는 기존의 논리는 3가지로 정리될 수 있다. 첫 번째, 각국의 논쟁과정에서 어떤 주장이 지배적인지에 따라 의료 시스템의 차이가 결정된다는 주장이 있다. 그러나 이러한 설명은 사실과 다르다. 사실 각국에서 초기의 논쟁 구도는 매우 비슷했다. 정부는 의료를 사회화하길 원했고 의료전문직들은 그러한 시도에 저항하였다. 따라서 이머구트는 이 설명은 그다지 중요하지 않다고 보고, 이어서 두 번째 논리를 검토한다. 그것은 바로 국가마다 의료전문직이 효과적으로 동원되는 수준에 차이가 있다는 주장이다. 그런데 이머구트는 의료전문직이 동원되는 수준이 다른 것은 사실이지만 이것이 정책결과의 차이를 설명해주지는 않는다고 보았다. 왜냐하면 의사들이 훨씬 규모가 크고 대표성이 높은 조직을 구성하고 있었던 국가는 프랑스와 스웨덴이었음에도 불구하고 의사들이 선호하는 해결책(국가개입의 최소화)이 채택된 것은 스위스였기 때문이다. 따라서 또 다른 논리가 필요하다. 이머구트가 검토한 세 번째 논리는 국가개입의 증대를 지지하는 집단의 권력이 국가마다 다르기 때문에 상이한 정책결과가 도출되었다는 것이다. 여기서 그녀는 노동계급의 권력에 주목하였다. 실제로 노동계급은 국가개입의 증대를 지지하였고 국가에 따라 그 권력의 차이가 큰 것도 사실이었다. 그러나 이머구트는 이 논리도 정책결과의 차이를 설명해주지 못한다고 주장하였다. 초기의 논쟁 과정에서 노동계급이 가장 효과적으로 동원되었던 나라는 스웨덴과 스위스였는데, 스웨덴 노동계급은 자신의 목적을 달성하였지만 스위스 노동계급은 상대적으로 덜 조직된 프랑스 노동계급에 비해서도 자신의 목적을 달성하는 데 성공하지 못했기 때문이다.

이에 이머구트는 정책결과의 차이를 설명하는 요인으로 국가의 조직 형태에 주목해야 한다고 주장하였다. 이것이야말로 그녀의 분석에서 살아남은 핵심요인이었다. 세 나라에서는 '게임의 규칙'이 매우 달랐다. 스웨덴은 행정부가 강력하고, 프랑스는 의회가 강력했으며, 스위스는 국민투표가 의사결정과정의 주요 수단이 되는 직접민주주의의 전통이 강했다. 이머구트는 이와 같이 상이한 제도적 배치가 의료정책 발전과정의 차이를 가장 잘 설명한다고 주장하였다. 그녀에 따르면 모든 민주주의 정치체제는 비토점veto points을 가지고 있다. 비토점이란 어떤 집단이 정책 제안에 반대하고 그들의 영향력을 행사할 수 있는 기회를 의미한다. 그런데 비토점의 성격과 정도는 국가에 따라 매우 큰 차이가 있다. 스웨덴에서는 정치체제가 중앙집권화되어 있기 때문에 행정부가 의료 사회화 정책을 비교적 쉽게 추진할 수 있었다. 이와 반대로 스위스에서는 직접민주주의체제 때문에 의료전문직이 행정부의 의료 사회화 제안에 대한 반대를 동원할 수 있었다. 의료전문직들은 자주 국민투표를 요구하여 입법화를 막거나 지연시키려고 했고, 결국 그 최종적인 정책결과는 애초의 취지가 상당히 희석되었고 별다른 변화를 가져오지 못했다. 스위스의 의사들은 스웨덴에 비해 상대적으로 조직력은 떨어졌지만, 그들은 스위스 정치체제에 존재하는 수많은 비토점을 활용하여 변화에 저항할 수 있었다. 한편 프랑스 정치체제의 비토점은 스위스보다는 작았지만 스웨덴 보다는 많았는데, 프랑스에서 의료 사회화 정책이 실현된 정도도 이와 유사하다. 프랑스의 의료 시스템은 국가개입의 측면에서 스웨덴과 스위스의 중간 수준의 성격을 띠게 되었다.

이머구트의 연구는 어떻게 제도가 여러 가지 정책 선택지 중에서 하나의 정책 결과를 지원하는지(혹은 방해하는지)를 잘 보여주었다는 점에서 중요하다. 물론 제도의 효과는 복잡하고 예측하기 어렵지만, 제도가 정부의 전략, 권력, 자율성에 영향을 미친다는 사실은 분명하다. 이러한 이머구트의 견해를 받아들인다면, 제도가 정책의 정치적 실현가능성이라는 아젠다를 실질적으로 결정한다고 주장할 수도 있을 것이다. 일반화하자면, 비토점이 많은 정치체제는 집단행동collective action의 문제를 야기하기 때문에 관대한 복지에 합의할 가능성이 낮아지고, 비토점이 적은 정치체제는 반대의 경향을 나타낸다.

제도와 이해관계의 형성

피어슨(Pierson, 1995)은 비슷한 문제에 대해 다른 시각으로 접근하였다. 그는 연방주의federalism가 사회정책의 발전에 미치는 영향을 분석하였다. 피어슨 역시 정치체제의 분절이 집단행동의 문제를 야기하기 때문에 관대한 복지의 공급이 어려울 수 있다고 생각하였다. 그런데 그는 정치제도의 특성이 게임의 규칙을 설정하기도 하지만 동시에 정치 행위자의 이해관계에 영향을 미치기도 한다고 주장하여, 편향성의 동원에 더해 또 하나의 분석적 차원을 추가하였다. 예를 들어, 연방주의는 지역적 이해관계를 제도화하기 때문에 자원의 지역 간 분배 이슈가 지속적인 아젠다로 제기된다. 피어슨은 미국 사회정책의 발전과정 분석을 통해, 지역적 아젠다 때문에 복지국가 발전에 3가지 부정적 영향이 나타났다고 주장하였다. 첫째, 최소공통분모의 정치politics of the lowest common denominator로 귀결되는 경향이 나타난다. 이는 어떤 정책이 성공하기 위해서는 해당 정책을 가장 적게 지지하는 참가자의 반대를 처리해야 함을 의미한다. 둘째, 제도적 보호institutional protection 경향이 나타난다. 이는 특정 주의 이익과 연계된 정책은 뒤집히기가 어렵다는 사실을 의미한다. 셋째, 탈출 기제exit mechanism를 찾으려는 경향이 나타난다. 예를 들어 어떤 주를 특정한 차원의 복지정책에서 면제해주는 예외조항opt-out clauses이 있다. 요컨대, 연방주의 하에서는 '공유된 정책결정의 딜레마dilemmas of shared policy making' 때문에 단일국가에는 존재하지 않는 갈등이 나타나 미국의 정책 논쟁의 성격을 근본적으로 규정한다. 구체적으로 말하자면, 연방주의가 만들어낸 상당한 (지역 간) 정치적 균열은 정책과정에서 해결해야 할 또 하나의 어려움으로 작용한다. 주요 정책 논쟁에서 강력한 지역적 이해관계라는 근본적인 차원이 형성되는 것이다.

정책 필터로서의 제도

지금까지의 모든 논의가 본질적으로 의미하는 바는, 결국 제도가 변화를 여과한다는 것이다. 제도는 거시수준(세계화나 기술변화)과 미시수준(개인의 정책 결정이나 집행, 거시적 변화에 대한 개인의 경험) 사이의 중간수준에서 작동한다. 게다가 제도는 지역에 따라 다르기 때문에 제도가 '여과한' 세계화나 경제적 변화의 경험도 지역에 따라 달라진다.

신제도주의 분야의 가장 야심찬 연구 중 하나인 스왱크(Swank, 2001, 2002)의 연구는 제도가 어떻게 세계화가 복지국가에 미치는 영향을 여과하는지를 체계적으로 분석하였다. 이 분야의 다른 연구들과는 다소 상이하게도, 그는 역사적 사례연구를 시계열 자료를 이용한 정교한 양적 분석으로 보완하였다. 스왱크(Swank, 2002: 275)의 분석 결과, 세계화(스왱크에게 세계화란 자본의 세계적 이동성이 증가하는 것을 의미한다)는 '오늘날의 사회복지정책의 변화와 체계적, 직접적으로 연결되어 있지 않다'는 매우 중요한 결론이 도출되었다. 이러한 결론이 세계화가 복지에 영향을 미치지 않는다는 사실을 의미하지는 않지만, 다만 세계화가 복지에 미치는 영향이 미리 결정되어 있는 것이 아니며 세계화 때문에 신자유주의 모델로의 수렴이 나타나는 것은 아니라는 사실을 보여준다. 스왱크(Swank, 2002: 279)가 수집한 경험적 근거에 따르면, '자본의 세계적 이동성 증가가 사회

 **8.2 제도가 복지에 미치는 영향에 대한 스왱크의 분석**

스왱크(Swank, 2001, 2002)는 1965~1995년 동안의 15개 OECD 국가의 복지국가 활동을 대상으로 대규모 양적 · 질적 분석을 실시하였다(오스트레일리아, 오스트리아, 벨기에, 캐나다, 덴마크, 핀란드, 프랑스, 독일, 이탈리아, 일본, 네덜란드, 노르웨이, 스웨덴, 영국, 미국). 이 분석의 핵심 목표는 첫째, '민주주의의 쇠퇴 이론 theory of diminished democracy'을 검토하는 것이다. 이는 세계화가 국민국가의 정치적 의지와 관계없이 복지국가의 규모를 축소하도록 강제한다는 주장이다. 둘째, 이와 반대로 정치제도와 국민국가의 이념이 복지정책의 형성에 지배적인 영향을 미친다는 주장을 검토하는 것이다. 분석 결과, 스왱크는 복지국가에 대한 세계화의 독립적인 영향은 존재하지 않고 세계화에 대한 반응은 근본적으로 각국 제도의 특성에 의해 영향 받는다고 결론 내렸다. 그는 실제로 복지국가의 후퇴나 적응과 연결된 제도적 배치는 어떤 형태인지를 구체적으로 설명하였다.

스왱크가 세계화의 영향으로부터 복지국가를 가장 효과적으로 보호하는 제도적 배치라고 주장한 것은 다음과 같다.

- **포괄적인**inclusive **선거 시스템**: 합의에 기초한 연합정부의 형성을 장려하는 비례대표 시스템
- **사회적 코포라티즘**: 복지행정에서 강력한 노조와 시민사회의 역할의 중요성
- **정치적 권위의 중앙집권화**centralisation: 연방주의가 약하거나 존재하지 않는 것
- **보편주의에 기초한 복지국가**: 적용범위coverage가 포괄적인 프로그램들이 잘 구축되는 것

복지에 미치는 효과의 크기와 방향은 국내 정치제도의 특성에 상당한 영향을 받는다'. 구체적으로 말하자면, '집합적 단체와 선거의 대표성 구조, 정치조직체 내 의사결정 권위의 구조, 복지국가 제도의 구조'가 세계화가 복지에 영향을 미치는 과정에 결정적인 역할을 한다는 것이다(상자글 8.2를 보라).

비판, 복잡성, 타이밍

우리는 정책분석에 대한 제도주의 접근을 강력하게 옹호하고, 경로의존성과 같은 개념들이 매우 유용한 해석적 함의를 제공해준다고 믿는다. 하지만 모든 정책 분석가들이 우리와 같은 생각을 가지고 있는 것은 아니라는 점을 지적해둘 필요가 있다. 예를 들어 로스(Ross, 2007: 592)는 '최근 많은 연구에서 경로의존성이 중요하게 다뤄지고 있다. …… 이 연구들은 (느슨한) 가정들을 포함하고 있는데, 이 가정들의 상당수는 거짓임을 입증할 수가 없는 성격을 갖는다(예를 들어 과거의 선택과 사건이 미래에 영향을 미친다는 가정 등). …… 이러한 통찰은 제도의 발전을 이론적으로 설득력 있게 설명하는 모델이 되기에는 부족하다'. 로스에게는, 과거가 현재에 영향을 미치기 때문에 중요하다는 등의 역사적 제도주의자들의 주장은 대체로 너무 일반적이기 때문에 유용하지가 않다. 로스는 이러한 주장에 어느 정도의 진실이 담겨 있다는 것을 부정하지는 않지만, 그녀는 이러한 주장이 경로의존성이라는 개념의 유용성을 뒷받침하기에는 구체성이 부족하다고 느낀다. 그녀는 현재의 이론이 경로의존성과 정책 피드백이 작동하는 구체적인 과정과 어떤 경우에는 이 개념들이 적용되지 않는 이유를 충분히 설명하지 못한다고 생각한다. 그녀는 이 개념들이 지나치게 모호해서 이론으로서 검증되기 어렵다고 결론 내린다(상자글 8.3을 보라).

로스의 비판에는 분명 어느 정도의 진실이 담겨 있다. 역사적 제도주의자들은 일련의 제도와 조건들이 주어졌을 때 어떤 일이 일어날 것이라고 명확하게 주장제도주의 관점에 대한 비판자들은 흔히 '경로의존성'과 같은 개념이 취약하다고 주장한다. 왜냐하면 이러한 개념들은 경험적으로 검증되기 어렵고 과거와 현재 간의 무작위적인 연속성을 경로의존성의 근거라고 주장해버릴 위험이 있기 때문이다. 심지어 어떤 비판자들은 경로의존성이라는 주장은 결국 변화가 나타날 수 없거나 나타나지 않는다는 것을 의미한다는 점에서 명백하게 불합리한 이론이라고 주장하기도 한다.

하지만 이 모든 비판은 역사적 제도주의에 대한 이해의 부족에서 비롯된 것이다. 특히 비판자들은 과거의 결정적인 선택이 '가지' 효과를 만들어낸다는 중요한 개념을 이해하지 못하는 경우가 많다. 가지 효과란, 각국이 어떤 공통된 도전에 대해 서로 다르게 반응하는 순간 상이한 정책 경로로 나아가기 시작하고, 이때 각국이 선택한 경로는 시간이 지나면서 점점 강화된다는 사실을 의미한다. 몇몇 제도주의 학자들은 이 과정을 두 명의 친구가 나무를 타는 것에 비유하였다. 두 명의 친구들은 한 나무의 밑동에서 같이 올라가기 시작하지만, 줄기가 갈라지는 지점에서 서로 다른 방향으로 나아가 결국 나무의 다른 부분에 도달하게 된다. 이때 한 쪽 가지를 점점 더 많이 오를수록 다른 쪽 가지를 오른 친구와 만나기가 점점 더 어려워진다. 이처럼 처음에 어느 가지를 오를지 선택한 것이 나중에 나무 꼭대기의 어느 지점에 도달하게 되는지에 결정적인 영향을 미친다.

사회정책에서 이러한 가지 효과의 예를 찾기는 어렵지 않다. 사실, 지금까지 여러 번 언급하였듯이, 고소득 국가들이 서로 다른 유형의 복지국가로 나뉜다는 것은 상식적인 주장이라 할 수 있다.

국가들의 복지 '경로'를 분류한 가장 영향력 있는 유형화 연구는 의심할 여지없이 에스핑-안데르센(Esping-Andersen, 1990)의 연구이다. 이 고전적인 연구에서 에스핑-안데르센은 3가지 복지 레짐의 유형을 다음과 같이 정의하였다. 첫째는 자유주의 레짐으로, 대표적인 국가는 미국이다. 이 레짐에서는 자산조사 급여가 지배적이고, 사회적 개입은 주로 사회안전망 방식으로 설계되었으며, 민간 복지공급이 장려된다. 오스트레일리아, 뉴질랜드, 영국도 이에 속한다. 둘째는 사회민주주의 레짐으로, 대표적인 국가는 스웨덴이다. 이 레짐에서는 보편주의적 급여가 지배적이고, 사회적 개입은 모든 국민에 대한 시민권으로 설계되었다. 민간 복지공급은 구축crowd out되었고, 소득재분배가 중요한 목표로 간주된다. 덴마크와 노르웨이도 이에 속한다. 마지막은 보수주의/조합주의 레짐으로, 대표적인 국가는 독일이다. 이 레짐에서는 사회권이 강력하긴 하지만 지위에 연동되어 있다. 따라서 소득연계방식의 사회보험급여가 지배적이다. 그리고 독립적인 NGO들이 서비스전달에 중요한 역할을 한다. 프랑스와 이탈리아도 이에 속한다. 에스핑-안데르센에 따르면, 이러한 3가지 레짐은 100년이 넘는 오랜 발전과정의 결과이며, 시간에 따라 지속되는 서로 다른 경로를 대표한다. 어떤 국가가 속하는 레짐이 바뀌는 경우는 드물고, 보통 한 국가 내에서 정부가 바뀐다 하더라도 다른 복지 경로로 갈아타려는 진지한 시도는 나타나지 않는다.

이와 유사하게 홀과 소스키스(Hall & Soskice, 2001)는 고소득 국가들 간에 자본주의 모델의 차이가 존재한다고 주장하였다(그들의 표현에 따르면, 서로 다른 자본주의의 다양성이 존재한다). 예를 들어, 영국과 미국은 자유시장경제liberal market economy: LME에 속한다. 자유시장경제에서는 주로 계약, 경쟁, 가격신호 등의 시장기제를 통해 경제조정이 이루어진다. 신자유주의 관점은 이들의 경제적 현실을 잘 설명해준다. 반면 프랑스, 독일, 일본, 한국은 조정시장경제coordinated market economy: CME에 속한다. 조정시장경제에서는 임금, 근로조건, 거래관계 등이 협상을 통해 조정되는 비시장기제가 지배적으로 활용된다. 그런데 조정시장경제는 다시 2가지 유형으로 나뉜다. 한 유형에서는 산업industry을 기반으로 조정이 이루어지고(프랑스, 독일), 다른 유형에서는 기업firm을 기반으로 조정이 이루어진다(일본, 한국). 이러한 서로 다른 유형의 자본주의에서는 사회정책을 포함한 상보적complementary 국가제도가 각각의 경제조정 방식을 뒷받침한다. 에스테베즈-아베와 그 동료들(Este-bez-Abe 외, 2001)은 서로 다른 복지생산 레짐welfare production regimes이 고용, 실업, 임금 보호의 측면에서 다양한 특징을 보여준다고 주장하였다. 예를 들어 자유시장경제에서는 노동시장 보호가 약하다. 유연노동과 개방경쟁이 강조되고, 이전가능한 일반적 숙련general skill을 형성한 노동자가 가장 좋은 대우를 받는다. 반면 산업기반 조정시장경제에서는 노동시장 보호가 강력하다. 경제에 필수적이지만 다른 산업으로 이전되기는 어려운 특수적 숙련specific skill을 형성한 노동자의 위험이 보호된다. 마지막으로 기업기반 조정시장경제에서는 다중생산라인을 가진 대기업이 지배적이다. 고용 및 임금 보호는 강하지만 실업에 대한 보호는 약한 경향이 있다. 왜냐하면, 노동자들이 새로운 고용주에게 이전하기 어려운 특수적 숙련을 형성하는 경우가 많지만, 기업 내 특정 생산라인의 수요가 감소했을 때는 기업 내 다른 부문으로의 이전을 통해 고용주와 노동자가 모두 보호받을 수 있기 때문이다.

이와 같은 논의는 2가지 점에서 중요하다. 첫째, 국가 간 경제조정 방식의 차이는 장기간에 걸쳐 형성되었다. 이러한 차이는 단순히 현재의 정책 선택의 결과가 아니라 수십 년 간의 정치적 투쟁의 결과로 형성된 것이다. 둘째, 국가 간 경제조정 방식의 차이는 시간에 따라 강화된다. 따라서 이러한 차이가 시간이 지나 서로 다른 복지생산 레짐으로 귀결되고, 국가 간에 노동력의 숙련 구성의 차이가 나타나며, 각국의 (경제적) 비교우위가 형성된다(이처럼 장기간에 걸쳐 경제조정이 진행되었다는 사실은 합리적 경제행위자라면 현상유지를 선호할 것이라는 함의로 이어진다). 그리고 에스테베즈-아베와 그 동료들(Estebez-Abe 외, 2001)은 자유시장경제에서 서비스 기반경제의 성격이 강한 것은 우연이 아니라고 설명하였다. 왜냐하면 자유시장경제는 (주로 고등교육제도를 통해 형성되는) 일반적 숙련을 장려하는데, 이것이 자유시장경제가 갖는 비교우위의 핵심이기 때문이다. 이와 마찬가지로 조정시장경제에서 산업기반경제의 성격이 강한 것도 우연이 아니다. 왜냐하면 조정시장경제는 (도제시스템과 가내훈련으로 형성되는) 특수적 숙련의 개발을 보호ㆍ장려하는데, 이것이 그들의 비교우위를 구성하기 때문이다.

하지 않는다. 역사적 제도주의자들의 주장은 모호하게 규정되어 있기 때문에 경험적으로 검증하기 어렵다. 하지만 이 장의 서두에서 언급했다시피, 우리는 역사적 제도주의자들에게 어떤 상황에나 즉각적이고 간단하게 적용될 수 있는 개념적 도구를 요구하는 것이 아니다. 그 대신 경로의존성, 제도적 고착성, 수확체증과 같은 개념들은 장기간의 정책 변화, 사례연구의 역사적 디테일, 그리고 궁극적으로 과거가 현재의 정책에 영향을 미치는 애매하고 복잡한 방식을 이해할 수 있도록 도와준다. 겉보기에는 같은 제도라 할지라도 국가에 따라 다른 결과를 가져올 수 있기 때문에 분석은 더욱 복잡해진다. 예를 들어, 우리는 연방주의가 미국 정치의 이해관계에 미친 영향에 대한 피어슨(Pierson, 1995)의 분석을 인용하였다. 하지만 피어슨은 이 연구에서 발견된 연방주의의 영향이 다른 국가에게 일반화될 수 있다고 가정하는 것은 위험하다고 지적하였다. 왜냐하면 특정 제도의 영향은 제도가 존재하는 지역의 맥락에 따라 크게 달라지기 때문이다. 피어슨 (Pierson, 1995: 473)에 따르면, 연방주의는 '정당 시스템의 구조, 구체적인 정치경제의 성격, 소수자 집단의 지리적 분포 등과 같은 다른 중요한 변수와 결합하여 작동한다'. 예를 들어 미국과 반대로 독일의 경우에는 연방주의가 사회보호정책을 지원하는 영향을 미친 것처럼 보인다. 왜냐하면 연방주의가 작동하는 구체적인 방식, 예를 들어 정부의 어느 부분이 정책의 어느 부분을 책임지는지와 같은 문제에서 각국이 상이한 모습을 보여주기 때문이다. 피어슨(Pierson, 1995: 473)은 '이러한 사실은 양적 분석을 통해 "연방주의"라는 변수의 통계적 영향을 분명하게 확인하고 싶어 하는 사람에게는 나쁜 소식'이라고 말했다. '연방주의의 제도적 규칙이 사회정책 결정에 중요한 영향을 미친다는 것'(Pierson, 1995: 450)은 사실이지만, 그 영향은 결코 단순하지 않기 때문에 각 사례별로 조심스러운 질적 분석이 필요하다. 왜냐하면 연방주의와 같은 특정 변수의 영향은 쉽게 예측되지 않기 때문이다. 이것이 바로 역사적 제도주의 접근이 로스처럼 쉽게 검증될 수 있는 이론적 예측을 추구하지 않는 이유이다. 역사적 제도주의 이론가들은 제도의 영향이 너무나도 복잡하기 때문에 모든 때와 장소에 적용될 수 있는 간단한 명제로 정리될 수 없다고 믿는다.

피어슨(Pierson, 2004)의 최근 연구에서는 한 걸음 더 나아가 역사적 제도주의 접근의 시간적 차원을 보다 강조하였다. 그에 따르면, 연방주의가 미국에서는 복지의 확대를 가로막고 독일(서독)에서는 복지의 축소를 가로막는 역할을 했다는 사실을 설명하기 위해서는 타이밍의 문제를 고려해야 한다. 미국에서는 연방주의가 초기 사회정책보다 먼저 형성되었지만, 독일에서는 주요 사회정책이 형성된 이후에 연방주의가 자리 잡았다. 이처럼 제도의 영향을 이해할 때 타이밍이 핵심적인 역할을 한다. 이러한 사실은 많은 경우 관찰을 통해 분명히 확인됨에도 불구하고, 사회과학 연구, 특히 양적 자료를 이용하여 이론적 명제를 검증하는 연구에서는 대체로 간과되어 왔다. 그런데 그 이유는 단순하지 않다. 한편으로는 활용 가능한 역사적 자료가 상당히 부족하기 때문에 연구에 시간적 차원을 도입하기가 쉽지 않았던 측면이 있지만, 다른 한편으로는 분석가들 스스로 분석을 감당할 수 있도록 한 해의 자료나 특정 시기의 평균적인 자료에 집중하여 모델을 단순화해야 할 필요가 있었던 측면도 있다. 피어슨(Pierson, 2004: 1~2)은 다음과 같은 비유를 통해 이러한 접근이 갖는 문제점을 설명한다. 당신이 '현대 사회과학자'라는 레스토랑에 방문했다고 생각해 보라. 이 레스토랑은 당신의 동네에서 가장 훌륭한 식당이다. 최신식 주방을 자랑하는 요리사가 식사를 하기 전 당신에게 주방을 구경시켜준다. 요리사는 주방이 두 부분으로 나뉘어 있다고 설명한다. 왼쪽에는 재료들(요리사는 이를 '변수'라고 부른다)이 있다. 모든 재료는 완벽하게 신선하고 질이 좋다. 오른쪽에는 모든 방문자를 깜짝 놀라게 할 만큼 복잡한 하이테크 계량 도구들이 널려 있다. 그런 다음 요리사는 완벽한 재료를 완벽히 계량하는 것이 자신의 요리법의 전부라고 설명한다. 이 조건만 충족된다면 재료의 선택과 결합 방식과 같은 요리과정은 중요하지 않다는 것이다. 피어슨은 이러한 레스토랑을 소개한 후, '이러한 요리 철학을 가진 레스토랑을 애용하고 싶어 할 사람은 거의 없을 것이다. 하지만 대부분의 사회과학자들은 이런 주방에서 일하고 있다'고 주장하였다(Pierson, 2004: 1). 역사적 제도주의자들에 따르면, 세상을 이해하기 위해 재료를 선택하고 정확하게 측정하는 것도 중요하지만, 요리법의 순서와 타이밍 역시 중요하다는 사실을 알아야 한다. 즉, 무슨 일이, 언제, 어떤 순서로 일어나는지를 이해해야 한다는 것이다.

결론

다른 모든 분야와 마찬가지로, 역사적 제도주의 접근에 아무런 문제가 없는 것은 아니다. 역사적 제도주의에 대한 가장 근본적인 비판은 이 접근이 일관되고 분명한 함의나 결론을 주지 못하는 경향이 있다는 것이다. 하지만 앞서 강조한 바와 같이, 역사적 제도주의의 주요 학자들은 이러한 약점을 오히려 강점으로 보았다. 즉, 일반화된 함의를 얻으려고 노력하기보다는 개별 사례가 각자의 역사적 궤적을 지닌 고유한 것이라는 관점을 채택하는 것이다(Baldwin, 1992를 보라). 한편 비교적 분명한 결론을 이끌어내고자 노력했던 이론가들의 주장은 다른 이론가들의 주장과 충돌하기도 했다. 예를 들어 스웽크(Swank, 2002)는 복지 지지의 축소가 연방주의와 상관관계를 갖는다고 주장한 반면, 피어슨(Pierson, 1995: 473)은 제도와 정책결과의 관계는 너무나도 복잡하기 때문에 'OECD 국가들을 양적으로 분석하여 "연방주의" 변수가 강력한 통계적 영향을 미친다는 것'을 확인하고자 하는 시도는 별 의미가 없다고 주장하였다. 이와 유사하게 어떤 학자들은 경험적 근거 중심 접근을 비판하고 주로 역사적 사례연구에 집중하기도 하였는데, 물론 이러한 연구들은 단순한 이야기에 불과하다고 폄하하는 시각도 있다. 그리고 양적 분석을 실시하는 경우에는 분석 결과의 타당성이 의심된다는 주장이 제기되기도 하는데, 왜냐하면 분석 대상을 선택하는 것 자체가 모델의 유의도에 큰 영향을 미치기 때문이다(Küner, 2003).

하지만 제도주의 접근의 가장 커다란 약점은 정책 변화를 설명하는 능력이 부족하다는 점이다. 제도주의자들은 지속성과 안정성을 강조하기 때문에 변화를 경시하는 경향이 있다. 따라서 변화, 특히 과거와의 강력한 단절을 보여주는 급진적 변화가 나타나는 상황을 잘 설명하지 못한다. 크라스너는 이러한 약점을 극복하기 위해 진화과정의 은유를 언급한 바 있다(Krasner, 1988; Baumgartner & Jones, 1993). 일반적으로는 진화과정이 점진적 변화인 것처럼 인식되지만, 사실 그 과정은 좀 더 복잡하다. 제도와 마찬가지로 종은 상당한 수준의 안정성과 지속성을 보여준다. 그런데 기후변화나 환경재앙과 같은 외부적 충격이 있을 때 종의 변화는 상당히 급격하게 나타나는 경향이 있다. 굴드와 엘드리지(Gould & El-dredge, 1977)는 이를 '단절균형punctuated equilibrium'이라 불렀다. 단절균형이란, 급진적인 재조정과 변화의 시기들의 사이사이에 안정적인 시기가 배치되어 있음을 의미한다. 크라스너는 이러한 종의 진화의 특성이 정치제도에도 마찬가지로 적용된다고 보았다. 그에 따르면, 다른 모든 것이 동일하다면 정치체제는 안정적인 균형점에서 작동하고 변화는 비교적 완만하고 점진적인 성격을 갖게 된다. 하지만 경제위기, 전쟁, 기술변화와 같은 외부적 충격이 주기적으로 시스템에 가해지면 균형이 붕괴되고 급진적인 변화가 요구된다(혹은 그러한 기회가 형성된다). 한편 또 다른 제도주의자들은 '결정적 국면critical junctures' 또는 '정책의 창policy window'과 같은 은유를 사용하기도 하는데, 이러한 개념들 역시 본질적으로 유사한 종류이다. 예를 들어 마일스와 피어슨(Myles & Pierson, 2001: 329)은 연금 시스템의 경로의존성을 논의하면서 '결과가 지속될 수 있느냐는 것(즉, 경로의존성)은 어떤 나라가 "정책의 창"이 열려 있는 동안 창을 통과하는 데 성공하는지 실패하는지에 달려 있다'고 주장하였다. 연금 시스템의 경우 정책의 창은 2차 세계대전 직후 전쟁의 공포를 경험한 사람들이 강력한 연대의식을 유지하고 있는 동안 경제적으로도 부유해지면서 연금체계가 확대될 수 있었던 기회를 의미한다. 이러한 개념은 변화를 잘 설명하지 못하는 제도주의 접근의 단점을 어느 정도 보완해준다. 하지만 그러한 충격/국면/창이 나타나는 때가 언제인지 그리고 변화를 촉발시키기 위해 그 규모는 얼마나 커야 하는지에 대해서는 그다지 많은 정보를 주지 못한다는 점에서 여전히 한계가 있다.

하지만 이러한 문제점에도 불구하고 역사적 제도주의 관점은 분명히 상당한 통찰력을 제공해준다. 우리는 정책발전이나 정책경향과 관련된 어떤 분석에서도 역사분석과 제도분석이 당연히 중요한 역할을 해야 한다고 생각한다. 역사적 제도주의자들의 연구로부터 얻을 수 있는 교훈을 정리하면 다음과 같다. 역사는 중요하다. 제도가 안정성을 촉진하고 편향성을 동원한다. 정책은 수확체증과 경로의존성을 나타낸다. 제도가 게임의 규칙을 설정하고 따라서 정책과정 및 정책결과의 성격에 근본적인 영향을 미친다. 이러한 교훈들은 매우 중요하다. 무엇보다도 역사적 제도주의 관점은 정치와 정치생활의 조직을 강조한다는 점에서 중요하다. 정치에 대한 냉소와 헌정개혁에 대한 무관심은 잘못이다. 이러한 정치적요인들은 세계화, 기술변화, 인구학적 변화와 같은 중요한 현대사회의 거시적

변화에 대한 국민국가의 반응과 시민들의 경험이 형성되는 데 핵심적인 영향을
미친다.

 요약

- 제도는 정책과정의 중간수준에서 결정적인 역할을 한다. 제도는 미시수준의 인간 상호작용의 맥락을 제공하고, 폭넓은 거시수준 변화의 흐름을 여과한다.
- 제도는 안정성과 점진적 변화를 촉진한다. 제도는 변화의 걸림돌로 작용한다.
- 제도의 '고착성'으로 인하여 정책은 흔히 '수확체증'과 강한 경로의존성의 성격을 갖는다.
- 제도는 장기적인 효과를 갖지만, 그 효과를 예측하기는 쉽지 않다. 정책 피드백과 의도하지 않은 결과는 정책과정의 핵심적인 특징이다. 역사는 중요하다.
- 제도는 정치 행위자들 간 '게임의 규칙'을 제공한다. 제도는 정치행위의 기회를 분배하고 편향성을 동원함으로써 정책과정의 성격에 영향을 미친다.
- 정치와 정치생활의 조직이 중요하다. 다양한 국가의 제도적 배치를 분석함으로써 왜 여러 나라들이 동일한 문제에 대해 서로 다른 해결책을 채택하고 공통된 압력에 대해 서로 다르게 반응하는지를 이해할 수 있다.

 토론할 문제

- 복지국가는 얼마나 '경로의존적' 인가?
- 제도는 '게임의 규칙' 을 어느 정도까지 설정하는가?
- 세계화로 인한 위협으로부터 영국의 복지국가를 보호하는 데 헌정개혁이 도움이 될 것인가?

더 읽을 거리

Hall, P. & Taylor, R.(1996). "Political science and the three new institutionalism". *Political Studies*, 44, 936~957.

Pierson, P.(ed)(2001). *The New Politics of the Welfare State*. Oxford: Oxford University Press.

Pierson, P.(2004). *Politics in Time*. Princeton, NJ: Princeton University Press.

Steinmo, S., Thelen, K. & Longstreth, F.(1992). *Structuring Politics: Historical Institutionalism in Comparative Perspective*. Cambridge: Cambridge University Press.

Swank, D.(2002). *Global Capital, Political Institutions and Policy Change in Developed Welfare States*. Cambridge: Cambridge University Press.

CHAPTER 9

정책이전

개요

이 장에서는 최근 수십 년간 나타난 정책이전의 증가와 그로 인한 기회 및 문제점을 논의할 것이다. 이를 위해 최근 크게 늘어나고 있는 관련 연구를 검토하고, 정책결정 과정에서 정책이전이 갖는 함의를 살펴볼 것이다.

주요 용어

정책이전policy transfer, 교훈 얻기lesson drawing, 강제적 정책이전coercive policy transfer, 지식 공동체epistemic communities, 정책이전 네트워크policy transfer networks

서론

이번 주 영국에서 열리는 G8 정상회담에서는 빌 클린턴과 토니 블레어가 우아하게 저녁 식사를 마치고 축배를 든 후, 진짜 재미가 시작된다. 두 정상은 고위관료들과 함께 한 방에 모여 네댓 시간 동안 정부정책을 논의하게 된다. 런던 북부의 총리 지방 관저에서 열릴 일요일의 회의는 2월 블레어의 백악관 방문, 11월 12시간 동안의 '마라톤 정책회의'에 이어 세 번째 양국 세미나가 될 것이다. …… 여기서 논의될 아젠다는 사회보장, 복지, 범죄, 건강정책, 교육 등이고, 양측에서 8~10명 정도가 참여하게 된다. …… 관계자에 따르면, '이 날의 모임은 우리가 공유하는 기본 원칙을 돌아보고 우리의 생각을 가다듬으며 공통의 위험에 관해 이야기하는 자리가 될 것이다'. (Time Magazine, 1998년 5월 18일)

토니 블레어는 영국 총리 재임 기간 동안 전 세계 중도좌파 파트너들과의 고위 정책세미나를 즐겨 주최하였다. 총리 취임 초기에는 당시 미국 대통령인 빌 클린턴과 유명한 '마라톤 정책회의'를 가졌고, 그 후에도 각국의 중도좌파 지도자들과의 정기적인 진보정상회담Progressive Governance Summits을 주최하였다. 블레어는 이러한 모임에서 비슷한 정치색을 띤 각국의 지도자들과 정책 아이디어를 공유하기를 좋아했다. 실제로 진보정상회담이 종료된 후에 다우닝 스트리트Downing Street[1]에서는 14개 참가국들이 모두 '헌신적으로 서로에게 배우려고 노력했고', '진보적인 정책 아이디어를 교환하기 위해 네트워크를 넓히고 활성화'해야 한다는 집단적 욕구를 공유했으며, 각국은 '서로의 정책 경험으로부터 교훈을 얻기 위해 특별히 노력할 것'이라는 내용이 포함된 성명을 발표했다.

이와 같은 의도된 진술은 여러 가지 측면에서 세계화 과정의 또 다른 차원을

---

1 영국 총리의 관저가 있는 곳으로 영국 정부를 의미한다.

보여준다(1장을 보라). 세계적 정책 네트워크가 점차 성장하고 있다는 사실은 아마도 세계화가 정책결정 과정에 미치는 영향을 잘 보여주는 분명한 사례일 것이다. 정책과정을 연구하는 학자들은 이와 같은 정책 아이디어의 공유를 '정책이전 policy transfer'이라 불렀다. 도로위츠와 마시(Dolowitz & Marsh, 1996: 344)는 정책이전을 '어느 한 시점 및 장소의 정책, 행정, 제도 등에 관한 지식이 다른 시점 및 장소의 정책, 행정, 제도 등의 발전에 이용되는 것'이라 정의하였다. 도로위츠와 마시(Dolowitz & Marsh, 2000: 5)에 따르면, 오늘날 정책이전은 정책과정의 이론과 실제 모두에서 중심적인 역할을 하게 되었다. '정책결정자가 점점 더 정책이전에 의존하게 되면서, 정책이전은 공공정책에 관심이 있거나 공공정책을 공부하는 사람이라면 누구나 고려해야만 하는 개념이 되었다'.

하지만 정책이전의 과정이 마라톤 정책회의처럼 단순한 명시적, 의도적, 자발적인 교훈 얻기 lesson drawing인 것만은 아니다(Rose, 1991, 2005를 보라). 앞서 살펴보았듯이(특히 1장과 6장에서), 정책논쟁이 세계화되면서 세계은행이나 IMF와 같은 초국적 조직이 국민국가의 정책논쟁에 점점 더 많은 영향력을 행사하고 있다. 때로는 국민국가의 주요 정책결정자들이 이들의 개입을 환영하기도 하지만, 초국적 조직과 국민국가 정치 행위자의 관계는 긴장관계인 경우가 많다. 초국적 조직은 정책운영의 원칙에 대한 자신의 생각을 받아들일 것을 요구하고, 사회문제 해결을 지원하는 조건으로 어떤 정책 개혁을 요구하기도 한다. 상대적으로 힘이 약한 국가들, 특히 외국의 투자나 도움을 긴급히 필요로 하는 국가들의 경우에는 초국적 조직들이 정책 변화의 방향을 거의 지휘할 수 있다. 이러한 정책 아이디어의 확산은 강제적 정책이전 coercive policy transfer으로 특징지을 수 있다.

요컨대, 정책이전은 복잡하고 다면적인 정책과정이다. 위에서 논의한 사례는 정책이전이 나타날 수 있는 다양한 방식 중 일부에 불과하다. 이 장에서는 정책이전을 자세히 논의할 것이다. 먼저 정책분석가들이 규정하는 정책이전의 유형을 살펴보고, 복지정책 분야에서 몇 가지 구체적인 정책이전의 사례를 검토할 것이다. 그런 다음에는 정책이전이 나타날 때 발생하는 문제와 정책이전을 둘러싼 맥락이 어떻게 정책이전을 결정하고 제약하는지를 논의할 것이다. 마지막으로 정책 과정을 공부하는 학생들에게 정책이전이 어떤 문제를 제기하는지, 현재의 정책이 전 분석틀의 약점은 무엇인지를 살펴볼 것이다.

정책이전의 이해

다른 많은 정책분석 개념들과 마찬가지로, '정책이전'이라는 용어 역시 다양하고 복잡한 현상들을 포괄하는 느슨한 성격을 갖고 있다. 정책이전의 개념은 사회과 학 전반에 걸쳐 일관되게 적용되지 않는다. 게다가 많은 이론가들은 이 책에서 '정책이전'이라 부르는 현상을 다양한 용어로 표현한다. 도로위츠와 마시는 이러 한 문제가 사회과학 전반에 걸쳐 정책이전에 대한 관심이 많다는 사실을 반영하 는 것이라고 생각했다. 이 문제에 대한 그들의 해결책은, '정책이전'이라는 용어를 아이디어, 제도, 프로그램 등이 이동하는 과정과 관련된 다양한 개념을 포괄하 는 일반적인 용어로 정의하는 것이었다. 스톤(Stone, 1999: 52)이 지적하듯이, 이 러한 개념들의 목록은 다음과 같이 길게 나열될 수 있다. 교훈 얻기lesson drawing, 정책 밴드왜건 효과policy bandwagoning, 정책 경쟁policy emulation, 정책 조화policy harmo- nization, 체계적 아이디어 도입systematically pinching ideas, 정책 침투policy penetration, 외 부 유인external inducement, 직접 강제 이전direct coercive transfer, 정책 확산policy diffusion, 정책 수렴policy convergence, 국가 간 정책 학습cross-national policy learning.

이 긴 목록을 살펴보면 정책이전의 전반적인 성격과 다양한 과정을 짐작할 수 있다. 도로위츠와 마시는 이러한 다양한 개념들을 서로 경합하는 이론으로 파악 하기보다는 정책이전의 다양한 차원으로 이해하고, 다양한 접근들을 소위 도로 위츠와 마시 모델이라 불리는 단일한 정책이전 분석틀로 종합하였다(Dolowitz & Marsh, 1996, 2000; Dolowitz, 2000a). 다양한 개념들이 하나의 틀로 정리될 수 있었던 것은, 에반스와 데이비스(Evans & Davies, 1999: 364)가 지적하듯이, 이 개념들이 완전한 이론이라기보다는 '지속된 은유'의 성격을 띤다는 사실과 관련이 있다. 어떤 사람들은 이러한 성격이 이론적 접근으로서 '무기력하다'는 사실을 보여준다는 점에서 문제가 있다고 보는데, 이러한 비판에 대해서는 적절한 시점에 다시 논의할 것이다. 하지만 우선적으로는 도로위츠와 마시 모델의 세부적인 내용들을 이해할 필요가 있다. 이를 위해 다음은 그들의 분석틀의 핵심에 해당하는 몇 가지 주요 질문에 대해 논의할 것이다(상자글 9.1을 보라).

왜 정책이전에 참여하는가?

앞서 정책결정자들이 정책이전에 참여하는 몇 가지 이유를 짐작할 수 있는 단서들을 언급한 바 있는데, 도로위츠와 마시는 그 이유를 3가지로 묶을 수 있다고 주장하였다. 첫째는 자발적 이전_{voluntary transfer}, 둘째는 강제적 이전_{coercive transfer}, 셋째는 둘의 혼합이다.

먼저 자발적 이전과 관련해서는, 블레어와 클린턴이 '마라톤 정책회의'에서 보여주었던 일종의 교훈 얻기의 사례를 들 수 있다. 이것은 주요 정책문제에 대처하기 위해 모범 사례_{best practice}의 아이디어를 공유하는 것을 의미한다. 정치인은 혼히들 이런 활동에 참여하는데, 왜냐하면 이것이 새로운 아이디어를 빠르게 만들어낼 수 있는 방법이기 때문이다. 게다가 어떤 정책을 도입할 때 그 정책이 다른 국가에서 이미 성공적인 것으로 판명되었다는 사실은 정책 도입에 일정한 정당성을 부여해준다. 예를 들어, 블레어는 복지에서 근로로의 전환_{welfare-to-work} 정책을 도입할 때, 미국의 경험을 통해 어떤 정책이 성공적인지 교훈을 얻는 것이 중요하다고 생각했다(Peck & Theodore, 2001; Theodore & Peck, 2001을 보라). 이처럼 순수한 형태의 자발적인 교훈 얻기는 정책결정 과정의 합리성을 증진하고 정책결정자들이 다양한 정책 선택지와 효과에 대한 경험적 근거를 검토할 수 있게 하는 잠재적인 이점을 제공한다.

하지만 이러한 합리적 접근이 적용되는 경우는 생각보다 드물다. 왜냐하면 정책결정자들은 다른 사례에서 교훈을 얻을 때 가능한 모든 정책 사례를 체계적으로 검토하지 않는 경우가 많기 때문이다. 페이지와 마크-로손(Page & Mark-Lawson, 2007: 49)은 '체계적인 교훈 얻기는 비교적 드물다'고 주장하였다. 그 이유는 단순히 '모범 사례'를 찾을 시간이 부족하기 때문만이 아니다. 정책결정자들은 외부적 요인에 제약되는 경우가 많고, 선택의 가능성은 지배적인 정통이념에 배치되지 않거나 국가적/초국적 정치 공동체에서 용인될 수 있는 정책들로 제한된다(예를 들어 자본주의 국가가 공산주의 사회에 도입된 경제정책 아이디어를 채택하기는 어렵다). 그리고 기존에 부과된 의무도 선택의 가능성을 제한한다(예를 들어, 미국식 핵무기 정책을 채택할 수 있는 국가는 거의 없다. 왜냐하면 이미 서명한 국제조약을 위반하게 되기 때문이다). 또한 강력한 사회집단을 달래야 하기 때문에 선택의 가능성이 제한되기도 한다(예를 들어, 외국인 투자자들은 과세 수준이 높아지거

조셉 스티글리츠(Stiglitz, 2001)는 『세계화와 그 불만*Globalization and its Discontents*』이라는 유명한 책에서 IMF, 세계무역기구, 세계은행 등의 국제조직들이 저소득 국가들에게 경제원조의 대가로 부적절한 정책을 이전한다는 사실을 비판하였다. 스티글리츠는 자신이 한때 세계은행의 수석 경제학자Chief Economist였을 때 겪은 정책이전과 관련된 몇 가지 경험을 자세히 소개하였다. 특히 그는 IMF가 금융원조의 대가로 '워싱턴 컨센서스'에 부합하는 경제정책을 도입하도록 각국 정부를 설득한 사례들을 자세히 설명하였다. 그는 IMF가 개별 국가들로 하여금 민영화 프로그램, 시장자유화 체제(특히 금융시장), 고용증가보다 인플레이션 통제를 강조하는 재정긴축 프로그램을 도입하도록 강요한 사실을 비판하였다.

예를 들어, 스티글리츠(Stiglitz, 2001: 133~165)는 러시아가 사회주의에서 자본주의로 이행할 때 IMF가 커다란 악영향을 미쳤다고 주장하였다. IMF는 러시아에 미국식 자본주의로의 급격한 이행, 소위 '충격요법'을 도입하는 데 핵심적인 역할을 수행하였다. 가격통제는 빠르게 제거되었고, 인플레이션 압력을 통제하기 위해 긴축 통화정책이 실시되었으며, 적절한 규제 메커니즘이 만들어지기도 전에 주요산업이 민영화되었다. 스티글리츠에 따르면, 이러한 '충격요법'의 결과 러시아는 자본주의로의 이행이 시작된 지 10년이 지나 빈곤과 불평등의 수준은 높아지고 GDP 수준은 크게 낮아졌다. 스티글리츠는 에티오피아Ethiopia와 한국 역시 국내 저항에도 불구하고 자유화 프로그램을 강요당한 사례에 속한다고 하였다.

IMF는 경제적 어려움에 직면한 국가들에게 마지막 수단으로 돈을 빌려주기 때문에 그 영향력이 매우 크다. 이러한 영향력은 융자조건의 형태로 실현된다. 비록 금융원조를 받기 위해 합의해야 하는 융자조건을 IMF가 마음대로 결정하는 것은 아니지만, 가난한 국가가 IMF와의 협상과정에 얼마만큼의 힘을 행사할 수 있을지는 상당히 의문스럽다. 스티글리츠(Stiglitz, 2001: 42)에 따르면, 'IMF와의 협상은 모든 권력이 IMF에게 있다는 점에서 일방적인 협상이다. 왜냐하면 IMF의 도움을 요청하는 대부분의 국가들은 절박하게 돈을 필요로 하기 때문이다'. 또한 그는 IMF가 국제 금융 공동체에서 중요한 역할을 담당하기 때문에 그 권력이 더욱 크다고 지적하였다. 만약 IMF가 어떤 국가에게 대출해주기 위험하다고 판단한다면 전 세계의 NGO, 정부, 민간은행들 역시 IMF의 판단을 따를 것이다.

요컨대, IMF의 정책이전은 강제적 이전의 성격을 띠는 경우가 많다. 이러한 사실은 정책이전을 논의할 때 권력(5장을 보라)과 세계적 거버넌스(6장을 보라)의 맥락을 고려할 필요가 있음을 시사한다.

나 노동시장 규제가 엄격해지면 투자를 철수하겠다고 위협한다). 이러한 경우에서 보듯이, 정책 아이디어를 찾으려는 시도는 여러 가지 방식으로 제한된다. 도로위츠와 마시는 이러한 종류의 정책이전을 자발적 요소와 강제적 요소의 혼합 형태라고 보았다.

마지막으로, 정책을 직접적으로 도입시키는 강제적 정책이전이 있다. 강제적 정책이전은 주로 저소득 국가들에서 발견된다. IMF와 세계은행, UN, 외국 정부나 투자자 등 외부조직들은 그들의 경제력을 활용하여 재정적 · 물질적 원조의 대가로 그들이 선호하는 정책을 도입시킨다(상자글 9.2를 보라). 이러한 사례는 정책이전이 단순히 '합리적인' 아이디어 탐색이기만 한 것이 아니라 권력과도 관련되어 있다는 사실을 알려준다.

누가 참여하는가?

정책이전 과정에서 권력이 중요한 역할을 한다는 사실은 누가 정책이전에 참여하느냐는 중요한 질문으로 이어진다. 정책이전에 참여하는 집단은 다음과 같이 3가지로 나눌 수 있다. 첫 번째는 내부자, 두 번째는 외부자, 세 번째는 국제 행위자들이다.

내부자insiders

정책이전에 참여하는 첫 번째이자 가장 분명한 행위자는 국민국가 정치체제의 내부자들, 즉 정치인, 공무원, 정당관료 등이다. 에반스(Evans, 1999b, 2004a)는 영국에서 사회보장제도 부정수급social security fraud에 대한 대응책이 개발되는 과정을 설명하였다. 몇몇 주요 정치인들이 사회보장제도의 부정수급 수준이 높다는 우려를 표명하였고,* 국가감사원National Audit Office은 부정수급을 예방하기보다 사후에 적발하려고 하는 접근을 비판하였다. 이에 (당시) 사회보장부Department of Social Security의 관료들은 여러 가지 개선방안들을 검토하였다. 그런데 실현 가능한 대안을 마련해야 하는 기한이 3개월밖에 되지 않았고 사회보장부의 관련 전문가도 부족했기 때문에, 결국 다른 곳으로부터 이전 가능한 아이디어를 체계적으로 탐색하는 방식으로 대안이 마련되었다. 그 결과, 사회보장제도 부정수급을 예방하기 위해 오스트레일리아와 미국 그리고 영국의 민간부문 조직에서 사용한 기술을 참고한 정책들이 정부 녹서Green Paper에 포함되었다(Evans, 1999b).

이 사례는 상당히 구체적이고 기술적인 정책 영역에 초점을 맞춘 경우이지만, 정책이전은 훨씬 큰 주제나 아이디어에 관해서도 나타날 수 있다. 특히 관료보다는 정당이나 정치인이 관련되어 있을 때 그런 경향은 더 크게 나타난다. 예를 들어, 펙과 시어도어(Peck & Theodore, 2001)는 영국의 신노동당이 클린턴의 신민주당New Democrat으로부터 복지개혁과 관련된 핵심 아이디어와 주장을 빌려 왔으며[디컨(Deacon, 2000) 역시 비슷한 주장을 했다], 이러한 과정은 두 정당 간의 명시적인 연계를 통해 촉진되었다고 주장하였다. 펙과 시어도어(Peck & Theodore,

---

* 정확히 표현하자면, 여기에는 부정수급과 오류가 모두 포함된다. 현대의 정치담론에서 사회보장제도의 '부정수급'은 매우 중요한 문제로 등장하였지만, 사실 과잉급여의 상당수는 청구인(혹은 관료)의 '오류' 때문이었다. 오류와 부정수급을 구분하는 것은 중요하다. 왜냐하면 오류와 부정수급 때문에 발생한 재무부의 손실을 모두 부정수급 때문에 발생하였다고 표현하는 것은 악의 없는 실수를 범죄행위로 잘못 분류하고 부정수급 문제의 심각성을 과장하기 때문이다. 물론 정책결정자들은 이러한 오해를 지속시켜 징벌적인 반反부정수급 정책수단을 정당화하는 데 이용할 수도 있다(담론이 정책 아젠다 설정에 미치는 영향에 대해서는 6장을 참고).

2001: 429)는 두 정당 간의 관계가 '제3의 길 정책의 발전'에 결정적인 역할을 하였고, 그 과정은 정책 엘리트 간의 상당히 협소한 형태의 "신속한 정책이전"의 성격을 띤다고 주장하였다. 피어슨과 캐슬스(Pierson & Castles, 2002) 또한 영국과 오스트레일리아의 노동당 간의 관계가 블레어의 제3의 길 노선에 중요한 영향을 미쳤다고 지적하였다. 피어슨(Pierson, 2003)은 영국 신노동당이 대학 수업료 정책을 도입할 때 오스트레일리아의 고등교육 재정정책에 많은 영향을 받았다는 사실을 강조하였다. 최근에는 교훈 얻기의 방향이 바뀌어서, 케빈 루드_{Kevin Rudd}의 오스트레일리아 노동당이 영국 노동당으로부터 조언을 구해 2007년 총선거에서 압도적인 승리를 거두기도 하였다(Button & Murphy, 2007). 이러한 정당 간 관계의 질과 강도는 각 정당에 소속된 핵심 정치인들이 핵심 아이디어와 신념을 공유할 때 더 강화된다. 예를 들어 시어도어와 펙(Theodore & Peck, 2001)은 레이건과 대처 그리고 클린턴과 블레어의 개인적 관계가 미국과 영국 간 정책이전에 중요한 역할을 했다는 사실을 강조하였다.

외부자_{outsiders}

정책이전에 참여하는 두 번째 행위자는 싱크탱크, 압력집단, 기업 등과 같은 NGO들이다. 정책이전에서의 싱크탱크의 역할을 논의해 온 스톤(Stone, 2000, 2001, 2007)은 기존의 논의에서 '비정부 방식의 정책이전이 상대적으로 간과되어 온 측면이 있다'고 보았다(Stone, 2000: 45). 하지만 실제로는 싱크탱크의 활동이 점차 세계화되고 있고 싱크탱크들은 마치 '"보이지 않는" 세계단체'의 일부인 양 서로 연결되어 있다(Stone, 2000: 45). 싱크탱크의 존재 목적은 새로운 아이디어를 찾는 것이고, 그들의 규모가 작고 자원과 시간이 제한적이라는 사실을 고려하면, 싱크탱크들이 혁신적인 정책대안을 찾기 위해 서로 아이디어를 공유하고 해외로 눈을 돌리는 것은 자연스러운 현상이다. 예를 들어 피어슨(Pierson, 2003)에 따르면, 공공정책연구소_{Institute of Public Policy Research: IPPR}는 사회정의위원회_{Commission on Social Justice}에서 오스트레일리아의 일자리, 고용 및 훈련 프로그램_{Job,}

Employment and Training programme: JET의 긍정적 측면을 강조함으로써 복지에서 근로로의 전환welfare-to-work 정책을 도입하는 신노동당의 결정에 큰 영향을 미쳤다(IPPR, 1994). 비록 피어슨은 '위원회의 보고서가 노동당에 미친 영향력의 크기는 몇몇의 예상보다는 제한적이었다'는 사실을 인정하였지만, 그럼에도 불구하고 '그 영향력은 실재했다'고 주장하였다(Pierson, 2003: 88). 피어슨(Pierson, 2003: 88)은 이 보고서가 복지에서 근로로의 전환 정책에 미친 영향을 검토하여 다음과 같이 주장하였다.

> 노동당의 1997년 선거 공약의 기초 문건인 '선언으로의 길Road to the Manifesto'에는 JET가 다시 언급된다. 이때부터 복지에서 근로로의 전환은 노동당 복지정책의 핵심으로 등장한다. 『복지에서 근로로Getting Welfare to Work』라는 제목의 전략 보고서는 오스트레일리아의 JET 제도에서 많은 교훈을 얻어 클라이언트에 대한 맞춤형 서비스를 제공하는 방향으로 급여 시스템을 바꿀 것을 요구하였다. JET는 노동당이 생각하는 '세계의 모범 사례' 목록의 수위를 차지한다.

요컨대, 피어슨은 오스트레일리아에서 영국으로 핵심 복지정책이 이전되는 데 IPPR이 결정적인 역할을 했다고 믿었다.

싱크탱크는, 종종 독립적인 정책기관으로 묘사될 때도 있지만(Stone, 2000을 보라), 활동을 위한 재정을 다른 조직에 의존한다. 많은 경우 싱크탱크는 기업 후원에 의존하는데, 당연하게도 싱크탱크에 대한 후원은 기업이 정책이전의 한 행위자로 기능하는 간접적인 방법 중 하나이다. 바넷(Barnett, 2002)은 '현금을 통한 접근'을 우려하였지만, 싱크탱크들이 후원자의 요구에 맞추어 주장을 바꾼다고 말하는 사람은 거의 없다. 그럼에도 불구하고 리서치 프로그램을 후원하는 기업들은 싱크탱크가 주최하는 세미나에 회사의 대표를 파견하고, 연구자들과의 관계를 형성하며, 자신들의 아이디어가 보고서에 반영될 수 있도록 노력하는 것이 사실이다. 예를 들어 정부의 전자기술 사용 및 규제에 관한 정책의 경우(4장을 보라), 이 정책 영역에 이해관계를 갖는 기업들이 싱크탱크의 프로그램들을 많이 후원하였다(Hudson, 2002를 보라). IPPR의 '디지털 사회' 연구팀은 BT, 휴렛패커드Hewlett Packard, 마이크로소프트Microsoft, 슐럼버제세마SchlumbergerSema 등과 같이 e-정부 사업에 지분이 있는 기업들에게 재정을 지원받았다. 정보사회에 관한 데모스Demos의 연구도 EDS나 O2와 같은 기업들에게 후원을 받았다. 워크재단Work Foundation의 i-사회 프로그램은 마이크로소프트와 프라이스워터하우스쿠퍼스PricewaterhouseCoopers가 후원하였다. 이러한 기업들 중 다수는 내부에 독자적인 정책팀을 꾸려 정부의 정보통신기술 사용에 관한 혁신적인 기술과 모범 사례를 보고서로 발간하기도 하였다. BT는 BT 스텝체인지BT Stepchange라는 프로그램에 많은 재정을 투자하였고, IBM은 전자정부연구소Institute of Electronic Government라는 기관을 두었다. 그리고 많은 컨설팅 조직들 역시 정기적인 서베이를 통해 이 분야의 모범 사례, 혁신적인 사례를 찾기 위해 노력하였다. 분명 이러한 기관들의 작업은, 특히 기업들이 정책의 변화나 도입에 나름의 역할을 수행할 때, 전 세계에 걸친 아이디어의 확산에 영향을 미쳤다(그 예를 보고 싶다면, BT, 2000; IBM, 2002; Accenture, 2003을 참고하라).

한편 정치적 스펙트럼의 반대편에서는, 압력집단들 역시 정책이전에서 기업들과 같은 역할을 수행한다. 압력집단들도 싱크탱크의 활동을 후원하고, 내부적으로 연구자를 고용하여 핵심 이슈에 관한 보고서를 발간한다. 이들은 기업들의 장점인 풍부한 자원은 갖지 못하는 경우가 많지만, 그 대신 독립성이나 비이윤적 동기와 같이 기업들에게는 없는 그들만의 장점을 갖고 있다. 브렌트스파Brent Spar 석유저장시설 사건은 압력집단에 의한 정책이전의 훌륭한 사례이다(Jordan, 1998; Huxham & Sumner, 1999를 보라). 1995년 대규모 석유굴착장치를 북대서양North Atlantic에 폐기해야 할지 훨씬 비용을 많이 들여서 육지에 처리해야 할지를 두고 그린피스와 영국 쉘석유Shell UK 간에 전쟁이 벌어졌다[그린피스의 로드 맬챗Lord Melchett은 이 사건을 '환경운동의 결정적 국면'이라 불렀다(Jordan, 1998: 713에서 재인용)]. 쉘석유는 대규모의 과학적인 환경영향평가를 실시하여 영국 정부로부터 영국 영해에 설비를 폐기해도 좋다는 허가를 얻었다. 하지만 그린피스는 이것이 심각한 환경적 피해를 가져올 수 있다고 주장하였다. 그린피스는 바다에 설비를 폐기하는 행위가 어떤 환경적 영향을 가져올지 확실히 알 수 없기 때문에, 영국 정부가 독일 환경정책의 핵심인 예방 원칙_{Precautionary Principle}*을 채택하여 쉘석유에게 설비를 육지에 폐기하도록 명령해야 한다고 주장하였다. 이 캠페인은 많은 지지를 얻었고, 영국의 유권자들은 압도적으로 쉘석유의 주장에 반대하였다. 결정적으로 이웃국가들의 시민들도 불안감을 표출하기 시작했다(독일의 소비자들은 쉘 주유소를 보이콧하였다). 이 풀뿌리 캠페인은 빠르게 세력을 확대하였다. 다른 유럽의 지도자들이 당시 영국 총리 존 메이저에게 다수 유럽 국가들의 뜻을 따라 설비를 육지에 폐기하도록 요구하라는 압력을 행사하면서, 이 문제는 외교적 문제로까지 비화되었다. 실제로 독일의 콜 총리는 G7 기자회견에서 다음과 같이 말했다. '우리는 메이저 총리에게 이 주장이 몇몇 녹색주의자들의 광적인 요구가 아니라 해양을 보호하고자 하는 전 유럽적, 전 세계적인 흐름이라고 이야기하였다'(Jordan, 1998: 624에서 재인용).

이러한 압력의 결과 영국 정부와 쉘석유는 패배를 인정하였고, 이것은 '환경운동 역사 상 가장 공적이고 논쟁적인 전환'으로 기록되었다(Huxham & Sumner, 1999: 349). 게다가 영국 정부로부터 미래에도 연안의 폐기물 매립을 거부한다는 약속을 이끌어냈다는 점에서 이 사건은 단순한 일회적인 승리를 넘어서는 것이었다(Huxham & Sumner, 1999: 349). 요컨대, 그린피스는 효과적인 캠페인과 여론에 대한 호소를 통해 독일에서 영국으로 환경보호의 기준을 이전하는 데 성공한 것이다.

---

* 예방 원칙은 Vorsorgeprinzip라는 독일어에서 유래하였다(vorsorge=예견 또는 주의하다)(Huxham & Sumner, 1999: 353).

국제 행위자 global players

정책이전의 세 번째이자 마지막 행위자는 초국적 조직과 NGO, 정책 기획자, 전문가, 컨설턴트 등의 국제 행위자들이다. 싱크탱크나 압력집단이 정책을 이전할 때 부딪히는 큰 문제점 중 하나는, 결국 '정책이전이 이루어지기 위해서는 공식적인 정치 행위자에게 의존해야 한다'는 것이다(Stone, 2000: 6). 브렌트스파 사례의 경우에도 콜 총리 등 정치 지도자들이 G7과 같은 초국적 기구를 통해 영국 정부에 압력을 행사하여 그린피스를 지원하였다. 또한 상자글 9.2에서 보았듯이 IMF와 같은 조직들도 국가 간 사회경제정책의 이전에 중요한 역할을 하고, 1장에서 살펴보았듯이 세계보건기구는 사스나 에이즈와 같은 세계적인 질병에 대처하기 위한 국가 간 공공보건정책의 이전에 중요한 역할을 한다. 여기서는 초국적 조직이나 NGO 자체에 대해 너무 깊게 파고들지는 않고, WHO의 사례를 통해 정책이전에서 정책 전문가들(이 경우에는 의료 전문가들)이 수행하는 역할을 간단히 살펴볼 것이다.

WHO의 목적은 모든 사람들이 가능한 높은 건강 수준을 누리도록 하는 것이다(www.who.int). 이러한 목적을 달성하기 위한 WHO의 주요 역할 중 하나는, 보건정책의 모범 사례를 도입하도록 각국을 설득하는 것이다. 하지만 본받을 만한 '모범 사례'를 결정하는 것은 결코 간단한 문제가 아니다. 이를 위해서는 신뢰할 만하고 객관적인 근거가 뒷받침되어야 하는데, 특히 어떤 국가에게 직접적인 비용이 발생하는 정책, 혹은 깊게 각인된 신념이나 행동 체계와 배치되는 정책을 도입하도록 설득하기 위해서는 더욱 강력한 근거가 필요하다. 심지어는 의약품과 같이 과학적인 성격의 정책 영역에서조차도, 특히 세계적으로 의료 서비스가 작동하는 조건이 매우 다양하다는 사실을 감안하면, 하나의 '정답'이 존재하는 경우는 드물다. 모범 사례는 정책 네트워크 내부의 논쟁을 통해 등장하기도 하지만, 의약품과 같이 기술적인 성격이 강한 분야의 경우에는 국제적인 지식 공동체(Alder & Haas, 1992, Hulme, 2005를 보라), 즉 전문적인 지식기반 네트워크가 정책과정에 또 하나의 층을 추가하고 정책이전 과정을 지원하는 역할을 한다.

WHO가 가난한 국가들의 성 접촉성 감염_{sexually transmitted infections: STIs} 문제를 해결하기 위해 모범 사례를 이전하려고 노력한 사례를 살펴보자(Lush 외, 2003). 수년간의 연구를 통해 개발도상국들의 높은 STIs 감염률의 원인 중 하나는 개인 간 감염을 확인하고 발견하는 데 필요한 자원이 부족한 보건의료 시스템의 문제라는 점이 밝혀졌다. 이러한 문제를 극복하기 위해 1970년대 후반 사하라 이남 아프리카 지역에서 일하는 전문가들은 이른바 '증후군 관리_{syndromic management}' 도구를 개발하였다. 이것은 정보 알고리즘 차트를 이용하여 환자의 증상을 토대로 STIs를 확인하고 치료하는 도구였다. 하지만 STIs의 높은 감염률이 지속되었음에도 불구하고 이 효과적인 도구는 널리 활용되지 못했다. 루시와 그 동료들(Lush 외, 2003: 21)에 따르면, 그 이유 중 하나는 '1990년에 높은 SITs 감염률 문제를 걱정하는 정책 공동체의 수가 여전히 작았기' 때문이었다.

하지만 에이즈 유병률 증가에 대한 세계적인 우려가 커지면서, WHO와 에이즈 국제연합프로그램_{Joint United Nations Programme on HIV/AIDS: UNAIDS}과 같은 조직에 대한 재정 지원이 증가하기 시작했고, 이 두 조직은 모두 증후군 관리 도구에 큰 관심을 가졌다. 결정적인 돌파구가 된 것은 의료 연구자들과 역학자들이 우간다_{Uganda}와 탄자니아_{Tanzania}에서 2번의 무작위 통제 실험을 통해 증후군 관리 도구가 STIs의 전염률을 감소시켜 에이즈 퇴치에 효과적으로 사용될 수 있음을 증명한 사건이었다. (세계적인) 과학 공동체는 이러한 과학적이고 객관적인 근거를 제공하여 세계은행, 미국 국제개발처_{United States Agency for International Development}, 영국 국제개발부_{Department for International Development}와 같은 서구 기관들을 설득하고 WHO가 새로운 기술을 보급하는 데 도움을 제공하였다.

이 사례는 정책이전이 정책 변화에 어떤 역할을 하는지를 보여준다. 애초에 높은 STIs 감염률 문제와 이를 개선하기 위한 정책 수단이 있었다. 그런데 에이즈의 발병은 STIs 문제를 지역적인 문제에서 세계적인 문제로 비화시켰다. 이 문제는 주요 정책이전 행위자들의 아젠다에 중요한 이슈로 등장하였고, 문제 해결을 위한 자원이 증가하였다. 하지만 이 행위자들이 문제 해결에 나서기 위해서는 모범 사례가 무엇인지를 판단할 수 있는 객관적이고 신뢰할 만한 근거가 필요했다. 이러한 상황에서 의약품과 보건의료 분야의 국제 과학 공동체가 합의된 과학적 기준에 의거한 연구 결과를 과학저널에 발표하였고 근거가 수집되었다. 요컨대, 국제적인 지식 공동체가 사실상의 정책이전 네트워크로 기능한 것이다.[*]

무엇이 이전되는가? 이전은 얼마나 완전하게 이루어지는가?

위에서 살펴본 사례들은 정책이전 과정에 참여하는 집단의 범위가 얼마나 넓은지뿐만 아니라 정책이전의 대상도 매우 다양하다는 사실을 보여준다. 도로위츠와 마시(Dolowitz & Marsh, 2000: 12)는 '거의 모든 것들이 하나의 정치 시스템으로부터 다른 정치 시스템으로 이전될 수 있다'고 주장하였다. 하지만 그들은 정책의 이전과 프로그램의 이전은 구분해야 할 필요가 있다고 보았다. '정책은 보다 넓은 의미의 의도의 표현이자 정책 결정자들이 나아가고자 하는 방향을 보여주는 반면, 프로그램은 정책을 실행하기 위한 구체적인 행동의 수단이다'.

이처럼 도로위츠와 마시는 이전 행위들을 그 구체성의 정도로 구분할 수 있다고 주장하였다. 먼저 가장 추상적인 차원으로는 비교적 일반적인 의도의 표현이 존재한다. 도로위츠와 마시는 이념, 아이디어, 태도, 정책 목적 등을 그 예로 들었다. 우리는 앞서 신노동당의 복지에서 근로로의 전환welfare-to-work 정책의 도입에 미국적 사고가 중심적인 역할을 했다는 디컨(Deacon, 2000), 시어도어와 펙(Theodore & Peck, 2001)의 연구를 언급한 바 있다. 비록 디컨은 양국 프로그램의 성격 차이를 지적하고 신노동당이 미국 외 다른 국가들로부터도 교훈을 얻었

---

[*] 개인 정책 전문가(1990년 NHS 개혁 과정의 사례를 참고하기 위해서는 O'Neil, 2000; Greener, 2002를 보라) 혹은 NGO의 컨설턴트(Dolowitz & Marsh, 2000; Stubbs, 2002를 보라)도 이와 유사한 역할을 수행할 수 있다.

다는 사실을 언급하기는 했지만(Deacon, 2000: 6), 그는 '신노동당의 복지개혁 담론의 가장 뚜렷한 특징은 미국의 경험과 아이디어에서 많은 영향을 받았다는 점'이라는 사실을 분명히 하였다. 특히 정책을 제시하고 정당화하기 위해 신노동당이 사용한 표현을 보면 '미국 정치인과 논평자들의 영향력이 강하게 나타난다'. 디컨은 신노동당이 미국의 담론을 이전해온 결과 '영국 복지 담론의 미국화', 특히 '불평등 문제로부터 의존성 문제로의' 전환이 뚜렷하게 나타났다고 주장하였다(Deacon, 2000: 15). 요컨대 구체적인 프로그램보다는 이념과 태도의 이전이 더 중요했다는 것이다. 이와 유사하게, 페이지와 마크-로손(Page & Mark-Lawson, 2007: 52)은 오스트레일리아와 영국이 뉴욕New York 모델로부터 '무관용zero tolerance' 정책의 개념을 빌려왔는데, 실제로 이전된 것은 정책의 구체적인 내용이라기보다는 무관용이라는 표현이었다고 주장하였다.

더 구체적인 수준으로는, 도로위츠와 마시(Dolowitz & Marsh, 2000)는 정책의 내용, 도구, 프로그램, 제도 역시 이전의 대상이 될 수 있다고 주장하였다. 대처 정부의 복지개혁에 대한 도로위츠(Dolowitz, 1997)의 연구는 좋은 사례를 제공해준다. 도로위츠는 여기서도 미국적 사고가 정책 형성에 핵심적인 역할을 했다는 사실을 지적하고,* 대처의 개혁의 많은 주요 특징들이 미국의 경험으로부터 영향을 받았다고 주장하였다. 그 영향은 구체적인 프로그램과 제도의 측면에 분명하게 나타났는데, 가장 대표적인 예는 '일자리 클럽job clubs'의 도입이다. 이 제도는 구직자의 동기와 자신감을 강화하고, 일자리 탐색 능력과 면접 기술을 증

---

* 도로위츠와 그 동료들(Dolowitz 외, 1999)은 정책이전 과정을 전반적으로 검토하면서, 왜 영국이 그렇게 자주 미국으로부터 아이디어를 빌려왔는지, 그리고 왜 미국에서 영국으로만 이전이 이루어지는지에 대해 질문을 제기하였다. 그들은 다음과 같이 주장하였다(Dolowitz 외, 1999: 730). '미국과 영국 간의 이전을 촉진하는 요인에는 특히 두 가지가 있다. 첫째는 언어를 공유한다는 점이고, 둘째는 신자유주의에 대한 시대적 헌신을 공유한다는 점이다. …… 그런데 대부분의 이전이 미국에서 영국으로만 이루어지는 데는 두 가지 이유가 있다. 미국은 세계 공동체에서 자신이 수행하는 역할에 대해 우월감을 갖고 있기 때문에, 다른 정치 시스템이 미국에게 정책 모델을 제공해줄 수 있다는 사실을 인정하지 않으려 한다. 반면 영국은 미국의 헤게모니와 연계된 신자유주의 정책 모델이 노동시장과 경제 현실에 적합하다고 생각한다'.

진시키며, 필기도구나 봉투 등 일자리 탐색에 필요한 기본적인 자원을 제공하도록 설계되었다. 영국의 일자리 클럽은 그 이름에서부터 주요 활동, 주당 4. 5일의 의무 참여 규정에 이르기까지 거의 대부분 미국 모델을 따랐다. 도로위츠(Dolowitz, 1997: 25)가 지적했듯이, 이러한 정책이전은 '설계, 조직, 기능, 심지어 이름까지 이전되었다'는 점에서 매우 구체적인 것이었다. 실제로 도로위츠는 '일자리 클럽은 정책이전이 너무도 완전하게 이루어졌다는 점에서 정부가 다른 국가의 시스템 구조를 베껴온 보기 드문 사례 중 하나'라고 평가했다(Dolowitz, 1997: 35).

그 외에도 도로위츠는 이 시기에 미국 복지정책에서 이전해온 사례로 장기실업자를 위한 워크페어 리스타트 프로그램workfare restart programmes과 훈련기업협의회Training and Enterprise Councils: TECs를 언급하였다(자세한 내용은 Dolowitz, 1997을 참고하라). 특히 TECs는 정책이전의 또 다른 형태인 부정적 교훈 얻기negative lesson drawing의 사례라 할 수 있다. TECs는 민간부문 전문가를 활용하여 노동시장의 숙련 수준을 향상시키는 것을 목적으로 하는 것으로, 미국의 민간산업협의회Private Industry Councils: PICs를 모델로 하였다. 하지만 미국의 PICs는 책임성의 수준이 낮고 스태프의 질이 떨어지는 등의 문제점이 나타났고, 대처 정부는 TECs를 계획하면서 이러한 문제점을 극복하고자 하였다. 도로위츠(Dolowitz, 1997: 37)는 '이 사례는 정책 결정자들이 무엇을 하지 말아야 할지도 배울 수 있다는 사실을 보여준다'고 주장하였다.

신노동당과 보수당의 복지개혁 사례는 정책이전의 수준이 얼마나 다양한지를 보여준다. 도로위츠(Dolowitz, 2000b: 25)는 '정책이전 과정은 전부 아니면 전무all-or-nothing가 아니'라고 주장하였다. 그에 따르면 정책이전에는 다음과 같이 4가지 수준이 존재한다.

복사copying: 직접적이고 완전한 이전의 경우. 모방emulation: 배경 아이디어를 이전하지만 정책 프로그램의 구체적인 설계는 이전하지 않는 경우. 조합combination: 다양한 정책과 프로그램을 혼합하는 경우. 영감inspiration: 다른 곳의 정책으로부터 정책 변화의 영감을 얻지만, 정책이전의 최종 결과물은 원래의 정책과 비교적 관계가 적은 경우(Dolowitz, 2000b: 25).

이전의 걸림돌은 무엇인가? 이전은 얼마나 성공적인가?

현실에서는 어떤 정책을 그대로 복사하려 해도 결국 상당히 다른 정책으로 귀결되는 경우가 많은데, 이는 두 국가가 서로 다르다는 단순한 이유 때문이다. 도로위츠와 마시(Dolowitz & Marsh, 2000)는 이전의 걸림돌이 얼마나 다양한지를 보여주었다. 먼저 그들은 정책의 복잡성complexity을 지적하였다. 예를 들어, 어떤 정책이 분명한 효과가 있는 것처럼 보일지라도 사실은 상호연결된 요인이 만들어낸 복잡한 결과로 인한 착각인 경우가 있다. 이러한 복잡성을 가져오는 원인 중 하나는, 현재의 정책은 과거의 정책과 상호작용할 수밖에 없고 정책 수입국이 해결해야 하는 문제가 수출국의 문제와는 차이가 있을 수밖에 없기 때문이다. 이와 유사하게 문화, 이념, 관료제의 성격, 기술적 능력, 경제적 부와 같은 서로 다른 제도적, 구조적 배경도 문제가 될 수 있다. 이러한 요인들 때문에 각국은 상이한 정책적 능력을 갖고 있을 뿐만 아니라, 정책 네트워크들의 가치와 신념도 서로 다르다. 서로 다른 언어도 원래의 정책을 제대로 이해하지 못하게 만들 수 있다는 점에서 정책이전의 걸림돌이 된다.

이러한 걸림돌 때문에 정책이전의 과정에는 어려움이 가득하다. 실제로 많은 정책이전은 잘못된 방향으로 나아간다. 도로위츠와 마시(Dolowitz & Marsh, 2000: 17)는 '대부분의 정책이전 연구들은 성공 사례에 집중하지만, 모든 이전이 성공적이지는 않다는 사실을 인정할 필요가 있고', '왜 어떤 정책이전이 실패하는지를 살펴보는 것이 중요하다'고 주장하였다. 그들에 따르면, 실패한 정책이전은 3가지 유형으로 분류될 수 있다. 충분한 정보가 없는 이전_{uninformed transfer}, 불완전한 이전_{incomplete transfer}, 부적절한 이전_{inappropriate transfer}이 그것들이다. 충분한 정보가 없는 이전은 이전해오는 정책의 내용 및 실제 운영에 대한 정보가 매우 부족할 때 발생한다. 불완전한 이전은 성공한 정책의 핵심이 이전되지 않을 때 발생한다. 부적절한 이전은 국가 간의 상이한 맥락에 충분한 주의를 기울이지 못할 때 발생한다.

도로위츠(Dolowitz, 2000c; Dolowitz & Marsh, 2000; Dolowitz, 2001)는 영국 CSA_{Child Support Agency}의 예를 들어 이러한 이슈를 설명하였다. 1993년에 도입된 CSA의 목적은 아동을 양육하지 않는 부모(주로 아버지)를 찾아내서 정해진 공식에 따라 계산된 양육비를 강제로 부담시켜 아동에 대한 복지지출을 감축하는 것이었다. CSA는 아동을 양육하지 않는 부모에 대해 상당히 높은 수준의 의무를 부과하였고, 이는 법원이 사례별로_{case-by-case} 양육비를 부담시키는 과거의 방식과 비교할 때 커다란 변화를 가져왔다.* 그런데 CSA의 실행은 과도하게 세간의 이목을 집중시켰고 그 방식이 지나치게 가혹하다고 생각하는 부모들의 반발을 불러오면서, CSA는 정책 실패의 고전적인 사례로 받아들여지게 되었다. 많은 연구자들이 이 실패에 대해 논의했는데, 그중 도로위츠는 정책이전의 개념이 문제의 원인을 밝히는 데 도움을 줄 것이라고 생각했다. '이 제도의 기원은 미국(어느 정도는 오스트레일리아)으로부터의 정책이전에서 찾을 수 있다. 미국으로부터의 부적절한 이전이 제도의 실행에 커다란 문제를 야기하였다'(Dolowitz, 2000c: 39).

도로위츠에 따르면, 미국의 아동양육강제시스템_{Child Support Enforcement System: CSES}으로부터 유래한 영국 CSA 제도의 핵심은 바로 강제적 요소이다. 즉, 부모가 기여해야 할 몫을 이미 정해진 공식에 따라 결정하고 아동을 양육하지 않는 부모에게 강제로 양육비를 부담시킨다. 이 제도는 겉보기에 미국과 오스트레일

---

* 아동을 양육하는 부모에게도 아동을 양육하지 않는 부모가 누구인지, 어디에 있는지에 관한 정보를 제공해야 하는 의무가 부과되었다.

리아에서 모두 성공하였고 당시 영국 집권당인 보수당의 이념에도 딱 들어맞았기 때문에, 이 정책을 이전해오기로 한 선택은 당연한 것처럼 보인다. 하지만 실제 정책의 결과는 좋지 못했는데, 도로위츠는 그 이유를 앞서 논의한 3가지 형태의 정책이전 실패로 설명하였다. 첫째, 충분한 정보가 없는 이전의 문제가 나타났다. 영국 정부는 미국 CSES의 운영에 대한 충분한 정보를 갖고 있지 않았다. CSES의 구체적인 기능은 주마다 달랐는데, 영국 정부는 주로 위스콘신Wisconsin 의 제도에 주목하였다. 그런데 위스콘신의 CSES는 양육비 부담 결정과 관련하여 사법부의 역할을 완전히 없애버린 특이한 사례였기 때문에, 영국 정부는 사실 CSES 제도가 법원의 역할을 대체하기보다는 보완하는 것이라는 사실을 제대로 이해하지 못했다. 둘째, 불완전한 이전의 문제가 나타났다. 방금 언급한 바와 같이, 미국 대부분의 지역에서 CSES는 종합적인 정책 패키지의 일부였을 뿐이었다. 따라서 이러한 사실을 잘 모른 채 도입된 영국의 CSA는 CSES의 실제 운영 방식을 완전히 반영하지 못했다. 셋째, 부적절한 이전의 문제가 나타났다. 즉, 제도가 이전될 때 양국의 상황이 다르다는 사실이 충분히 고려되지 않았다. 우선 영국과 미국은 역사적으로 상당히 다른 복지 전통을 갖고 있다. 강제와 통제라는 CSA의 핵심 요소는 영국보다는 미국의 복지 시스템에 훨씬 잘 어울리는 것이었다. 뿐만 아니라 당시 영국과 미국은 경제적 상황에도 차이가 있었다. 특히 영국의 공공부문차입요구Public Sector Borrowing Requirement: PSBR 규모가 컸다는 사실이 CSA의 도입에 영향을 미쳤다. 왜냐하면 CSA는 미시수준에서 가족정책을 관리하는 수단이었다기보다는 거시수준에서 정부지출을 감축하기 위한 수단으로 활용되었기 때문이다.*

---

* 예를 들어, CSA는 양육비 부담을 단호하게 거부하는 사례보다는 비교적 손쉽게 양육비를 끌어낼 수 있는 사례에 집중하였다. 이는 CSA가 개입한 많은 부모들에게 이 제도가 불공정하다는 인식을 심어 주었다.

이전된 정책은 어디에서 왔는가?

정책이전의 실패를 분석할 때는 정책이 운영되는 구체적인 맥락에 주의를 기울여야 할 필요가 있다. 즉, 정책 수입국과 수출국 간의 차이를 검토해야 한다. 또한 정책분석가들에게는 도로위츠와 마시 모델의 6가지 질문 중 마지막인 '이전된 정책은 어디에서 왔는가'라는 질문 역시 중요하다. 지금까지의 논의에서 우리는 정책이전이 국가 간에 발생한다고 가정하였는데, 이러한 경우에는 우리가 주의를 기울여야 하는 핵심 요인이 국가 간 문화적, 제도적, 경제적 차이가 된다. 하지만 도로위츠와 마시는 정책이전이 국가 간에만 나타나는 것은 아니라는 점을 분명히 하였다. 국가 간 정책이전도 있지만 정부 내에서(즉, 지방정부 간에) 정책이 이전되거나 과거에서 현재로 이전되는 경우도 있다(이 장의 뒷부분에서 설명할 것이다).

도로위츠와 마시 모델의 평가

지금까지 살펴본 질문을 통해 도로위츠와 마시 모델은 정책 변화에서의 정책이전의 역할을 잘 보여주고, 그 과정이 어떻게 이루어지는지, 누가 무엇을 이전하는지를 깊이 이해할 수 있게 해준다. 게다가 이 모델은 정책이전의 한 가지 측면만이 아니라 다양한 측면을 종합적으로 강조하기 때문에 다른 많은 연구를 포괄할 수 있는 분석틀을 제공해준다(실제로 우리는 도로위츠와 마시 모델을 설명하기 위해 다른 많은 이론가들의 연구를 참고하였다). 하지만 도로위츠와 마시의 분석틀에도 단점은 있다. 에반스와 데이비스(Evans & Davies, 1999: 365)는 '도로위츠와 마시가 기존의 파편화된 연구들을 일관된 틀로 종합하는 커다란 기여를 했지만, …… 여전히 문제가 있다'고 지적하였다.

    도로위츠와 마시 모델은 너무나도 다양한 유형의 정책이전을 하나의 틀로 설명하려고 하기 때문에, 사실상 거의 모든 정책 현상(한 국가의 공공서비스 프로그램을 직접 베껴오는 것에서부터, 과거 압력집단의 활동에서 추상적인 정책 아이디어에 관한 영감을 얻는 것에 이르기까지)을 포함하고 있다. 따라서 개념이 지나치게 광범하고 신뢰성이 부족하다는 단점이 있고, 특히 정책이전이라는 개념이 일반적인 의미의 정책형성 과정과 어떻게 구별되는지를 분명히 하기 어렵다(James & Lodge, 2003). 도로위츠와 마시의 몇몇 연구를 읽다 보면, 그들의 개념을 따른다면 정책이전의 결과물이 아닌 정책이 있는지조차 의심스럽다. 에반스와 데이비스(Evans & Davies, 1999: 366)가 지적하듯이, 정책이전의 시작과 끝을 결정하는 경계가 도로위츠와 마시 모델보다는 좀 더 분명하게 규정될 필요가 있다. 왜냐하면 '혁신적으로 등장한 어떤 새로운 정책도 어느 정도는 기존의 지식에 의존할 수밖에 없기 때문이다'.

이러한 이론적 단점은 많은 정책이전 연구에서 나타나는 방법론적 문제로 이어진다. 정책이전의 개념이 너무 광범하면, 정책이전이 발생했는지 아닌지를 판단하기가 어려워진다. 에반스와 데이비스(Evans & Davies, 1999: 381)는 '기존의 연구들은 정책이전을 확인할 수 있는 적절한 방법을 제공해주지 않는다'고 주장하였다. 우리는 이 주장을 지지한다. 기존에는 정책이전을 확인하기 위한 접근으로 다른 국가의 정책 결정자들이 사용한 언어에서 공통점이 발견되는지, 정책을 만들 때 다른 국가의 의회 논쟁이나 인터뷰에서 단서를 얻지는 않았는지를 찾는 경우가 많다. 예를 들어 도로위츠(Dolowitz, 1997)는 대처 정부가 16~17세 아동에 대한 급여를 삭감하려고 한 것은 과거 베버리지로부터 영감을 얻은 사례라고 주장하였다. 도로위츠에 따르면, 당시 사회서비스장관Secretary of State for Social Services이었던 존 무어John Moore는 의회에서 다음과 같이 주장하였다.

> 나는 베버리지가 오늘날 살아있다면 그 역시 우리의 제안을 지지할 것임을 전혀 의심하지 않는다. 베버리지는 '소년과 소녀에게는 어떠한 무조건부 급여unconditional benefit도 제공되지 않는 것이 이상적이다. 강제적으로 근로에서 면제된 기간 동안 그들은 추가적인 훈련을 받아야만 한다'고 말했다(Dolowitz, 1997: 37에서 재인용).

이 정책 결정의 배경은 여러 가지로 설명이 가능하다. 예를 들어 국가를 축소하려는 대처 정부의 이념적 지향, 실업 증대로 인한 정부의 재정적 압력, 케인스주의 붕괴 등의 설명이 있을 수 있다. 하지만 무어의 주장과 같이 이것이 과거 베버리지로부터의 정책이전이라는 주장은 가장 설득력이 없는 설명이다. 무어의 연설은 오로지 한 가지로밖에 해석될 수 없다. 그것은 바로 신자유주의 장관이 중도좌파들의 아이콘인 베버리지의 몇몇 표현을 인용하여 점수를 따고자 하는 뻔뻔한 수작일 뿐이라는 것이다.

이외에도 정책이 이전되었다는 사실을 뒷받침하는 근거가 약한 사례들이 많이 있다(상자글 9.3을 보라). 이 장에서 인용된 많은 사례들 역시 같은 이유로 비판받을 수 있다. 에반스와 데이비스(Evans & Davies, 1999: 382)가 지적하듯이, 정책이전을 뒷받침할 경험적 근거가 취약한 이유는 대부분 '정책이 이전되지 않았다는 것non-transfer을 증명할 근거가 있느냐'는 질문을 제기하지 않았기 때문이다. 즉, 정책들 간의 유사성을 설명하는 다른 대안적인 논리가 존재하는지를 살펴보지 않았다는 것이다. 정책이전이 이론적으로 신뢰를 얻기 위해서는 모든 것을 포함하는 분석틀을 만들기보다는 '정책이전으로 설명되지 않는 중요한 현상들을 확인, 분류하려는 노력이 필요하다'(Evans & Davies, 1999: 367). 에반스와 데이비스는 정책이전의 개념은 '의식적이고 구체적인 정책행위의 결과로 나타난' 국가 간 정책이전의 사례에 초점을 맞추어야 한다고 주장하였다(Evans & Davies, 1999: 368). 이것은 훨씬 더 협소한 행위에 기초한 개념이다. 의도하지 않았는데도 유사한 정책이 나타나는 경우와 의도적으로 정책이 이전된 경우는 구분될 필요가 있다. 왜냐하면 유사한 정책 그 자체는 유사한 압력에 대한 유사한 반응의 결과로 나타난 자연스러운 수렴 현상으로 설명될 수도 있기 때문이다.

이처럼 정책이전의 개념을 축소하면 정책이전이 발생했는지 아닌지를 분명하게 판단하는 데도 도움이 된다. 에반스와 데이비스에 따르면, 이 모델의 핵심은 정책이전의 행위자, 즉 한 곳에서 다른 곳으로 의도적으로 아이디어를 이전하는 데 참여한 사람들이다. 에반스와 데이비스는 정책이전이 발생했는지를 증명하기도로위츠(Dolowitz, 2000b)는 정책이전의 근거는 다음과 같은 출처로부터 수집될 수 있다고 주장하였다.

- 미디어
- 인터넷
- 보고서와 연구
- 미팅과 방문
- 정부의 성명

실제로 정책이전을 증명하고자 하는 사람은 이러한 다양한 출처를 통해 조각을 맞추어 다음과 같은 정보를 찾아내야 한다. 국가 간 정책 논쟁과 그 세부 사항의 유사성. 정책에 참고가 된 다른 국가의 정치인의 언급이나 제안. 미팅, 방문, 파견 등 정책 결정자들 간의 연계의 근거.

하지만 때로는 이러한 근거들이 부족해 보이는 경우가 있다. 심지어 두 국가의 정책이 뚜렷이 연결되어 있는 경우라 하더라도 정책이 이전되었다는 근거는 부족할 수도 있다. 예를 들어 CSA 사례의 경우 도로위츠(Dolowitz, 2000c)는 미국과 영국의 논쟁 과정에서 사용된 표현이 유사하다는 사실을 강조하였지만, 폴리트(Pollitt, 2001)는 표현이나 레토릭의 유사성이 실제 정책의 유사성과 상응하는 경우는 드물다고 지적하였다. 왜냐하면 실제로는 세련된 전문용어를 빌려 쓰는 수준에 멈추는 경우가 많기 때문이다. 도로위츠는 그의 주장을 뒷받침하기 위해 남성 생활잡지 〈에스콰이어*Esquire*〉의 기사를 인용하기도 했는데, 이러한 종류의 출처들은 학문 저널이나 뉴스 미디어와는 달리 검토와 수정을 위해 요구되는 표준적인 기준 및 절차가 존재하지 않고 단순한 엔터테인먼트의 목적을 추구한다는 점에서 그 신뢰성이 떨어진다.

위해서는 이러한 행위자들의 정체를 밝히고 그들의 의도된 행위를 살펴보아야 한다고 주장하였다[앞서 살펴보았듯이, 에반스(Evans, 1999)는 사회보장제도 부정수급

문제와 관련하여 정책이전이 발생하였다는 사실을 증명하기 위해 공공부문의 구체적인 행위자와 그들의 행위를 확인하였다]. 많은 사람들은 정책이전이 점점 더 증가하고 있다고 주장하고 있지만, 보다 엄격한 잣대를 적용한다면 '정책이전을 증명하기란 일반적으로 생각하는 것보다 훨씬 어려울 것이다'(Evans & Davies, 1999: 381).

에반스와 데이비스 모델

그렇다고 해서 우리가 정책이 형성되는 방식에 중요한 변화가 나타나고 있다는 사실을 무시하거나 정책 수렴이라는 현상을 가져온 원인 중 하나가 국가 간 아이디어의 공유라는 사실을 부정하는 것은 아니다. 우리는 다만 정책이전을 이해하기 위해서는 정책 변화를 야기하는 다른 많은 중요한 요인들을 인정하는 폭넓은 접근을 취해야 한다는 점을 강조하는 것이다. 에반스와 데이비스(Evans & Davies, 1999; Evans, 2004b도 참고하라) 역시 정책이전 분석의 다수준multi-level 접근을 제안하였다. 이 접근은 정책이전이 중간수준의 속성을 갖고 있음을 강조하여, 거시수준의 변화 및 미시수준의 정치와 정책이전과의 연결을 탐구한다.

에반스와 데이비스가 주장한 바와 같이, 정책이전 과정을 이해하기 위해서는 정책이전의 구체적인 행위자를 살펴보고 조직 간 정책이전 네트워크의 형성 및 작동 방식을 이해하는 것이 매우 중요하다. 바로 이 지점에서 에반스와 데이비스의 모델은 정책 네트워크(7장을 보라), 지식 공동체의 개념과 연결된다. 하지만 그들은 정책이전 네트워크는 단명短命한다는 점에서 정책 네트워크, 지식 공동체와는 다르다고 주장하였다. 정책이전 네트워크는 '정책 변화를 설계하기 위한 구체적인 의도로 만들어진 일시적인 현상'이고, 따라서 '정책이전이 나타나는 동안에만 그 존재가 유지된다'(Evans & Davies, 1999: 376). 에반스와 데이비스는 '정책이전 네트워크가 없었다면 다른 정책이 채택되었을 것이라는 점에서 정책이전 네트워크가 중요한 의미를 갖는다'고 주장하였다. 달리 표현하자면, 정책이전 행위자들의 의도적인 행위는 바로 정책이전 네트워크 내에서 발견된다. 정책이전 네트워크의 행위자들은 아이디어를 찾고 어떤 정책을 이전할지를 결정한다. 따라서 이러한 네트워크의 활동을 살펴보면, 정책이전이 발생했다는 사실을 증명할 수 있을 뿐만 아니라 누가 왜 정책이전에 참여하였는지도 알 수 있다.

중요한 사실은, 정책이전 네트워크들이 그들의 환경과 동떨어진 채로 작동하지는 않는다는 것이다. 에반스와 데이비스는 중간수준의 정책이전 네트워크와 거시수준의 맥락 간의 연계를 이해하는 것이 중요하다고 강조하였다. 그들은 정책이전을 특히 세계화, 경제적 변화, 기술변화, 경쟁국가의 등장 등 우리가 1부에서 살펴본 개념들과 관련지어 논의하였다. 그들은 네트워크가 만들어지는 이유를 살펴보는 것이 중요하다고 주장하였는데, 왜냐하면 정책이전은 거시적인 변화나 압력에 대한 대응으로 촉발되는 경우가 많기 때문이다. 예를 들어 세계화로 인해 새롭게 등장한 사회문제를 해결해야 할 필요도 있고, 다른 국가들이 새로운 기술을 어떻게 활용하는지 살펴볼 필요도 있으며, 경쟁 경제의 등장으로 인한 경제적 성과의 부진을 극복해야 하기도 한다. 이러한 거시수준과 중간수준의 연계를 이해하지 못하면 정책분석이 제대로 이루어지기 어렵고 정책 변화에 영향을 미치는 거시적인 힘을 과소평가할 우려가 있다. 그럼에도 불구하고 우리가 정책이전 자체의 중요성을 과소평가하는 것은 아니다. 왜냐하면 거시수준의 맥락이 중간수준의 정책이전에 영향을 미치기도 하지만, 중간수준의 정책이전이 거꾸로 거시수준의 변화에 영향을 미치기도 하기 때문이다. 에반스와 데이비스는 정책이전이 새로운 '기회 구조'를 창조하여 아이디어의 확산을 촉진한다는 점에서 세계화 과정에 일정한 역할을 수행한다는 사실을 강조하였다.

정리하자면, 에반스와 데이비스는 정책이전 네트워크와 거시적 맥락 간에 지속적이고 반복적인 관계가 있다고 생각하였다. 정책이전은 정책을 변화시켜 거시적 맥락에 영향을 미치고, 거시적 맥락은 다시 정책을 변화시켜 정책이전 네트워크를 만들어낸다. 이러한 점에서 이 책에서 살펴본 제도나 정책 네트워크와 같은 중간수준 개념과 정책이전에 관한 최근 논쟁 간에 어떤 공통된 주제가 발견된다. 에반스와 데이비스는 정책이전을 개인 행위와 거시적 변화를 연결하는 '이론적 가교'로 보았다. 이러한 점에서 그들은 정책이전 분석이 구조화 접근_{structuration approach}에 뿌리를 두어야 한다고 주장하였다(Giddens, 1984; Wendt, 1987; 이 책의 7~9장을 보라). 구조화 접근이란, '행위자와 구조가 서로를 구성하는 동시에 존재론적으로 서로 구별되는 실체라고 개념화하는 접근이다. 행위자와 구조는 서로에게 영향을 미친다. 즉, "함께 결정된다_{co-determined}"'(Evans & Davies, 1999: 371).

결론

이 장에서는 정책이전이 언제, 어떻게, 왜 나타나는지, 정책이전을 어떻게 분석해야 하는지에 관해 간단히 살펴보았다. 많은 사람들은 정책이전이 점점 증가하고 있는 중요한 현상이라고 생각하지만, 정책이전을 구성하는 요소가 정확히 무엇인지, 정책이전이 언제 나타나는지에 대한 분명한 합의는 존재하지 않는다. 이러한 이유로 심지어는 정책이전이 정말로 빈번하게 나타나는 현상인지에 대해 의문을 제기하는 사람들도 있다. 제임스와 로지(James & Lodge, 2003)는 정책이전을 일반적인 의미의 정책형성과 구분하기 어렵다고 주장하였고, 페이지와 마크-로손(Page & Mark-Lawson, 2007: 50)은 만일 체계적인 정책학습만이 진정한 의미의 정책이전이라면, 정책이전이 흔하게 나타난다는 주장을 증명하기란 '극단적으로 어렵다'고 주장하였다.

이처럼 정책이전 접근의 약점이 분명함에도 불구하고, 정책이전에 주목하는 것에는 몇 가지 이점이 있다. 정책이전 접근은 정책분석에서 더욱 세계적인 관점을 채택하는 것이 중요하다는 사실(Parsons, 1995를 보라)을, 그리고 정책형성 과정에 다양한 행위자가 참여할 수 있다는 사실(물론 그 참여 방식은 때로는 미묘하고 간접적이긴 하지만)을 잘 보여준다. 게다가 이 접근의 가장 큰 장점은 정책의 안정성보다 정책의 변화를 잘 설명해준다는 점이다(Greener, 2002). 이는 정책이전 접근이 이 책에서 언급한 다른 중간수준 접근들과 구별되는 뚜렷한 특징이다.

하지만 에반스와 데이비스는 정책이전의 사례를 분석할 때 상당한 주의를 기울여야 한다고 주장하였다. 그들에 따르면 정책이전이라는 용어는 정책이전 네트워크를 통한 의도적이고 신중한 행위가 교훈 얻기나 강제적 이전을 발생시켰다는 사실을 확인 가능할 때 사용될 수 있다. 우리는 이러한 주장에 동의한다. 또한 그들은 정책이전 네트워크와 거시수준 맥락과의 연계를 인정한다는 전제 하에서만 정책이전 접근이 수용되어야 한다고 주장하였는데, 우리는 이 주장에도 동의한다. 왜냐하면 거시적 맥락이 무시될 경우 정책변화에서 정책이전의 역할을 지나치게 강조할 위험이 매우 크기 때문이다.

사실 정책이전 접근의 주요 주창자인 도로위츠와 마시(Dolowitz & Marsh, 2000: 21) 역시 그 한계를 인정한 바 있다. 그들은 '정책이전이 그것만으로 대부분의 정책발전을 설명할 수 있는 독립적인 이론'이라고 주장하지는 않았다. 대신에 그들은 '현대 정치에서 정책이전은 점점 더 많은 정책의 개발, 특히 정책의 변화에 영향을 미친다'고 보았다(Dolowitz & Marsh, 2000: 21). 따라서 '어떤 정책의 변화를 분석할 때 정책이전과 관련이 있지는 않은지를 질문해 볼 필요가 있다'는 결론은 합리적인 것처럼 보인다. 물론 성급한 결론을 내리지 않도록 에반스와 데이비스(Evans & Davies, 1999: 382)가 제시한 다음과 같은 단서를 검토해야만 한다. "정책이 이전되지 않았다는non-transfer 근거는 있는가?"

요약

- 정책이전은 '어느 한 시점 및 장소의 정책, 행정, 제도 등에 관한 지식이 다른 시점 및 장소의 정책, 행정, 제도 등의 발전에 이용되는 것'이다(Dolowitz & Marsh, 1996: 344).
- 정책이전이 늘어나고 있고 정책 결정자들이 정기적으로 다른 국가들의 사례에서 교훈을 얻고 있다는 사실에 대해서는 일반적인 합의가 존재한다.
- 정책이전이 언제나 자발적인 활동인 것은 아니다. 정책이전은 종종 강제적인 성격을 띠기도 한다.
- 정책이전에는 다양한 정치 행위자들이 참여한다. 정부 외부의 행위자들도 중요한 역할을 수행할 수 있고, 지식 공동체도 종종 커다란 영향을 미친다.
- 정책이전의 구성요소에 대해서는 이견이 존재한다. 에반스와 데이비스(Evans & Davies, 1999)는 정책이전이란 일시적인 정책이전 네트워크를 통한 의도적인 행위라고 주장하였다.
- 정책이전은 정책이전과 거시수준, 미시수준 힘과의 연계를 인정하는 분석틀 속에서 이해되어야 한다. 구조화 접근structuration approach은 이러한 방식의 이해를 돕는다.

 토론할 문제

- 최근 정책이전 활동이 증가한 이유는 무엇인가?
- 정책이전 개념이 정책변화에 대한 의미 있는 이론을 제공하기에는 너무 광범한 것은 아닌가?
- 정책이전이 세계화나 정치경제의 전환과 같은 거시적 변화와 어떻게 상호작용하는가?

더 읽을 거리

Dolowitz, D.(ed)(2000a). *Policy Transfer and British Social Policy: Learning from the USA?*. Buckingham: Open University Press.

Evans, M.(ed)(2004). *Policy Transfer in Global Perspective*. Aldershot: Ashgate.

Evans, M. & Davies, J.(1999). "Understanding policy transfer: a multi-level, multi-disciplinary perspective". *Public Administration*, 77, 361~385.

Rose, R.(2005). *Learning from Comparative Public Policy: A Practical Guide*. London: Routledge.

미시수준 분석

CHAPTER 10

의사결정과 퍼스낼리티

개요

의사결정decision making은 모든 인간의 근본적인 속성이자 정책과정의
중심이다. 의사결정에 관한 사회과학의 주요 이론은 합리적 선택 이론이
다. 이 이론은 사람들이 자신의 이익을 극대화하기 위해 비용과 편익을
비교하여 행동한다고 가정한다. 하지만 실제 현실에서는 의사결정에 필
요한 지식과 선택이 제한되어 있어, '제한된 합리성bounded rationality'
이 나타난다. 이처럼 합리성에 주목하는 이론과 달리, 의사결정을 뭔가
더 혼란스럽고 점진적인 과정으로 파악하는 이론도 있다. 이 장에서는 이
러한 주장들의 장·단점을 논의하고, 다음으로 퍼스낼리티personality와
정치 엘리트가 정책 형성에 미치는 영향을 살펴볼 것이다. 이와 관련된
주요 사회과학 논쟁으로는 제도와 구조가 사람들을 제약하는지 아니면
사람들이 제도를 형성하는지에 관한 논쟁이 있다(행위자 대 구조agency
versus structure). 제도는 단순한 구조인 것만이 아니라, 가치value에 대
한 '가정적 세계assumptive world'이다.

주요 용어

합리적 선택rational choice, 제한된 합리성bounded rationality, 점진주의
incrementalism, 카리스마적 리더십charismatic leadership, 과두제oli-
garchy, 구조화structuration

서론

의사결정은 매일, 매순간 존재하는 인간 활동이다. 다른 동물들은 본능과 욕구에 의해 움직인다. 오직 인간과 몇몇 영장류만이 여러 선택지를 평가하고 그중 하나를 결정하는 복잡한 능력을 가지고 있다. 심지어 인간은 가상의 선택이나 불가능한 선택도 상상할 수 있다. 다른 어떤 동물도 그런 것을 할 수는 없다. 이처럼 의사결정은 고차원적이고 지적인 활동이다. 그리고 우리의 일상생활에서 일어나는 거의 모든 일은 어느 정도의 합리적 의사결정 능력을 전제하는 것들이다. 의사결정에 관한 어떤 연구들은 인간의 선택 동기의 심리학이라 불릴만한 주제에 주목한다. 토니 블레어는 총리 재임 기간 동안 2번의 이라크 파병을 포함하여 여러 번 해외에 군대를 파병하였다. 다른 사람의 조언도 있었지만, 토니 블레어는 영국군의 파병을 결심했을 때 무슨 생각을 했을까? 그는 사람들이 목숨을 잃거나 장애를 얻게 될 것이라는 사실, 막대한 재정적 비용이 들 것이라는 사실, 그리고 다른 선택도 가능하다는 사실을 분명히 알고 있었을 것이다. 정책분석의 '창시자'라 할 수 있는 라스웰(Lasswell, 1930)에 따르면, 블레어의 머릿속에는 그가 심리적으로 익숙하게 받아들이는 가치가 있었을 것이다. 실제로 블레어(Blair, 2007)는 총리 퇴임 연설에서, 이러한 의사결정을 할 때 합리적이면서도 본능적인 내면의 도덕적 가치의 인도를 받았다고 말했다. 블레어는 총리로 있었던 모든 시간 동안 '심장에 손을 얹고 말하건대, 나는 내가 옳다고 믿는 것을 실천했다'고 말했다. 라스웰은 의사결정의 심리 문제를 다룬 초기 연구들을 통해 핵심 가치의 존재가 어떻게 상이한 정책결과를 가져오는지를 보여주었다. 이에 대해서는 뒷부분에서 다시 논의할 것이다.

일반적인 의미에서 의사결정은 정책과정의 어디에나 있다ubiquitous. 정책을 '결정하기로 결정하는deciding to decide' 초기 단계에서부터 정책이 구성, 도입, 평가되는 단계에 이르기까지, 정책과정의 모든 단계에서 개인과 집단은 의사결정을 한다. 다음에는 무엇을 해야 하는가? 어떤 경험적 근거가 여러 선택지 중 어느 것을 지지하는가? 결정된 선택이 어떤 결과를 가져올 것인가? 이러한 질문들은 공공정책 이슈뿐만 아니라 모든 정치적인 문제에 적용되는 것들이다. 앞으로 살펴보겠지만, 이러한 질문은 결정이 필요한 상황에 직면한 개인들의 선택 문제로 귀착된다. 예를 들어, 1962년 쿠바 미사일 위기에서 러시아 잠수함의 함장이 명령받은 대로 미국 해군 전함USS 브랜디_{Blandy}에 핵어뢰를 쐈다면 어떻게 되었겠는가?(상자글 10.1을 보라) 이만큼 극적이지는 않지만, 공공정책 영역에서도 거의 매일 수많은 선택지가 평가되고 의사결정이 이루어진다. 고등교육의 수업료가 증가하면 대학에 진학하는 저소득층 학생 수가 줄어들지는 않을까? 병원의 운영을 자유화하면 의료 서비스의 질이 높아질까 아니면 일부 계층만 좋은 서비스를 받게 되는 서비스 계층화 현상이 나타날까? 선택지를 평가하고 정치적 위험을 계산하여 최종적인 결정을 내리는 것은 정치적 활동의 기본이고, 의사결정은 제도적 구조를 통해 큰 반향을 불러일으킨다. 뒤의 11장에서는 정책이 전달되는 순간에 어떤 일이 일어나는지를 살펴볼 것이다. 이러한 것들은 관리자, 군인, 교사, 간호사 등 '일선'의 행위자들이 제한된 자원, '정책' 또는 명령과 같은 제약조건 하에서 의사결정을 하는 미시수준의 반응과 관련된 주제이다.

본질적으로 의사결정은 이러한 반응에 관한 것이자, 어떻게 복잡한 선택이 이루어지고 그 결과 어떤 일이 벌어지는지를 설명하는 방식에 관한 것이다. 총리에서부터 간호사에 이르기까지 모든 개인은 각각 자신이 무엇을 해야 할지를 결정해야 하고, 이러한 수많은 결정들이 모여 정책과정을 구성한다. 이것이 바로 이 책에서 의사결정이라는 주제를 (개인들과 구체적인 정책과정의 일상적인 관리·운영에 초점을 맞추는) 미시수준 파트에서 논의하는 이유이다. 하지만 이러한 구분은 광범한 주제를 다루기 위한 인위적인 구성일 뿐이라는 사실을 다시 한 번 강조할 필요가 있다. 설명의 편의상 거시·중간·미시수준을 나누어 논지를 전개하지만, 우리는 항상 큰 그림을 염두에 두고 있어야 한다. 정책분석은 미스터리에 대한 정답이 아니라 하나의 접근이자 '현실세계'를 이해하는 사고방식이라는 사실을 기억하라. 이러한 점을 명심하고, 이 장에서는 의사결정 과정에서의 합리성의

10.1 쿠바 미사일 위기 당시 미국 대통령이 조지 부시George Bush였다면…

1962년 10월의 한 주 동안 세계는 전면적인 핵전쟁 발발 직전까지 내몰리는 극단적인 위기 상황에 처했다. 이는 미국과 소비에트 연방이 직접 군사적으로 대치하는 냉전 시대의 유일한 사건이었다.

1962년 10월 22일, 케네디John F. Kennedy 미국 대통령은 기밀 보고서를 통해 러시아가 쿠바에 핵미사일 기지를 건설하고 있다는 정보를 입수하였다. 케네디는 침입이나 공습 등 여러 선택지들을 숙고한 후, 쿠바 항구를 봉쇄하기로 결정하고 러시아의 흐루시초프Nikita Khrushchev 총리에게 모든 미사일을 철수할 것을 요구하였다. 이에 흐루시초프는 야전 사령관들field commanders에게 미군이 쿠바를 침공할 경우 전술 핵무기를 사용하라는 지시를 내렸다.

케네디는 2차 세계대전의 전쟁 영웅이었고 40대 초반에 대통령이 되었다. 그는 미국 경제를 개혁하고 빈곤 문제를 해결하려고 했다. 흐루시초프는 글을 읽을 줄 모르는 소작농의 손자였다. 그는 공장 노동자 생활을 거쳐 공산당에 입당하였고 스탈린Stalin 사후에 지도자가 되었다. 1956년 제20차 당대회에서 흐루시초프는 스탈린을 비판한 유명한 연설로 파란을 일으켰다. 흐루시초프는 신랄하고도 화려한 캐릭터였다. 케네디와 흐루시초프는 한 주 동안의 기 싸움 끝에 결단을 내렸다. 10월 28일 흐루시초프는 한 발 물러나 쿠바의 미사일을 철수하였고, 전 세계는 안도의 한숨을 내쉴 수 있었다.

하지만 쿠바 미사일 위기가 얼마나 재앙적인 파국에 가까이 다가갔었는지에 대해서는 1990년대에 소비에트의 문서 보관소가 공개되기 전까지는 잘 알려지지 않았다. 흐루시초프의 2차 전략은 '카마Kama'라는 이름의 해군 작전이었다. 이 작전에는 10킬로톤 핵탄두 어뢰를 탑재한 프로젝트 641급 디젤 잠수함 폭스트롯Foxtrot이 4대나 참여하였다. 소비에트 함대의 사령관 고르쉬코프Gorshkov는 다음의 경우에 핵어뢰를 사용하라고 지시하였다. '미군이 물속에서 공격하거나 아군의 잠수함을 수면으로 끌어올릴 때 이 무기를 사용하라'(Huchthausen, 2002: 2에서 재인용). 너무나도 무서운 순간이 찾아왔다. 미국의 해군 전함 브랜디는, 자신이 무엇을 하는지도 모른 채, B-130 잠수함을 수면으로 끌어올리기 위해 작은 수중 폭뢰를 떨어트렸다. 잠수함의 함장인 니콜라이 슘코프Nikoli Shumkov는 지시에 따라 잠수하여 어뢰 발사관에 T5 핵탄두를 장전하였다. 하지만 그는 용감하게도 어뢰를 발사하지 않았

개념을 살펴보고, 제도에 내재된 가치의 문제, 각 정책 단계에서 상황적 조건이
행위자의 선택에 미치는 영향을 논의할 것이다. 이러한 과정을 통해 앞부분에서
여러 번 언급한 바 있는 '행위자_{agency}'와 '구조_{structure}'의 논쟁을 보다 완전히 이해
할 수 있을 것이다.

합리적 선택과 의사결정

합리성의 개념은 정책과정의 거의 모든 단계에 등장한다. 이 개념은 다음 장에서
논의할 완벽한 정책 실행의 조건이라는 개념과도 연관되는데, 왜냐하면 완벽한
실행이란 사회 문제에 대한 분명하고 합리적인 해결책이 존재한다는 개념을 전제
로 하기 때문이다. 성공적인 정책 실행을 위해서는 현명한 정책과 투명한 관리 구
조, 일선 인력의 순응이 필요하다. 합리성의 개념은 사회과학에서 오랜 역사를 갖
는다. 그 역사에서 가장 많이 연구되고 가장 많은 논쟁이 이루어진 이론은 소위
합리적 선택 이론_{rational choice theory}이다(Ward, 2003을 보라).

합리적 선택 이론은 18세기 스코틀랜드 경제학자 애덤 스미스_{Adam Smith}의 경
제적 행위에 대한 초기 논의나 19세기 영국 철학자 제레미 벤담_{Jeremy Bentham}을

필두로 한 공리주의utilitarianism와 같은 이론에서 유래하였다. 이들의 이론적 전제는 다르지만, 사회의 기본 단위가 이익을 추구하는 개인이고 개인은 자신의 이익을 극대화하기 위해 필요와 욕구에 따라 동기화된다고 생각한다는 점은 공통적이다. 이러한 관점의 핵심은, 사람들이 자신의 욕망과 필요를 실현하기 위해 합리적으로 행동한다는 것이다. 엘스터(Elster, 1989: 13)가 깔끔하게 요약한 바와 같이, '사회의 기본 단위는 개별적인 인간 행위이다'. 합리적 선택 이론의 한 분파는 인간이 자신의 이익을 추구해야만 하는 심리적 필요를 갖고 있다고 주장한다. 예를 들어, 사회학자 조지 호만스(George Homans, 1961)는 인간의 행동은 먹이에 대한 동물의 반응과 마찬가지로 승인approval에 대한 욕망(또는 처벌punishment에 대한 두려움)에 의해 프로그램된다고 주장하였다. 사람들은 보상과 처벌이라는 사회적 구조를 통해 행동하도록 길들여진다. 호만스는 (금전적 보상과 함께) 사회적 승인을 수여하는 것이 사회를 하나로 결속시키는 접착제와 같은 역할을 한다고 보았다. 즉, 사회적 교환social exchange과 경제적 교환economic exchange이 대부분의 행위의 기초가 된다는 것이다.

하지만 대부분의 합리적 선택 이론가들은 이와 같은 극단적인 실증주의적 사회행동 이론으로까지 나아가지는 않는다. 합리적 선택 이론의 정통적인 주장은, 경제적 교환의 논리를 따라, 어떤 거래의 보상rewards과 비용costs이 존재할 때 사람들은 자신에게 가장 이익이 되는 방향으로 행동하게 된다는 것이다. 이러한 주장을 사회적 영역에서 해석하자면, 사회가 지위status, 사회적 보상social rewards, '효용utility'을 극대화하는 사회적 교환 관계로 구조화되어 있음을 의미한다(효용이란, 개인이 서비스, 관계, 재화에서 얻는 쓰임새를 말한다). 물론 모든 사람이 항상 자신의 '욕구'를 극대화할 수 있는 것은 아니기 때문에, 합리적 선택 이론의 핵심은 개인이 스스로 가장 효과적인 행동을 계산하고 자신의 행동의 결과를 예상하려고 노력해야 한다는 사실이다. 현실에서는 사람들 간의 협상력bargaining power에 상당한 차이가 있기 때문에 사람들은 한두 개의 중요한 관계에 의존해야 할지도 모른다. 어떤 사람들은 '시장' 지위가 강력하기 때문에 자신의 목적을 실현하는

데 유리한 위치를 점하지만, 다른 사람들은 교환관계가 상당히 복잡한 네트워크에 참여하게 될 수 있다.

합리적 선택 이론에 대한 비판

합리적 선택 이론에 대한 핵심적인 비판은 다음과 같다. 만일 사람들이 그렇게나 자기중심적이고 사회적 · 경제적 교환에 종속되어 있다면, 집단행동collective action은 도대체 어떻게 설명할 수 있는가? 영국의 위대한 정치 철학자 토머스 홉스(Thomas Hobbes, 1651)가 고민했던 문제가 바로 이것이다. (영국 시민혁명이 일어난) 17세기에 홉스는 무정부 상태anarchy로부터 사회를 구해내기 위해서는 '정부'가 필요하다고 역설하였다. 만일 모든 사람이 그렇게 자기중심적이라면 사회는 어떻게 존재할 수 있는가? 그리고 정책과정의 맥락에서 정치제도가 기능한다는 것이 어떻게 가능한가? 이것이 바로 합리적 선택 이론가들이 대답해야 하는 가장 어려운 질문이었다. 예를 들어 노동조합의 경우를 보자. 계산된 합리성이란 개념은 어떤 사람이 개인적인 혜택을 노리고 노동조합에 가입하는 것은 설명할 수 있지만, 가입하지 않아도 혜택이 주어지는 상황에서도 노동조합에 가입하는 이유는 설명하지 못한다. 임금이 인상되는 혜택은 조합원에게만 돌아가는 것이 아니다. 이러한 경우 합리적 선택 이론은 조합 가입 여부가 제도적 조건에 따라 달라진다고 주장한다. 만일 노동조합이 (오늘날에는 매우 드문) '클로즈드숍closed-shop' 방식으로 운영된다면, 즉 회사가 하나의 조합하고만 거래한다면, 임금을 인상하거나 근로조건을 개선할 수 있는 유일한 통로가 노동조합이기 때문에 노동조합에 가입하는 것은 꽤나 합리적인 선택일 것이다. 하지만 이러한 독점력을 행사하지 않는 다른 많은 조직들도 여전히 다수의 적극적인 회원들을 보유하고 있다는 사실은 변하지 않는다.

합리적 선택 이론이 잘 설명하지 못하는 또 다른 문제는 일상에서 흔히 관찰되는 박애주의 혹은 이타주의적 본능이다. 일반적으로 사람들은 타인에게 친절하게 행동한다. 젊은이는 노인에게 버스 좌석을 양보한다. 사람들은 헌혈을 하고, 따뜻한 감사의 말을 전한다(Titmuss, 1970을 보라). 합리적 선택 이론가들은 이러한 것들이 단순한 사회적 훈련의 결과이며, 어쨌든 상당히 임의적인 사례들이라고 주장한다. 즉, 대부분의 사람들은 헌혈하지 않는다는 것이다. 만약 사람들이 이러한 방식으로 행동하도록 사회화되었다면 그들은 이런 행동을 할 때 자신이 합리적으로 행동한다고 생각하겠지만, 엄밀히 말하자면 그들의 행동은 합리적이지 않을 수도 있다. 스콧(Scott, 1999: 76)은 다음과 같이 주장하였다. '만일 사람들이 다른 사람을 돕고 만족감을 얻고 싶어한다면, 도움을 제공하는 행동은 이기적인 행동이다'. 하지만 이러한 주장은 동어반복, 즉 순환 논리이다. 이보다는 좀 더 그럴듯하게 설명해보자면, 다른 사람들과 협력하는 것이 가장 합리적인 선택이라고 주장할 수 있겠다. 사실 인간은 유전적으로 협력을 추구하는 성향을 갖고 있다는 주장도 있다[하지만, 이 장의 뒷부분에서 살펴보겠지만, 리처드 도킨스(Richard Dawkins, 1976)는 진정한 유전적 본능은 이기적이라고 주장하였다]. 어쨌든 유전자가 이타적/이기적인 행위를 설명할 수 있건 말건 관계없이, 합리적 선택 이론은 사회에서 흔히 발견되는 의무감이라든지 사회정의에 대한 (비합리적인) 사명감과 같은 것들을 제대로 해명하지 못한다. 이러한 것들은 이기적인 개인들에게는 단순한 제로섬 선택일 뿐일 것이다.

우리는 합리적 선택 이론의 이러한 측면에 대해 회의적인 태도를 갖고 있긴 하지만, 그럼에도 불구하고 대부분의 정책 결정 시나리오에서 행위자들에게 거래비용transaction costs이 있다는 사실은 분명하다. 심지어 일국의 총리처럼 '강력한' 행위자라 할지라도, 커다란 정치적 자본이 투여되거나 총리직을 걸어야 할 정도로 중요한 이슈에 대해서는 내각 동료들의 도움이 필요하다. 토니 블레어는 그가 총리였을 때 대다수 노동당 의원들의 뜻을 거스르고 대학의 추가 수업료top-up fees를 인상하는 활동에 가담하였다. 그는 이 정치적 싸움의 판돈을 자꾸자꾸 올려 결국 자신의 총리직까지 걸어야만 하는 상황이 되었다. 이것은 상당히 위험한 전략이었다. 보통은 이렇게까지 위험한 상황으로 치닫지는 않는데, 왜냐하면 총리라 하더라도 시간과 에너지, 자원이 한정되어 있기 때문이다. 이 싸움으로 얻을 미래의 이득에 비해 블레어의 정치적 비용은 막대한 것이었다. 그럼에도 이러한 상황에까지 이른 데는 블레어의 성격이 영향을 미쳤다. 나중에 살펴보겠지만, '퍼스낼리티가 중요하다personality matters'. 즉, 내각 장관이나 총리의 개인적인 성격과 에너지가 정책결과에 중대한 영향을 미친다는 것이다. 단, 그럼에도 불구하고 제도적 제약과 한계가 존재한다는 사실도 결코 잊어서는 안 된다. 토니 블레어 역시 당시 재무부장관이었던 고든 브라운과의 정치적 약속 때문에 완전히 자기 마음대로 국내 정책을 바꿀 수는 없었다. 여기서 핵심은, 정치 시스템의 모든 수준에는 어떤 정책이 본격적인 정치 아젠다로 설정되고 발전하는 과정에 거래비용이 있을 수밖에 없다는 것이다(Dunleavy, 2003: 352). 이와 같은 제도적 맥락을 전제로 할 때, 합리적 선택 이론은 개인이 자신이 직면한 기회와 거래비용을 평가한다는 사실을 보여준다는 점에서 정책과정을 이해하는 데 중요한 역할을 한다.

제한된 합리성bounded rationality

허버트 사이먼Herbert Simon은 정책결정 과정의 합리성을 둘러싼 논쟁의 핵심 인물이다(특히 Simon, 1960, 1982를 보라). 거의 반세기에 걸친 사이먼의 연구들은 이 논쟁에 중요한 영향을 미쳤다. 그는 먼저 합리적 선택 이론가들이 개인(혹은 프로이트적인 정신분석)에 지나치게 초점을 맞추기 때문에 조직에서 일어나는 일을 간과하는 경향이 있다고 주장하였다. 그는 사람들이 기본적으로 합리적이긴 하지만, 복잡한 문제를 다룰 정보와 능력이 불완전하기 때문에 합리성이 제한된다고 보았다. 예를 들어, 총리 중심의 핵심행정부core executive와 같은 조직들은 고위험 환경에서 신중한 선택을 해야 하지만, 사실 평범한 행위자들은 늘 하던 대로 행동하는 경향이 있어 제도는 잘 변화하지 않고 관성을 띠게 되며, '안전한' 대안이 선택되고 야심은 제한된다. 이처럼 정치제도가 '고착되어sticky' 있다는 사실은 제도주의 연구들에서 종종 관찰되는데, 사이먼에 따르면 그 이유는 바로 사람들의 **제한된 합리성**bounded rationality 때문이다. 즉, 사람들의 지식이 불완전하고 제한적이기 때문에 사람들의 선택의 결과는 조직의 가치체계를 반영하게 되는 경향이 나타나고, 장기적으로 반드시 가장 효율적이거나 가장 이득이 되는 결과를 가져온다고 볼 수 없다는 것이다. 사이먼은 이러한 문제를 인식하고 컴퓨터나 훈련 프로그램과 같은 새로운 기술을 활용하여 성과를 개선할 수 있다고 주장하였다(Simon, 1960).

이와 같이 의사결정 과정이 조정, 개선될 수 있다는 사이먼의 낙관적인 견해에 대한 비판으로 가장 널리 알려져 있는 것은 찰스 린드블롬의 연구이다(Lindblom, 1959, 1979). 린드블롬은 처음에는 경제학자로 시작하였지만 수십 년간 글을 쓰면서 점점 더 정치과학의 개념과 언어를 사용하게 되었다. 이러한 변화의 과정에서 린드블롬은 보수적인 '고전적' 다원주의자에서 현대 미국 정치 시스템에 대한 급진적인 비판자로 입장을 선회하여 대기업들이 정치 아젠다를 너무 많이 좌지우지한다고 비판하였다(6장을 보라). 린드블롬은 정치과정이란 기본적으로 '혼란스러운muddle' 특성을 갖는다고 주장하였다. 앞서 설명한 사이먼의 관점에서는 싱크탱크, 관리 개선, 정책 '전문가'의 참여 등과 같은 합리성에 기초하여 새로운 정책이 설계된다고 보지만, 린드블롬의 관점에서는 이러한 합리성의 도구들은 실패할 수밖에 없는 운명이라고 본다. 린드블롬은 '그럭저럭 해 내는 과학science of muddling through'이라는 개념을 통해, 전략이란 제한된 목적 하에 신중한 연구와 평가의 과정에서 시행착오를 거쳐 제시될 수밖에 없다고 주장하였다(Lindblom, 1959). 비록 린드블롬의 업적의 가장 중요한 핵심은 아니라 할지라도, 정책이란 본질적으로 혼란스럽고 점진적인 과정이라는 생각은 그를 가장 유명하게 만든 아이디어였다. 다른 말로 하자면, 무수히 많은 제약조건, 부족한 합리성, 기존의 정책 환경을 전제할 때, 정책과정에서 기대할 수 있는 가장 최선의 결과는 점진적이고 단계적인step-by-step 변화라는 것이다. 하지만 이러한 관점이 정책형성을 절망적인 난장판mess에 불과한 것으로 치부하지는 않는다. 다만 합리적인 '해결책'이라는 것이 존재하기가 쉽지 않다는 사실을 인식하고 현실적으로 접근해야 한다는 것이다. 린드블롬(Lindblom, 1979)에 따르면, 웅장한 정책 설계보다는 제한된 목적과 선택지가 훨씬 더 성공할 가능성이 크다.

린드블롬은 그의 후기 연구에서 이와 같이 정책과정이 혼란스럽고 점진적인 성격을 갖는 것은 권력의 불균등한 분배, 특히 정치 아젠다를 조정하는 대기업들의 강력한 경제력으로 인한 결과라고 주장하였다. 따라서 단계적 접근이라는 그의 이론은 현상을 유지하려는 보수적인 관점이 아니라 정책과정의 실제를 현실적으로 설명하는 관점으로 이해되어야 한다. 그가 말했듯이, '급진적인 진단이 반드시 급진적인 처방으로 이어지는 것'은 아니다(Lindblom, 1988: 15).

퍼스낼리티personality의 역할

앞서 살펴본 바와 같이, 어떤 합리적 선택 이론가들은 인간은 이기적일 수밖에 없게끔 프로그램되어 있다고 주장한다. 새로운 유전과학은 17세기 홉스가 '만인에 대한 만인의 투쟁the war of each against all'이라 불렀던 사회 속의 개인이라는 오랜 문제에 대해 새로운 시각을 제시해준다. 예를 들어, 분자생물학자 리처드 도킨스(Richard Dawkins, 1976)는 그의 악명 높은 책 『이기적인 유전자*The Selfish Gene*』에서 인간은 다른 동물들과 마찬가지로 유전적으로 이기적이라고 주장하였다. 이러한 아이디어는 반사회적 행동, 범죄 행동, 성적 일탈 행동 등을 유전적으로 교정할 수 있다고 보는 무서운 생각을 가져왔다. 이러한 시각은 타당하지 않고, 생명의 유전적 구조에 관한 새로운 지식이 인류에게 가져다 줄 수많은 이익이 아니라 최근 수십 년간의 사회의 성격을 설명하려 한다. 그럼에도 불구하고, 정책분석의 미시수준에서는 정책형성과 정책결정 과정에서 개인과 퍼스낼리티의 역할을 논의할 필요가 있다. 위대한 지도자에서부터 일선관료에까지 이르는 개인들의 퍼스낼리티는 어떤 일이 일어나는지를 설명하는 데 매우 중요하다. 파슨스 (Parsons, 1995: 370)는 다음과 같이 주장하였다.

정책과정, 특히 의사결정의 구체적인 순간에 대한 많은 분석들은 너무나 도 흔히 실제 사람과 퍼스낼리티의 역할을 배제하곤 했다. …… 이에 대한 고려가 없는 정책결정 분석은 현실성이 결여되었다는 비판을 받아 마땅할 것이다.

정책분석 접근의 창시자인 해럴드 라스웰은 정책과정에서 무의식적인 행동과 퍼스낼리티를 크게 강조하였다. 그의 책『정신병리학과 정치*Psychopathology and Politics*』(1930)와『권력과 퍼스낼리티*Power and Personality*』(1948)에서는 왜 어떤 특정한 퍼스낼리티가 정치적인 야망을 만들어내고, 사적인 동기와 개인적 특성이 어떻게 제도적 구조와 상호작용하는지를 논의하였다. 그는 정치 행위자들이 문제에 직면하여 정책을 발전시키는 과정을 설명하는 데는 그 행위의 배경과 감정을 이해하는 것이 결정적이라고 주장하였다. 심지어 그는 왜 어떤 사람들이 정치적 권력을 행사하고 싶어 하는지를 설명하기 위해 프로이트 정신분석까지 동원하였다. 예를 들어, 그는 히틀러Hitler와 같은 몇몇 강력한 지도자들은 생애 초기의 자아존중감self-esteem 결핍과 자아 손상을 보상받으려 한 것이라고 주장하였다. 라스웰의 목적 중 하나는 그가 '정책 과학'이라 부른 이론을 발전시켜 의사결정자들이 자신의 한계와 편견, 가치를 이해하고 더 나은 합리적인 선택을 할 수 있도록 도와주는 것이었다. 비록 라스웰이 히틀러를 도와줄 수 있었을지는 의문이지만 말이다(히틀러는 임상적으로 정신질환을 갖고 있었던 것으로 알려져 있다).

쿠바 미사일 위기는 퍼스낼리티가 중요하다는 사실을 보여주는 뚜렷한 사례이다. 1962년 10월, 전 세계는 핵전쟁의 참상 직전까지 내몰렸다. 이 사건은 러시아가 미국 본토에서 90마일 밖에 떨어져 있지 않은 쿠바에 핵무기를 배치하면서 시작되었다. 불같은 성격의 러시아 총리 흐루시초프는 젊은 미국 대통령 케네디와 정치적 의지와 용기의 시험대에서 정면으로 대치하였다(상자글 10.1을 보라). 이와 같이 위험한 위기는 매우 드물었고, 미국과 소비에트 연방이 핵무기까지 사용할 위험이 있는 직접적인 군사적 대치 상태에 놓인 것은 냉전 시대에서도 유일한 사건이었다.

1990년 소비에트 연방이 붕괴하고 러시아 국가 문서 보관소가 개방된 이후 이 사건에 대한 정보가 공개되었다. 너무나도 무서운 것은, 그 당시 대재앙을 피할 수 있었던 것이 케네디나 흐루시초프 때문이 아니라 몇몇 냉정한 해군 장교들 때문이었다는 사실이다. 당시의 군사적 대치 상황에서 핵이 장착된 어뢰가 장전되고 발사가 준비되기까지 했던 것이다! 그런데 러시아 잠수함의 함장 니콜라이 슈코프는 어뢰를 발사하지 않기로 결정하였다(Huchthausen, 2002). 결국 이 사건은 러시아가 쿠바에서 핵미사일을 철수하는 것으로 마무리되었지만, 이 사건의 여파는 그 이상의 결과를 가져왔다. 그들이 한 짓에 두려움을 느낀 두 개의 초강대국은 핵실험금지조약Nuclear Test Ban Treaty에 서명을 하고 양국 간의 '핫라인hot-line'을 개설하였다. 하지만 이것이 소비에트 연방이 미국의 군사력에 맞먹을 수 있게끔 군사력을 증강하려는 노력을 멈추게 하지는 못했다. 공산당의 강경파들은 흐루시초프가 케네디에게 무릎을 꿇었다고 비난하였고, 흐루시초프는 정치적 상처를 입었다. 중국 공산당도 흐루시초프가 '종이 호랑이'가 되었다며 비난하였고, 쿠바 미사일 위기의 여파로 러시아와 중국이라는 두 개의 거대한 공산주의 진영 간의 균열이 상당히 확대되었다.

이상의 예에서 보듯이, 거시수준과 중간수준의 힘뿐만 아니라 의사결정자들의 퍼스낼리티, 기질, 태도, 가치체계, 그리고 그들이 광범한 정책 환경의 맥락에서 자신의 역할을 어떻게 인식하고 있는지가 정책결과에 중요한 영향을 미친다. 비커스(Vickers, 1965)는 이러한 요인들의 앙상블을 '감응 시스템appreciative system'이라 불렀다. 비커스는 『판단의 예술The Art of Judgement』이라는 그의 책에서 제한된 합리성과 같은 사이먼의 개념을 꽤 유사하게 따르지만, 의사결정이 실제로는 어떤 목표를 달성하거나 '모범 사례'를 추구하는 것이 아니라고 주장하였다(12

장을 보라). 비커스에 따르면, 의사결정이란 수많은 사실과 가치의 혼합물로 이해되어야 하며, 이 혼합물에는 인간의 취약함과 통찰력이 중요한 비중을 차지할 수밖에 없다. 비커스는 현실주의자였다. 그는 두 차례 세계대전에 모두 참전하였고, 변호사가 되었으며, 국립석탄국National Coal Board이나 의료연구협의회Medical Research Council와 같은 중요한 공적 조직에 법적 자문을 제공하였다. 이처럼 그는 '현실reality'을 다루는 데 익숙한 사람이었고, 사람들의 믿음과 가치가 불가피하게 '사실facts'과 얽힐 수밖에 없다고 생각했다. '사실은 어떤 가치 판단과의 관계 속에서만 의미가 있고, 가치 판단은 어떤 사실과의 관계 속에서만 유효하다' (Vickers, 1965: 40).

특히, 비커스는 전쟁이나 공공정책의 일선에서 무슨 일이 일어나는지를 결정하는 데 결정적인 역할을 하는 것은 인간 행위자라는 사실을 알고 있었다. 쿠바 미사일 위기 후 냉전이 정점에 이르렀을 때, 스탠리 큐브릭Stanley Kubrik의 블랙코미디 영화 〈닥터 스트레인지러브*Dr Strangelove*〉(1964)는 미국의 한 미치광이 장군이 소비에트 연방에 대한 핵공격을 명령하는 사건을 보여준다. 공격은 철회되지만, 미국 남부 출신의 한 괴짜 파일럿이 조종하는 고장 난 전투기는 귀환하지 않고 계속 명령을 이행한다. 명령 통제 기관과의 연락이 두절된 상황에서 이 파일럿은 애국적 열정에 단단히 사로잡힌 채 핵폭탄을 투하한다. 그리고 닥터 스트레인지러브의 둠스데이doomsday 머신이 작동을 시작한다. 큐브릭은 이 영화에서 의도하지 않은 결과의 법칙의 교훈을 보여준다. 그는 조그마한 사건들의 연쇄가 어떤 상황에서는 대재앙으로 이어질 수 있다는 사실을 경고한다. 이 영화는 또한 강력한 반전의 메시지를 담고 있다. 이 영화는 핵무기와 같은 무시무시한 무기가 잘못 통제되는 것이 얼마나 위험한지, 하나의 실수 혹은 기괴한 사건이 어떻게 세계의 종말로 이어질 수 있는지를 보여준다. 큐브릭의 이 다크 픽션dark fiction은 비커스의 사회과학과는 거리가 있지만 그 메시지는 매우 유사하다. 어떤 경우에라도 개인의 성격과 기질, 태도와 가치, 역할 인식은 어떤 결과가 선택되는 데 영향을 미칠 수밖에 없다. 커다란 정치적 무대의 경우에도, 수많은 조언자와 상황적 제

모든 총리들은 일을 할 때 자신의 퍼스낼리티를 끌어들이고 이는 결과에 영향을 미친다. 그들이 처한 상황 역시 결과에 영향을 미칠 수 있다. 1990~1997년 동안 영국 보수당 총리였던 존 메이저의 경우, 노동당과의 지지율 격차는 줄어들고 대처를 따라 하기는 어려웠다. 그는 큰 족적을 남길 만한 카리스마를 보여준 적이 없었고, 분열된 당을 하나로 모으려는 그의 시도는 종종 무시당하곤 했다. 한편 최근의 가장 영향력 있는 총리였던 대처와 블레어는 매우 다른 스타일의 소유자였다.

총리로서의 마거릿 대처

- 대처는 '그녀의' 사람들로 내각을 구성하여 '네오콘neo-cons'을 승격시켰고, 반대자들을 매우 공적인 방식으로 파면하였다. 그 결과 그녀는 결국 너무 많은 적을 갖게 되었다.
- 그녀는 자신의 직감적인 정책적 판단에 부합하지 않는 폭넓은 조언을 잘 들으려 하지 않았다.
- 그녀는 기존의 공공조직, 심지어는 총리 관저의 사무국조차 통하지 않고 일을 처리하곤 했고, 그녀가 더 중요하다고 생각한 기업 공동체나 우파 싱크탱크로부터 조언을 받았다(예를 들어 막스앤스펜서Marks and Spencer[1]의 회장 데릭 레이노어 Derek Raynor로부터 공공부문 서비스 개혁에 대한 조언을 받았다).
- 그녀는 많은 경우 내각을 거치지 않고 총리 관저의 정책국Policy Unit과 내각 소위원회Cabinet subcommittees에 의존하여 일을 처리하곤 했다.
- 그녀는 통화주의자들과 '그녀의 사람들'을 공공부문의 고위직에 기용하였다.
- 그녀는 에너지가 넘쳤고, 장관들을 거치지 않고 직접 부처와 소통하는 경우가 많았다.

총리로서의 토니 블레어

- 블레어는 총리 관저의 주요 직책에 대한 정치적 임명을 크게 늘렸고, 노동당이 야당이었을 때부터 그의 개인 보좌관들을 데리고 있었다. 그는 엄선된 소수의 믿을

---

1 영국의 대표적인 유통기업.

약이 존재함에도 불구하고 케네디, 흐루시초프, 대처, 블레어의 성격은 어떤 일이 일어나는 데 매우 중요한 역할을 한다(상자글 10.2를 보라). 이것이 바로 비커스의 요점이다. 위기의 순간에는 성격과 기질이 결정적인 역할을 한다. 비커스는 비용편익분석cost-benefit analysis이나 프로그램 예산제도programme budgeting와 같은 소위 '과학적' 의사결정 및 관리 접근에 대해 회의적이었다. 그는 의사결정이란 가치와 '현실 판단'의 상호작용으로 이루어진 복잡하고 다층적인 활동이라고 보았다. 따라서 그는 시스템 분석가들의 기계적인 공식보다는 판단의 예술을 만들어내는 참여자 간의 커뮤니케이션에 더 많은 관심을 기울였다.

호튼(Houghton, 1996, 1998a, 1998b)은 중대한 위기의 순간(전쟁이나 경제 붕괴)에 세계의 지도자들이 어떻게 의사결정을 했는지를 자세하게 살펴본 후, 정치 지도자들은 중요한 의사결정의 순간에 비슷한 과거의 역사적 경험을 활용하는 경향이 강하다고 주장하였다. 커다란 위험이나 불확실성, 즉 비정상적인 상황에 직면하였을 때, 정치 지도자들은 유사한 상황에서 과거의 지도자들이 내린 선택으로부터 교훈을 얻는 것이 가장 좋은 방법이라고 생각한다는 것이다. 하지만 유사한 역사적 상황을 찾기가 쉽지 않기 때문에 실제로는 의사결정자나 주요 조언자들의 생애 동안 있었던 어떤 유명한 역사적 사건에서 교훈을 얻으려 하는 경우가 많다. 이것이 의미하는 바는, 많은 의사결정자들이 본능적으로 자신의 인생에서 교훈을 얻으려 하는 경향이 있고, 따라서 그들이 고려하는 역사적 경험의 범위가 불가피하게 제한될 수밖에 없다는 것이다. 글래드웰(Gladwell, 2005)은 더나아가 많은 숙련된 의사결정자들이 가진 핵심적인 기술은 모든 가능한 정보를 고려하지 않고서도 본능적으로 결정을 내리는 기술이라고 주장하였다. 그는 이를 경험적 근거를 '얇게 조각내는 것thin slicing'이라 불렀다.

많은 정치과학자들은 비커스의 아이디어를 빌려 퍼스낼리티가 광범한 맥락과 정책 환경에 미치는 영향을 모형화하였다. 예를 들어 그린스타인(Greenstein, 1969, 1992)은 주요 행위자들의 퍼스낼리티가 정책과정의 핵심이라고 주장하였다. 인간 행위자는 정치인과 의사결정자들이 정책 아젠다를 형성하고 제도적 구조 내부에서 자신들의 위치를 이해하는 데 핵심적인 역할을 한다. 마거릿 대처와 같은 '강력한' 정치 지도자는 자신의 퍼스낼리티와 개인적 가치의 힘을 이용하여 1980년대의 정책 아젠다를 주도하였다. '대처주의Thatcherism'는 베버리지 복지국가를 붕괴시키고 서비스 전달을 민간에 넘기며 '복지의존 문화'를 종결시키고자 하는 통화주의 경제학, 권위주의적 포퓰리즘authoritarian populism과 동일한 의미를 갖는다(Gough, 1983; 이 책의 3장과 8장을 보라). 최근 보수당은 2번의 선거에서 신노동당에게 패배한 후 더 새롭고 강력한 지도자를 중심으로 단결할 것을 결정하였다. 이에 처음으로 당원의 직접투표로 선출된 보수당 당수인 이언 던컨스미스Iain Duncan-Smith는 2년 후 마이클 하워드Michael Howard에게 당수 자리를 넘겨주는 굴욕을 당했다. 마이클 하워드는 존 메이저 정부의 내무 장관Home Secretary을 포함한 많은 장관직을 거친 강력하고 경험 많은 정치인이었다. 그러나 하워드 역시 2005년 5월 선거에서 보수당이 패배한 후 사임하게 되었다. 던컨스미스는 형편없게도 자신을 영국 정치의 '조용한 남자'로 홍보하였는데, 나중에 '목소리를 높이려' 시도했지만 그의 지도력은 이미 심각하게 손상된 뒤였다. 한편 하워드는 자신이 '너무 늙었다'고 하면서 훨씬 젊은 정치인인 데이비드 캐머런David Cameron에게 당수직을 내어주었다.

카리스마적_{charismatic} 지도자

정치과학에서 카리스마적 리더십에 대한 요구의 기원은 오래되었다. 위대한 독일 사회학자 막스 베버_{Max Weber}(1864-1920)는 세 가지 유형의 권위 개념 중 하나로 카리스마적 리더십을 논의하였다(베버가 말한 세 가지 권위 중 나머지 둘은 전통적_{traditional} 권위와 합리적-법적_{rational-legal} 권위이다). 그의 핵심적인 질문은 현대사회가 어떻게 전통과 단절했는지를 밝혀내는 것이었다. 그는 유럽 문화와 동양 문화가 어떻게 서로 다른 길을 걷게 되었는지를 밝히는 작업에 매료되었다. 그는 왜 유럽에서는 산업자본주의가 성장하지만 중국과 동양에는 나타나지 않는지를 설명하기 위해서는 서로 다른 종교적 신념체계 등 깊은 역사·문화적 요인을 살펴보아야 한다고 주장하였다. 베버는 현재를 과거와 구분 짓는 것은 합리적-법적 국가의 맥락에서 합리적 행동이 발전하는 것이라고 믿었다(상자글 10.3을 보라). 이러한 과정에서 정치 지도자들은 일반적으로 정치제도의 합법적 통제_{legitimate control}를 통해 사람들의 복종을 확보하려 한다. 사람들은 지도자들이 정책을 만들거나 명령을 내릴 권리가 있다고 믿기 때문에 그들의 권위에 복종한다. 이러한 복종을 획득하기 위한 하나의 수단이 바로 카리스마적 지도자라는 개념이다. 카리스마적 지도자는 뛰어난 리더십 능력으로 추종자들의 헌신을 이끌어내고, 그 정당성_{legitimacy}은 퍼스낼리티의 강력함에서 나온다. 미헬스(Michels, 1911)는 1차 세계대전 이전 독일 사회민주당_{German Social Democratic Party}에 대한 (사회학적) 분석에서 이와 같은 아이디어를 논의한 바 있다. 그에 따르면, 정치 엘리트는 사람들의 동의를 얻든 얻지 못하든 권력을 획득하기 위해 다툴 수밖에 없고, 이것이 바로 모든 정치적 세계의 피할 수 없는 특성이다. 베버는 일찍이 현대 관료제에서 권력이 소수의 손에 집중되는 '과두제적' 속성이 나타나게 된다는 위험을 인식하였다. 미헬스가 분석한 사회민주당은 마르크스주의 정당으로써 이론적으로는 민주적 원칙의 전형적인 사례가 되어야 마땅하다. 그런데 미헬스의 분석에 따르면, 당 지도부가 회의의 아젠다를 결정하고 당의 전반적인 운영과 정치 프로그램을 막스 베버(1864-1920)는 비록 생전에는 역사학자이자 경제학자로 알려졌지만, 사실 사회학의 주춧돌을 놓은 독일의 학자이다. 베버가 활동하던 시절에는 오늘날처럼 사회과학이 뚜렷하게 정립되지 못했다. 그는 변호사 훈련을 받았지만 대부분의 그의 경력은 다양한 아카데믹 기관에서 이루어졌다. 그의 가장 유명한 에세이인 『프로테스탄트 윤리와 자본주의 정신*The Protestant Ethic and the Spirit of Capitalism*』(Weber, 2002)은 칼뱅파Calvinist 등 엄격하고 금욕적인 프로테스탄트파가 자신들이 얼마나 축복받았는지를 보여주는 사회적 표현으로써 매우 합리적인 상업 수단을 발전시켰다는 것을 보여주었다. 이와 같이 사회발전과 자본주의 체제의 등장을 문화적 요인으로 설명하는 것은 사회형성의 경제적 기초를 강조하는 마르크스의 주장에 대한 도전이었다. 베버는 사회발전에서의 종교와 문화의 역할에 대해 오랫동안 치열하게 고민하였다. 예를 들어, 그의 핵심적인 질문 중 하나는 왜 중국은 자본주의 사회로 발전하지 않았느냐는 것이었다. 베버는 중국이 황제의 통치 하에 이른 시기에 광대한 국가로 통일되었기 때문에, 중심 국가가 매우 강력하긴 하지만, 사회를 관리하기 위해 관료의 임명에 의존할 수밖에 없었다고 주장하였다. 이들 관료들은 왕이 기사에게 의존할 수밖에 없었던 중세 유럽에서보다도 더 강력한 계급으로 성장하였다. 유교와 도교라는 종교의 영향 역시 중요한 문화적 요인이었는데, 이러한 종교적 전통은 기독교의 문화적 · 도덕적 유산과는 매우 달랐다. 1919년에 출판된『직업으로서의 정치*Politics as a Vocation*』(Weber, 1946)에는 위계, 사회관리, 리더십에 대한 그의 생각이 제시되어 있다. 이러한 베버의 아이디어들은 이 책의 구석구석에도 다양하게 스며들어 있고, 정치과학과 정책과학의 많은 부분은 베버의 선구적인 연구에 커다란 영향을 받았다.

관리하며, 게다가 당원들 역시 심리적으로 강력한 지도자를 원하면서 당 지도부에 점점 더 많은 권력이 집중되었다. 미헬스가 말한 과두제의 철의 법칙Iron Law of Oligarchy의 핵심적인 특징은, 대중 당원들과 권력에 굶주린 정치 엘리트 모두 정당 조직에서 카리스마적 지도자를 요구한다는 것이다. 미헬스(Michels, 1911: 365)의 유명한 정치적 격언을 빌리자면, '조직을 말하는 자는 과두제를 말한다who says

성공적인 리더십에 대한 대중의 요구는 정치에서 무의식적이고 심리학적인 문제가 중요하다는 사실을 일깨워준다. 라스웰을 포함한 몇몇 저술가들은 융의 정신분석 이론을 활용하여 정치인의 행위를 설명하였다. 프로이드의 제자였던 융Jung은 개인의 무의식뿐만 아니라, 몇 개의 원형archetypes으로 구성된 '집단무의식collective unconscious'이 존재한다고 믿었다. 집단무의식은 모든 사람들의 공통된 유산에 비유할 수 있다. 예를 들어, 융에 따르면, 모든 사람에게는 어머니가 있지만 우리는 우리 내부에 모성의 감각(하나의 원형)도 가지고 있다(생모와의 관계가 좋았건 나빴건 간에). 만일 어머니가 원형의 요구를 충족시켜주지 못한다면 그 사람은 다른 곳에서 어머니의 편안함을 찾게 된다. 예를 들어 교회, 특히 동정녀 마리아나 모국母國과의 동일시를 통해서 어머니를 찾는 것이다. 이처럼 융은 학습되지 않은 보편적인 에너지를 통해 사람들의 행동을 설명하고 개인의 정신psyche을 연구하였다.

융의 개념을 활용하여 정치 지도자들을 분석한 연구로 가장 많이 알려진 것은 루이스 스튜어트Louis Stewart의 연구이다. 그는 왜 어떤 사람들이 정치 지도자가 되는지를 설명하기 위해 미국 대통령과 영국 총리들을 분석하였다(Stewart, 1992). 스튜어트는 아동의 출생 순서에 따라 리더십의 유형이 결정된다고 보았다. 가장 어린 아동은 더 반항적이고, 중간의 아동은 더 순종적이며, 가장 나이가 많은 아동은 전통의 수호자가 된다. 그는 실제로 정치 지도자들 중에 첫째로 태어난 경우가 훨씬 더 많다는 사실을 보여주었고, 그 이유는 이들이 첫째로서의 역할의 정수를 체현하였기 때문이라고 주장하였다. 반면 어떤 심리학자들은 정치 지도자들이 첫째인 경우가 많은 것은 양육 과정에서 그들에게 더 많은 자원과 부모의 기대가 집중되었기 때문이라고 설명하였다. 또 다른 심리학자들은 첫째와 그 동생들 간의 상호작용이 리더십의 성격을 결정하는 진정한 원인이라고 주장하였다. 왜냐하면 첫째로 태어난 아동들은 권력 투쟁을 위한 준비가 더 잘 되어 있어서 가족 내에서 '지도자'가 되는 경향이 있기 때문이다(Andeweg & Van

Den Berg, 2003).

융과 같은 사고방식을 유전학자들의 퍼스낼리티 접근과 혼동해서는 안 된
다. 유전학자들의 접근은 1970년대와 1980년대에 인간게놈지도 작성이 준비되
면서 유행하기 시작했다. 예를 들어 리처드 도킨스(Dawkins, 1976)의 **이기적인
유전자**_{selfish gene} 개념이 널리 통용되었는데(그의 책은 베스트셀러였다), 왜냐하면
이 개념은 인간 행동을 설명하는 아주 간단한 방식이었기 때문이다. 도킨스는 그
의 악명 높은 책에서 모든 자연선택은 궁극적으로 DNA의 유전적 각인으로 설명
될 수 있고, DNA 내부에는 '지능'이 있어 이기적인 자기복제를 추구한다고 주장
하였다.

> 유전자는 개인의 육체라는 장벽을 넘어서는 영향력을 갖고, 외부 세계의
> 무생물이나 생물 혹은 멀리 떨어져 있는 사물을 조작한다. 아주 약간의
> 상상만으로도 우리는 유전자가 표현형phenotypic 능력이 확장되는 데 중
> 심적인 역할을 한다는 사실을 알 수 있다.

사실 이처럼 어딘가 신비주의적이고 기이한 개념은 개인주의와 공격적인 자유
시장의 가치가 힘을 얻는 대처주의 정치라는 20세기 후반의 시대적 상황을 더 잘
설명해주는 듯하다. 하지만 진지한 유전학자, 사회철학자, 정신분석학자, 정치
과학자라면, 비록 개인 '주체'가 모든 사회와 사회적 아이디어의 원천이라는 사실
의 중요성은 받아들인다 하더라도, 인간이 유전적으로 사전에 프로그램 되어 있
다는 거칠고 결정론적인 명제는 결코 받아들이지 않을 것이다. 그러나 현실에서
는 동성애나 범죄, 심지어 싱글맘의 복지의존과 같은 현상까지도 유전자로 설명
할 수 있다는 주장이 널리 받아들여지고 있다. 예를 들어 도킨스(Dawkins, 1976:
126)는 '자신의 양육 능력을 넘어서는 많은 아이를 가진 개인들은 아마도 대부분
너무나도 무지하기 때문에 의식적으로 악의적인 행동을 했다고 비난하기 어려울
것'이라고 말했다. 사회문제를 유전자 수준으로 축소하려는 시도는 너무나도 위

험하고 오해를 불러일으키기 쉽다. 왜냐하면, 우리가 이 책의 전반에 걸쳐 살펴보았듯이, 정책은 본질적으로 사회의 정치제도 속에 존재하며 광범한 환경적 요인이나 정치 문화를 단순히 유전자의 문제로 축소시킨다는 것은 터무니없는 일이기 때문이다. 이러한 요인들과 개인의 의식 혹은 무의식 간에는 긴밀한 연계가 존재한다. 유전자 조작에 관한 과학적 연구를 통해 헌팅턴 무도병Huntington's disease이나 근육위축병muscular dystrophy과 같은 질병을 치료하는 것은 당연히 커다란 이득을 가져다주지만, 동성애나 범죄를 통제하기 위해 유전자를 이용하려 해서는 안 된다. 설령 동성애나 범죄의 유전적 성향이 발견된다 하더라도 말이다. 범죄는 사회적 문제이고, 사회적으로 해결되어야만 한다.

가정적 세계assumptive world와 제도적 가치institutional values

마지막으로 이 장의 핵심 주제를 한 번 더 반복하자면, **제도의 가치체계**value systems of institution를 형성하는 데 **가정적 세계**assumptive world(사람들의 신념과 가치의 세계)가 핵심적인 역할을 한다는 사실을 인식하는 것이 중요하다. 하나의 조직은 단순히 그 구조, 조직체계, 관리 시스템, 기능적 부서로만 구성되는 것이 아니다. 조직은 그 자체가 사회적으로 구성된다. 예를 들어 조직의 목적, 외부 세계에 대한 이미지, 리더십과 조직 관리를 통한 정책 아젠다의 설정 등과 같은 조직의 특성들은 사회적으로 구성될 수밖에 없다. 마시와 그 동료들(Marsh 외, 2000)은 영국 정부에서의 장관의 역할에 관한 연구를 통해 강력한 지도자들이 정치적 아젠다와 제도적 가치를 형성하는 능력을 잘 보여주었다. 그들에 따르면 어떤 상황에서는 장관의 퍼스낼리티와 정치적 야심이 해당 부처의 조직 방향에 결정적인 영향을 미친다. 예를 들어 반자유주의적 성향의 내무 장관으로 알려진 마이클 하워드Michael Howard는 다음과 같은 특정한 아젠다를 제기하였다. '나는 심사숙고 끝에 경찰에게 범죄자 심문 기회를 공정하게 제공하고, 많은 범죄를 저지른 범죄자들을 수감하도록 법원을 독려하는 방향으로 시스템을 바꾸기로 결정하였다'(Marsh et al, 2000: 308에서 재인용). 이처럼 하워드는 1960년대 로이 젱킨스 Roy Jenkins의 영향으로 형성된 기존 내무성의 자유주의적 접근을 후퇴시키기 시작하였다. 마시와 그 동료들은 여러 명의 주요 장관들을 분석한 끝에, 장관들은 강력하고 중요한 행위자들이며 잠재적으로 중요한 변화를 가져올 수 있다고 결론 내렸다. 장관은 해당 부처의 내외부에서 다양한 역할을 행사한다. 그들은 정당 활동가이며, 해당 부처뿐만 아니라 핵심 행정부의 운영에도 참여한다. 또한 그들은 살아남거나 혹은 더 높은 자리로 올라가 총리가 되기 위해 자신의 경력도 발전시켜야 한다. 마시와 그 동료들은 1980년대 이후 장관들이 상황을 앞서 주도하는 경향이 강해졌다고 결론 내렸는데, 이는 중앙 정부의 기능 분석에 있어 매우 중요한 발견이다. 이 연구는 정책형성에서 퍼스낼리티가 중요하지만 그 영향은 모든 장관들이 직면한 구조적 제약의 한계 내에서 이루어진다는 사실을 보여 준다. 이 연구처럼 구조와 행위자 간의 균형을 분명하게 포착한 연구를 찾기란 쉽지 않다.

개인이 자유롭게 결정하는 태도와 아이디어가 정책에 영향을 미친다는 생각과, 개인의 행동이 실제로는 사회적 · 정치적 · 제도적 구조에 의해 형성된다는 생각을 어떻게 결합할 것이냐는 문제는 모든 사회과학의 가장 복잡한 문제이다. 영국의 사회학자 앤서니 기든스Anthony Giddens는 '구조화structuration' 개념을 통해 이 질문에 대답하고자 하였다(상자글 10.4를 보라).

기든스의 주장의 핵심은, 구조가 사회적 행위 때문에 존재한다는 것이다. 정치적 영역에도 같은 논리가 적용된다. 정치 행위자와 정치 구조는 지속적으로 재창조되는 '이중성duality' 내에 존재한다. 기든스의 주장이 정책분석가들에게 주는 핵심적인 교훈은, 강력한(그리고 약한) 장관들의 가치체계와 공공서비스와의 상호작용을 반영하는 구조화 과정을 통해 거대한 정부 부처가 구성된다는 것이다. 이 조직들은 단순히 '구조'인 것만이 아니라 그 내부에 핵심적인 가치체계를 품고 정책 아젠다의 방향을 조정하기도 한다. 이러한 복잡한 개념들은 인간 행위자와 기든스(Giddens, 1984)는 현대사회에 인터넷을 포함한 점점 더 많은 새로운 커뮤니케이션 미디어가 등장하고 있으며 지금까지는 불가능했던 방식으로 시공간이 확장되고 있다고 주장하였다. 구조화 이론은 이러한 현대화의 새로운 단계에서 일상의 경계를 넘어서려 하는 개인의 잠재적인 능력과 (개인은 한 시점에는 한 곳에만 존재할 수 있다는 점에서) 사람들을 제약하는 일상의 구조 사이의 간극을 메우고자 시도한다. 일상생활의 구조와 기회 그리고 제약은 개인의 주관적 경험과 상호작용한다. 기든스(Giddens, 1984)는 이를 '구조의 이중성duality of structures'이라 불렀다. 구조화란, 사람들이 시공간을 넘어서는 새로운 무한한 가능성을 갖게 되었다는 사실과 사람들이 일상생활에 뿌리내리고 있다(기든스는 이를 '배태되었다embedded'고 표현하였다)는 사실 간의 관계를 탐구하는 것을 의미한다. 사회 시스템의 구성 및 재생산은 구조가 아니라 '사회적 관습social practice'을 통해 이루어진다.

> 구조화 이론에 따르면, 사회과학의 기본적인 영역은 개인 행위자의 경험도 아니고 어떠한 형태의 사회적 전체totality도 아니다. 그것은 바로 시공간에 걸쳐 질서화된 사회적 관습이다. 자기증식하는 생물들과 마찬가지로 인간의 사회적 행위는 반복된다recursive. 즉, 인간의 사회적 행위는 사회적 행위자에 의해 실현되는 것이 아니라 사회적 행위가 그 자신을 행위자로 표출하는 바로 그 수단을 통해서 지속적으로 재창조된다. 그들의 활동을 통해 행위자는 이러한 활동을 가능케 하는 조건을 재생산한다(Giddens, 1984: 2).

요컨대, 결국 거대한 제도적 구조를 형성하는 것은 끊임없는 일상 활동이고, 이는 지속적으로 반복되는 과정이다.

제도적 구조가 서로 상호작용한다고 본다는 점에서 신제도주의 관점에 기초한 정치과학자들의 이론과 매우 유사하다.

그린스타인(Greenstein, 1992)의 의사결정 모형은, 비커스를 따라, 거시수준의 힘과 미시수준(행위자의 캐릭터나 사회적 배경, 기질, 성격, 의견, 이념적 신념, 개인적 가치) 간의 상호작용을 보여준다. 의사결정은 거시적 환경, 제도적 틀, 퍼스낼리티 간의 상호작용의 결과물이다. 예를 들어, 대학은 복잡한 조직이지만 학문적 자유라는 소중한 가치와 함께 지식 추구와 사회적·물리적 현실에 대한 비판적 탐구라는 목적을 갖고 있다. 마찬가지로 군대 역시 효율적인 군사력이라는 목적을 달성하기 위해 규율과 위계라는 뚜렷한 가치를 갖고 있다. 이처럼 조직들의 가정적 세계는 우연히 형성된 것이 아니라 장기적인 가치와 '진정한' 목적을 반영하고 있다. 제도적 가치는 혈류 속에 흐르는 산소에 비유할 수 있다. 산소가 없다면 신체는 순식간에 소멸하고 말 것이다. 이러한 개념은 에른스트 하스(Ernst Haas, 1990; 10장을 보라)가 이론화한 '지식 공동체epistemic community'의 개념과 유사하다. 지식 공동체란 공통된 정치적 가치를 가진 전문가들이 모인 공동체로서, 그 목적은 그들의 가치를 공적 영역에 소통하고 궁극적으로 정책으로 실현하고자 하는 것이다. 여기서 핵심은 이러한 지식 공동체들이 공통된 핵심 가치를 통해 유대감을 형성한다는 사실이다. 우리는 7장의 정책 네트워크 논의에서 이러한 논의를 살펴본 바 있는데, 이러한 개념은 네트워크라는 중요한 중간수준 개념과 이 장에서 논의한 미시수준의 의사결정을 연결하는 역할을 한다. 이 개념들은 정책분석 접근의 핵심적인 부분이며, 이러한 중범위 개념이 다른 개념과 동떨어진 독립적인 실체라고 생각하는 함정에 빠지지 않도록 주의해야 한다.

결론

인간의 얼굴을 하지 않은 의사결정이란 현실성이 없다. 이것이 바로 이 장의 핵심적인 교훈이다. 사람들이 '모범 사례'를 추구하기 위해 조직, 관리된다는 합리주의적인 아이디어는 몽상에 불과하다. 이러한 합리주의적인 아이디어는 실패할 수밖에 없다. 왜냐하면 정책과정은 인간의 결점과 약점들로 구성된 골치 아픈 일이기 때문이다. 정책이 백지 상태tabula rasa에서 시작되는 경우는 거의 없다. 정책과정은, 린드블롬(Lindblom, 1979)의 말을 빌리자면, **비일관적인 점진주의**disjointed incrementalism 과정으로 특징지을 수 있다. 주요 행위자와 퍼스낼리티의 존재는 어떤 일이 벌어질지를 결정하는 데 결정적인 역할을 한다. 특히 정치 엘리트는 정책 방향을 결정하는 데 강력한 영향력을 행사한다. 이러한 점에서 '조직을 말하는 자는 과두제를 말한다'는 미헬스의 격언은 정치과학의 핵심적인 교훈이자 좌우 정당에 모두 적용될 수 있는 유익한 경고이다. 그리고 이 장에서 막스 베버의 아이디어를 자세히 논의할 수는 없었지만 그의 아이디어가 이 장뿐만 아니라 이 책 전반에 커다란 영향을 미쳤다는 사실을 언급할 필요가 있다. 특히 '인과관계causality'의 속성에 관한 베버의 아이디어, 즉 경제적 요인뿐만 아니라 사회문화적 요인이 사회와 사회발전에 영향을 미친다는 생각은 매우 중요하다.

한편 도킨스와 같은 포퓰리즘적 유전학자는 유전자가 독립적인 행위자로서 인간을 프로그램화 한다는 기만적인 단순한 아이디어로 '모든 것'을 설명하려 한다. 이러한 결정론적 사고는 지금까지 누적되어 온 사회과학적 지식에 도움을 주지 않는다. 진실은 훨씬 복잡하다. 비커스와 그린스타인과 같은 정치과학자들의 논의나 기든스의 구조화 이론에서 설명된 바와 같이, 현실은 제도, 인간 행위자와 퍼스낼리티 간의 상호작용으로 구성된다. 이러한 주장은 우리에게 훨씬 그럴듯한 현실주의적 관점을 제공해준다. 결국 골치 아프고 실수투성이지만 때로는 영감을 주는 인간 행위자의 영향 없이는, 제도와 정책 아젠다는 존재할 수 없다. 퍼스낼리티가 중요하다.

- 의사결정은 고차원적이고 지적인 활동이다. 우리의 일상생활에서 일어나는 거의 모든 일은 어느 정도의 합리적인 의사결정 능력을 가정한 것들이다.
- 합리적 선택 이론은 사회의 기본 단위가 이기적인 개인이라는 전제로부터 도출되었다.
- 사이먼의 '제한된 합리성'이라는 개념에 따르면, 조직의 가치체계가 정책결과에 영향을 미치지만 그 장기적인 결과가 반드시 가장 효율적이거나 이익이 되는 것은 아니다.
- 사이먼 방식의 합리성 개념을 비판하면서, 린드블롬은 정치과정이란 기본적으로 '혼란스러운muddle' 특성을 갖는다고 주장하였다. '그럭저럭 해 내는 과학science of muddling through'이라는 그의 개념에 따르면, 전략은 오로지 시행착오를 통해 제시될 수밖에 없고 정책결정은 본질적으로 점진적인 과정이다.
- 라스웰은 거시적 맥락뿐만 아니라 의사결정자의 퍼스낼리티와 기질, 태도, 신념체계(가치), 그리고 그들이 광범한 정책 환경의 맥락에서 자신의 역할을 어떻게 인식하고 있는지가 정책결과에 영향을 미친다고 주장하였다.
- 베버의 카리스마적 지도자 개념을 토대로 한 미헬스의 과두제의 철의 법칙Iron Law of Oligarchy의 핵심적인 특징은 권력 엘리트의 존재가 필연적이라는 것이다. 이는 부분적으로는 대중이 심리적으로 존경할 수 있는 지도자를 원하기 때문이다.
- 정신분석, 특히 스위스의 심리학자 융의 연구에서 도출된 개념들은 사람들이 지도자가 되려고 하는 동기를 설명하는 데 도움을 준다.
- 기든스의 구조화 이론은 제도가 사람들의 행동을 형성하고 결정하는지 아니면 개인이 정치적·사회적 구조를 창조하고 통제하는지를 밝히려고 시도하였다.

토론할 문제

- 정책결정이 합리적인 과정이라는 주장에 대한 찬반 입장은 무엇인가?
- 정치적 리더십의 성격은 정책결과에 얼마나 영향을 미치는가?
- 미헬스는 왜 조직의 권력이 상층으로 흘러갈 수밖에 없다고 주장하였는가?

더 읽을 거리

Andeweg, R. B. & Van Den Berg, S. B.(2003). "Linking birth order to political leadership: the impact of parents or sibling interaction?". *Political Psychology*, 24(3), 605–621.

Kingdon, J. W.(1984). *Agendas, Alternatives and Public Policies*. Boston, MA: Little Brown.

Lindblom, C. E.(1979). "Still muddling through". *Public Administration Review*, 39(6), 517–525.

Vickers, G.(1965). *The Art of Judgement: A Study of Policymaking* (2nd edn 1983). London: Chapman and Hall.

CHAPTER 11

집행과 전달

개요

정책과정의 마지막 단계에서는 소비자나 클라이언트에게 서비스가 전달된다. 정책이 전달되는 순간에 어떤 일이 일어나는지에 따라 정책결정자들이 설계한대로 전달되는지 아니면 교사, 간호사, 사회복지사 등 소위 '일선관료들street-level bureaucrats'이 정책을 변형하는지가 결정된다. '하향식top-down' 이론가들은 일선 노동자들이 순응한다면 완전한 집행이 가능하다고 주장한다. 반면 '상향식bottom-up' 이론가들은 일선 노동자들이 정책에 중요한 영향을 미치는 것이 불가피하다고 주장한다. 최근에는 네트워크 이론가들이 네트워크의 작동 및 관리와 같은 새로운 아젠다가 하향/상향 패러다임을 대체했다고 주장한다. 미시수준 분석에서 집행implementation은 핵심적인 요소이며 정책결과에 중요한 영향을 미친다.

주요 용어

완전한 집행perfect implementation, 일선관료street-level bureaucrat, 하향/상향 이론top-down/bottom-up theory, 테일러주의Taylorism, 네트워크 관리network management

서론

우리는 이 책의 전반에 걸쳐서 공공서비스나 프로그램이 최종적으로 실제 집행되는 정책과정의 핵심적 순간에 대해 언급하였다. 새로운 주택이 완공되고, 홈리스에게 주거가 제공되며, 교사와 간호사의 수가 늘어나고, 새로운 전함이 발진한다. 정책 사이클 은유와 같은 과거의 관점에서는 이 모든 것에 별 문제가 없다고 보았다. 어떤 문제가 확인되고, 그 문제를 해결하기 위해 무엇인가를 해야 한다는 결정이 내려지고, 정책이 설계되고, 최종적으로 정책이 전달되는 것이다.

하지만 정책분석가들은 이러한 정책 모델에 의문을 제기해왔다. 그 이유는 다음과 같다. 첫 번째, 정책결정자들이 '저 위에서' 단지 명령만 내리면 성공적인 결과가 보장된다는 개념(베버주의적 관료제, 전통적인 하향top-down 개념)은 안일한 생각인 것으로 나타났다. 이러한 주장이 위대한 독일 사회학자 막스 베버에 대한 비판으로 해석될 필요는 없다. 베버의 논의는 일정한 권력을 가진 행정 전문가들로 구성된 순수한 형태의 위계적 조직이라는 관료제 개념에 큰 영향을 주었다. 사실 베버는 광범한 사회과학 영역, 특히 정치과학에 엄청난 영향을 미쳤고, 이 책뿐만 아니라 이 분야의 수많은 주요 연구들에 그 영향이 나타나 있다(10장의 상자글 10.3을 보라). 하향 이론의 두 번째 문제는 합리성을 뚜렷하게 가정한다는 점이다. 이 역시 베버가 생각한 관료제의 이념형으로부터 도출된 개념이다. 적절한 자원이 제공되는 지적이고 효율적인 시스템은 자동적으로 정책결정자들이 원하는 정책 산출물을 전달한다는 것이다. 이러한 논의에서는 중심부(의회, 정부)가 중간 관리자들에게 명령을 내리고, 관리자들은 다시 공무원, 주거 담당자, 교사 등의 일선 노동자들에게 지시를 내리며, 일선 노동자들은 그 지시를 따른다고 가정한다. 하지만 지난 2, 30년간 많은 연구들이 이러한 관점에 도전해왔다. 이들에 따르면 의사결정 과정의 상당부분에는 합리성이 부족하고, 미국 정치과학자 립스키(Lipsky, 1979)의 표현을 빌리자면, 일선관료들street-level bureaucrats이 실제로 현장에서 일어나는 일에 상당한, 심지어 결정적인 영향력을 행사한다. 따라서 집행은 최종 산출물이 아니라 정책과정의 일부로 규정된다. 정책결정자들이 무엇을 생각하고 요구하든 일선 노동자들이 정책결과에 중요한 영향을 미친다. 미국 도시들을 중심으로 한 사례연구들에서는 이러한 미시수준의 요인들과 여러 문제들 때문에 정책 설계의 의도와 정책결과가 상당히 다른 경우가 많다는 사실이 밝혀졌다. 이것이 바로 이 책의 주요 테마 중 하나이다. 복잡한 시스템 때문에, 정책은 언제나 의도하지 않은 결과를 가져온다.

1990년대에 등장한 신공공관리New Public Management 및 다른 형태의 관리통제주의managerialism 관점에서는 정책 집행은 단순히 정책의 성과performance에 관한 것이라 보았고, 따라서 집행 연구에 대해서는 별다른 관심을 보이지 않았다. 하지만 최근에는 이러한 1차원적 관점이 잘못되었다는 주장이 제기되고 있다. 정책 집행 연구들을 종합한 책의 출판에서도 보듯이, 특히 정부가 비용이 많이 드는 공공정책 프로그램을 전달하는 데 어려움을 겪고 있는 오늘날, 정책 집행 연구의 전통을 무시하는 것은 커다란 실수이다(Hill & Hupe, 2002). 더욱 최근에는 새로운 거버넌스 논쟁이나 현대 정치체의 중심으로서의 정책 네트워크 개념의 등장으로 인해 집행 수준에 대한 이론적 관점이 재차 강조되고 더욱 정교해지고 있다(6장과 7장을 보라).

어떤 정책이든 하나의 조직에 의해서만 전달되기는 어렵다. 정책은 필연적으로 권력 중심이 분산된 정책 네트워크의 복잡한 상호작용과 연관될 수밖에 없다. 6장에서 살펴보았듯이, 과거의 낡은 단일국가는 점점 분화된 정치체로 대체되고 있다. 새로운 정치체는 중앙으로부터의 자율성이 크고 정책 커뮤니티와 네트워크를 통해 작동한다는 특징을 갖는다(Rhodes, 1996a). 이러한 새로운 상부 구조의 많은 부분에서는 '노 젓기'와 '방향잡기'가 분리되고(Osborne & Gaebler, 1992), 그 결과 정책과정의 성격이 변화할 수밖에 없게 되었다. 이처럼 네트워크화된 정치체로의 전환이 나타난다면 '일선' 노동자들의 영향력은 상당히 커질 수 있다. 게다가 네트워크화된 정치체의 등장으로 인해 정책결정 과정에서 '일선'의 위상도 크게 변화할 가능성이 있다. 여기서 정책결정과 전달의 분리를 논하는 것이 단순히 상층과 하층을 분리하는 낡은 사고방식을 의미하는 것은 아니다. 그 렇다기보다는, 오늘날에는 정책의 '집행자들'이 정책의 방향에도 상당한 영향을 미친다는 사실에 주목해야 함을 의미한다. 고든 브라운과 데이비드 캐머런이 얼 마나 현장을 통제하고 싶어하든, 그들은 현대국가의 정책 전달은 민간과 공공, 자원 부문 간의 파트너십을 통해 이루어질 수밖에 없다는 사실을 알고 있다. 이 런 의미에서 정책의 집행은 하나의 결정된 결과라기보다는 조직과 행위자들의 복 잡한 시스템 내부에서 이루어지는 협상 과정으로 이해될 수 있다.

이 장에서는, 오즈본과 개블러의 비유를 빌리자면, 정책과정의 노 젓기, 즉, 정 책이 전달되는 순간에 어떤 일이 일어나는지에 관해 논의한다. 이를 위해 정책 집 행과 전달에 관한 주요 주제들을 살펴볼 것이다. 우선 집행 연구의 두 가지 주요 학파인 하향 이론과 상향 이론을 검토하고, 그런 다음 하향 이론과 상향 이론을 종합하면서 발전된 세 번째 유형의 이론을 살펴볼 것이다. 마지막으로, 우리의 빅맥 모델을 따라, 정책 집행을 정책과정의 분리된 단계로 사고해서는 안 되며 광 범한 조정 과정의 일부로 이해해야 한다는 것을 주장할 것이다. 이 모든 논의로 부터 도출되는 교훈은 명확하다. 정책은 하나의 완결된 최종 산출물이 아니며, 정책은 대체로 집행의 순간에 변형된다는 점에서 보듯이, 정책의 전달은 매우 중 요하다.

하향 top-down 이론

1960년대와 1970년대 사회개혁의 실패를 보면서, 사회과학자들은 정치인이 정 책을 결정하고 행정부가 집행을 담당하는 정통적인 '입헌적' 관점에 의문을 제기 하기 시작했다. 예를 들어 미국에서는 빈곤과의 전쟁 War on Poverty 이 실패하였다. 일선의 노동자와 관리자들이 프로그램을 집행하였지만 도심 공동체에 조화와 안 정을 가져다주는 데 실패하고 정책결정자들의 예상과는 상당히 다른 결과가 나타났다. 입법자들의 관점에서 보자면 정책이 완전하게 실패한 경우도 많았고 의도하지 않았던 반대의 결과가 나타나는 경우도 흔했다.

1957년 영국의 악명 높은 임대료법Rent Act은 정책 실패의 고전적인 사례이다. 임대료법의 목적은 민간 임대시장을 다시 회복시키는 것이었다. 당시 영국의 민간 임대시장에는 50%가 넘는 사람들이 살고 있었는데, 전쟁 때 도입된 임대료 규제 때문에 시장의 규모가 줄어들고 있었다. 보수당 정부는 임대료 규제를 철폐하면 시장을 자극할 수 있을 것이라고 생각했지만 실제로는 시장의 쇠퇴를 오히려 가속하였다. 이는 말 그대로 일선의 문제 때문이었다. 전반적인 주택시장의 조건이 변화하고 세입자의 주거권에 새로운 제약이 가해지면서, 집주인들은 방과 주택을 다시 세를 주기보다는 기회가 있을 때 민간 구매자에게 팔아버리는 경향이 나타났다(상자글 11.1).

정책분석 문헌 중에서 정책 전달의 문제를 제기한 연구로 가장 영향력 있고 빈번하게 인용되는 것은 프레스먼과 윌다브스키라는 두 명의 미국 정치과학자들의 연구이다(Pressman & Wildavsky, 1973). 그들은 캘리포니아 주 오클랜드의 경제개발기관Economic Development Agency을 분석한 결과 도시재개발 프로젝트에 관여된 다양한 기관들 간의 조정이 부족하여 프로젝트의 집행이 원활하지 못했다는 사실을 발견하였다. 그들은 적절하게 재정을 조달하고 프로젝트를 효과적으로 관리하기 위해서는 명확한 커뮤니케이션 체계를 설립해야 할 필요가 있음을 보여주었다. 정책이 전달되는 순간에 실제로 어떤 일이 일어나는지에 주목한 이 연구는 정책의 성공적인 집행을 위해 필요한 조건에 대한 논쟁을 촉발하였다. 그들의 연구는 정책과정이 합리적이고 따라서 지능적으로 관리될 수 있다고 본다는 점에서 본질적으로 하향식 분석이라 할 수 있다. 이 연구 이후에 어떤 프로젝트가 잘못되었을 때 집행에 결함이 있을 것이라 가정하고 정책 전달의 개선을 모색하는 연구들이 많이 이루어졌다. 예를 들어 군(Gunn, 1978)은 다음과 같이 '모범 사례'의 조건 목록을 만들었는데, 그는 이 조건들을 충족시킨다면 성공적인 집행이 가능하다고 주장하였다.

11.1 1957년 임대료법Rent Act: 정책 실패의 사례

20세기 2차례의 세계대전 동안 정부는 주택시장을 통제하여 집주인이 임대료를 올리지 못하게 하였다. 이 당시 영국의 대부분의 국민들은 민간 임대주택에 살고 있었다. 1945년에는 59%의 가구가 민간 집주인에게 세를 얻어 살고 있었다. 그런데 전쟁을 거치면서 주택 가격은 크게 상승하였지만(1939년과 1951년 사이에 105% 상승하였다), 임대료가 통제되고 있었기 때문에 집주인들은 자신의 재산으로부터 경제적 이득을 실현할 수가 없었다. 1957년에 도입된 임대료법은 민간 임대시장을 회복시키고 집주인들이 임대시장에 세를 공급하도록 독려하기 위한 급진적인 대책이었다. 거의 모든 임대시장에서 임대료 규제가 철폐되었고 집주인들은 시장 임대료를 부과하여 그들의 재산을 더 쉽게 보유할 수 있게 되었다. 임대료는 크게 올랐고, 주거급여housing benefit가 없는 상황에서 많은 세입자들은 어려운 때를 보내야만 했다. 주택 임대의 투지 수익률이 낮은 상황에서 주택 가격이 상승하기 시자하면서, 대부분의 집주인은 임대료 규제 철폐로 세입자를 내보내기가 쉬워진 덕분에 집을 팔아버리기로 결정하였다. 그중에는 기존의 세입자에게 집을 파는 경우도 꽤 있었다. 즉, 1957년의 임대료법은 민간 임대시장을 회복시키지 못하고 실제로는 오히려 임대시장의 쇠퇴를 촉진했을 뿐이었다. 이는 집행이 심각하게 잘못되었을 때의 '정책 실패'를 보여주는 극명한 사례이다.

- 이용 가능한 충분한 시간과 자원이 필요하다.
- 프로그램을 방해하는 중요한 외부적 요인이 없어야 한다.
- 관리 시스템의 지휘 계통은 소규모이고 명확해야 한다.
- 집행의 지휘권은 하나여야 한다.
- 원하는 결과가 무엇인지를 명확하게 이해해야 한다.
- 프로젝트에 관여된 모든 사람들이 프로젝트의 목적에 합의해야 한다.
- 커뮤니케이션이 완벽해야 한다.

이와 반대로 던사이어(Dunsire, 1990)는 인간의 취약성이 잘 수립된 계획을 뒤엎을 수 있다는 점에 주목하여 정책 집행의 실패를 가져오는 조건의 목록을 만들었다. 던사이어는 계획이 잘못되는 것은 집행 인력이 지시를 제대로 이행하지 않거나 관리자가 프로그램을 설계할 때 실수를 했기 때문이라고 보았다. 하향 이론가들에 따르면 정책 전달이나 집행이 실패하는 것은 인간의 오류 가능성과 감정 때문이고, 이 문제를 해결하기 위해서는 더욱 엄격한 관리 기구의 평가와 실행이 필요하다. 던사이어에게 문제는 바로 합리성의 실패였다. 이러한 입장은 테일러Taylor와 매우 유사하다. 테일러는 그의 유명한 책『과학적 관리Scientific Management』에서 제도를 조직할 때 엔지니어링의 형태로 접근해야 한다는 아이디어를 제시하였다(Taylor, 1911). 이러한 접근에서 사람들은 적절한 동기부여나 훈육을 통해 기계의 톱니바퀴와 같이 원활하게 작동되어야 한다(테일러의 직업이 엔지니어였음을 상기하라). 이후 '테일러주의Taylorism'는 관료의 인원을 감축하고 잔여 인원, 특히 공공 재정의 지출을 담당하는 공무원을 통제하기 위한 관리 수단으로 상당한 영향력을 발휘했다.

하지만 시스템 관리자는 아무리 엄격하게 조직된 프로젝트라 하더라도 재량discretion의 영역이 클 수밖에 없다는 현실을 피해갈 수 없다. 엘모어는 이러한 과정을 '준최적화suboptimisation'라 불렀다(Elmore, 1978). 일단 전체 전략의 일환으로 구체적인 과업이 결정되면 시스템 관리자는 사람들이 그 일을 수행할 것이라고 믿을 수밖에 없다. 프로젝트의 노동자들이 프로젝트의 목적을 수용하고 순응할 것이라고 가정하는 것이다. 그런데 만약 규율과 통제가 약해진다면 '파급spillover' 효과와 실수로 인해 프로젝트의 목표가 어긋나고 원활하게 작동하던 조직이 순식간에 혼란에 빠질 수 있다. 하향식 시스템 관리는 지휘 계통, 인력의 순응, 목표의 조직적 수용을 전제로 한다. 이러한 엄격한 조건을 달성하기 위해서는 대체로 군사적 규율이 필요하다. 지휘 계통의 한 연결고리가 무너지면 전체 프로젝트가 위험에 빠진다. 시스템의 어느 한 군데라도 느슨해지면 위험한, 정말 치명적인 결과가 발생할 수 있다. 예를 들어 1986년에 우주 왕복선 챌린저Challenger호가 발사 후 2분도 채 되지 않아 폭발하는 사고가 일어났는데, 이 사건은 프로젝트 구성원의 업무 수행 상 약점과 과실을 확인하지 못하는 것이 얼마나 위험한지를 보여준다. 이 사건에서 NASA는 민간 부문과의 계약을 통해 비행 프로그램의 주요 부품을 담당하게 했는데 여기서 문제가 발생했던 것이다. 이 사례는 21세기의 복잡한 정책 시스템이 단일한 목적을 공유하는 단선적인 지휘 계통의 프로젝트와는 상당히 다르다는 사실을 보여준다. 이것이 바로 정책의 집행에서 거시적 맥락이 중요한 이유이다. 오늘날 국가가 위아래로 공동화된 새로운 정치체(6장을 보라)에서의 정책 전달은 과거 단일국가의 하향식 통치 체제에서의 정책 전달과는 다르다.

더 나아가 엘모어는 시스템 관리를 사회 프로그램에 적용한 사례연구가 매우 적다는 점을 지적하였다. 엘모어에 따르면 그 부분적인 이유는 각각의 행정구역을 가진 중앙정부와 지방정부 간에 권력이 복잡하게 분배되어 있기 때문이기도 하지만, 보다 중요한 것은 시스템 관리가 어느 정도로 규범적 모델인지, 즉 현실을 있는 그대로 설명하는지 그래야만 하는 모습으로 설명하는지에 관한 질문이다. 이러한 괴리에 관한 영국의 연구로는 엑스워시와 포웰(Exworthy & Powell, 2002)의 연구가 있다. 그들은 1990년대 근거기반 정책evidence-based policy의 유행을 분석하였다(12장을 보라). 그들은 정책 아젠다의 설정 방식에 관한 킹던(Kingdon, 1984)의 아이디어를 기초로 건강 불평등을 줄이기 위한 프로그램의 집행을 분석하였다. 그들은 중앙으로부터의 수직적 지휘 계통과 지방 수준의 수평적 정책 전달이 교차하는 속성을 가지고 있는 데서 기인한 복잡성을 보여주었다. 이 프로그램으로 다양한 정부정책이 실시되었음에도 불구하고 분석 대상 집단에서는 뚜렷한 건강 상태의 개선이 나타나지 않았는데, 그들은 그 이유가 정책 시스템의 복잡한 성격 때문이라고 주장하였다. 요컨대, 근거기반 연구가 정책결과를 개선할 수 있다는 생각은 오류로 판명되었다는 것이다. 합리적 의사결정은 '혼잡상태congested state'(Skelcher, 2000)의 복잡성을 설명하지 못한다. 게다가 일선관료들도 의지를 갖고 있으며 특히 사회정책의 경우에는 다른 기술적인 프로젝트에 비해 일선관료의 재량의 범위가 훨씬 크다. 바로 이 때문에, 파슨스(Parsons,

1995)가 지적하듯이, 20세기 중반에 이르러 인간이 달에 갈 수는 있지만 홈리스
에게 주거를 제공하지는 못하는 것이다.

상향bottom-up 이론

하향 이론에서는 사람들을 조직 기구의 톱니바퀴와 다름없다고 보는 것과 달리,
상향 이론에서는 현실의 인간 행위자가 정책의 집행 방식과 효과성, 정책 목표의
달성에 상당한 영향을 미친다고 본다. 어떤 상향 이론가들은 정책이란 그 전달의
순간에 일어나는 일에 관한 것이며 정책 사이클에서 실제로 정책을 결정하는 것
은 전달 단계라고 주장한다. 이러한 관점의 초기 연구로 존슨(Johnson, 1972)의
캘리포니아 고용 서비스 직원의 역할에 대한 평가 연구가 있다. 캘리포니아에서
고용상담 서비스 전달의 일선에 변화가 이루어졌는데, 그중에는 접수처를 없애
는 조치도 포함되어 있었다. 그런데 이 조치는 실제로 클라이언트를 맞이하는 방
식에 별다른 변화를 가져오지 못했다. 왜냐하면 지역의 직원들이 재량을 발휘하
여 카운터를 다시 도입했던 것이다. 존슨의 요점은 상층에서 지시한 변화가 실제
로 고용 서비스 직원들과 클라이언트 간의 일상적인 상호작용에 미친 영향은 매
우 작다는 것이었다. 하향식 관점에 이의를 제기한 연구로 가장 널리 알려진 것
은 립스키(Lipsky, 1971, 1979)의 연구이다. 립스키는 (도심의) 정책은 정책결정자
들이 생산한 결과물이 아니라 서비스 전달의 최전방에 있는 '일선관료들street-level
bureaucrats'의 활동의 결과물이라고 주장함으로써 논의를 한 단계 발전시켰다. (웨
덜리Wetherly와 함께 작업한) 그의 가장 세부적인 연구는 미국 공립학교의 장애아동
차별 철폐 계획에 대한 평가 연구였다. 미국에서는 장애아동에 대한 낙인효과를
제거하고자 하는 목적으로 모든 공립학교가 장애아동을 통합할 수 있는 실행 계
획action plan을 수립하게 하였다. 하지만 계획에 필요한 자원도 부족하고 행정적
부담도 크게 늘어나자 지역의 관리자와 교사는 완곡한 어법으로 표현을 바꾸어

자신들만의 규칙을 새로 만들었다. 그 결과 만들어진 관행_{routine}과 비공식적인 절차로 원래의 입법 취지는 뒤엎어졌다. 일선의 직원들은 자신들만의 '대처 전략_{coping strategies}'을 만들어냈다. 여기서 다음과 같은 질문이 제기된다. 실제로 집행된 것은 누구의 정책인가? 실제로 집행된 것은 정책결정자들이 애초에 설계한 정책이 아니라 일선 노동자들이 용인할 수 있고 기존의 관행에 적응시킨 정책이었다(Wetherly & Lipsky, 1977).

립스키는 복잡한 관료제 내부의 일선 전문가들이 '어려운 환경 속에서도 스스로 최선을 다하고 있다'(Lipsky, 1979: xii)고 생각하는 동시에 클라이언트를 다룰 때 상당한 재량을 발휘하기도 하는 역설을 관찰하였다. 그런데 힐(Hill. 1997)은 립스키가 일선관료를 서비스 전달의 선봉으로 묘사하는 동시에 복잡한 관료기구의 톱니바퀴에 비유하기도 하는 것이 일관되지 못하다고 주장하였다. 힐이 보기에 진실은 일선 노동자들이 자원의 제약 때문에 자신의 이익을 지키거나 기본적인 서비스를 유지하는 방어적인 관행을 실천한다는 것이다. 따라서 일선관료는 업무를 단순화할 수 있는 업무 관행을 만들고 자신들의 특별한 전문적 능력을 발휘할 수 있는 영역을 설정한다. 일선관료는 훨씬 쉽고 빠른 해결책을 가능하게 하기 위해 클라이언트를 정형화_{stereotype}한다. 일선 직원들의 재량에 기초한 비공식적 규칙과 절차는 점진적으로 실제 대중에게 전달되는 정책을 형성한다(Hill, 1997). 대부분의 상향 이론가들은 일선관료들이 자원의 부족, 고용보장의 불확실성, 업무 과부하 등의 압력 하에서 자신이 소외되고 과소평가되고 있다고 느낀다는 식의 주장을 지지한다. 립스키가 주장한 것처럼 상급자들이 일선 직원들을 통제하는 데 어려움을 겪는 경우가 많다는 것도 분명한 사실이다. 실제로 1990년대에 일선관료의 순응을 증대시키고 정책 전달의 문제점을 개선하려 했던 신공공관리_{New Public Management}에 관한 연구들을 살펴보면(신공공관리에 대한 비판은 6장의 상자글 6.1을 참고하라) 신공공관리가 일선의 문화를 바꾸는 효과는 애초에 생각했던 것보다 훨씬 작았다는 사실을 알 수 있다(Hood, 1995).

이처럼 정책 집행에 관한 상향식 접근은 일선관료와 전문가들이 정책결과에 중대한 영향을 미칠 수밖에 없다는 사실을 인정한다. 정책policy과 관행practice은 사실 그다지 다르지 않다. 현실에서는 정책 전달 단계가, 때로 결정적이지는 않다 할지라도, 정책결과에 상당한 영향을 미친다. 그 결과 정책 설계자들의 의도와는 상당히 다른 정책결과가 나타날 수 있다. 이처럼 현실에서는 정책이 전달되는 순간에도 여전히 정책이 만들어진다. 사실 정책과 집행 사이에 실질적인 구분은 존재하지 않는다고 주장할 수도 있을 것이다. 가장 극단적인 형태의 상향식 관점에 따르면, 정책은 그 집행의 순간에 일어나는 일로 가장 잘 정의될 수 있다. 예를 들어 엘모어는 '후향 접근backward mapping'의 개념을 고안하였는데, 이에 따르면 정책은 상층부의 지시가 아니라 정책결과와 사람들에게 미치는 영향으로 가장 잘 설명될 수 있다. 따라서 이러한 관점에서 볼 때 하향 이론은 기본적으로 현실세계에 토대를 두지 않은 속임수나 신화에 불과하다(Elmore, 1979).

집행의 여러 가지 모델

엘모어(Elmore, 1978, 1979)는 하향식 접근과 상향식 접근의 양립불가능성을 해결하기 위한 방법을 고안하였다. 그는 현실세계에서 정책결정자, 관리자, 일선 운영자의 이해관계를 유연하고 민감하게 고려할 필요가 있다고 주장하였다. 엘모어는 서로 다른 문제와 상황을 설명하기 위해서는 각각의 경우에 맞는 서로 다른 준거틀이 필요하다고 보고 4가지 집행 모델을 제안하였다. 그는 이러한 접근이 복잡한 정책과정을 잘 통찰할 수 있는 방법이라고 생각했다. 하나의 모델이 모든 상황에 적용될 수는 없는 것이다. 그의 4가지 모델은 〈표 11-1〉에 요약되어 있다.

　먼저, 시스템 관리 모델은 합리주의 이론에 토대를 둔 강력한 하향식 구조와 동일하다. 하지만 엘모어는 복잡한 조직에서는 '준최적화' 과정을 통해 권력을 아래로 이양해야 할 필요가 있다는 점 역시 인정하였다. 준최적화 과정은 조직의

	시스템 관리 systems management	관료주의적 과정 bureaucratic process	조직적 발전 organisational development	갈등과 협상 conflict and bargaining
핵심 원칙	합리성	재량discretion, 관행routine	자율성, 노동자에 의한 통제	권력의 행사, 경쟁
권력의 분포	중앙집권	분산, 분절	동등한 책임	불안정, 분산
의사결정 과정	준최적화suboptimality	점진주의incrementalism	개인 간의 연계가 강한 작업 집단	경합하는 해결책 간의 협상
집행과정	모니터링, 순응compliance	변화를 통한 관행의 형성	컨센서스 형성	이해관계 충돌의 해결

출처: Elmore(1978)에 기초하였음.

목표에 동의하고 전체 구조 내에서 특정 과업을 담당하는 사람들의 재량의 범위를 상당히 넓혀줄 것이다. 하지만 재량을 부여하게 되면 재량의 범위를 정의하고, 하부 단위의 수행을 모니터링 해야 하며, '파급' 효과와 실수에도 대처해야만 하는 등의 중요한 문제들이 발생한다. 사실 시스템 관리가 유연해지더라도 그 정도는 최고 관리자의 목표를 달성할 수 있는 선에서 제한된다. 여기서 핵심은 시스템의 하부 인력들이 자유의지를 갖는다는 것이 아니라 그들의 의지가 심리적으로 중앙 의사결정자의 목적에 맞추어져야 한다는 것이다. 집행의 실패는 시스템 하부 구성원의 업무 수행 상 약점과 과실을 확인하지 못할 때 발생한다. 따라서 준최적화는 자유로운 사고를 허용하는 것이 아니라 사고 통제thought control를 의미한다. 마치 오웰(Orwell, 1949)의 소설 『1984Nineteen Eighty-Four』에 등장하는 '빅브라더Big Brother'처럼 말이다.

관료주의적 과정 모델은 상향식 관점과 연결되는 모델로서 프로그램 집행에서의 일선 노동자의 역할과 재량에 주목한다. 하부 인력을 통제하려고 하는 시스템 관리와는 달리, 관료주의적 과정 접근에서는 운영자들에게 상당한 재량을 부여하고 정책이 전달되는 순간에 주의를 기울인다. 엘모어(Elmore, 1978: 199)가 관찰하였듯이, '클라이언트의 입장에서 일선관료는 정부와 같다'. 관료주의적 과정 모델은 또한 '운영 관행_{operating routines}'의 존재에 주목한다. 사람들이 일하는 방식을 규정하는 일상적인 과정인 운영 관행은 제도적 관성을 창출하여 변화의 걸림돌로 작용한다. 정책과정의 전달 단계에서 실제로 어떤 일이 일어나는지가 매우 중요하지만, '클라이언트'와 오랜 관계를 형성하고 있는 일선 인력들의 요구 때문에 변화가 이루어지기가 쉽지 않다.

조직적 발전 모델은 집행과정에서 관리자와 일선 노동자 간의 컨센서스 형성을 강조한다. 여기서 핵심은 관리자와 일선 노동자 모두 높은 수준의 교육을 받았기 때문에 시스템의 다양한 층위에서 성숙한 신뢰에 기초하여 의사결정이 이루어질 수 있도록 조직 내 피드백과 커뮤니케이션이 필요하다는 것이다. 이 모델에서 시스템의 목적은 '상층'과 '하층'의 관념을 벗어나 조직적 발전을 도모하고 서비스 전달의 효과성을 극대화하는 것이다. 여기서 집행의 실패는 관료주의적 관행이나 관리 통제가 부적절하기 때문이 아니라 조직 내 컨센서스와 헌신이 부족하기 때문에 발생한다. 이 모델에 따르면 외부 조직이 어떤 기관의 프로그램이나 전략을 변화시킬 수 있는 능력에는 한계가 있다. 정부가 어떤 정책의 방향을 변화시키길 원한다면 정책 전달을 맡고 있는 조직의 마음을 움직여야만 할 것이다.

갈등과 협상 모델은 지금까지 논의한 모델들의 문제점인 권력의 문제에 주목한다. 조직이 변화를 거부하거나 인력이 새로운 정책 방향에 순응하지 않을 때 어떤 일이 일어나는가? 관행과 컨센서스의 형성이 실패할 때 어떤 일이 일어나는가? 현실에는 언제나 정책 설계와 목적을 둘러싼 갈등이 존재한다. 모든 사람들이 지지하는 하나의 확정적인 정책이란 존재하지 않는다. 정책은 언제나 충돌하는 이해관계 간의 갈등 과정의 산물이자 논쟁을 해결하기 위한 협상 과정의 산물이다. 조직이 자신의 관점을 바꿔야만 하는 것은 아니지만, 조직은 자신의 관점을 다른 이해관계에 맞추어 적응시킬 준비가 되어 있어야 한다. 따라서 정책 집행의 성공과 실패는 상대적인 문제이다. 정책의 성공과 실패는 정책의 목적과 방향에 대한 공통된 합의로부터 도출되는 것이 아니다(다른 3가지 모델에서는 그러하다. 정책의 목적과 방향은 관리 통제, 관료주의적 과정, 컨센서스 형성의 결과로 합의된다). 이 모델에서는 갈등과 협상이 일시적인 해결책을 제공해주기는 하지만 장기적인 목적에 대한 전반적인 합의란 존재하지 않는다.

집행과 정책 네트워크

정책 집행에 대한 하나의 '해법'이란 존재하지 않는다는 엘모어의 생각을 넘어서 하향 이론과 상향 이론의 양극화를 극복하기 위한 시도가 다양하게 이루어져 왔다. 이러한 시도 중 가장 주목할 만한 것은 사바티에Sabatier의 연구이다. 사바티에는 매즈매니언과 함께 하향 이론과 상향 이론의 핵심적인 교훈을 종합하고자 시도하였다(Sabatier & Mazmanian, 1979). 이는 다음과 같이 효과적인 집행을 위한 필요조건의 형태로 제시되었다. 사실 이 조건들은 하향 이론의 명제처럼 보이기도 한다.

- 목표가 명확하게 정의되어야 한다.
- 필요하다면, 일선 노동자의 순응을 강제할 수 있는 법적 수단이 있어야 한다.
- 정치권력의 중심으로부터의 내부적 지지가 필요하다.
- 변화를 촉진하는 수단의 개념적 기초가 분명해야 한다.

하지만 나중의 연구에서 사바티에(Sabatier, 1986a)는 복잡한 정책 네트워크의 존재(조직 간 조정의 필요성)와 완전한 집행을 위한 하향식 조건을 모두 인식하고 더 정교하게 하향 이론과 상향 이론을 종합하였다.

사바티에는 특정 정책영역에서 이해관계를 갖는 모든 기관과 행위자로 구성된 정책 네트워크들(그는 이를 '하위 시스템sub-systems'이라 불렀다)로 정책과정을 개념화해야 한다고 생각했다. 이러한 행위자에는 정치인, 공무원, 이익집단, 학술적인 싱크탱크와 연구소, 미디어, 일선 전문가 등이 포함된다. 사바티에(예를 들어

Sabatier, 1988)는 이러한 하위 시스템을 '옹호연합_{advocacy coalition}'이라 불렀다. 옹호연합은 그 구성원 대부분이 지지하는 강력한 핵심적인 신념 및 가치로 특징지을 수 있다. 옹호연합 주변부의 느슨한 부분은 아이디어의 변화와 새로운 정책 방향에 더 취약하겠지만 중앙의 핵심부는 여론의 변덕에 흔들리지 않고 엘리트 중심적 정책과정의 뼈대를 제공해준다는 점이 중요하다. 이때 거시적 경제나 강력한 여론 혹은 다른 하위 시스템으로부터의 파급 효과가 변화를 받아들이도록 강제하는 피드백을 제공할 때 변화가 이루어진다. 정책 하위 시스템은 거시적 환경 속에서 정책 방향을 변화시킬 필요가 있는지 혹은 심지어 핵심 가치를 포기해야 하는 것은 아닌지를 끊임없이 테스트하고 학습한다(Sabatier, 1988).

이와 같은 관점은 정책 네트워크가 집행과정에 미치는 영향을 이해하는 유용한 방식이다. 옹호연합 모델은 정책과정이 다양한 조직 간의 상호작용과 네트워크적 속성으로 이루어진다고 본다는 점에서 상향 이론의 관점을 받아들이는 동시에 이를 엘리트주의적 관점과 조화시키려고 시도한다(사바티에의 입장은 본질적으로는 엘리트주의이다). 하지만 이와 같이 이론을 종합하려는 시도에도 불구하고 서로 다른 접근의 핵심적 근본 가치 간의 화해는 있을 수 없다는 데 문제가 있다. 이 책의 전반에 걸쳐 강조하였듯이, 정책분석이라는 예술의 상당부분은 가치체계의 인식에 달려 있다. 그런데 문제는 가치체계가 명확하게 인식되기 어렵고, 심지어 어떤 학자들은 이를 단순히 자신의 사고과정의 일부라고 생각하기도 한다는 점이다. 하지만 가장 심층적인 차원의 분석으로 들어가면 아이디어와 제도의 상부구조는 궁극적으로 가치체계라는 토대 위에 건설된다. 예를 들어 일선에 주목하는 상향 이론은 역량강화_{empowerment}, 서비스 이용자와 전문가 간의 연계와 같은 가치에 토대를 두고 있다. 정책결정과 정책 집행이 거의 구분되지 않는다고 보는 상향 이론의 아이디어는 하향 이론가들의 핵심 가치와는 근본적인 차이가 있다. 하향 이론가들은 위계와 규율, 그리고 정책을 결정하는 엘리트에 대한 순응을 강조한다. 하향 이론과 상향 이론을 종합하려 한 사바티에와 매즈매니언의 시도에 대한 응답으로 파슨스(Parsons, 1995: 487)는 다음과 같이 지적하였다.

'그들은 종합적인 모델을 만들기 위해서 그들이 결합하려고 하는 것이, 쿤의 관점에 따르자면, 서로 어울리지 않는 패러다임일 가능성을 무시하고 있다'.

더 나아가 파슨스는 엘모어가 제안한 방식으로 정책 집행을 사고하는 것이 더 나은 방법이라고 주장하였다. 즉, 상황에 맞는 단일한 모델은 존재하지 않기 때문에 여러 가지 아이디어로 구성된 팔레트에서 상황에 맞는 아이디어를 선택해야 하고, 나중에 엘모어가 고안한 '후향 접근'에서처럼 정책의 결과는 사전에 결정된 기준이 아니라 실제로 개인들에게 미치는 영향으로 설명되어야 한다는 것이다(Elmore, 1979).

정책의 성공과 실패는 관찰자와 참여자의 시각에 따라 크게 달라진다. 합리주의 이론가들은 이와 같은 미온적이고 불확실한 사고방식은 아무도 만족시킬 수 없으며 집행과정을 개선하기 위한 근거를 제공해주지 못한다고 반박한다. 하지만 논쟁의 가장 깊은 곳에 들어가면, 모든 집행 모델에는 중심적인 가치체계가 있기 때문에 어떤 하나의 모델만이 완전한 집행을 위한 해답이 될 수 없다는 결론을 피하기 어렵다. 정책분석가들에게 현실세계는 너무나 복잡하고 '네트워크화' 되어 있기 때문에, 집행과 전달의 퍼즐을 풀 수 있는 궁극적인 하나의 해법은 존재하지 않는다. 우리는 복잡하고 불완전한 세상을 살아갈 수밖에 없고 거대한 정치권력과 씨름해야만 한다.

네트워크의 실제

6장과 7장에서 보았듯이, 정책 네트워크는 현대 거버넌스 시스템의 핵심적인 중간수준 개념이다(Rhodes, 1997a; Marsh & Smith, 2000). 이해관계를 조정하고 정책을 형성하는 정책 네트워크의 역할은 관련 연구에서 중요한 설명 패러다임으로 점점 더 많이 논의되고 있다. 정책 네트워크의 역할은 특히 정책이 집행되는 순간과 그 직전에 더 중요하다. 따라서 우리는 정책 네트워크가 존재한다는 사실을 이해하고 정책 네트워크를 정의하는 것을 넘어 정책 네트워크가 실제 정책 전달 기관으로서 어떻게 작동하는지를 이해해야 한다. 즉, 정책 네트워크 관리라는 개념을 생각해볼 필요가 있다는 것이다. 이러한 관점의 연구 중 중요한 것으로는 네덜란드 에라스무스 대학_{Erasmus University}의 키커트와 그 동료들의 연구가 있다 (Kickert 외, 1997).

키커트와 그 동료들은 네트워크 관리를 이해하기 위한 출발점으로 '네트워크 접근은 하향 이론에 대한 상향 이론의 비판에 토대를 두고 하향 이론에 대한 보다 현실적인 대안을 제공해준다'는 점을 보여준다(Kikert 외, 1997: 9). 그들은 이처럼 상향 이론과 네트워크 관리의 관계를 보여준 다음 하향/상향의 이분법과 네트워크 접근을 대비시킨다. 그들의 의도는 네트워크 이론이 정책결정을 설명하는 질적으로 다른 패러다임이라는 것을 보여주는 것이다. 〈표 11-2〉에는 하향/상향 이론과 네트워크 접근의 차이가 요약되어 있다.

| 표 11-2 | 하향, 상향, 네트워크 접근의 비교

차원	관점		
	하향	상향	네트워크
분석의 대상	중앙의 통치자와 표적집단 간의 관계	중앙의 통치자와 지역 행위자 간의 관계	행위자들의 네트워크
관점	중앙의 통치자	지역 행위자	행위자 간 상호작용
관계의 특성	권위적	중앙집권 대 자율성	상호의존적
정책과정의 특성	사전에 형성된 정책의 중립적 집행	이해관계를 표출하는 정치적 과정, 지침과 자원의 비공식적 사용	정보, 목적, 자원이 교환되는 상호작용 과정
성공의 기준	공식적인 정책의 목적 달성	지역의 재량권과 지역 행위자에게 유리한 자원의 획득	집단행동_{collective action}의 실현
실패의 원인	모호한 목표, 너무 많은 행위자, 정보와 통제의 부족	엄격한 정책, 자원의 부족, 지역 행위자의 불참	집단행동의 인센티브 부족 혹은 상호작용의 장벽의 존재
거버넌스를 위한 제안	협조와 중앙집권화	지역 행위자에 친화적인 방향으로 중앙의 규칙을 철회	정책 네트워크 관리, 행위자 간 상호작용의 조건 개선

출처: Kikert et al(1997: 10)에서 인용.

키커트와 그 동료들의 모델은, 로즈와 그 동료들의 모델과 유사하지만(5장과 7장을 보라) 사바티에의 '옹호연합' 모델과는 다르게, '공공정책의 결정과 거버넌스는 다양한 행위자(개인, 연합, 기관, 조직)로 구성된 네트워크에서 이루어지는데 이들 행위자 중 누구도 다른 행위자의 전략을 결정할 권력을 갖거나' 이들 네트워크의 방향을 조정할 수 있는 거버넌스 전략을 제시하지는 못한다고 본다(Kikert 외, 1997: 9). 하지만 나중에 그들은 실제 정책 전달과정에서 네트워크가 작동하는 방식을 연구하면서 이러한 초기의 입장을 발전시킨다. 그들은 네트워크를 조직하기 위해 필요한 관리 스타일과 하향식 관점의 시스템 관리 스타일(그들은 이를 고전적 관리 스타일이라 불렀다)을 비교하였다(〈표 11-3〉을 보라). 그들은 고전적 관리 스타일은 목표를 설정하고 집행을 지휘하며 진행과정을 감독하는 한 명의 시스템 통제자에 의존한다고 보았다. 따라서 이러한 하향식 접근은 '네트워크 상황에는 적용될 수가 없는데', 왜냐하면 '네트워크 상황에는 단일한 중앙 권위와 위계적 지휘 계통, 단일한 조직적 목표가 존재하지 않기' 때문이다. 이런 상황에서는 '이미 존재하는 다양한 조직의 네트워크 내부에서 특정한 문제와 정책수단에 대해 서로 다른 목표와 선호를 가진 많은 행위자들의 전략을 조정'하는 것에 초점을 두어야 한다(Kikert 외, 1997: 10~11).

| 표 11-3 | 고전적 관리와 네트워크 관리의 비교

차원	관점	
	'고전적'	네트워크
조직적 세팅	단일 권위 구조	분할 권위 구조
목표 구조	명확한 목표 설정과 문제의 정의를 토대로 활동이 이루어진다.	문제와 목표의 정의가 다양하고 변화한다.
관리자의 역할	시스템 통제	중재, 과정의 관리, 네트워크 구축
관리 과제	조직적 과정의 계획과 가이드	상호작용의 가이드, 기회의 제공
관리 활동	계획, 설계, 지도	상호작용의 가이드, 기회의 제공

출처: Kikert et al(1997: 10)에서 인용.

이러한 논의를 토대로, 키커트와 코펜얀(Kikert & Koppenjan, 1997: 43)은 네트워크 관리란 '조직 간 관계라는 기본적인 틀에서 다양한 목적과 전망을 가진 행위자들 간의 상호 적응을 증진'하고자 하는 정책방향 조정의 한 형태로 볼 수 있다고 주장하였다. 클리예인(Klijn, 1997: 33)은 네트워크 관리 접근이 다음과 같은 특징을 갖는다고 주장하였다.

> 네트워크 관리 접근은 정책과정에 상호작용의 성격이 강하다는 점을 강조한다. 더 이상 정부 조직이 정책방향을 결정하는 중심 행위자가 아니고, 관리 활동은 여러 행위자 간의 상호작용을 유지·개선하면서 행위자 간의 목표와 접근법을 통합하는 새로운 역할을 담당한다는 점에서, 네트워크 관리 접근은 새로운 관점으로 거버넌스를 이해할 수 있게 도와준다.

이러한 사고방식은 정책 네트워크가 스스로 조직되는 상호의존적 행위틀이라고 보는 로즈(Rhodes, 1996a, 1997b)의 개념에 토대를 두고 있다. 더 구체적으로 설명하면, 키커트와 코펜얀(Kikert & Koppenjan, 1997)은 2가지 형태의 네트워크 관리가 존재한다고 주장하였다. 하나는 게임 관리game management(네트워크 내의 상호작용을 관리하는 것)이고 다른 하나는 네트워크 구성network structuring(네트워크를 구성하는 제도적 배치를 만들거나 바꾸는 것)이다.

먼저 게임 관리를 살펴보자. 키커트와 코펜얀은 네트워크 관리에 참여하는 행위자들에게는 몇 가지 선택지가 있다고 주장하였다. 첫째, 기본적으로 그들은 네트워크 활성화network activation 전략을 선택할 수 있다. 이는 일차적으로 '어떤 문제를 해결하거나 목표를 달성하기 위해 상호작용 과정이나 게임을 시작하는 것'을 의미한다(Kikert & Koppenjan, 1997: 47). 또한 문제 해결의 핵심적 위치에 있는 네트워크의 특정 부분을 '선택적으로 활성화selective activation'하는 것도 포함된다(혹은, 변화를 방해하는 요소를 '비활성화deactivation'하는 것도 가능하다). 둘째, 더 간단하게는 상호작용을 조정하는 전략을 선택할 수 있다. 예를 들어 '상호작용을 규제하는 합의와 규칙을 공식화'하려고 시도할 수 있다(Kikert & Koppenjan, 1997: 48). 혹은 '상호작용 과정에서 전략적 컨센서스 구축을 돕기 위한 조건을 마련'하여 상호작용을 촉진할 수도 있다(Kikert & Koppenjan, 1997: 49). 마지막으로, 만일 네트워크가 '막힌blocked' 상황이라면 중개brokerage와 같은 관리 전략이 필요하다. 키커트와 코펜얀은 이를 문제, 해결책, 행위자를 연결하는 '유도된 중재guided mediation'라 불렀다. 혹은 상황이 훨씬 나쁜 경우에는 컨센서스를 독려하거나 심지어 제3의 중재자를 도입하는 직접적인 중재 전략이 필요할 수도 있다.

이처럼 키커트와 그 동료들이 '게임 관리' 전략의 개념은 비교적 잘 발전시킨 것으로 판단되지만, '네트워크 구성' 전략이 어떻게 적용될 수 있을지는 상대적으로 분명하지 않다. 사실 그들은 네트워크 구성 전략에 대해 '만일 기존의 네트워크 내에서 문제를 해결하기가 불가능한 것으로 판명되었을 때는 네트워크를 수정하는 것을 고려할 수 있다'라는 식으로 조심스럽게 주장하였다(Kikert & Koppenjan, 1997: 51; 강조는 저자). 전반적으로 그들은 네트워크 구조를 '조금 땜질'하는 수준을 넘어 크게 수정하는 것은 현명하지 않다고 생각했다. 특히 그들은 지나치게 공격적으로 네트워크 구조를 수정하려 할 경우 기존의 사회적 자본이 파괴될 위험이 있다는 점을 강조하였다. 그들에 따르면, 일반적으로는 권력의 분포나 네트워크 유지비용과 같이 네트워크의 흐름을 막고 있는 핵심 변수에만 초점을 맞추어 변화를 시도해야 한다. 구체적으로 말하자면 네트워크 내 지나친 권력의 불균형으로 인해 만들어진 비토점veto points을 제거하거나 가능한 한 네트워크를 간소화하여 네트워크 참여자들의 비용을 줄이는 것이다.

마지막으로 이상에서 살펴본 선택지들이 실패한다면 '재구성reframing'이 적절한 방법이 될 수 있다. 키커트와 그 동료들에 따르면 재구성이란 의도적으로 네트워크의 균형을 무너뜨려 행위자의 준거틀을 바꾸는 급진적인 변화를 도입하는 것을 의미한다. 기존의 균형을 무너뜨리는 이유는 무너진 균형으로 인해 발생한 유동적인 흐름을 통해 더 바람직한 '균형점point of equilibrium'이 찾아지기를 기대하기 때문이다. 물론 재구성을 통해 더 나은 네트워크 구조가 만들어질 것이라는 보장은 없다.

요컨대, 네트워크에 기초한 새로운 형태의 거버넌스, 그리고 이러한 거버넌스 전환을 보완하기 위한 네트워크 관리가 등장하고 있다. 이러한 새로운 형태의 관리 방식에 대한 이해는 아직 충분하지 않지만 말이다. 정책과정의 복잡성으로 인해 정부의 정책결과에 수많은 불확실성이 존재하는 상황에서 네트워크 관리는 중앙의 통제를 완화하고 행위자 간의 상호의존성 때문에 하향식 모델이 부적합해지고 있다는 사실을 수용하는 '약한' 형태의 정책방향 설정 수단이다. 키커트와 그 동료들(Kikert 외, 1997: 167)에 따르면, 오늘날의 거버넌스 전략은 이러한 불확실성을 포용해야 하며 우리가 바랄 수 있는 최대의 결과는 '다른 행위자의 전략적 행위에 영향을 미칠 수 있도록 간접적인 형태로 정책방향을 조정하는 것'이다.

그럼에도 불구하고 키커트와 그 동료들의 관점이 결코 디스토피아적인 것은 아니다. 그들은 다음과 같이 말했다.

> 우리는 네트워크의 존재가 부정될 수 없다고 믿는다. 네트워크를 무시하거나 없애려고 하기보다는 네트워크의 존재를 직시하고 네트워크를 개선하기 위해 그 작동방식을 분석하는 것이 훨씬 낫다. 네트워크는 바로 이곳에 존재하고, 정책 과학은 이 도전을 정면으로 받아들여야 한다. 정책 네트워크가 역기능적일 가능성도 있지만 정책 네트워크의 정의 자체가 역기능적인 속성을 포함하는 것은 아니다. 네트워크가 기능하는 구체적인 방식, 즉 네트워크의 상호작용 과정의 질이 어떠한지에 따라 많은 것이 결정될 것이다(Kikert 외, 1997: 71).

결론

지금까지 정책 집행에 관한 문헌을 살펴보았듯이 최근 정책과정에서 정책이 전달되는 순간을 둘러싼 논쟁이 많이 이루어지고 있다. 아마도 지금까지의 논의에서 우리가 가장 중요하게 보여준 것은 하향식 모델과 상향식 모델의 종합이 불가능하다는 점일 것이다. 사바티에의 연구도 사실 두 모델을 진정으로 종합한 것이라기보다는 일선 집행자들의 순응을 이끌어내기 위한 조건을 개발해야 할 필요성 때문에 전통적인 하향식 모델에 더 큰 비중을 두고 있는 혼합 형태라 볼 수 있다. 뿐만 아니라 역량강화empowerment와 같은 상향식 관점의 언어와 순응을 요구하는 하향식 관점의 주장 간에는 정책과정에 대한 근본적인 사고방식 및 가치의 차이가 있다. 관료주의적 위계를 통해 작동하는 분절적인 정책 단계(혹은 정책 사이클의 점들)라는 하향식 관점의 은유는 정책과정의 동력이 조직 간 네트워크와 시장으로 구성된다는 상향식 관점과 어울리지 않는다. 사바티에의 연구에서도 사실 다른 방법이 없을 때는 하향식 관점에서처럼 강력한 정치적 핵심부의 가치와 이해관계가 가장 중요하다고 본다. 하지만 일선의 행위자들은 협상력을 통해 강력한 능력을 보유하고 있으며, 비록 일선 행위자들끼리의 갈등이 있는 경우도 많지만, 상급자의 의도와 다른 방향으로 정책결과에 상당한 영향을 미칠 수 있다. 따라서 정책의 결과가 확실한 경우는 거의 드물다. 다소 근본적으로 말하자면 더 복잡하고 해결하기 어려운 것은 기술적인 문제가 아니라 인간 자체일 것이다.

상향 이론의 정책 네트워크 분석의 계보를 살펴보면, 네트워크가 정책을 추동하는 동력이라는 점에서 오늘날의 새로운 정치체는 (구조로서만이 아니라 행위자로서도) 네트워크로 표현될 수 있음을 알 수 있다. 키커트와 그 동료들을 따르자면 네트워크 관리 개념이 하향/상향 이론의 패러다임 자체를 대체했다고 말할 여지도 있다. 아직까지는 이러한 주장의 근거가 개략적인 수준에 머물고 있기는 하지만, 이러한 맥락에서는 정책방향을 설정한다는 개념이 모호해진다. 현대국가에 지휘자가 없다고는 할 수 없지만, 정책방향이 설정되는 방식은 여전히 수수께끼이고 오직 새로운 경험적 연구를 통해서만 설명될 수 있다.

어쨌든 분명한 것은 정책 집행과정에 관한 지식이 정책분석의 핵심으로 등장하고 있다는 사실이다. 이 장을 마치면서 마지막으로 이 책의 주요 테마 중 하나를 다시 상기해 보자. 현대 정치구조와 정치과정의 복잡한 현실은 의도하지 않은 결과로 가득하다. 그 이유 중 하나는 바로 정책이 그 전달의 순간에 새로 만들어지기 때문이다.

요약

- 하향 이론가들은 정책 집행이 합리성을 가지며 행위자들이 관료주의적 위계에 순응한다고 주장한다.
- 대부분의 상향 이론가들은 일선관료가 정책 전달에 중요한 영향을 미치고 현장의 조건과 상황에 맞추어 정책을 수정한다는 식의 주장을 지지한다. 그 결과 자원의 부족으로 인해 집행의 갭이 발생하고, 고용보장의 불확실성, 업무 과부하 등의 압력 하에서 일선관료들은 자신이 소외되고 과소평가되고 있다고 느낀다.
- 하향 이론과 상향 이론의 이분법을 극복하기 위한 다양한 시도가 있었다. 사바티에는 두 이론을 종합하고자 시도하였다. 하지만 양립 불가능한 가치체계를 가진 두 개념을 조화시키는 것은 어렵다(예를 들어, 순응 대 역량강화).
- 정책 네트워크는 하향 이론과 상향 이론 중 어느 하나로 설명되지 않는다. 왜냐하면 정책 네트워크 관점은 정부 내부의 관계에 주목하기 때문이다. 정책 네트워크 관점에서 정책과정은 본질적으로 상호작용의 성격을 띤다.
- 네트워크 관리에 대한 이해는 아직 충분하지 않다. 네트워크 관리는 정책과정의 복잡성으로 인해 정부의 정책결과에 수많은 불확실성이 존재하는 상황에 활용되는 '약한' 형태의 정책방향 설정 수단이다.

토론할 문제

- 일선관료는 정책결정자들이 만든 정책을 어느 정도까지 자신의 정책으로 수정할 수 있는가?
- 1970년대 이후 인간의 달 착륙이 없는 이유는 무엇인가?
- 정책이 그 전달의 순간에 새로 만들어진다는 것이 사실인가?

더 읽을 거리

Hill, M.(1997). *The Policy Process in the Modern State* (3rd edn). London: Prentice hall/harvester Wheatsheaf.

Hill, M. & Hupe, P.(2002). *Implementing Public Policy*. London: Sage Publications.

Kikert, W. J. M. & Koppenjan, J. F. M.(1997). "Public management and network management: an overview". In W. J. M. Kikert, E. H. Klijn & J. F. M. Koppenjan (eds), *Managing Complex Networks: Strategies for the Public Sector*(pp.35–61). London: Sage Publications.

Lipsky, M.(1979). *Street Level Bureaucracy*. New York, NY: Russell Sage Foundation.

Pressman, J. & Wildavsky, A.(1973). *Implementation: How Great Expectations in Washington are Dashed in Oakland; or Why It's Amazing that Federal Programs Work at All, This Being a Saga of the Economic Development Administration as Told by Two Sympathetic Observers Who Seek to Build Morals on a Foundation Ruined by Hopes*. Berkely, CA: University of California Press (2nd edn, 1984).

CHAPTER 12

평가와 근거

개요

고전적인 '단계주의' 정책과정 관점에 따르면 정책은 아젠다가 설정되고 결정된 정책이 집행된 후 그 효과성이 체계적으로 평가되는 하나의 사이클로 운영되어야 한다. 정책의 평가를 통해 강점과 약점에 대한 경험적 근거가 피드백되고 미래의 정책 아젠다 형성에 영향을 미칠 수 있다. 하지만 현실의 정책과정에서 평가와 근거의 역할은 훨씬 골치 아프고 체계적이지 못하다. 이 장에서는 정책과정에서의 평가와 근거의 진정한 역할을 살펴본다. 구체적으로는 정책을 평가하는 다양한 방법, 정책의 효과성을 평가할 때 나타나는 문제점, 근거기반 접근으로 정책을 형성하는 것을 저해하는 요인들을 살펴본다.

주요 용어

총괄평가summative evaluation, 형성평가formative evaluation, 평가국가 evaluative state, 측정문화the measurement culture, 근거기반 정책evidence-based policy, 체계적 검토systematic review, 현실주의적 평가realistic evaluation

서론

1997년 집권 이후 블레어의 신노동당 정부는 정책을 만들 때 보다 경험적 근거에 기초한 접근을 취하겠다는 의지를 표명하였다. 즉, 의사결정의 질을 향상시키고 궁극적으로 공공서비스의 질을 개선하기 위하여 엄격한 경험적 근거를 적극적으로 사용하겠다는 것이었다. 정부는 『정부의 현대화*Modernising Government*』라는 제목의 백서(Cabinet Office, 1999: 20)에서 근거와 조사를 더 잘 활용하고 '정책과 프로그램에 대한 평가를 더 많이 실시하여 과거의 성공과 실패로부터 교훈을 얻겠다'고 약속하였다. 이처럼 경직된 이데올로기보다 어떤 정책이 실제로 성공하는지를 고민하고 근거기반 정책evidence-based policy: EBP을 강조하는 실용적인 정책결정 접근이 신노동당의 제3의 길 철학의 핵심이라고 보는 사람들도 있다 (Davies 외, 2000; Solesbury, 2001; Sanderson, 2002). 템플(Temple, 2000: 313)은 '영국 정치에 뭔가 정말로 새로운 일이 일어나고 있다. 아젠다는 이데올로기로부터 도출되는 것이 아니라 산출output로부터 도출된다'고 지적하였다. 신노동당이 선거에서 승리하자 보수당 내부에서도 비슷한 방식의 사고가 나타나기 시작했다. 보수당의 당수인 데이비드 캐머런은 강한 이데올로기적인 약속을 거의 하지 않는 대신 장황한 정책 검토와 전문적인 정책 위원회를 거쳐 정책 아젠다를 만들어나가기 시작했다.

근거기반 접근의 액면을 그대로 받아들이자면 이러한 접근이 유용하다는 사실을 부정하기는 어렵다. 근거를 기초로 정책을 결정하고, 정책 개입의 성공과 실패를 측정하며, 어떤 정책이 성공하는지를 결정하는 것들은 모두 확실히 합리적인 목표로 보인다. 하지만 이러한 목표를 실현하는 것은 말보다 훨씬 어렵다. 이 책의 앞부분에서 살펴보았듯이 정책은 복잡한 시스템에서 작동하고 광범한 영향 요인에 노출될 수밖에 없다. 따라서 어떤 정책의 성공과 실패에 영향을 미치는 다양한 힘과 환경적 요인을 밝히는 것은 결코 쉬운 일이 아니다(Sanderson, 2000). 게다가 정책의 성공과 실패는 그것을 판단하는 사람의 입장에 따라 크게 달라진다. 즉, 정책이 성공하였는지를 판단할 때 객관적인 사실의 진술보다는 가치 판단이 중요할 수 있다는 것이다(Pawson, 2002a, 2002b). 이와 비슷하게, 어떤 문제에 대한 가장 효과적인 정책을 결정하기 위해 얼마나 많은 근거가 수집되어야 정책을 도입할 수 있을지 혹은 충분한 근거가 수집되지 않았다면 정책 개입이 연기되어야 하는지를 판단하는 것도 어려운 문제이다(Smith 외, 2001). 결국 정책 결정자와 분석가들이 확실한 정책평가 도구를 찾기 위해서는 정책, 조사 근거, 지식의 성격에 대한 이해가 필요하다(Sanderson, 2000; Pawson, 2002a; 2002b).

평가: 고전적/합리적 관점

최근에 전개되고 있는 더 복잡한 논쟁을 검토하기 전에 먼저 한 발짝 물러나 초기의 연구들을 살펴볼 필요가 있다. 왜냐하면 최근 정책평가에 대한 관심이 커지고 있긴 하지만 정책평가라는 주제는 정책분석 연구의 전통에서 오래 전에 형성된 주제이기 때문이다. 정책과정을 정책 사이클로 보는 고전적인 단계주의 관점에서는(이 책에서는 이러한 단순한 접근을 거부하였다) 정책평가를 정책 사이클의 시작과 끝을 표시하는 핵심적인 단계로 파악한다. 정책 집행 이전에 정책의 효과성이 미리 평가되고, 그 결과는 정책 개혁에 반영되어 효과성을 개선하는 데 활용된다(〈그림 12-1〉).

이러한 접근은 정책평가의 고전적 관점을 잘 보여준다는 점에서 중요하다. 경험적 근거를 합리적으로 정책과정에 투입하여 정책 산출의 합리성을 증대시킨다. 이러한 관점은 '정책형성을 일회적인 계획의 반복이 아니라 지속적인 학습과정으로 인식하고 더 많은 근거와 조사를 활용하여 문제를 더 정확하게 이해'하겠다는 블레어 정부의 약속과 맥을 같이 한다(Cabinet Office, 1999: 17). 또한 이와 같은 접근은 평가를 목적으로 하는 실용적인 정책 연구와 학자들이 사회공공정책에 관심을 갖고 수행하는 일반적인 정책 연구 간의 차이를 이해하는 데 도움을 준

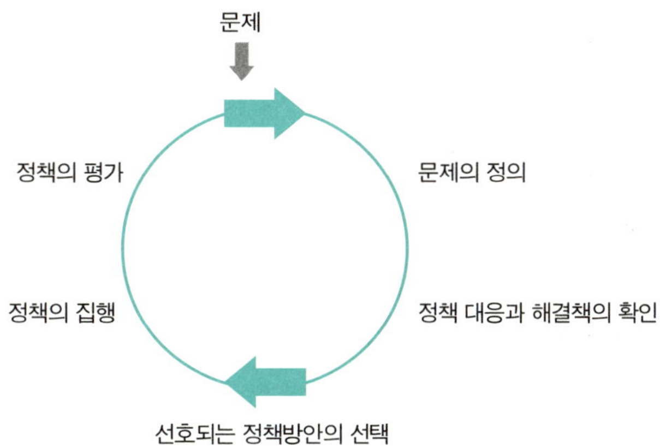

다. 전자는 의사결정을 위한 것으로서 현실세계의 정책 설정에 깊이 연관되어 있고 궁극적으로는 판단을 목적으로 한다(Parsons, 1995). 물론 2가지 종류의 연구를 너무 엄격하게 구분하려고 해서도 안 된다. 실제로 많은 평가 연구들은 정부기관으로부터 위탁을 받은 학자들이 실시하고 있고(예를 들어 Hasluck, 2000을 보라), 많은 학술적 연구들도 정부정책의 효과성을 판단하기 때문이다(예를 들어 Haubrich, 2001을 보라). 그럼에도 불구하고 2가지 연구를 구분하는 것은 평가 연구를 이해하는 하나의 출발점이 될 수 있다는 점에서 의미가 있다(Geva-May & Pal, 1999를 보라). 이러한 논의를 바탕으로 고전적/합리적 평가 연구의 특징을 살펴보자.

- 전향적prospective 연구보다는 후향적retrospective 연구가 많다. 즉, 정책이 집행된 다음 연구가 수행된다.
- 초점을 좁게 맞추는 경향이 있다. 즉, 한 정책 부문을 광범하게 분석하기보다는 구체적인 정책이나 프로그램을 분석한다.
- 인과관계에 관심을 갖는 경향이 있다. 즉, 정책 X가 문제 Y에 어떤 영향을

미치는지 혹은 프로그램 A가 목표 B를 얼마나 달성하였는지와 같은 실용적인 질문에 대답하고자 한다.

- 어떤 정책이나 프로그램의 성공과 실패에 대한 총괄적 판단_{summative judgement}을 제공한다.
- 제한된 조사기법을 활용하여 결론을 이끌어내는 경향이 있다. 어떤 정책이 성공했는지를 판단할 수 있는 확실하고 객관적인 근거를 찾기 위해 자연과학의 접근을 모방하거나 복제하는 접근이 지배적이다. 구체적으로는 실험조사를 통한 양적 연구가 지배적이고 표준적인 접근으로 인정받는다(상자글 12.1을 보라).

요컨대, 고전적/합리적 관점의 평가 연구는 자연과학의 합리주의 패러다임을 따른다. 베이트와 로버트(Bate & Robert, 2003: 250)가 주장하듯이, '측정measurement, 기술description, 판단judgement으로 이루어진 전통적인 평가 접근이 지배적인 과학적 방법으로 인정'받아왔고, 이러한 접근은 관찰 가능한 '사실'의 측정을 강조하는 실증주의positivist 세계관의 영향을 받아 형성되었다. 더 나아가 어떤 학자들은 합리적, 중립적, 객관적인 연구를 수행하기 위해 '원칙적으로 정책평가는 데이터를 보여주기만 할 뿐 분석결과를 토대로 어떤 제언을 해서는 안 된다'고 주장하기도 하였다(Geva-May & Pal, 1999: 261).

상자글 12.1에는 실험조사를 활용한 합리적 관점의 평가 연구 사례가 제시되어 있다. 이러한 방식은 본질적으로 의학 분야의 무작위대조시험randomised controlled trials을 모방한 것이다. 흥미롭게도 신노동당 정부는 그 이전 정부들보다 실험조사, 특히 정책 시범사업pilot에 더 많은 관심을 보였다. 샌더슨(Sanderson, 2002: 9)은 복지국가 서비스의 시범사업 규모가 '상당하다significant'고 기술한 바 있다(예를 들어 Middletown 외, 2003; Cabinet Office, 2003을 보라). 이러한 방식에는 분명한 장점이 있지만(상자글 12.1의 FTP 사례의 경우 애초의 기대와는 다른 중요한 결과가 많이 발견되었다) 다음과 같이 심각한 한계점도 존재한다.

합리적 정책평가 모델의 핵심은 자연과학 분야에 활용되는 방법을 모방한 실험적 평가이다. 정책의 효과를 평가하기 위해 '실험'이 계획되는데, 주로 새로운 정책과 기존의 정책을 비교하는 방식으로 실험이 진행된다. 그 예는 다음과 같다.

- 정책 Y가 도입되기 이전과 이후에 문제 X의 정도를 분석한다.
- 서로 다른 정책이 도입된 지역들의 문제 X의 정도를 분석한다(예를 들어 기존의 정책이 실시되고 있는 지역과 새로운 정책이 시범사업으로 도입된 지역).
- 시민들을 서로 다른 두 가지 프로그램에 무작위로 할당하고 각 집단의 변화를 비교한다.

이 중 마지막 방법인 **무작위할당평가** randomised allocation evaluation 는 일반적으로 고전적 정책평가 모델의 표준적인 방법으로 간주된다. 비교적 최근에 있었던 미국 플로리다 주의 급진적인 복지개혁 welfare reforms 에 대한 평가 연구가 좋은 사례가 될 수 있을 것이다.

1994년, 플로리다 주는 많은 복지수급자(특히 싱글맘)의 주 수입원인 AFDC Aid for Families with Dependent Children 를 대체하여 FTP Family Transition Program 를 도입하였다. 두 프로그램 간에는 많은 차이가 있었지만, 그중에서도 핵심은 다음과 같은 세 가지였다.

- 복지수급자가 직업훈련, 고용, 비현금 방식의 건강 및 사회서비스를 제공받을 수 있도록 전문 상담가와의 접촉을 강화하였다.
- 급여를 받기 위한 조건과 이를 만족시키지 못했을 때의 금전적 불이익이 강화되었다(예를 들어, 아동이 제때 예방접종을 받지 못하거나 학교 출석률이 저조할 경우 불이익이 주어진다).
- 현금 급여를 받을 수 있는 기간이 엄격하게 제한되었다. 보통 60개월 중 24개월 넘게 급여를 받지 못하게 하였다.

이러한 정책 변화의 효과를 평가하기 위해(이는 한 지역만의 문제가 아니라 국가 차원의 개혁에도 영향을 미칠 수 있는 상당히 중요한 문제였다) 4년 동안의 무작위할 당평가가 실시되었다. 즉, 복지수급자들을 두 개의 집단(FTP의 조건과 수급자격을 적용받는 집단, 기존 AFDC의 조건과 수급자격을 적용받는 집단)에 무작위로 할당하고 4년 동안 각 집단의 변화를 추적하였다. 다양한 공식적인 통계 자료와 수급자 집단에 대한 서베이를 통해 고용, 소득, 아동보육 방식, 학교에서의 성과, 아동 행동, 양육방식, 정서적 안녕 등과 같은 다양한 데이터가 수집되었다.

지면의 한계로 분석결과를 모두 논의할 수는 없지만, AFDC 수급자에 비해 FTP 수급자에게 다음과 같은 중요한 변화가 나타났다.

- FTP 하에서 장기 복지의존의 위험이 낮은 집단의 고용(5%)과 소득($3,868)이 크게 증가하였다.
- 장기 복지의존의 위험이 높은 집단의 고용과 소득은 조금 증가하였다(소득의 증가분은 현금 급여의 감소분과 대체로 일치했다).
- FTP 수급자는 AFDC 수급자에 비해 아동 보육을 다른 사람들에게 더 많이 의존하였다. 특히 이 효과는 장기 복지의존의 위험이 높은 집단에서 확연하게 나타났다.
- 장기 복지의존의 위험이 높은 집단의 아동의 경우 학교에서의 성과에는 별다른 영향이 나타나지 않았다.
- 장기 복지의존의 위험이 낮은 집단의 아동의 경우 학교에서의 행동과 성과가 더 나쁘게 나타났고 경찰에게 알려질 확률도 더 높았다.

이상은 분석결과의 일부에 불과하지만, 실험적 평가를 통해 정책과 관련된 근거를 찾는 것이 얼마나 중요한지를 보여준다. 이 경우 정책 도입에 반대한 사람들은 이 정책이 가장 가난한 사람들에게 가장 큰 충격을 줄 것이라고 생각한 반면, 도입에 찬성한 사람들은 이 정책이 '열심히 일하는' 저소득 가족의 노력을 보상해주고 이들의 안녕을 증진시킬 것이라 생각했다. 하지만 경험적 근거는 두 가지 예측이 모두 어느 정도는 틀렸다는 사실을 보여주었다. 가장 가난한 사람들에게 이득이 돌아가지 않은 것은 사실이지만, 그들의 지위가 심각하게 악화된 것도 아니었다(그렇다고 해서 그들이 FTP 하에서 괜찮은 대우를 받았다는 것은 아니다. 사실 전혀 그렇지 않았다). 실제로 가장 큰 충격을 받은 것은 일자리를 잃었을 때 일시적인 지원을 필요로 하는 가족들이었다. 요컨대, 적어도 비금전적 관점에서 보자면, 이 정책은 그 의도와 먼저 다른 사회조사 연구와 마찬가지로 실험적 평가에 활용되는 데이터의 수집, 정확성, 타당도에 상당한 문제가 있을 수 있다. 상자글 12.1의 사례에서 연구자들은 거대한 데이터 세트를 구성하여 분석을 진행하였는데, 고용과 소득과 관련된 일부 데이터에 문제가 있다는 사실을 발견하였다. 예를 들어 수급자가 직접 응답한 수치가 주 정부의 납세 기록과 일치하지 않는 경우가 있었던 것이다. 고용과 소득은 비교적 분명하게 측정될 수 있음(근로시간과 미국 달러는 객관적인 일차원 척도로서 그 수치를 사실대로 기술하기만 하면 된다)에도 불구하고 이러한 문제가 나타났고, 그 외에도 주관적 현상(예를 들어 행복감)을 측정하거나 공식적인 기록이 없어 설문조사나 관찰에만 의존해야 하는 다른 척도들의 경우에는 더욱 문제가 심각했다. 물론 연구자는 이러한 문제를 완벽하게 인지하고 오류를 줄이기 위해 노력해야 하겠지만, 여기서 말하고자 하는 핵심은 자연과학에 적용되는 데이터의 기준을 사회조사에 동일하게 적용하기 어렵고 잘못된 데이터가 분석결과를 왜곡할 수도 있다는 점이다.

실험적 평가의 분석의 타당도validity에 관해서도 비슷한 문제가 존재한다. 만일 데이터가 완벽하다 할지라도 연구자가 연구문제를 결정하고 분석전략을 선택해야만 하는 문제가 있다. 위의 예에서 연구자들은 FTP 효과의 경제적 측면과 사회적 측면을 모두 살펴보았는데, 만일 그들이 경제적 측면만 살펴보았더라면 평가 결과는 상당히 다른 그림으로 나타났을 것이다. 복지수급의 경계에 있는 가족들의 일부는 소득이 크게 증가하였으며 복지에 의존하는 집단은 일자리를 얻고 급여 삭감에도 불구하고 소득을 유지하였다. FTP의 부정적 측면은 정책의 사회적 효과를 살펴볼 때 비로소 드러났던 것이다. 그리고 FTP 평가에서 연구자들은 복지의존의 '위험' 정도에 따라 수급자 집단을 구분하는 분석전략을 채택하였다. 이러한 전략은 분석에 커다란 영향을 미쳤지만, 사실 이 방식이 당연한 것도 아니고 잘 알려진 집단 구분 방식에 기초한 것도 아니었다. 만일 연구자가 달랐더라면 다른 방식으로 데이터를 분석했을 가능성이 상당히 크다. 즉, 분석전략 자체가 분석결과에 영향을 미치고 연구의 방향에 편의bias를 가져올 수 있다는 것이다. 요컨대, 평가 연구의 사명이 '기술적 진실성과 조사의 객관성'임에도 불구하고(Geva-May & Pal, 1999: 260) 실제로는 '가치중립적인 연구란 불가능하다'(Palumbo, 1987: 32, Geva-May & Pal, 1999: 260 재인용).

합리적 모델의 정치적 걸림돌

정책평가만으로 사회정책 개입의 진정 복잡한 성격을 이해할 수 있는지와 같은 비슷한 질문을 제기해 볼 수 있지만(이 장의 후반부에서 이 문제를 다룰 것이다), 이러한 질문들은 기술적인 문제들이다. 그렇다고 해서 이러한 질문들이 중요하지 않다는 것은 아니다(사실 중요하다). 다만 여기서 말하고자 하는 것은 기술적인 문제와 지금부터 살펴볼 현실적인 문제는 구분될 필요가 있다는 것이다. 합리적 모델이 의미를 갖기 위해서는 두 가지 조건이 충족되어야 한다. 첫째, 어떤 정책을 합리적, 객관적, '과학적'으로 평가할 수 있어야 한다. 이것이 그리 쉽지 않다는 점은 이미 앞에서 논의한 바 있다. 둘째, 우리가 생각하기에 더 중요한 조건은, 평가자들이 확인한 정책적 결함을 교정하고 정책을 개선하기 위해서는 합리적인 평가의 근거를 합리적인 정책 사이클에 피드백할 수 있어야 한다는 것이다. 이 조건을 충족하는 것은 거의 불가능하다. 왜냐하면 현실에서 의사결정자들이 경험적 근거에 기초를 둔 합리적이고 과학적인 고전적 정책평가 모델 방식으로 정책을 만드는 경우가 거의 드물기 때문이다. 그 이유는 다음과 같다.

첫째, 무작위할당 방식의 정책 실험에 대해 윤리적이고 도덕적인 측면의 반대 의견이 있다. 많은 의사결정자들과 일선 노동자들, 그리고 시민들까지도 사람을 사회 실험의 대상으로 취급한다는 생각에 불편함을 느낀다. 특히 (대부분의 사회 정책이 그러하듯이) 빈민이나 취약계층을 대상으로 정책 실험을 실시하면서 정책 결정자들이 그들에게 도움이 될 수 있다고 생각하는 중요한 서비스나 자원을 그들 중 일부에게 제공하지 않을 때 더욱 그러하다(Cabinet Office, 2003). 샌더슨(Sanderson, 2002: 12) 역시 블레어 정부의 복지개혁과 관련하여 다음과 같이 지적하였다. "급여를 받을 자격이 있는 사람의 일부에게 급여 제공을 거부해서는 안 된다는 윤리적인 반대 때문에, 뉴딜 프로그램과 같은 국가 차원의 계획에서 통제 집단control group을 설정하는 것은 실용적이지 않다".

더 구체적인 문제로, 정책평가를 위한 시간의 문제를 둘러싸고 과학적 평가 모델의 필요성과 정치인의 이해관계 간에 갈등이 빚어질 수 있다. 앞서 살펴본 사례에서는 정책평가를 위해 4년의 시간이 주어졌지만, 사바티에(Sabatier, 1986b)는 과학적 관점에서 정책의 효과를 적절하게 분석하기 위해서는 최소한 10년의 시간이 필요하다고 주장하였다. 플로리다 주의 FTP와 같은 중요한 정책 개혁의 경우 사바티에의 주장에 일리가 있다. 보육 패턴이나 작은 범죄, 학교에서의 성과 문제 등 정책이 아동에게 미치는 효과를 완전히 분석하기를 원한다면, 아동이 어른으로 성장할 때까지 이들의 안녕, 고용 패턴, 가족 형성, 건강, 범죄 패턴 등을 장기적으로 분석해야 할 필요가 있다. 연구자들이 연구 대상자에 대한 서베이를 다시 실시하거나 장기간 이들의 변화를 추적하는 것이 전혀 불가능하지 않지만, 현실에서는 위의 사례에서처럼 4년 동안 실험을 진행하는 경우도 흔치 않다. 포손(Pawson, 2002a: 157)이 지적하듯이, "평가 연구에서는 시간의 제약이 큰 문제가 된다". 정치인들은 정기적으로 선거를 치러야 하고 유권자가 투표소에 가기 전에 성과를 보여줘야 하기 때문에, 장기간의 정책 실험 연구는 드물 수밖에 없다. 정치인들은 정책이 실시된 후 평가를 위한 근거가 수집될 때까지 10년씩이나 되는 긴 시간을 기다릴 수 없다(그 이전에 임기가 끝날 것이다!). 그들은 당장의 문제에 대한 단기적인 효과를 중심으로 정책의 성공을 신속하게 평가하기를 원한다(Cabinet Office, 2003을 보라).

이러한 사실은 합리적 모델의 또 다른 문제점으로 이어진다. 그것은 바로 정치인들이 정책평가의 결과에 반응할 것인지가 불확실하다는 점이다. 레스터 (Leicester, 1999: 6)에 따르면, 정치인은 자신의 행위에 대한 지지를 획득해야 하는 필요성이 있기 때문에 과학적 근거를 정책과정에 반영하지 않으려 하는 경우가 있다. "모든 이해관계자들과 대중의 합의를 이끌어내는 정책결정 과정은 궁극적으로 정치적인 형태를 띤다. 여기서 정치는 무엇이 가장 합리적이고 효과적인지에 관한 것이 아니라, 무엇이 가능한지에 관한 예술이다". 이 책에서 강조하는 주제 중 하나가 바로 정책과정은 복잡하고 비선형적인 형태를 띠며, 정책과정에 영향을 미치는 힘은 다차원적이고 상충적이며 예측불가능하다는 것이다. 정책과정은 단순하거나 합리적이지 않다. 그 이유는 다음과 같다.

> 지금까지 평가 연구를 통해 얻어진 근거는 정책결정 과정에서 상대적으로 사소한 한 가지 요소에 불과하다. 현실에는 현상을 유지하려는 커다란 관성이 존재하고, 이러한 힘에는 이데올로기뿐만 아니라 관료와 전문가 집단의 정책 선호, 대중과 클라이언트를 중심으로 하는 압력집단의 요구가 영향을 미친다(Davies 외, 1999: 3).

다시 말하자면, 현실에서 정부는 자신이 추구하는 공약을 내세워 구성되며 정치인들은 자신들이 추구하는 뚜렷한 아이디어(심지어 이데올로기)를 가지고 임기를 시작한다. 즉, 그들은 해결해야 할 문제에 대한 해법을 이미 알고 있다고 생각하는 경우가 많고, 과학적 평가 연구의 결과가 그들의 해법이 틀렸다는 근거를 제공할지도 모르는 위험에 대해 민감하다. 따라서 정책평가가 실제로 수행되더라도 그 주장의 강도가 완화되거나 입지가 줄어드는 경우가 작지 않다. 예를 들어, 블레어 정부는 시범사업이 실시된 지역을 '선구자trailblazers' 혹은 '개척자pathfinders'라고 불렀는데, 이는 시범사업이 정책의 타당성을 증명하는 실험이라기보다는 다른 지역이 나중에 참고할 수 있는 사례임을 의미한다. 한편 대처 정부는 시범사업 지역의 평가 결과를 기다리지도 않고 정책을 전국으로 확대하곤 했다(그 예로 Packwood 외, 1991을 보라).

형성평가formative evaluation

이와 같이 합리적 모델의 한계가 지적되고 정책을 집행하는 가장 효과적인 전략이 무엇인지에 관한 논쟁이 진행되면서(11장을 보라), 좀 더 상향식bottom-up의 정책평가 접근이 등장하였다.

> (여전히) 지배적인 과학적, 실험적 패러다임으로부터의 전환이 나타나고 있다. 새로운 패러다임에서는 참여자(즉, 일선관료)들이 평가 연구에서 더 적극적인 역할을 맡는다. 즉, 연구는 이들을 대상으로 하는 것이 아니라 이들과 함께 하는 이들을 위한 것이 된다(Bate & Robert, 2003: 251).

이러한 대안적인 정책평가 접근은 합리적 모델과 상당한 차이가 있다. 사실 오늘날 정책평가 연구에서는 패러다임 전쟁이라 부를 만한 현상이 나타나고 있다고 할 수 있다(Julnes 외, 1998). 한편에는 후향적, 양적, 총괄평가를 중심으로 하는 고전적인 합리적 접근이 있다면, 다른 한편에는 형성평가 접근이 있다. 형성평가란 정책이 발전되는 과정을 살펴보고 더 광범한 질적 근거를 활용하는 접근으로서, '연구 과정에 주요 당사자가 적극적으로 참여하는 것을 특징으로 한다'(Bate & Robert, 2003: 251).

합리적인 (총괄)평가와 형성평가 모델 간의 핵심적인 차이는 〈표 12-1〉에 요약되어 있다. 이러한 '패러다임 전쟁'의 핵심은 지식의 특성이 무엇이고 지식을 얻기 위한 연구자의 역할은 무엇인지를 둘러싼 논쟁이다. 총괄summative 모델이 실증주의positivism에 토대를 두고 있다면, 형성formative 모델은 구성주의constructivism에 토대를 두고 있다. 즉, 형성 모델은 '사회에 대한 지식은 사회적으로 구성되고 문화와 역사에 영향을 받는다'고 본다(Bate & Robert, 2003: 251). 이러한 주장이 갖는 실질적인 의미는 연구자들이 정책의 효과를 보여주는 데이터뿐만 아니라 그러한 효과가 나타난 과정에 관한 데이터를 수집해야 한다는 것이다. 즉, 무슨 일이 일어났는지 뿐만 아니라 어떻게 그러한 일이 일어났는지 그리고 정책의 성공과 실패를 결정하는 요인이나 과정은 무엇인지를 살펴보아야 한다. 이를 위해 연구자들은 방법론적 도구를 확장하여 정책의 집행에 관한 자세한 그림을 보여주는 질적 테크닉을 받아들여야 한다. 특히 정책의 당사자를 연구에 참여시켜 그들의 관점을 이해해야 한다. 이러한 접근과 합리적 평가 접근은 연구자와 정책 전달자 모두에게 질적인 차이가 있으며 연구자와 연구 대상 간의 관계 역시 크게 달라

| 표 12-1 | 총괄평가 대 형성평가

구분	총괄평가	형성평가
속성	비개입주의적non-interventionist	개입주의적interventionist/동시적 개선
의문	무슨 일이 일어났는가? 어떻게 그 일을 하였는가?	그 일이 왜 일어났는가? 잘되고 있는가?
평가자	독립적	참여자와 공동 연구자
시간	후향적retrospective	전향적prospective
초점	비용효과성cost-effectiveness	과정process
목적	'다이얼'	'캔 오프너'
원하는 결과	판단judgement을 위한 평가	개선improvement을 위한 평가
결과의 활용	책무성accountability을 위한 근거	개선improvement을 위한 근거
핵심 질문	정책이 성공적인가? 투자할 가치가 있는가?	정책이 성취하는 것은 무엇인가? 개선될 수 있는가?

출처: Bate & Robert(2003: 252)에서 인용.

진다. 형성평가 연구는 지식이 불확실하고 절대적이지 않다고 보는 세계관에 토대를 두고 있고, 정책의 성과에 대한 외부적 판단을 제공하는 것이 아니라 학습과 지식 및 경험의 공유를 통한 정책의 개선에 초점을 둔다. 요컨대, 형성평가는 일선관료에 대한 평가가 아니라 일선관료와 함께 하는 평가이다(Bate & Robert, 2003).

형성평가의 지지자들은 형성평가가 총괄평가에 비해 정책에 더 많은 영향을 미친다고 주장한다. 특히 형성평가는 정책이 끝난 후가 아니라 정책이 실시되는 동안에 발견과 피드백이 이루어지기 때문이다. 게다가, 많은 사람들은 형성평가의 공동 접근collaborative approach이 정책 참여자의 '힘을 북돋우고energise' 그들의 성찰성reflexivity을 증진할 수 있다고 주장한다(Pollitt, 1999; Bate & Robert, 2003). 형성평가 테크닉의 긍정적인 효과에 관한 근거도 중요하지만, 브라운과 키어넌(Brown & Kiernan, 2001)은 다양한 문헌과 그들 자신의 프로그램 평가 경험을 검토한 결과, 형성평가는 총괄평가에 비해 정책 프로그램의 집행과 전달을 개선한다는 점에서 커다란 이득을 가져다준다고 결론 내렸다. 하지만 폴리트(Pollitt, 1999)는 형성평가 접근의 한계를 지적하였다. 그에 따르면, 주요 관계자들이 핵심 가치를 공유하는 협조적인 환경이 이미 존재하거나 만들어질 수 있을 때 그리고 주요 의사결정자들이 평가를 통해 확정적이고 총괄적인 판단을 구하기보다 복잡하고 산만한 연구 결과와 기꺼이 씨름할 준비가 되어 있을 때에만 형성평가가 이득이 될 수 있다. 게다가 연구자와 연구대상 간에 긴밀한 관계가 형성되는 것은 평가과정에 필요한 거리감과 객관성을 훼손할 위험도 있다.

하지만 실질적으로 형성평가의 가장 큰 약점은 아마도 형성평가가 정책의 미세조정fine-tuning, 즉 정책의 주변부를 조금 손보는 수준 이상의 결과를 만들어내기 어렵다는 점이다. 베이트와 로버트(Bate & Robert, 2003)는 형성평가가 평가 시기의 측면에서 총괄평가에 비해 우월하다는 점을 강조하지만, 사실 형성평가에서조차도 정책의 전반적인 형태와 방향은 이미 결정되어 있다. 따라서 평가를 통해 지적된 중요한 문제를 바꾸기가 정치적으로 어렵다는 문제는 여전히 남는다. 실제로 브라운과 키어넌(Brown & Kiernan, 2001)은 형성평가에 대한 검토를 통해 형성평가의 가장 분명한 효과는 정책의 세부사항이 아니라 정책 참여자들에 대한 지식과 관심을 증대시키는 것이라고 주장하였다.

평가국가evaluative state의 등장

약간은 아이러니하게도, 정치인들은 자신들의 행위에 대한 분명한 총괄평가에 노출되기를 꺼리는 경향이 있지만 한편으로 공공서비스 제공자들의 성과를 측정, 모니터링, 평가하는 것은 점점 더 좋아한다. 신공공관리의 등장과 함께(Pollitt, 1993; Kettl, 2000; Pollitt & Bouckaert, 2000), 지난 20년간 전 세계에 걸쳐 성과측정과 성과지표의 사용이 급격하게 확산되었다(Carter 외, 1992; Sanderson, 2001). 이러한 경향은 후향적인 총괄판단의 제공을 목적으로 삼기보다 현장의 정책과정을 살펴보고 정책의 집행을 개선하려고 한다는 점에서 형성평가의 처방을 따르는 것이기는 하지만, 하향식 양적 측정을 선호한다는 점에서는 합리적 모델에 토대를 둔다고 볼 수 있다.

영국에서 신공공관리로의 전환은 대처 정부 때 시작되었다. 십수 년 전 헨켈(Henkel, 1991)은 공공서비스 분야에서 성과측정과 평가과정이 널리 확산된 현상을 묘사하기 위해 '평가국가evaluative state'라는 용어를 만들었다. 공공서비스 분야에서 성과측정이 확산된 것은 주로 통치government에서 협치governance로의 변화, 즉 정부가 '노를 젓기보다는 방향을 잡게 되는steers rather than rows' 변화를 배경으로 한다(5장, Osborne & Gaebler, 1992; Rhodes, 1996a를 보라). 왜냐하면 이러한 방식의 서비스 전달은 '결과에 대한 책무성의 틀을 유지하는 한도 내에서 운영관리의 책임이 이양된다'는 사실을 의미하기 때문이다(Sanderson, 2001: 298). 실제로 서비스가 올바른 방향으로 '노를 저어' 나아가고 있다는 것을 확실히 하기 위해 '다양한 수단을 활용하여 여러 수준에서 그 성과를 면밀히 검토해야 한다'.

즉, '성과지표와 성과측정 시스템을 통한 산출의 평가, 점검과 서비스 질 검사를 통한 관리 시스템과 관리 절차의 평가, 서비스 기준의 모니터링을 통한 계약 성과의 평가'가 이루어진다(Sanderson, 2001: 298).

영국에서는 성과측정이 너무나 빈번하게 이루어져서, 공공부문에 말 그대로 수천 개의 정책 목표와 지표, 측정이 존재한다(비교적 비공식적이고 내부적인 것들은 차치하더라도 말이다). 따라서 '평가국가'가 무엇인지를 설명하기 위해서는 그 몇 가지 메커니즘을 보여주는 수밖에 없을 듯하다. 상자글 12.2에는 하원의 공공행정위원회(House of Commons Public Administration Committee, 2003)가 측정문화measurement culture라고 명명한 현상의 핵심 요소들을 열거하였다. 그리고 상자글 12.3에는 이 측정문화를 뒷받침하는 몇 개의 기관을 설명하였다. 측정문화의 핵심 요소 중 몇 가지, 예를 들어 학교나 대학의 순위를 매긴 실적 일람표, 범죄율, 주요 시험을 통과한 학생의 숫자 등과 같은 유명한 성과지표들은 공공 담론에서 이미 익숙하게 봐오던 것들이다. 반면 기준standards과 같이 공공서비스의 중요한 특징이지만 아마 상대적으로 덜 알려져 있는 것들도 있다. (기준이란, 예를 들어 병원 예약을 필요로 하는 사람이 6개월 이상을 기다려서는 안 된다는 식의 어떤 요구사항을 의미한다.) 이 모든 것들은 대처와 메이저 보수당 정부 때부터 시작되었다. 공공서비스의 기준을 공식적으로 설정하는 것은 존 메이저의 주요 아이디어 중 하나였고, 메이저가 만든 시민헌장Citizen's Charter의 핵심이 되었다(Pollitt, 1994). 이러한 요소들은 신노동당 정부에서도 일부 수정된 형태로 지속되었다.

하지만 현재 '측정문화'의 중심에 있는 많은 주요 요소들은 다음과 같이 본질적으로 신노동당 정부의 혁신으로 만들어진 것들이다. 첫째, 신노동당 정부는 선거에서 당선되기 이전부터 측정가능한 정책 목표*를 내세웠다. 1997년 선거에서 노동당 선거운동의 핵심은 5개의 주요 정책 목표를 명시한 '서약 카드'를 선구적

---

* 5개의 서약은 다음과 같다. 5, 6, 7세 아동의 학급 규모 감축, 젊은 범죄자에 대한 신속한 처벌, 국민 건강서비스 대기자 100,000명 줄이기, 250,000명의 젊은이가 복지급여를 받지 않고 일하도록 하기, 소득세 올리지 않기.

- **투입**inputs: 조직이 사용한 자원.
- **산출**outputs: 조직이 투입을 활용하여 만든 서비스, 재화나 생산물.
- **결과**outcomes: 조직의 활동이 만들어낸 이득이나 가치.
- **성과지표**performance indicators: PIs: 성과를 모니터하고 보고하는 데 사용되는 양적인 측정도구.
- **관리정보**management information: 관리정보는 모니터링과 성과 이해를 위한 수량적 방식과 비수량적 방식을 모두 포함한다.
- **성과관리**performance management: 성과관리는 다양한 방식으로 활용되는데, 주로 적어도 다음과 같은 요소를 포함한다.
  - 목적의 정의
  - 개인이나 팀에게 목적을 할당
  - 진행 상황의 모니터링
- **목표**targets: 주로 성과지표로 측정되는 기대되는 혹은 약속된 성과 수준. 목표는 성과의 최저 수준을 구체화하거나 어느 정도의 개선을 기대하는지를 정의해야 한다.
- **실적 일람표**league tables: 실적 일람표는 서로 다른 서비스 공급자 간의 성과를 비교할 목적으로 작성된다.
- **공공서비스협약**Public Service Agreements: PSAs: 공공서비스협약은 1998년 종합재정운영계획Comprehensive Spending Review에서 정부 지출계획의 일부로 처음 도입되었다. 주요 정부 부처들은 각각 공공서비스협약을 갖고 부처의 목적objectives과 목적을 달성하기 위한 목표를 설정한다.
- **서비스전달협약**Service Delivery Agreements: SDAs: 서비스전달협약은 2000년 재정운영계획에서 도입된 것으로, 공공서비스협약의 전달을 뒷받침하는 낮은 수준의 산출 목표와 이정표를 설정한다.
- **기준**standards: 기준은 다양한 목적으로 활용된다. 예를 들어, 공공부문에서 기대할 수 있는 서비스의 최저기준을 제시하거나 서비스 공급자가 달성해야 할 서비스 질의 기준을 제시한다(서비스 공급자들은 이 기준을 준수할 것이 요구된다). 목표는 기준을 토대로 설정된다. 예를 들어 지속적으로 최저기준을 충족시켜야 한

으로 활용하는 것이었다. 이 카드에는 NHS 대기자를 100,000명 줄이고 250,000명의 젊은이들이 복지급여를 받지 않고 일을 하도록 만들겠다는 등의 직접적으로 측정가능한 공약이 제시되었다. 그 이후 2019년까지 아동빈곤을 근절하고, 2006년까지 보건의료 지출을 EU 평균 수준으로 늘리고, 2005년까지 모든 공공서비스를 전자 방식으로 이용가능하게 하겠다는 등의 수많은 목표가 설정되었다. 그중 중요한 목표들은 신노동당 정부가 개발한 정책수단인 공공서비스협약Public Service Agreements: PSAs에 기재되었다. 공공서비스협약의 본질은 공공재정을 받는 대가로 무엇을 이룰 것인지를 구체화한 재무부와 정부 부처 간의 계약이며, 종합재정운영계획의 일부로 격년 단위로 합의된다(이 장의 후반부와 Parry, 2003을 보라). 공공서비스협약에 포함된 정책목표의 수는 엄청나다. 1998년 종합재정운영계획에서만 366개의 목표가 설정되었는데(House of Commons Public Administration Committee, 2003, annex, Table 1.1) 그중 다수는 상당히 구체적인 목표들이었다. 예를 들어, 노동연금부의 2002년 공공서비스협약에는 2006년까지 최소한 3백만 연금 수급가구에게 연금 크레딧Pension Credit을 제공하고, 소득지원Income Support과 구직자 수당Jobseeker's Allowance의 부정수급과 오류로 인한 손실을 2004년 3월까지 33%, 2006년까지 50% 줄이겠다는 약속이 포함되었다(HM Treasury, 2002a: 31; HM Treasury, 1998, 2000, 2002b).

이러한 '측정문화'가 정책평가의 가장 두드러진 표현이라는 점에는 의심할 여

특정 정책, 프로그램, 계획 등에 많은 평가들이 여전히 즉흥적인 방식으로 이루어지고 있지만, 측정문화를 뒷받침하는 영구적인 기관도 다수 존재한다. 그 몇 가지 사례는 다음과 같다.

국가감사원The National Audit Office: NAO

국가감사원은 감사원장을 수장으로 하는 독립적인 조직으로서, 의회를 대신하여 공공지출을 감독한다. 감사원은 모든 정부 부처와 기관의 회계를 감사하고, 이 조직들의 공공 재정 사용에 대해 그 경제성, 효율성, 효과성을 평가하여 의회에 보고한다(www.nao.gov.uk).

감사위원회The Audit Commission

감사위원회는 지방정부, 주거, 건강, 범죄정의 서비스의 영역에서 공공 재정이 경제적이고 효율적으로 지출되는지를 감시하는 독립적인 조직이다(www.auditcommission.gov.uk).

교육기준청Office for Standards in Education: OFSTED

교육기준청은 비행정부 정부기관non-ministerial government department으로, 독립적인 조사, 규제, 교육부에 대한 조언 제공 등을 통해 교육과 보육의 질과 기준을 개선하는 것을 주된 목적으로 한다(www.ofsted.gov.uk).

지가 없지만, 우리는 측정문화를 총괄 모델의 핵심적 활동과는 구분할 필요가 있다. 왜냐하면 측정문화는 기본적으로 후향적인 정책평가라기보다는 정책 틀 속에서의 지속적인 성과평가를 강조하기 때문이다. 샌더슨(Sanderson, 2002: 3)은 이러한 2가지 활동 간에 질적인 차이가 존재한다고 주장하였다. 실험적 정책평가는 어떤 정책이 성공적인지를 알 수 있는 지식을 생산해내지만, 성과측정은 단순히 어떤 일이 일어나는지를 알 수 있는 정보를 제공할 뿐이다. 요컨대, 성과측정은 훨씬 낮은 수준의 활동이고 결과적으로 정부 아젠다와 정치인의 이해관계에 훨씬 덜 위협적이다.

하지만 두 가지 활동의 공통점도 다수 존재한다. 특히 두 활동은 모두 양적이고 실증주의적인 학습의 요소를 가지고 있다. 따라서 두 활동은 적절한 측정도구가 선택될 수 있는지, 측정도구가 진정으로 공공서비스의 복잡한 성격을 적절하게 파악할 수 있는지, 현장의 맥락과 분리되었을 때 성과지표가 얼마나 적절할 수 있는지와 같은 많은 공통적인 문제를 공유한다. 비판자들은 이러한 접근이 정말로 중요한 것보다 측정하기 쉬운 요인에 초점을 맞추는 경향이 있고, 지표를 '캔 오프너'가 아니라 '다이얼'로 간주하는 경향(연구의 출발점이 아니라 연구의 목적으로 간주하는 경향)이 있다고 지적한다. 또한, 마이클 하워드가 말한 바와 같이, 이러한 접근이 엄격한 하향식 성격의 틀을 부과함으로써 일선 노동자들의 재량과 권력을 침해하는 경향이 있다고 비판한다(Carter 외, 1992).

근거기반 정책evidence-based policy: EBP

'측정문화'는 더 많은 근거와 정보를 토대로 정책, 더 구체적으로는 공공서비스의 관행을 개선하고자 하는 뚜렷한 시도이다. 하지만 측정문화는 (경합하는 여러 가지 정책 틀보다는) 서비스의 성과측정과 과정에 초점을 맞추기 때문에, 결국 측정문화가 정책의 전반적인 형태에 미치는 영향에는 한계가 있다. 형성평가와 마찬가지로 측정문화의 효과는 정책의 주변부를 조금 수정하는 수준에 머무르는 경향이 있다. 즉, 정책의 핵심 목적이 이미 확립된 후에 미세조정만 이루어지는 것이다.

그런데 가장 최근의 평가 연구들은 상당히 다른 방식으로 근거를 활용하려고 시도한다. 즉, 정책에 관한 기본적인 의사결정이 내려지기 이전 단계의 정책과정에 근거를 투입하는 것이다. '정책에 관한 연구가 이루어져야 하는 시기가 언제인

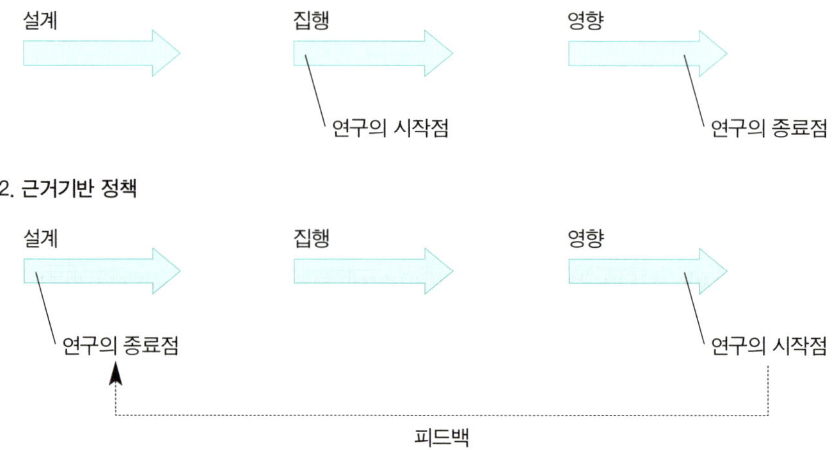

출처: Pawson(2002a)에서 인용.

지는 깜짝 놀랄 만큼 분명하다. 연구가 정책에 유용한 정보를 제공하기 위해서는 정책이 실시되기 이전에 연구가 이루어져야 한다'(Pawson, 2002a: 158)(〈그림 12-2〉를 보라). 근거기반 정책evidence-based policy: EBP이라 명명된 이러한 접근은 '영국과 다른 많은 영어권 국가들에서 거버넌스와 정책결정의 핵심으로 부상하였다'(David, 2002: 1).

근거기반 정책도 '다른 모든 좋은 아이디어와 마찬가지로 핵심은 간단하다. 그것은 바로 연구를 통해 특정 정책 영역에서 실시된 기존 계획의 성공과 실패에 관한 집합적인 지혜를 전수해야 한다는 것이다'(Pawson, 2002a: 160). 의료 분야 연구의 체계적 검토 방식에서 근거기반 정책 접근의 단서를 찾아볼 수 있다(CRD, 2001; Boaz 외, 2002를 보라). 의료 분야에서는 어떤 의료적 개입의 효험을 검증하기 위해 완전히 새로운 경험적 연구를 실시하기보다는, 근거를 수집하고 더 확실한 결론을 이끌어내기 위해 기존의 연구를 기록, 요약, 종합하는 방식으로 체계적 검토를 실시한다. 근거기반 정책도 같은 논리를 따른다. 근거기반 정책 접근에서 의사결정자들은 정책을 만드는 단계에서부터 과거 정책에 관한 방대한 양의 연구를 활용하여 정보를 얻는다(Solesbury, 2001).

하지만 사회정책적 개입이 의료적 개입과 완전히 동일한 것은 아니다. 인간 10명의 신체는 특정한 약품이나 치료에 대해 상당히 유사하게 반응할 것이라고 예상할 수 있지만, 10개의 서로 다른 국가, 정책부문, 역사적 시대는 같은 정책 수단을 사용해도 서로 다른 10개의 결과를 나타낼 가능성이 크리라 생각된다. 즉, 정책의 영향은 사회적·역사적 조건에 따라 달라진다는 것이다. 게다가 이 때문에 의료 연구자들과 정책 연구자들이 연구를 수행하고 결과를 보고하는 방식도 상당히 다르다. 의료 연구자들은 표준화된 과학적 논리를 활용하기 때문에 연구 결과를 요약, 종합하기가 쉽지만, 사회과학 분야에서는 다양한 이론에 기반을 둔 복잡한 연구들을 요약, 종합하기가 쉽지 않다. 이에 평가연구에 관한 최근의 논쟁에서는 근거기반 정책을 어떻게 조작화해야 할지를 둘러싼 패러다임 전쟁이 다시 등장하고 있다. 한편에는 의료 분야 연구에서 사용하는 테크닉을 적용하는 양적이고 실증주의적인 학파가 있고, 다른 한편에는 더 복잡한 내러티브적 접근을 따르는 질적 학파가 있다. 그 차이를 이해하기 위해서는 두 학파가 사용하는 방법론의 차이를 간단히 살펴볼 필요가 있다.

먼저 양적 학파는 포손(Pawson, 2002a: 161)이 수량적 메타분석이라 이름붙인 접근을 따르며 "'분류classify", "기록tally", "비교compare"의 3단계 모델에 토대를 두고 있다'. 예를 들어 사회보장급여 수급률을 향상시키는 정책을 검토한다고 해보자. 먼저 연구자는 이 분야의 정책에 관한 출판되거나 출판되지 않은 연구를 폭넓게 검색한 후, 수천 개의 연구들을 정책적 개입의 형태에 따라 분류한다(예를 들어 라디오 홍보, 우편 발송, 급여상담 등). 다음으로 연구자는 기록을 시작한다. 개별 연구에 보고된 정책의 순효과를 기록하고, 앞 단계에서 분류한 정책 범주별로 평균적인 효과를 계산한다. 마지막으로 연구자는 계산된 평균적인 효과 점수를 사용하여 어떤 접근이 가장 효과적인지를 비교한다. 예를 들어 정책의 수급률 향상 효과를 살펴본 결과 라디오 홍보는 평균 10%, 급여상담은 15%, 우편발송은 20%를 향상시킨다고 할 때, 경험적 근거에 따르면 우편발송이 가장 효과적인 정책적 접근이라는 결론을 내릴 수 있는 것이다.

이와 대조적으로 포슨(Pawson, 2002a)이 내러티브 검토라 명명한 질적 학파의 접근에서는 양적 접근의 핵심인 기록 단계를 거치지 않는다. 질적 접근에서도 수많은 연구들의 핵심을 요약한 데이터베이스를 구축하지만, 여기서 데이터는 수량적인 방식이 아니라 텍스트로 기록되는 질적인 방식으로 수집된다. 즉, '인원수'와 같은 숫자를 적기보다는 글로 요약하는 것이다. 뿐만 아니라, 질적 접근으로 수집된 데이터는 정책의 결과보다는 일선에서 일어나는 일과 정책과정에 관한 구체적인 내용을 담고 있다. 마지막으로, 질적 접근에서는 가장 좋은 정책을 선택하는 방법도 다양하다. 어떤 연구자들은 단순히 기존의 근거들을 정리한 표만 제시하고 독자에게 판단을 맡기는 반면, 어떤 연구자들은 자신이 생각하는 모범적인 프로그램을 직접 고른다. 또 다른 연구자들은 서로 다른 프로그램 요소를 혼합하여 하나의 모범 사례를 구성하기도 한다(Pawson, 2002a를 보라).

근거기반 정책의 핵심적인 장점 중 하나는 총괄평가나 형성평가에 비해 정책결정자들과 집행자들에게 덜 위협적이라는 것이다. 왜냐하면 근거기반 정책은 특정 정책이나 프로그램에 대한 직접적인 판단을 내리지 않으면서 경험적 연구의 근거를 활용하여 정책결정에 필요한 정보를 제공하기 때문이다. 요컨대, 근거기반 정책은 정책결정자나 집행자들의 경력과 명성을 위협하지 않는 것이다. 신노동당 정부는 '근거기반 정책에 필요한 믿을 만한 근거를 제공하기 위한 목적으로 많은 재원이 소요되는 다수의 눈에 띄는 계획들을 추진하였다'(Packwood, 2002: 268). 많은 계획들은 내각사무처Cabinet Office의 성과혁신국Performance and Innovation Unit이 출간한 보고서 『애딩잇업Adding It Up』(PIU, 2000)에서 시작되었으며, 애딩잇업집행단, 근거기반정책기금Evidence Based Policy Fund, 총리전략국Prime Minister's Strategy Unit, 정책자원센터Policy Resource Centre, 정부사회조사처Government Chief Social Researcher's Office: GCSRO 등이 계획에 참여하였다. 결정적으로, 정부의 각 부처가 근거기반 정책의 계획에 참여하도록 하는 지렛대로 정부 부처의 공공서비스협약이 활용되었다. 근거기반정책기금은 공공서비스협약과 정부 부처의 전략적 목적에 직접적으로 재정을 지원하였다. 정부사회조사처 역시 정부 내에서 기존의 근거를 더 잘 활용하고 연구와 평가 기술을 향상시키는 데 중요한 역할을 하였다.

현실주의적 고려

솔스베리(Solesbury, 2001: 7)가 지적하듯이, '오늘날 영국의 공공정책과 실천에는 경험적 근거에 대한 새로운 관심을 불러일으키는 무언가가 존재한다'. 그런데 솔스베리는 대부분의 사회과학자들이 '아마도 이를 환영할 것'이지만, 우리는 '단순히 좋아하기만 해서는 안 된다'고 주장하였다. '우리는 정책 및 실천과 관련하여 객관적인 진실과 지혜를 추구하는 것을 넘어서는 어떤 것이 있다는 사실을 잊어서는 안 된다'(Solesbury, 2001: 7). 다시 말하자면, 정책결정 과정의 '합리성'을 증진하기 위해 근거를 활용할 때는 실제로 어떤 일이 일어나는지에 대한 현실주의적인 고려가 동반되어야 한다. 팩우드(Packwood, 2001: 270)가 주장하듯이, '근거에 토대를 둔 접근이란 연구 결과뿐만 아니라 재정적, 경제적, 전략적 요인 및 정책 집행자의 지식을 포함하는 요인들이 정책을 결정한다는 접근으로 이해하는 것이 더 정확하다'. 이와 유사하게, 영과 그 동료들(Young 외, 2001: 217-218)은 근거기반 정책 접근이 정책결정자들의 의사를 완전히 결정한다기보다 정책결정의 지평을 좀 더 '밝혀주는' 것으로 이해할 필요가 있다는 근거기반 정책의 계몽 enlightenment 접근을 주장하였다. 이들이 이러한 접근을 주장한 부분적인 이유는 '최근 근거기반 정책 접근에 대한 열광적인 지지 속에서 이미 수많은 연구들이 다양한 사회문제를 다루고 정책결정에 필요한 지침을 제공하고 있지만 정책결정자들이 이러한 지침을 거의 따르지 않는다는 사실이 간과되고 있기 때문이다'.

하지만 근거기반 정책에 대한 현실주의적 관점을 강조한다고 해서 근거기반 정책 접근이나 평가 연구의 미래가 없다고 주장하는 것은 아니다. 사실 많은 현실주의적 관점의 지지자들(Pawson & Tilley, 1997; Julnes 외, 1998; Sanderson, 2000, 2002; Pawson, 2002a, 2002b)은 정책과정의 복잡하고 비선형적인 성격을 출발점으로 삼는 구성적인 정책평가 방식을 제안하고 있다. 이러한 관점에 따라, 샌더슨(Sanderson, 2000: 447)은 다음과 같이 주장하였다.

복잡한 정책 시스템의 맥락 속에서, 정책평가는 거시적인 사회적 과정에 대한 시스템의 '내재성embeddedness'에 대처할 수 있어야 한다. 이러한 맥락을 고려하지 않고서는 정책적 개입의 개별적인 구성요소를 효과적으로 평가할 수 없다. 핵심적인 맥락적 요인과 정책과제의 '역사적' 속성의 영향을 확인하고 이해하는 것이 필요하다.

샌더슨(Sanderson, 2002: 4)은 '정책평가는 "이론에 기초"를 두고 정책의 효과를 설명, 이해하는 데 초점을 맞추어야 한다'고 주장하였다. 그에 따르면, '테크닉'으로 설명되는 평가 연구의 커다란 약점 중 하나는 평가 연구에 관한 논쟁이 방법론에 관한 고민(양적-질적 '패러다임 전쟁')에 집중되고 있다는 것이다. 그 결과 정책평가에서 정작 중요한 역할을 해야 할 이론에 대한 관점은 모호해지고 있다. 무엇이 정책을 성공하게 하는지를 이해하고 설명하기 위해서는 이론이 필수적임에도 말이다. 포손(Pawson, 2002b: 342)은 다음과 같이 강력하게 주장하였다. '현실주의는 인과관계를 "생성적으로generative" 이해하고, "프로그램이 작동하는가"라는 질문에 토대를 둔 평가들의 게으른 언어적 습관을 타파하려고 한다. 사실, 작동하는 것은 프로그램이 아니라 프로그램의 대상이 프로그램을 작동할 수 있도록 프로그램이 제공하는 자원이다'.

더 구체적으로 포손과 틸리(Pawson & Tilley, 1997)가 주장하는 바를 설명하면, 성공적인 결과outcome: O는 어떤 정책이나 프로그램의 직접적인 산물이 아니라, 프로그램의 이면에 있는 정책 메커니즘mechanisms: M과, 정책이 운영되는 맥락context: C 속에서의 정책 메커니즘 간 상호작용의 결과물이라는 것이다. 달리 표현하면, 결과 = 메커니즘 + 맥락이라는 것이다. 따라서 '무엇이 작동하는지'를 이해하기 위해서는 M1과 C1이 어떻게 상호작용하여 O1을 만들어내는지를 설명하는 이론을 개발해야 한다. 사회보장급여 수급률의 사례로 돌아가 보자. 여기서 어떤 특정 홍보 프로그램(예를 들어 수급자격을 설명하는 홍보물의 우편발송)을 신규 급여청구자의 숫자로 단순하게 평가하는 것은 큰 의미가 없다. 이러한 평가는 M(우편발송)과 O(급여청구자의 숫자)에 대해서는 어느 정도 정보를 제공해주지만, C에 대한 고민 없이는 무엇이 작동했는지에 대한 이해가 부족할 수밖에 없다. 사실 C는 M만큼이나 결정적이다. 여기서 급여청구자의 숫자에는 홍보 프로그램뿐만이 아니라 여러 가지 다른 맥락적 요인이 영향을 미쳤을 가능성이 있다. 예를 들어 급여가 얼마나 관대한지, 잠재적 급여청구자가 사회적 낙인을 느끼는지, 급여청구가 얼마나 용이한지와 같은 요인이 있을 수 있다. 결국 현실주의적 관점에서 평가자의 과제는 결과를 '측정'하는 것이 아니라 어떤 M + C의 조합이 원하는 결과를 만들어내는지에 관한 이론을 검증하는 것이다. 포손과 틸리는 이러한 접근이 더욱 엄격한 평가를 가능하게 한다고 주장하였는데, 왜냐하면 제도, 네트워크, 경제적 상황 등 현실의 복잡성이 정책에 미치는 영향을 연구에 반영할 수 있기 때문이다. 게다가 이러한 접근에서는 평가와 실천을 분리시킬 필요도 없다. 샌더슨(Sanderson, 2002: 18)이 지적하듯이, '사회 프로그램은 프로그램이 어떻게, 왜 작동하는지에 관한 암묵적이거나 명시적인 이론에 토대를 두고 있다. 현실주의적 평가의 과제는 이러한 이론을 수면으로 끌어내어 그 핵심적인 가정을 확인하고 타당성을 검증하는 것이다'. 마찬가지로 포손과 틸리(Pawson & Tilley, 1997) 역시 이러한 현실주의적 접근을 학술적인 연구를 통해 수집된 지식 및 개념들과 결합시킴으로써 얻을 수 있는 이득이 크다고 주장하였다.

포손과 틸리의 접근이 일반적인 의미의 평가에 관한 것이었다면, 보다 최근에 포손(Pawson, 2002b)은 특히 근거기반 정책에 관한 현실주의적 접근을 제안하였다. 그는 O = M + C 모델을 토대로 근거기반 정책의 '현실주의적 종합'을 위해 다음과 같은 점이 필요하다고 주장하였다. 첫째, 변화를 가져오는 핵심적인 동인

이 메커니즘M이라는 점을 가정할 때, 정책 프로그램들 간의 비교가 아니라 정책 메커니즘들 간의 비교가 필요하다. 둘째, 데이터 수집의 접근 방식도 달라야 한다. '무엇이 작동하는지'가 아니라 '무엇이 누구에게 어떤 상황에서 작동하는지'를 살펴보아야 한다(Pawson, 2002b: 342). 즉, O뿐만 아니라 C에 관한 정보도 수집해야 한다는 것이다. 마지막으로, '일반화의 접근방식 역시 달라야 한다. ("X" 접근이나 "Y" 사례가 가장 성공적이라는 식으로) "하나의 가장 좋은 방법"을 정책 커뮤니티에 제시하는 것이 아니라, (이 프로그램 이론은 이러한 측면에서 이러한 대상에게 이러한 상황에서 작동한다는 식으로) 맞춤형 방식의 "이전 가능한 이론"이 제시되어야 한다'(Pawson, 2002b: 342). 즉, 근거를 활용하여 서로 다른 O = M + C들의 가능성을 결합하는 일련의 이론을 검증하고 가장 탄탄한 이론을 제안하는 것이다.

결국 핵심은, 포손이 논의한 근거기반 정책의 현실주의적 종합 접근에서는 '가장 좋은 모범 사례를 그대로 베끼지 않는다'는 것이다. 왜냐하면 '사회적 개입은 너무나도 복잡하기 때문에 모범 사례를 완전히 복제하기가 쉽지 않고, 설령 완전한 복제가 가능하다 하더라도 맥락에 따라 그 효과가 달라지기 때문에 "동일한" 개입에도 불구하고 의도한 효과가 나타나지 못할 수 있기 때문이다'(Pawson, 2002b: 349). 정책이전에 관해서도 상당히 비슷한 논의가 있다(9장을 보라). 한 곳의 정책을 다른 곳으로 이전하는 것이 얼마나 실용적이고 바람직한지에 관한 논쟁이 있는데, 특히 정책이전이 서로 다른 사회적 맥락에 민감하게 반응하지 못하기 때문에 실패하는 경우가 많다는 주장이 있다. 홍미롭게도, 로즈(Rose, 1991)의 논의를 이은 모스버거와 울먼(Mossberger & Wolman, 2003)은, 정책이전이란 전향적 정책평가의 한 형태이며 어떤 정책을 이전할지 선택할 때 평가기법을 활용하여 정책이전의 성공률을 높일 수 있다고 주장하였다. 하지만 더욱 중요한 것은, 현실주의자들이 근거기반 정책의 계몽 접근을 지지하는 이유는 정책이 맥락에 따라 달라질 수 있기 때문이라는 점이다. 절대적인 해법이 없을 때, 사회과학자는 '공적 문제의 개선을 위한 주장에 신중'해야 한다(Solesbury, 2001: 9).

결론

이 장에서는 '평가'라는 광범한 주제와 관련된 다양한 접근들과 이러한 이슈들이 실제로 어떻게 적용되는지에 대해 간단하게밖에 살펴보지 못했다. 따라서 어쩔 수 없이 많은 접근들의 핵심 요소를 단순화하여 설명했기 때문에, 포손(Pawson, 2002b)이 지적한 바와 같이, 실제 현실에서는 여러 접근이나 패러다임이 우리가 설명한 이상형만큼 엄격하지는 않다는 점을 강조할 필요가 있다. 사실 방법론적 다원주의는 현대의 평가 연구에서 폭넓게 수용되는 규범이라 할 수 있다(Pawson & Tilley, 1997; Sanderson, 2002; Bate & Robert, 2003). 비록 다른 입장을 제대로 설명하지 못했을 수도 있지만, 우리는 현실주의적 접근과 계몽 관점이 어떻게 평가가 이루어져야 하고 정책결정에서 근거를 활용하여 얻을 수 있는 것이 무엇인지를 이해하기 위한 가장 탄탄한 설명이라고 본다.

우리가 이러한 입장을 크게 지지하는 이유는 현실주의적 관점이 이 책에서 제시하고 있는 다수준 정책과정 관점과 상통하기 때문이다. 현실주의적 관점은 여러 수준에서 작동하는 다양한 영향력에 주목하고, 정책결정 과정이 종종 의도하지 않은 결과가 나타나는 비선형적 현상이며 평가와 근거도 정책결과에 영향을 미치는 작은 부분일 뿐이라고 본다. 이는 정책이 다차원적 힘에 의해 다차원적 수준에서 형성된다는 우리의 관점과 일치한다. 그렇다고 해서 우리가 경험적 근거를 활용하여 정책과정에 정보를 제공하는 것이 중요하고 엄격한 정책평가가 필요하다는 사실을 부정하는 것은 아니다. 이것들은 매우 중요하다. 다만, 샌더슨(Sanderson, 2002: 8)이 지적하듯이, 이러한 관점은 "'근본적인' 보장은 없지만, 사회적 세계에 대한 지식이 "우리가 어떤 거대한 힘을 통제하는 것"(Giddens, 1990: 154)을 도와줄 수 있음'을 시사한다. 요컨대, 근거는 우리의 성찰성reflexivity을 증진하는 데 결정적인 역할을 할 수 있는 것이다.

템플(Temple, 2000)과 데이비드(David, 2002)와 같은 학자들은 최근 평가와 근거기반 정책에 대한 관심의 증가가 정책결정에 대한 새롭고 계몽된 접근이 등

장했음을 보여준다고 주장한다. 하지만 최근의 발전에 지나치게 큰 의미를 부여
하지 않도록 조심해야 할 필요가 있다. 폴리트(Pollitt, 1998)는 정치인들이 정책
적 판단을 위해 정말로 과거보다 더 많은 지식을 원하는지, 만일 그렇다면 왜 그
런지를 질문해 보아야 한다고 말했다. 그에 따르면, 그 부분적인 대답은 오늘날
정치인들의 인기와 정당성이 줄어들고 있고 예산 긴축 상황이 정치투쟁의 강도를
높이고 있기 때문이라는 것이다. 이러한 상황에서 정치인들은 정책논쟁에서 승리
하기 위해 더 좋은 무기를 필요로 하고, 따라서 의사결정을 뒷받침할 수 있는 근
거를 요구한다는 것이다. 하지만 폴리트(Pollitt, 1998: 219)는 다음과 같은 점을
걱정하였다.

> 평가는 정당성을 부여해주는 속성이 있기 때문에 정치인들은 주로 상징적
> 인 방식으로 평가를 활용할 것이다. 따라서 실제로 평가 결과를 어떻게
> 활용하느냐보다 평가를 요구하거나 실시한다는 사실 자체가 더 중요해
> 질 수 있다. 이러한 시나리오에서 평가란 근대성의 증표이자 '좋은 관리'를
> 나타내는 하나의 표식이 되어 버린다. …… 평가가 진지한 수단이 아니
> 라 빛나는 장식품으로 활용되는 것이다.

요약

- 정부정책에 대한 평가가 점점 더 일상적이고 체계적으로 변화하고 있다.
- 정책평가에 대한 서로 다른 접근이 존재한다. 어떤 이론가들은 '패러다임 전쟁'을 이야기한다.
- 지난 20년간 신공공관리로의 전환이 나타나고 거버넌스가 등장하면서 공공서비스의 효과성을 평가하기 위한 양적 성과지표의 활용이 크게 늘어났다.
- 최근 몇 년간 미래의 정책결정에 정보를 제공하기 위해 과거의 경험을 체계적으로 검토하는 근거기반 정책EBP의 개념이 널리 확산되었다. 근거기반 정책에 대해서도 패러다임 전쟁이 반복되고 있다.
- 포손Pawson과 틸리Tilley는 '현실주의적' 평가 접근을 지지한다. 이 접근은 정책과정이 복잡하다는 사실과 정책적 지식이 사회적·역사적 맥락에 따라 달라진다는 사실을 수용한다. 그들은 이론을 토대로 결과, 메커니즘, 맥락의 조합을 탐색하는 접근을 지지한다.
- 현실주의자들은 계몽enlightenment 관점을 채택한다. 이 관점은 정책과정에서 근거의 역할을 제한적으로 이해한다. 즉, 근거가 의사결정자들에게 확실한 해결책을 제시하기보다는 의사결정자들의 선택을 밝혀준다고 본다.
- 왜 정치인들이 평가와 근거기반 정책에 점점 더 많은 관심을 보이는지를 질문할 필요가 있다. 평가와 근거기반 정책은 정당성을 제공해주는 기능을 하기 때문에 단지 상징적인 방식으로만 활용될 위험이 있다.

☑ 토론할 문제

- 정책결정 과정에서 평가의 역할은 무엇인가?
- 최근 정부는 '근거기반 정책결정' 모델을 얼마나 받아들였는가?
- 최근 정치인들은 왜 평가와 근거에 더 많은 관심을 보이는가?

☑ 더 읽을 거리

Cabinet Office(1999). *Modernising Government*. London: Cabinet Office.

Pawson, R. & Tilley, N.(1997). *Realistic Evaluation*. London: Sage Publications.

Sanderson, I.(2002). "Evaluation, policy learning and evidence-based policy making". *Public Administration*, 80, 1~22.

Solesbury, W.(2001). *Evidence Based Policy: Whence it Came and Where it's going, Working Paper 1*. London: ESRC UK Centre for Evidence Based Policy and Practice.

Temple, M.(2000). "New Labor's Third Way: pragmatism and governance". *British Journal of Politics and International Relations*, 2, 302~325.

정책분석과 복지국가

서론

결론은 이 책의 전반을 관통하는 개념인 거시macro, 중간meso, 미시micro 수준 구조에 대한 설명에서부터 출발한다. 먼저 이 책의 전반적인 접근을 요약하고 그 정당성을 확인한 후 이 책의 가장 중요한 메시지를 제시하면서 책을 마무리하려고 한다. 사회과학의 하위분야로서 사회정책은 그 다학제적 지위를 유지하기 위해 정치과학의 지식기반을 훨씬 더 진지하게 받아들여야 한다. 사회정책의 다학제적 토대를 굳건하게 다지지 못한다면, 과연 사회정책이라는 주제가 하나의 구별되는 지식체계인지, 사회정책이 영국 대학에서 하나의 교과목으로 존속해야 하는지에 대한 의구심을 해소하지 못할 것이다. 우리는 사회정책 분야에서 '정책' 부분이 충분히 조명되지 못했다고 생각한다. 특히 복지국가의 역할이 극적으로 변화하고 있는 오늘날에 더욱 그러하다. 물론 모든 사람들이 그렇게 생각하는 것은 아니며 어떤 학자들은 베버리지 복지국가가 여전하고 심지어 거의 온전하게 유지되고 있다고 생각하기도 한다. 하지만 우리가 볼 때 이러한 주장은 복지정책의 변화와 경쟁국가의 등장과 같은 현실을 과소평가할 위험이 있다. 새로운 관점에 따르면 복지국가는 더 이상 궁핍, 불결, 질병, 무지, 나태라는 5대 거악을 극복하기 위한 재분배적이며 사회보험에 기반을 둔 보편적인 정책 및 프로그램의 집합이 아니다. 대신에 복지국가는 근본적으로 세계경제 속에서 경쟁하는 영국 경제의 경쟁력을 뒷받침하는 방향으로 지속적으로 변화하고 있다. 하지만 이 책에서 반복적으로 언급하였듯이, 그렇다고 해서 현재 시스템 속에서 구질서의 중요한 요소들이 모두 사라진 것은 아니다. 제도적 구조는 '고착되어 있다sticky'고 보는 것이 정확하다. 즉, 제도적 구조는 사회경제적 이해관계로 인해 지속적으로 유지되는 경향이 있고, 아이디어와 새로운 변화는 네트워크에 의해 걸러지며, 변화는 근본적으로 점진적인 방식으로 나타난다. 따라서 훌륭한 정책분석가는 낡은 것과 새로운 것을 잘 정리하여 현대복지국가에 대한 개방적이고 균형 잡힌 이해를 추구한다.

빅맥Big Mac™ 이라는 은유

이 책에서는 정책 변화와 정책과정의 성격에 영향을 미치는 힘을 3개의 층層으로 나누어 살펴보았다. 이 은유 자체를 그렇게 강조하고 싶은 것은 아니지만(저자 중 한 사람은 채식주의자다!), 이를 '빅맥' 접근이라 불렀다. 이를 통해 우리가 말하고자 하는 것은 사회정책이나 공공정책에 관심이 있는 사람들이 정책과 전달에 영향을 미치는 힘이 어떤 것인지 그 풍미를 확실하게 느끼기 위해서는 3개의 층을 한꺼번에 씹어야 한다는 것이다. 이 접근을 다시 한 번 요약하자면 다음과 같다.

- 거시macro수준('macro'라는 단어는 길고 넓음을 의미하는 그리스 단어 makros에서 유래하였다)은 정책 형성이 이루어지는 넓은 경계를 의미한다. 앞서 거시수준의 핵심 이슈는 세계화임을 확인하였다. 특히 세계시장은 국민국가를 그 영향력과 규칙에 순응하게 만드는 힘을 갖고 있다.
- 중간meso수준은 정책결정 과정 그 자체와 정책의 설계, 전달과 관련된 제도의 실제를 다룬다. 앞서 중간수준의 핵심적인 개념적 도구인 정책 네트워크

를 살펴보았다. 정책 네트워크를 구성하는 기관과 조직체들은 정책결과를 추동하고, 걸러내며, 형성한다.

- 미시micro수준은 2가지 주제에 초점을 맞춘다. 첫째, 소비자와 기관이 등장하여 '정책'이 일선에 전달되는 정책과정의 핵심적 순간에 관한 주제이다. 둘째, 거시수준의 반대쪽 극단에서 개인, 퍼스낼리티, 엘리트가 정책결과에 미치는 영향에 관한 주제이다.

이 책의 전반에 걸쳐 강조하였듯이 이러한 3개의 수준을 이해하기가 항상 쉽지는 않다. 또한 3수준 간의 경계가 분명한 것도 아니다. 하지만 수많은 문헌을 검토하고 오늘날의 현실을 평가해보면, 이러한 접근이 정책 사이클을 강조하는 전통적인 정책분석 접근에 비해 훨씬 유용하고 개념적으로 '개방'되어 있음을 알 수 있다. 정책 사이클도 유용한 은유이긴 하지만, 우리가 보기에 점점 더 현실과 멀어지고 있다. 왜냐하면 현실은 '단계주의적' 접근이 이해하는 것보다 훨씬 더 혼란스럽고, 예측하기 어려우며, 복잡하고, 다층적이기 때문이다. 어떤 정책이 과거의 정책과 무관하게 시작되는 경우는 거의 없다. 오늘날에는 정책을 '결정하기로 결정deciding to decide'한 후, '정책결정자'들이 정책을 설계하고, 관리자와 정책결정자들의 단순한 직원에 불과한 '집행자'들이 설계된 정책을 그대로 전달하는 식의 깔끔한 단계적 접근의 설명력이 떨어진다. 처음부터 끝까지(최종적인 단계인 '평가'에 이르기까지) 이러한 방식으로 정책과정이 진행되는 사례를 찾기는 어렵다. 만약 그런 경우가 있다면, 그것은 '완전한 집행'을 설계하는 데 초점을 맞추는 하향식 시스템 관리 이론에 의해 장악된 경우일 것이다. 그 경우에는 라스웰(Lasswell, 1951)이 말한 관리자를 '위한 지식'이라는 주제가 강조된다. 이는 본질적으로 하향식 관점을 의미하며, 우리가 보기에 이러한 관점은 현실세계의 정책과정과 잘 맞지 않는다.

이 책의 접근

이 책은 다양한 개념들에 대해 개방적으로 접근하고자 했기 때문에 절충주의적이라는 비판을 받을 수 있다. 하지만 우리는 이러한 다이론적 접근이 다층적일 수밖에 없는 정책을 분석하는 데 가장 중요한 핵심이라고 생각한다. 한편 우리가 상대적으로 약간 자신이 없는 부분은 정책의 성격이 역사적·사회적 영향을 받아 변화한다는 주장이다. 이것은 아마 '신제도주의' 연구들로부터 얻을 수 있는 핵심적인 교훈일 것이다. 제도주의 학파는 폭넓은 관점들을 포괄하지만, 그 모두는 정치제도가 정책 변화의 핵심이며 행위자가 게임의 규칙을 결정하고 운영한다는 기본적인 전제를 공유한다. 한 국가에서 이러한 조직체가 어떻게 상호작용하고 배치되는지가 정책결정과 정치적 결과에 미치는 영향의 핵심이다. 또한 제도는 문화적으로 형성된 사회적 규범, 특히 사회계급적 구조와 사회경제적 엘리트의 영향으로 형성된 규범을 포함한다. 제도주의적 접근은 정치 행위자와 구조에 작용하는 정치권력의 자원 및 분포에 관한 지식과 날카로운 분석적 관점을 제공해준다.

이러한 관점 중 가장 강력한 것은 역사적 제도주의 이론이다. 왜냐하면 역사적 제도주의는 시간에 따른 변화를 이해할 수 있게 해주는 풍부한 개념을 제공하기 때문이다. 우리는 어떻게 현재의 상태에 이르렀는가? 영국 복지국가의 예를 들자면, 근본적인 오랜 역사적 과정을 파악하지 않고서 현재 복지국가의 재구조화를 어떻게 이해할 수 있겠는가? 아마도 모든 제도주의 연구들이 주는 주된 교훈은 바로 기존의 제도적 구조가 '고착되고' 지속적이라는 사실을 잘 설명해준다는 점일 것이다. 예를 들어 일생에 걸친 장기간의 저축과 관련된 연금 정책은 쉽고 빠르게 변화할 수가 없다. 주택의 물리적 속성으로 인한 주거 정책의 고착성도 유명한 사례이다(주택은 벽돌과 모르타르로 만들어지고 60년 이상 지속되도록 설계된다).

우리는 위기와 변화의 순간 혹은 안정과 강화의 시기를 인식할 때에만 커다란 그림을 볼 수 있다. 단절균형punctuated equilibrium(안정과 변화의 패턴), 비토점veto points(수용 불가능한 정책 변화를 차단하거나 걸러내는 지점), 결정적 국면critical junctures(위기 혹은 경로의존의 순간), 제도적 제약institutional lock-in(정책 변화의 방향을 결정하는 요인)과 같은 중범위 개념은 정책 변화의 현실을 이해하는 데 도움을 준다. 그리고 무엇보다도 새로운 아이디어가 기존 패러다임에 대한 도전과 투쟁을 통해 결국 제도적 구조에 이식되는 방식에 대한 중요한 통찰을 제공해준다. 변화는 이러한 제도적 검증과정의 결과로 나타난다. 근본적인 패러다임 전환이 나타나는지 아니면 더 일반적으로 정책의 변형과 제도적 적응이 나타나는지도 이러한 과정의 결과로 결정된다.

비교적 차원

다음으로 역사적 제도주의 학파의 또 다른 성과이자 이 책의 근본적인 접근이라 할 수 있는 관점을 하나 더 살펴보자. 그것은 바로 정책은 본질적이고 불가피하게 비교적 성격을 갖는다는 점이다. 제도가 사회적·정치적 변화를 가져온다는 개념이나 경로의존성과 같은 개념을 강조하는 것은 서로 다른 국가들이 현대화와 변화의 과정에서 어떻게 서로 다른 해결책과 경로를 발전시키는지를 설명하기 위한 것이다. 이러한 관점이 결여된 연구의 위험 중 하나는 자민족중심주의이다. 자민족중심주의는 자신의 사례에 한정된 시각으로 모든 국가의 사례를 비슷하거나 적어도 동일한 준거 틀로 이해할 수 있다고 생각하는 관점이다. 비교복지국가 분야에는 여러 국가를 비교한다면서 실제로는 결론부분에서만 (대개 매우 짧게) 비교를 실시하는 나열적인 연구가 상당히 많다. 이 책은 기본적으로 영국의 사례에 초점을 맞추고 있고 '비교' 연구로 설계되지는 않았지만, 그럼에도 불구하고 세계화, 정책이전, 경로의존성과 같은 개념들은 이 책 역시 본질적으로는 비교적 성격을 가질 수밖에 없음을 보여준다. 영국은 대서양의 외딴 섬으로 이해될 수 없다. 왜냐하면 영국의 사회정책과 공공정책의 미래를 형성하는 힘, 특히 세계시장의 경제적 힘은 영국뿐만 아니라 전 세계에 작용하기 때문이다. 말하자면 핵심은, 개별 국민국가가 나아가는 길(경로)은 세계화와 같은 아젠다의 영향을 받기도 하지만 동시에 그 자신의 제도적·문화적·역사적 유산에 의해 제약되기도 한다는 것이다. 가톨릭 문화가 강한 사회와 프로테스탄트 문화가 강한 사회에는 서로 다른 복지국가가 정착되고 서로 다른 패턴의 주거유형이 형성된다. 즉, 15세기 종교개혁의 유산이 수세기를 지나 오늘날에까지 이어지는 것이다. 현대 사회를 이해하기 위해서는 오랜 역사를 고려할 필요가 있다.

이처럼 다른 사례를 준거로 삼지 않고서는 자신의 사례도 완전히, 아니 절반도 이해할 수 없다. 때로 공공연하게 주장되거나 많은 연구들이 함축하는 바와 같이 베버리지 복지국가가 모든 국가 혹은 적어도 비교 가능한 산업국가들의 복지국가의 전형이라고 생각하는 것은 커다란 오해이다. 영국 복지국가의 패러다임은, 새롭게 등장하고 있는 환태평양 지역과 아시아의 경험은 차치하더라도, 서구의 문화적 전통을 따르는 대부분의 다른 사례에도 쉽게 들어맞지 않는다. '우리의' 경험을 이용하여 다른 전통을 평가하려는 시도와 그 결과로 형성된 개념적 틀은 현실을 왜곡할 위험이 크다. 왜냐하면 그러한 설명은 마치 오른발에 왼쪽 신발을 신으려고 하는 것처럼 강제적일 수밖에 없기 때문이다. 불가능하지는 않지만 꽉 끼고 피부가 쓸려 오래 신고 있을 수는 없다. 이를 보여주는 좋은 사례는 영국 비교주거 연구자들의 연구이다. 이들은 공공임대부문과 민간임대부문이 구분된 영국의 자가 소유 사회 개념을 이용하여 다른 국가의 사례를 분석하려 하였다. 하지만 불행하게도 대부분의 유럽 국가들은 임대부문에 이러한 깔끔한 구분이 존재하지 않을 뿐만 아니라 자가 소유를 강조하지도 않는다. 특히 영국의 주거유형 구조를 토대로 독일이나 스웨덴의 임대주거를 이해하는 것은 왜곡된 분석으로 이어질 수밖에 없다(Lowe, 2004).

요컨대, 이 책과 일반적인 정책분석 접근은 모두 본질적으로 비교적 성격을 갖고 있다. 이것이 바로 사회정책과 공공정책의 맥락적 속성을 이해하기 위한 유일한 방법이다. 제도적 구조는 서로 다른 문화, 역사, 개념의 산물이고, 21세기 국민국가가 나아가야 할 경로의 패턴은 과거로부터 영향을 받을 것이다. 1장에서 살펴보았듯이, 세계경제의 강력함에도 불구하고 모든 국민국가가 세계화에 순응하고 수렴되는 것은 아니며 오히려 차이가 심화된다. 새로운 세계질서에서 서로 다른 국가들이 어떻게 자신의 길을 찾아가느냐는 것은 개별적인 정치제도의 역사적 형태에 크게 의존한다. 우리는 이 책의 곳곳에서 정치가 중요하다는 점을 강조하였는데, 여기서는 비교정치가 중요하다는 점을 단언하고자 한다.

이 책의 접근의 함의

우리는 때로 가장 기본적인 요소를 간과하거나 불확실하고 모호한 개념을 사용하는 함정에 빠질 위험이 있다. 다음은 지금까지 설명한 이 책의 접근을 보다 명확하게 정리할 것이다.

개념적 기초

거시, 중간, 미시의 세 가지 분석 수준은 임의로 선택된 것이 아니라 사회과학 연구, 특히 복지국가 연구에 대한 기본적인 검토 방식으로부터 도출된 것이다. 서론에서는 각 수준의 특성과 장단점을 설명하였다. 세계화, 인구학적 변화, 경제구조 변화와 같은 거시적인 힘과 거시수준 이론은 정책과정이 이루어지는 넓은 경계를 설정한다. 그런데 거시이론은 수렴적 경향, 근거를 귀납적으로 해석하는 경향, 모든 것을 보편적으로 설명하려는 경향 등의 주요한 문제점을 가진다. 거시적 개념들은 매우 강력하다. 거시적 개념들은 '뜨거운 쟁점'이기 때문에 순진하게 접근했다가는 데일 수도 있다! 거대이론의 논리에 무비판적으로 빠져들지 않고 거대이론에 관한 경험적 근거와 관련 개념을 통해 적절한 근거로 뒷받침될 수 있는 정책분석이 필요하다.

반대로 미시수준 연구에 대해서도 비슷한 이야기를 해볼 수 있다. 미시수준의 경우에는 거시수준에서와 같은 과잉 개념화가 아니라 그 반대의 경향 때문에 어려움이 있다. 미시수준 연구는 그 속성 상 개별 사례에 초점을 맞추고 사회적 현상을 기술적descriptive으로 설명하는 경우가 많다. 수많은 경험적 사회정책 연구가 이러한 형태를 취하고 있는데, 이들은 주로 '사실들'의 최소공통분모를 다룬다. 따라서 미시수준 분석의 위험은 나무만 보고 숲을 보지 못하는 고전적인 딜레마로 설명될 수 있다. 개인 사례에 집중하는 연구(혹은 10장에서 살펴본 바와 같이 개인이 정책에 미치는 영향을 분석하는 연구)에서 유념해야 할 주된 교훈은 이론적 초점을 상실하지 말아야 한다는 것이다. 적절한 이해가 뒷받침되기만 한다면, 예를 들어 카리스마적 리더십의 사례에서 살펴보았듯이, 제도적 구조 내부에 있는 개인들의 행위와 정책과정의 구체적인 현실로부터 상당히 많은 것을 배울 수 있다. 우리는 앞서 '구조와 행위자' 논쟁을 언급한 바 있는데, 그 핵심은 개인과 퍼스널리티가 정책 결과와 정치문화의 형성에 상당히 중요한 영향을 미친다는 것이다. 따라서 개인 혹은 개별 사례의 이론화가 중요하다. 미시수준 연구에서 이론을 분명하게 인식하거나 활용하지 않고 사실과 데이터만을 강조하는 것은 연구가 부적절하게 이루어지고 더 큰 사회과학에 기여하지 못하게 되는 위험을 낳는다.

비록 완벽하게 확신하는 것은 아니지만, 우리는 정책과정의 전달 단계를 미시수준 과정으로 다루었다. 이는 교사가 수업을 하고 새 집의 열쇠가 전달되며 환자가 수술을 기다리는 바로 그 순간이 정책이 직접적으로 집행되는 순간이라는 점에서 어느 정도의 설득력을 가진다. 이러한 순간들은 기관의 전문가, 즉 립스키Lipsky가 말한 일선관료와 고객 혹은 '소비자'가 만나는 매우 개인적인 시간이다. 외과의사가 절개를 시작하는 순간에는 어떤 의미에서 외과의사와 환자 사이에 아무것도 존재하지 않는다. 물론 이러한 관점은 정책과정이 이루어지는 거시적인 경계와 중간수준의 제도적 구조와의 관련 속에서 이해되어야 할 것이다.

중범위 이론

머튼(Merton, 1957)이 이야기한 '중범위 이론'을 토대로 하는 중간수준 개념들은 이 책에 커다란 영향을 미쳤다. 1980년대 후반과 1990년대 초반 이후 중간수준에 초점을 맞추는 연구, 특히 제도주의 학파의 연구들은 사회적 변화의 제도적 기반을 보여주는 데 상당한 성공을 거두었다. 이러한 연구들의 핵심은 역사적이고 질적인 데이터를 활용하여 문화적 맥락을 강조하는 것이었다. 최근 에스핑-안데르센(Esping-Andersen, 1990), 캐슬스(Castles, 1998), 스왱크(Swank, 2002)와 같은 학자들의 연구는 방대한 데이터 세트를 활용함으로써 논의를 한 단계 더 발전시켰지만, 중요한 것은 이들의 연구 역시 풍부한 이론적 맥락을 바탕으로 이루어졌다는 점이다. 이러한 연구들은 수렴이 아닌 발산의 변화 동태를 보여주고 여러 사회들의 유사성과 차이에 대한 평가를 시도한다. 유형론typologics의 발전은 역사ㆍ문화적 맥락과 경험적 데이터를 결합하는 연구의 커다란 진전이라 할 수 있다(예를 들어 에스핑-안데르센의 『복지자본주의의 세 가지 세계*Three Worlds of Welfare Capitalism*』나 캐슬스의 『국가의 가족*families of nations*』과 같은 연구들이 있다). 이러한 연구들에 대한 비판도 많지만, 다이론적 접근이 복지국가 연구를 크게 발전시켰음은 분명하다.

선형적 사고를 넘어 오랫동안 지속된 경험을 아우르기

중범위 이론은 같은 문제에 대해서도 반응이 다를 수 있다는 점을 강조하기 때문에 전통적인 선형적 사고방식을 반대하는 경향이 있다. 정책과학 분야에서 연구자들은 차이보다 공통점을 강조하는 통계적 평균이나 상관관계 행렬 등의 분석 도구를 많이 활용한다. 물론 이러한 접근이 나름의 의의를 갖는 것이 사실이지만, 정책 세계에 확실한 인과적 과정이 존재한다고 보거나 서로 다른 맥락에도 불구하고 동일한 정책이 대체로 동일한 효과를 가져온다고 가정하는 이론과 방법에 지나치게 의존해서는 안 된다. 우리는 이 책에서 정책이 의도하지 않은 결과를 가져올 가능성이 다양하게 존재하며 어떤 정책과 그 결과가 단순한 선형적인 관계를 나타내는 경우는 거의 드물다는 사실을 강조하였다. 정책과학 분야에서 복잡성 이론에 기초한 새로운 개념들은 선형적 사고를 대신하는 흥미로운 대안적인 사고방식을 제공해준다(Byrne, 1998; Chapman, 2004; Blackman, 2006; Hudson, 2007). 이 책에는 어느 정도 이러한 접근이 녹아 있는데, 복잡성 이론의 개념이 간단하지 않기 때문에 이러한 접근은 명시적이기보다는 함축적인 방식으로 표현되어 있다. 우리는 독자들이 이러한 종류의 개념에 대해 더 깊게 고민해 볼 것을 권한다.

또한 우리는 정책에 오랜 역사적 뿌리가 있다는 점, 즉 과거가 현재를 형성한다는 점을 강조하였다. 하나의 정책이 단순하고 선형적인 결과를 가져오지 않는이유 중 하나는 과거의 정책이 강력한 피드백 효과를 만들어내기 때문이다. 이러한 피드백 효과는 유권자의 선호를 형성하여 현재의 정치동맹에 영향을 미칠 수도 있고, 아니면 단순히 변화의 조직적 걸림돌로 작용할 수도 있다. 역사는 예측하기 어려운 힘을 만들어낸다. 모든 상황에 적용될 수 있는 단순한 역사적 교훈은 존재하지 않는다. 개별 국가들과 정책부문들의 역사가 상이하기 때문에 어떤정책 결정이 항상 동일한 정책 결과를 가져올 것이라고 기대하기는 어렵다. 이는훌륭한 정책분석가라면 개별 사례별로 정책의 발전을 이해해야 한다는 사실을의미한다. 이 책에서는 이론에 초점을 맞추었지만, 이론은 구체적인 사례의 구체적인 사항을 이해하기 위한 수단이라는 점을 강조할 필요가 있다. 이론 없는 근거가 정책 문제에 대한 이해를 높여주지 못하는 것이 사실이지만, 그 반대 역시사실이다.

정치과학의 정책분석

이 책의 접근을 평가할 때 정책분석의 학문적 위치와 정치과학의 영향을 간과해서는 안 된다. 테다 스카치폴(Theda Skocpol, 1992; Skocpol & Amenta, 1986) 이후 몇몇 훌륭한 연구들은 '국가를 다시 불러와야' 할 필요를 인식하였다. 지난 수십 년간 정치과학에서 국가의 역할은 경시되어 왔다. 낡은 공공행정의 전통에서는 국가의 역할을 단순한 것으로 격하시켰고, 한편 기계적인 마르크스주의자의 비판에서 국가의 역할은 '과잉결정overdetermined'되었다(국가 권력은 지배계급에 의해 결정된다). 하지만 이제는 국가를 사회적 권력이 행사되는 '블랙박스'로 간주해서는 안 된다는 점이 분명해졌다.

칼 포퍼(Karl Popper, 1957)의 말을 빌리자면, 거시수준의 일반론적인 이론은 결정론적이고 몰역사적이라는 점에서 '역사주의의 빈곤poverty of historicism'에 빠질 위험이 있다. 한편 미시수준에서 데이터를 수집하는 연구는 '경험주의의 빈곤poverty of empiricism'에 빠질 위험이 있다. 즉, 미시수준 연구는 목적 없이 비이론적이고 기술적이어서 더 큰 사회과학으로 통합되지 못하고 무비판적인 자민족중심주의에 경도될 위험이 있다는 것이다. 반면 중범위 이론(중간수준 분석)은 적절한 개념적 기초를 활용하여 보편주의적 이론과 미시수준 경험적 연구의 주장을 모두 가늠할 수 있다. 게다가 중범위 이론은 정책과정의 핵심인 네트워크와 제도에 주목함으로써 사회와 사회 진보에 영향을 미치는 맥락적 요인을 이해할 수 있게 해준다. 중간수준 분석 없이는 정책이 어떻게 작동하는지를 이해할 수 없다. 이것이 바로 우리가 이 책에서 중간수준을 강조한 이유이다.

좀 더 실용적인 측면에서 보자면, 우리는 중간수준 이론을 토대로 하는 지식이 정책결정과 전달을 개선하는 데 보다 잘 활용될 수 있다고 믿는다. 때로는 추상적이고 현실성이 부족한 것처럼 보일 때도 있지만, 중간수준 접근은 정책과정에 관한 심층적인 지식을 발전시키는 데 있어 실용주의적 관점에 경도된 학파의 한계를 잘 보여준다. 왜냐하면 낡은 방식의 행정적 전통이나 현대의 신공공관리 접근은 지나치게 단순화된 합리주의적 하향식 학파에서 유래했기 때문이다. 이와 관련된 개념들, 특히 정책 사이클은 현실에 대한 일차원적인 시각만을 제공해 줄 뿐이다. 반면 중간수준 이론, 그리고 중간수준과 거시·미시수준과의 연계는 현실을 훨씬 더 탄탄하게 이해할 수 있게 해준다. 정책과정은 '단계주의적' 관점에서처럼 깔끔하게 포장되어 있지 않고 정책의 집행이 의도한 바대로 완전하게 이루어지는 경우도 드물다. 현실의 정책과정은 혼란스럽고 때로는 비일관적이다.

제도의 고착성은 새로운 아젠다의 형성을 제약한다. 정책과정은 지저분하며, 언론에 따르면 특히 정치인들이 정책과정을 통째로 위험에 빠트리기도 한다. 그럼에도 불구하고 우리는 이러한 것들이 정책과정에 대한 훨씬 현실적인 시각이라고 주장한다. 사실 일반적으로는 정치에 대한 기대가 지나치게 크기 때문에 분석가들이 정치에 대한 기대 수준을 낮추고 현실세계의 정책의 모습을 제대로 드러낸다면 오히려 정치의 정당성이 커질 수 있을지도 모른다. 어쨌든 이 책에서 우리는 중범위 이론이 합리주의적 관점보다 훨씬 더 현실적으로 정책과정을 이해할 수 있게 해준다는 사실을 보여주고자 하였다.

사회정책에 정치를 다시 불러오기

우리는 정책결정 과정의 성격과 국민국가의 공공정책 형성 및 전달 능력을 고려하지 않고서는 현대복지국가의 변화를 이해하기가 매우 어렵다고 주장하였다. 지난 30년간 영국의 국가는 극적으로 재구조화되었고, 그 결과 공동화된 포스트산업주의 경쟁국가가 등장하였다. 그런데 이런 분석은 상당 부분 정치과학자들에 의해 사회정책 분야에 도입되었다는 사실을 유념할 필요가 있다. 이들은 (공공)정책분석이 정치과학과 긴밀한 관계를 맺고 있는 미국이나 유럽의 대학에서 연구하는 경우가 많다. 반면 영국 사회정책학의 주류는 때로 이러한 이론적 논쟁을 회피하면서 경험적 정책연구라는 익숙한 길을 선택해왔다. 우리가 보기에 사회정책이라는 주제는 진지한 이론적 논의로 뒷받침되지 못해왔고, 그 결과 사회과학에서 사회정책의 자리를 잃게 될 위험에 처해 있다. 우리가 이렇게 사정을 두지 않고 비판하는 이유는 이러한 일이 일어나서는 안 된다고 믿기 때문이다. 사회정책은 큰 기여를 할 수 있지만, 사회정책이 다른 학문과 동떨어진 사회과학의 분과학문이라는 입장을 고집한다면 그러한 기여는 이루어지지 못할 것이다. 사회정책은 다학제적인 성격을 가지고 있다. 이것은 '학술적인' 문제가 아니라 사회정책의 생존을 위한 근본적인 주장이다. 이 책에서 우리가 전달하고자 한 분명한 메시지는 사회정책이 정치과학과의 연계를 회복함으로써 다학제적 성격을 되찾을 수 있다는 것이다. 스카치폴의 말을 바꾸어 표현하자면, '정치를 다시 불러와야 할' 때이다.

사회정책의 학문적 기초가 불균형적인 이유 중 하나는 사회학에 지나치게 많이 노출되어 있기 때문이다. 최근 강한 이론적 초점을 토대로 사회정책을 '다시 사고하는' 시도들(예를 들어 Lewis 외, 2000을 보라)에는 사회학에서 발전된 개념들이 큰 영향을 미쳤다. 정확하게 입증된 것은 아니지만, 많은 대학에서 사회학과 사회정책이 하나의 학과로 묶여 있다는 사실은 두 가지 주제가 긴밀하게 연결되어 있음을 보여준다. 많은 사람들은 이를 문제로 여기지 않는다. 사실 골딩(Golding, 2000: 181)은 '전후 영국 사회과학에서 사회학과 사회정책 간에 우연히 조직적·학문적인 균열이 나타났다'는 사실을 개탄하기도 하였다. 물론 사회학은 사회적 구조에 관한 개념적 지식을 제공해준다는 점에서 매우 중요하고 핵심적인 영향력을 갖고 있다. 사회학은 사회의 계급적 기초, 젠더 불평등, 인종과 민족을 설명해주며, 보다 최근에는 그 성과가 '가상현실'의 성격과 영향을 확인하는 데까지 이르고 있다. 하지만 사회학 아젠다 때문에 사회정책 분야에서 다른 학문들이 주변으로 내몰리고 있음을 인식할 필요가 있다. 예를 들어 국가가 사회를 패턴화하며 이 과정에서 정치제도가 역할을 한다는 사실을 탐구하는 것은 정치과학의 주제이다. 물론 우리가 여러 분과학문들을 억지로 구분하려는 것은 아니며, 학문들 간에 겹치는 부분이 많은 것도 사실이다. 하지만 여전히 정치과학의 방대한 지식기반과 현대 사회정책에서 정치권력의 성격과 영향에 대한 학문적 통찰이 상당히 중요하게 다뤄질 필요가 있다. 사회정책학은 훨씬 더 균형 잡힌 다학제적 토대로 개념적 기초를 재구축해야 할 것이다.

둘째, 모든 사회 현상을 '사실들'의 최소공통분모로 축소시키는 복잡한 경험적 연구를 다루다 보니 사회정책이 더 큰 사회과학과 연결되지 못하게 되는 오류가 있다. 경험적 연구를 수행하는 연구자들이 점점 더 정교한 정책 조사 메커니즘을 개발하는 과정에서 이론보다 방법론에 더 초점을 맞추는 경향이 나타나고 있다. 앞서 이 문제를 논의했기 때문에 설명을 반복할 필요는 없겠지만, 이 역시 사회정책의 이론적 기초가 부족하다는 문제에서 비롯되었다는 점을 인식할 필요가 있다. 학문의 개념적 기초가 없을 때는 모든 사회적 현상을 '사실들'로 환원하려는 유혹에 빠질 수 있다. 물론 사회정책 연구의 방법론적 정교함도 중요하며 아마 사회과학 중에서도 사회정책이 이러한 측면에서는 선두를 자처할 수 있겠지만, 정책이 역사적이고 사회적인 성격을 갖고 있다는 시각을 잃어서는 안 된다. 앞장에서 살펴보았듯이, 개별적인 정책에 대한 지식을 발전시키는 것만으로는 충분하지 않다. 정책들을 둘러싼 과정을 이론화해야 하는 것이다.

요컨대, 우리는 사회정책이 지식 발전에 기여하는 고유한 역할을 제대로 수행하기 위해서는 사회 이론과의 연계를 회복하고 특히 다학제적 토대를 재발견해야 한다고 믿는다. 이 과정의 첫 번째 단계는 정치과학 분야의 지식을 다시 불러오는 것이다. 정치과학을 통해 우선 영국의 국가가 지난 30년간 크게 변화했으며 불과 수년 전에 비해서도 복지국가의 역할이 급진적으로 달라졌음을 인식할 수 있다. 지금은 사회정책에 '정책'을 다시 불러와야 할 때이다(Newman, 2002를 보라). 우리는 이 책이 이러한 목적에 기여하고 사회정책적 관점, 개념 및 방법론이 21세기 영국에 필요한 통찰력을 제공하는 데 기여할 수 있기를 바란다. 정책 과정에 대한 이해는 복지를 이해하는 데 필수적이다.

Accenture(2003). *eGovernment Leadership: Engaging the Customer*. London: Accenture.

Addison, P.(1994). *The Road to 1945: British Politics and the Second World War*. London: Pimlico.

Adler, E. & Hass, P.(1992). Conclusion: epistemic communities, world order, and the creation of a reflective research program. *International Organization, 46,* 367~390.

Aghion, P. & Howitt, P.(2002). Wage inequality and the new economy. *Oxford Review of Economic Policy, 18,* 306~323.

Alford, R.(1975). *Health Care Politics: Ideological and Interest Group Barriers to Reform*. Chicago: University of Chicago Press.

Álvarez, I. & Kilbourn, B.(2002). Mapping the information society literature: topics, perspectives, and root metaphors. *First Monday*. http://firstmonday.org/issues/issue7_1/alvarez/index.html

Anderson, R.(1996). *Security in Clinical Information Systems*. Cambridge: Cambridge University Press.

Andeweg, R.B. & Van Den Berg, S.B.(2003). Linking birth order to political leadership: the impact of parents or sibling interaction?. *Political Psychology, 24(3),* 605~621.

Angell, I.(2000). *The New Barbarian Manifesto*. London: Kogan Page.

Armingeon, K. & Beyler, M.(eds)(2003). *The OECD and European Welfare States*. Cheltenham: Edward Elgar.

Atkinson, R.(2005). Inequality in the new knowledge economy. In A. Giddens & P. Diamond(eds). *The New Egalitarianism*. London: Policy Network.

Axelrod, R. & Cohen, M.D.(1999). *Harnessing Complexity: Organizational Implications of a Scientific Frontier*. New York: Simon & Schuster.

Bachrach, P. & Baratz, M.(1962). Two faces of power. *The American Political Science Review, 56,* 947~952.

__________________________(1963). Decisions and nondecision: an analytic framework. *The American Political Science Review, 57,* 632~642.

Bachrach, P.S. & Baratz, M.S.(1970). *Power and Poverty, Theory and Practice*. New York: Oxford University Press.

Baker, K.(1984). *Towards the Information Society*. Amsterdam: Elsevier/North-Holland.

Baldwin, P.(1989). The Scandinavian origins of the social interpretaion of the welfare state. *Comparative Studies in Society and History, 31,* 3~24.

__________(1990). *The Politics of Social Solidarity: Class Bases of the European Welfare State, 1875-1975.* Cambridge University Press.

__________(1992). The welfare state for historians: a review article. *Comparative Studies in Society and History, 34,* 695~707.

Barber, M.(2007). *Instruction to Deliver: Tony Blair, the Public Services and the Challenge of Achieving Targets.* London: Politico's.

Barnett, A.(2002). Labour face "cash for access" claims over think-tanks. *The Observer, 30 June.*

Bate, P. & Robert, G.(2003). Where next for policy evaluation? Insights from researching National Health Service modernisation. *Policy & Politics, 31,* 249~262.

Baumgartner, F. & Jones, B.(1993). *Agendas and Instability in American Politics.* Chicago University Press.

BBCi(1999a). Protests overshadow WTO talks. http://news.bbc.co.uk/1/hi/world/americas/542622.stm

_____(1999b). Police admit riot failings. http://news.bbc.co.uk/1/hi/uk/405601.stm

_____(1999c). City violence premeditated - Straw. http://news.bbc.co.uk/1/hi/uk_politics/374625.stm

_____(2001). "Epoch-making" poster was clever fake. http://news.bbc.co.uk/1/hi/uk/1222326.stm

Beck, U.(1992). *Risk Society: Towards a New Modernity.* London: Sage. 울리히 벡 지음. 홍성태 옮김. 『위험사회: 새로운 근대(성)을 향하여』. 새물결. 1997.

Beland, D.(2005). Ideas and social policy: an institutionalist perspective. *Social Policy and Administration, 39(1),* 1~18.

Bell, D.(1974). *The Coming of Post-Industrial Society.* London: Heinemann. 다니엘 벨 지음. 김원동, 박형신 옮김. 『탈산업사회의 도래』. 아카넷. 2006.

_______(1979). The social framework of the information society. In M. Dertouzos & J. Moses(eds), *The Computer Age: A Twenty Year View.* Cambridge, MA: MIT Press.

_______(1980). Introduction. In S. Nora & A. Minc(eds), *The Computerization of Society.* Cambridge, MA: Massachusetts Institute of Technology Press.

Benson, J. K.(1982). A framework for policy analysis. In D. Rogers & D. Whetten(eds), *Interorganisational Coordination: Theory, Research and Implementation.* Ames, IA: Iowa State University Press.

Beveridge, W.(1942). *Social Insurance and Allied Services.* London: HMSO.

__________(1944). *Full Employment in a Free Society.* London: George Allen and Unwin.

Bevir, M. & Rhodes, R.(2003). *Interpreting British governance*. London: Routledge.

Bevir, M. & Rhodes, R. A. W.(2004a). Interpreting British governance. *British Journal of Politics and International Relations, 6(2)*, 130~136.

______________________________(2004b). Interpretation as method, explanation and critique: a reply. *British Journal of Politics and International Relations, 6(2)*, 156~164.

Beyler, M.(2003). Globalization, Europeanization and domestic welfare state reforms. *Global Social Polciy, 3(2)*, 153~172.

Bijker, W.(1995). *Of Bicycles, Bakelites and Bulbs: Toward a Theory of Sociotechnical Change*. Cambridge, MA: MIT Press.

Blackman, T.(2006). *Placing Health: Neighbourhood Renewal, Health Improvement and Complexity*. Bristol: The Policy Press.

Blair, T.(1998a). Foreward. In Cabinet Office(ed), *Our Information Age: The Government's Vision*. London: Cabinet Office.

______(1998b). *The Third Way: New Politics for the New Century*. London: Fabian Society.

______(1999). Beveridge Lecture. Toynbee Hall, London, 18 March.

______(2007) Resignation speech, Sedgefield, 10 May.

Blair, T. & Schroeder, G.(1999). *Europe: The Third Way/Die Neue Mitte*. London: Labour Party.

Bloom, D., Kemple, J., Morris, P., Scrivener, S., Verma, N. & Hendra, R.(2000). *The Family Transition Program: Final Report on Florida's Initial Time-Limited Welfare Program*. New York, NY: Manpower Demonstration Research Corporation.

Boaz, A., Ashby, D. & Young, K.(2002). *Systematic Reviews: What Have They Got to Offer Evidence Based Policy and Practice?*. Working Paper 2. London: ESRC UK Centre for Evidence Based Policy and Practice.

Bolderson, H. & Mabbet, D. with Hudson, J., Rowe, M. & Spicker, P.(1997). *Delivering Social Security: A Cross-National Study*. London: HMSO.

Börzel, T. A.(1998). Organizing Babylon - on the different conceptions of policy networks. *Public Administration, 76*, 253~273.

Bostrom, N.(2003). Are you living in a computer simulation?. *Philosophical Quarterly, 53*, 243~255.

Brown, J. & Kiernan, N.(2001). Assessing the subsequent effect of a formative evaluation on a program. *Evaluation and Program Planning, 24*, 129~143.

BT(2000). *eGovernment: Ready or Not?*. London: BT.

Burnett, J.(1986). *A Social History of Housing*(2nd edition). London: Methuen.

Burrows, R. & Loader, B.(1994). *Towards a Post-Fordist Welfare State?*. London: Routledge.

Button, J. & Murphy, K.(2007). How the British came, saw and helped Rudd. *Sydney Morning*

Herald, 17 December, online at http://www.theage.com.au/news/national/how-the-british-came-saw-and-helped-rudd/2007/12/16/1197740090746.html

Bryne, D.(1998). *Complexity Theory and the Social Sciences: An Introduction.* London: Routledge.

Cabinet Office(1998). *Our Information Age: The Government's Vision.* London: Cabinet Office.

____________(1999). *Modernising Government.* London: Cabinet Office.

____________(2000). *e-Government: A Strategic Framework for Public Services in the Information Age.* London: Cabinet Office.

____________(2003). *Trying it out: The Role of 'pilots' in Policy-Making.* London: Cabinet Office/Prime Minister's Strategy Unit.

____________(2005). *Transformational Government: Enabled by Technology.* London:

Callaghan, J.(1976). Speech to Labour Party Annual Conference. Blackpool, 28 September.

Carroll, L.(1865). *Alice's Adventures in Wonderland.* London: Macmillan.

Carter, N., Klein, R. & Day, P.(1992). *How Organisations Measure Success: The Use of Performance Indicators in Government.* London: Routledge.

Castells, M.(1977). *The Urban Question.* London: Edward Arnold.

__________(1996). *The Rise of the Network Society: The Information Age: Economy, Society and Culture, Vol I.* Oxford: Blackwell. 마뉴엘 카스텔 지음. 김묵한, 박행웅, 오은주 옮김.『네트워크 사회의 도래』. 한울. 2003.

__________(1997a). *The Power of Identity: The Information Age: Economy, Society and Culture, Vol II.* Oxford: Blackwell. 마뉴엘 카스텔 지음. 정병순 옮김.『정체성 권력』. 한울, 2008.

__________(1997b). *The End of the Millennium: The Information Age: Economy, Society and Culture, Vol III.* Oxford: Blackwell. 마뉴엘 카스텔 지음. 박행웅, 이종삼 옮김.『밀레니엄의 종언』. 한울. 2003.

__________(2000a). Materials for an exploratory theory of the network society. *British Journal of Sociology, 51,* 5~24.

__________(2000b). *The Rise of the Network Society: The Information Age: Economy, Society and Culture*(2nd edition). Oxford: Blackwell.

Castells, M. & Himanen, P.(2002). *The Information Society and the Welfare State: The Finnish Model.* Oxford: Oxford University Press.

Castles, F. G.(1998). *Comparative Public Policy: Patterns of Post-War Transformation.* Cheltenham: Edward Elgar.

__________(2001). *Do Institutions Matter? One Question, Two Approaches.* Inaugural lecture. Edinburgh: University of Edinburgh.

Cawson, A.(1982). *Corporatism and Welfare.* London: Heinemann.

Cerny, P.(1990). *The Changing Architecture of Politics: Structure, Agency and the Future of the State.* London: Sage Publications.

Cerny, P. & Evans, M.(1999). *New Labour, Globalization, and the Competition State.* Working Paper No 70. Harvard, MA: Centre for European Studies. Havard University.

______________________(2004). Globalisations and public policy under New Labour. *Policy Studies, 25,* 51~65.

Chapman, J. (2004). *System Failure: Why Governments Must Learn to Think Differently*(2nd edition). London: Demos, online at www.demos.co.uk/publications/systemfailure2

Charter 88(1993). *Towards a Written Constitution: Proceedings of the Charter 88/Independent Constitutional Convention.* London: Charter 88.

Clark, C.(1940). *The Conditions of Economic Progress.* London: Macmillan.

Clery, E., McKay, S., Phillips, M. & Robinson, C.(2007). *Attitudes to Pensions: The 2006 Survey.* London: DWP/HMRC.

Clinton, B.(1997). Second Inaugural Address, 20 January, online at http://millercenter.org/scripps/archive/speeches/detail/3443

Cohen, M. J., March, J.G. & Olsen, J.(1972). A Garbage can model of organisational choice. *Administrative Science Quarterly, 17,* 1~25.

Conscrvative Party(1978). *Conservative Party Manifesto for 1978 General Election - 2nd Draft,* www.margaretthatcher.org/record/displaydocument.asp?docid=110273(unpublished archive material).

______________(1979). *The Conservative Manifesto 1979.* London: Conservative Party.

CRD(Centre for Reviews and Dissemination)(2001). Undertaking Systematic Reviews of Research on Effectiveness. York: NHS Centre for Reviews and Dissemination. University of York.

Crenson, M. A.(1971). *The Unpolitics of Air Pollution: A Study of Non-Decision Making in the Cities.* Baltimore, MD: Johns Hopkins University Press.

Crick, B.(1962). *In Defence of Politics.* London: Weidenfeld and Nicolson.

Curthoys, N.(2003). *SmartGov: Renewing Electronic Government for Improved Service Delivery.* London: iSociety/Work Foundation.

Dahl, R.(1961). *Who Governs? Democracy and Power in an American City.* New Haven, CT: Yale University Press.

______(1967). *Pluralist Democracy in the United States.* Chicago, IL: Rand McNally.

David, M.(2002). Introduction: themed section on evidence-based policy as a concept for modernising governance and social science research. *Social Policy and Society, 1,* 213~214.

Davies, H., Nutley, S. & Smith, P.(1999). Editorial: what works? The role of evidence in public sector policy and practice. *Public Money and Management, 18,* 3~5.

__________________________(2000). *What Works? Evidence-Based Policy and Practice in Public Services.* Bristol: The Policy Press.

Davies, J.(2002). The governance of urban regeneration: a critique of the "governing with government" thesis. *Public Administration, 80,* 301~322.

Dawkins, R.(1976). *The Selfish Gene.* Oxford: Oxford University Press. 리처드 도킨스 지음. 홍영남, 이상임 옮김.『이기적 유전자: 진화론의 새로운 패러다임』. 을유문화사, 2010.

Deacon, A.(2000). Learning from the US? The influence of American ideas upon "New Labour" thinking on welfare reform. *Policy & Politics, 28,* 5~18.

Deacon, B.(2001). International organizations, the EU and global social policy. In R. Sykes, B. Palier & P. M. Prior(eds), *Globalization and European Welfare States.* Basingstoke: Palgrave.

Delanty, G.(1999). *Social Theory in a Changing World.* Cambridge: Polity Press.

Diamond, P. & Giddens, A.(2005). The new egalitarianism. In A. Giddens & P. Diamond(eds), *The New Egalitarianism.* London: Policy Network.

DiMaggio, P. J. & Powell, W. W.(1991). *The New Institutionalism in Organizational Analysis.* Chicago, IL: University of Chicago Press.

Dolan, C. & Barrientos, S.(2003). Labour flexibility in African horticulture. *Insights: Development Research, No 47.* Brighton: Institute of Development Studies, University of Sussex.

Dolowitz, D. P.(1997). British employment policy in the 1980s: learning from the American experience. *Governanace - An International Journal of Policy and Administration, 10,* 23~42.

___________(2001). The British Child Support Agency: did American origins bring failure?. *Environment and Planning C: Government and Policy, 19,* 373~389.

Dolowitz, D.(2000a). *Policy Transfer and British Social Policy: Learning from the USA?.* Buckingham: Open University Press.

___________(2000b). Policy transfer: a new framework for analysis. In D. Dolowitz(ed), *Policy Transfer and British Social Policy: Learning from the USA?.* Buckingham: Open University Press.

___________(2000c). Welfare: the Child Support Agency. In D. Dolowitz(ed), *Policy Transfer and British Social Policy: Learning from the USA?.* Buckingham: Open University Press.

Dolowitz, D. & Marsh, D.(1996). Who learns what from whom: a review of the policy transfer literature. *Political Studies, 44,* 343~357.

Dolowitz, D. P. & Marsh, D.(2000). Learning from abroad: the role of policy transfer in contemporary policy-making. *Governance-An International Journal of Policy and Administration, 13,* 5~24.

Dolowitz, D., Greenwold, S. & Marsh, D.(1999). Policy transfer: something old, something new, something borrowed, but why red, white and blue?. *Parliamentary Affairs, 52,* 719~730.

Dorey, P.(2001). *Wage Politics in Britain: The Rise and Fall of Incomes Policies since 1945*. Brighton: Sussex Academic Press.

Dowding, K.(1995). Model or metaphor? A critical review of the policy network approach. *Political Studies, 49,* 136~158.

__________(2001). There must be an end to confusion: policy networks, intellectual fatigue, and the need for political science methods courses in British universities. *Political Studies, 49,* 89~105.

DTI(Department of Trade and Industry)(2000). *Closing the Digital Divide: Information and Communication Technologies in Deprived Areas*. London: DTI.

Duke, K.(2002). Getting beyond the "official line": reflections on dilemmas of access, knowledge and power in researching policy networks. *Journal of Social Policy, 31,* 39~59.

Dunleavy, P.(2003). Analysing Political Power. In P. Dunleavy, A. Gamble, R. Heffernan & G. Peele(eds), *Developments in British Politics,* 7(pp. 338~359). Basingstoke, Palgrave Macmillan.

Dunsire, A.(1990). Implementation theory and bureaucracy. In T. Younis(ed), *Implementation in Public Policy*. Aldershot: Dartmouth.

Elmore, R.(1978). Organizational models of social program implementation. *Public Policy, 26,* 185~228.

__________(1979). Backward mapping. *Political Science Quarterly, 94,* 601~616.

Elster, J.(1989). *The Cement of Society*. Cambridge: Cambridge University Press.

Esping-Andersen, G.(1990). *The Three Worlds of Welfare Capitalism*. Cambridge: Polity Press. 에스핑-앤더슨 지음. 박시종 옮김. 『복지자본주의의 세 가지 세계』. 성균관대학교 출판부. 2007.

__________(1996). *Welfare States in Transition: National Adaptations in Global Economies*. London: Sage Publications. 에스핑-앤더슨 엮음. 한국사회복지학연구회 옮김. 『변화하는 복지국가』. 인간과복지. 1999.

Estevez-Abe, M., Iversen, T. & Soskice, D.(2001). Social protection and the formation of skills: a reinterpretation of the welfare state. In P. Hall & Soskice(eds), *Varieties of Capitalism: The Institutional Foundations of Competitive Advantage*. Oxford: Oxford University Press.

EU(European Union)(1994). *Europe and the Global Information Society*(The Bangemann Report). Brussels: EU.

European Commission(2001). *Eurobarometer: Les Europeens, La Globalisation et la Liberalisation: Report 55.1*. Brussels: EC.

Evans, M.(1999a). *Policy Networks: A British Perspective. Working Paper No 16*. York: Department of Politics, University of York.

__________(1999b). Policy transfer networks and collaborative government: the case of social security fraud. *Public Policy and Administration, 12,* 30~48.

__________(2001). Understanding dialectics in policy networks. *Political Studies, 49,* 542~550.

__________(2004a). Policy transfer networks: an insider perspective. In M. Evans(ed), *Policy Transfer in Global Perspective.* Aldershot: Ashgate, 45~63.

__________(2004b). Understanding policy transfer. In M. Evans(ed), *Policy Transfer in Global Perspective*(pp. 10~44). Aldershot: Ashgate.

Evans, M. & Cerny, P.(2003). Globalisation and social policy. In N. Ellison & C. Pierson(eds), *Developments in British Social Policy 2.* Basingstoke: Palgrave.

Evans, M. & Davies, J.(1999). Understanding policy transfer: a multi-level, multi disciplinary perspective. *Public Administration, 77,* 361~385.

Exworthy, M. & Powell, M.(2002). Big windows and little windows: implementation in the "Congested State". *Public Administration, 82,* 263~281.

Finlayson, A.(2004). The interpretive approach in political science: a symposium. *British Journal of Politics and International Relations, 6(2),* 129~165.

Flora, P.(1986). Introduction. In P. Flora(ed), *Growth in Limits: The Western European Welfare States since World War II, Vol 1.* Berlin: De Gruyter.

Florida, R.(2002). *The Rise of the Creative Class.* London: Basic Books.

__________(2005a). *Cities and the Creative Class.* London: Routledge.

__________(2005b). *The Flight of the Creative Class: The New Global Competition for Talent.* London: HarperCollins.

Foucault, M.(1977). *Discipline and Punishment: The Birth of the Prison.* Harmondsworth: Penguin. 미셸 푸코 지음. 오생근 옮김. 『감시와 처벌』. 나남출판, 2007.

__________(1997). *The History of Sexuality, Vol 3: The Case of the Self.* London: Penguin. 미셸 푸코 지음. 이혜숙, 이영목 옮김. 『성의 역사 3권: 자기에의 배려』. 나남출판, 1990.

__________(1998a). *The History of Sexuality, Vol 1: An Introduction.* London: Penguin. 미셸 푸코 지음. 이규현 옮김. 『성의 역사 1권: 앎의 의지』. 나남출판, 1990.

__________(1998b). *The History of Sexuality, Vol 2: The Use of the Self.* London: Penguin. 미셸 푸코 지음. 문경자, 신은영 옮김. 『성의 역사 2권: 쾌락의 활용』. 나남출판, 1990.

Fraser, D.(2003). *The Evolution of the British Welfare State: A History of Social Policy since the Industrial Revolution.* Basingstoke: Palgrave.

George, V. & Wilding, P.(2002). *Globalization and Human Welfare.* Basingstoke: Palgrave. 빅 조지, 폴 윌딩 지음. 김영화 외 옮김. 『세계화와 인간복지』. 삼우사, 2004.

Geva-May, I. & Pal, L.(1999). Good fences make good neighbours: policy evaluation and policy analysis-exploring the differences. *Evaluation, 5,* 259~277.

Giddens, A.(1984). *The Constitution of Society: Outline of the Theory of Structuration.* Cambridge:

Polity Press. 앤서니 기든스 지음. 황명주, 정희태, 권진현 옮김. 『사회구성론』. 간디서원. 2006.

__________(1990). *The Consequences of Modernity*. Cambridge: Polity Press. 앤서니 기든스 지음. 이윤희, 이현희 옮김. 『포스트모더니티』. 민영사, 1991.

__________(1999). *Runaway World: How Globalization is Reshaping Our Lives*. London: Profile Books. 앤서니 기든스 지음. 박찬욱 옮김. 『질주하는 세계』. 생각의 나무. 2000.

__________(2000). *The Third Way and its Critics*. Cambridge: Polity Press. 앤서니 기든스 지음. 한상진, 박찬욱 옮김. 『제3의 길』. 생각의 나무. 1999.

Gladstone, D.(1995). *British Social Welfare: Past, Present and Future*. London: UCL Press.

Gladwell, M.(2005). *Blink: The Power of Thinking without Thinking*. London: Penguin.

Glennerster, H.(1995). *British Social Policy since 1945*. Oxford: Blackwell.

Golding, P.(2000). Forthcoming features: information and communications technologies and the sociology of the future. *British Journal of Sociology, 34,* 156~184.

Gough, I.(1983). Thatcherism and the Welfare State. In S. Hall & M. Jacques(eds), *The Politics of Thatcherism*(pp. 148~168). London: Lawrence and Wishart.

Gould, S. J. & Eldredge, N.(1977). Punctuated equilibria: the tempo and mode of evolution reconsidered. *Paleobiology, 3,* 115~151.

Gramsci, A.(1971). *Selections from the Prison Notebooks*(ed Q. Hoare). New York: International Publishers. 안토니오 그람시 지음. 이상훈 옮김. 『그람시의 옥중수고 1, 2』. 거름. 1999.

Greener, I.(2002). Understanding NHS reform: the policy-transfer, social learning, and path-dependency perspectives. *Governance-An International Journal of Policy and Administration, 15,* 161~183.

Greenstein, F. I.(1969). *Personality and Politics: Problems of Evidence, Inference and Conceptualization*(2nd edition). Princeton, NJ: Princeton University Press.

______________(1992). Can personality and politics be studied systematically?. *Political Psychology, 13,* 105~128.

Gunn, L. A.(1978). Why is perfect implementation so difficult?. *Management Services in Government, 33,* 169~176.

Hass, E. B.(1990). *When Knowledge is Power: Three Models of Change in International Organisations*. Berkley and Los Angeles, CA: California University Press.

Hall, P.(1992). The movement from Keynesianism to monetarism: institutional analysis and economic policy in the 1970's. In S. Steinmo, K. Thelen & F. Longstreth(eds), *Structuring Politics: Historical Institutionalism in Comparative Analysis*. Cambridge: Cambridge University Press.

______(1993). Policy paradigms, social learning and the state: the case of economic policymaking in Britain. *Comparative, 25,* 275~296.

Hall, P. A. & Soskice, D.(2001). An introduction to varieties of capitalism. In P. A. Hall & D. Soskice(eds), *Varieties of Capitalism: The Institutional Foundations of Competitive Advantage*. Oxford: Oxford University Press.

Hall, P. & Taylor, R.(1996). Political science and the three new institutionalisms. *Political Studies, 44,* 936~957.

Ham, C.(1999). *Health Policy in Britain: The Politics and Organisation of the National Health Service.* Palgrave: Basingstoke.

Hansard(1991). House of Commons Debates, Vol 191(13~23 May 1991). London: HMSO.

_______(2006). House of Commons Debates, Volume 444, Part No 130, 22 March, online at www.publicationsparliament.uk/pa/cm200506/cmhansrd/vo060322/debindx/ 60322-x.htm.

Hardey, M.(1999). Doctor in the house: the Internet as a source of lay health knowledge and the challenge to expertise. *Sociology of health and Illness, 21,* 820~835.

Harvey, D.(1973). *Social Justice and the City.* Oxford: Blackwell. 데이비드 하비 지음. 최병두 옮김. 『사회 정의와 도시』. 종로서적, 1983.

Hasluck, C.(2000). *Early Lessons from the Evaluation of New Deal Programmes.* London: Employment Service.

Haubrich, D.(2001). UK rail privatisation five years down the line: an evaluation of nine policy objectives. *Policy & Politics, 29,* 317~336.

Hay, C.(1999). *The Political Economy of New Labour: Labouring under False Pretences.* Manchester: Manchester University Press.

_______(2002). *Political Analysis: A Critical Introduction.* Basingstoke: Palgrave.

Hayward, C.(2006). On power and responsibility. *Political Studies Review, 4,* 156~163.

Helco, H.(1974). *Modern Social Politics in Britain and Sweden.* New Haven, CT: Yale University Press.

Heffernan, R.(2002). The possible as the art of politics: understanding consensus politics. *Political Studies, 50,* 742~760.

Held, D., McGrew, A.(eds)(2000). *The Global Transformations Reader.* Cambridge: Polity Press.

Held, D., McGrew, A., Goldblatt, D. & Perraton, J.(1999). *Global Transformations: Politics, Economics and Culture.* Cambridge: Polity Press. 데이비드 헬드, 앤서니 맥그류, 데이비드 골드블라트, 조너선 페라턴 지음. 조효제 옮김. 『전지구적 변환』. 창작과비평사. 2002.

Henkel, M.(1991). The new evaluative state. *Public Administration, 69,* 121~136.

Hill, M.(1993). *The Welfare State in Britain: A Political History since 1945.* Aldershot: Edward Elgar.

_______(1997). *The Policy Process in the Modern State*(3rd edition). London: Prentice Hall/Harvester Wheatsheaf.

________(2003). *Understanding Social Policy*. Oxford: Blackwell.

Hill, M. & Hupe, P.(2002). *Implementing Public Policy*. London: Sage Publications.

Hirst, P. & Thompson, G.(1999). *Globalization in Question*(2nd edition). Cambridge: Polity Press.

HM Treasury(1998). *Modern Public Services for Britain: Investing in Reform. Comprehensive Spending Review 2000: New Public Spending Plans 1999~2002*. London: The Stationery Office.

________(2000). *Prudent for a Purpose: Building Opportunity and Security for All. Comprehensive Spending Review 2000: New Public Spending Plans 2001~2004*. London: The Stationery Office.

________(2002a). *2002 Spending Review: Public Service Agreements*. London: The Stationery Office.

________(2002b). *Opportunity and Security for All: Investing in an Enterprising, Fairer Britain. Comprehensive Spending Review: New Public Spending Plans 2003~2006*. London: The Stationery Office.

Hobbes, T.(1651). *Leviathan*. London: Andrew Crooke.

Hogwood, B. & Gunn, L.(1983). *Policy Analysis for the Real World*. Oxford: Oxford University Press.

Holden, C.(2002). The internationalization of long term care provision: economics and provision. *Global Social Policy, 2*, 47~67.

Holliday, I.(2000). Is the British state hollowing out?. *The Political Quaterly*, 167~176.

Homans, G.(1961). *Social Behaviour: Its Elementary Forms*. London: Routledge.

Hood, C.(1991). A public management for all seasons. *Public Administration, 69(1)*, 3~19.

________(1995). The New Public Management in the 1980s: variations on a theme. *Public Adiministration, vol 20, no 2~3*, 93~109.

Hooghe, D. & Marks, G.(2001). *Multi-Level Governance and European Integration*. Lanham, MD: Rowan and Littlefield.

Horsfall, D.(2010). From competition state to competition states?. *Policy Studies, 31(1)*, 57~76.

Houghton, D.(1996). The role of analogical reasoning in novel foreign policy situations. *British Journal of Political Science, 26(4)*, 523~552.

________(1998a). Historical analogies and the cognitive dimension of domestic policymaking. *Political Psychology, 19(2)*, 279~303.

________(1998b). Analogical reasoning and policymaking: where and when is it used?. *Policy Sciences, 31(3)*, 151~176.

House of Commons Public Administration Committee(2003). *Fifth Report: On Target? Government by Measurement*, HC 62-I. London: The Stationery Office.

House of Lords Science & Technology Select Committee(1997). *Information Society: 5th Report. Agenda for Action in the UK.* HL Paper 77. London: The Stationery Office.

Huchthausen, P. A.(2002). *October Fury.* New Jersey: John Wiley and Sons.

Hudson, B. & Hardy, B.(2001). Localization and partnership in the "New National Health Service": England and Scotland compared. *Public Administration, 79,* 315~335.

Hudson, J.(1999). Informatization and public administration: a political science perspective. *Information, Communication and Society, 2,* 318~339.

__________(2002). Digitising the structures of government: the UK's information age government agenda. *Policy & Politics, 30,* 515~531.

__________(2003). e-galitarianism? The information society and New Labour's repositioning of welfare. *Critical Social Policy, 23,* 268~290.

__________(2006). Inequality and the knowledge economy: running to stand still?. *Social Policy and Society, 5,* 207~222.

__________(2007). Learns lessons. In H. Bochel & S. Duncan(eds), *Making Policy in Theory and Practice.* Bristol: The Policy Press.

__________(2008). E-government in the United Kingdom. In A. Anttiroiko(ed), *Electronic Government: Concepts, Methodologies, Tools, and Applications.* London: Information Science Reference.

__________(2009). Information technology and social security. In J.Millar(ed), *Understanding Social Security*(2nd edition). Bristol: The Policy Press.

Hudson, J. & Kuhner, S.(2009). Towards productive welfare? A comparative analysis of 23 countries. *Journal of European Social Policy, 19(1),* 34~46.

Hudson, J., Lowe, S., Oscroft, N. & Snell, C.(2007). Activating policy networks: a case study of local environmental policy-making in the United Kingdom. *Policy Studies, 28,* 55~70.

Hudson, J., Hwang, G. & Kuhner, S.(2008). Between ideas, institutions and interests: analysing Third Way welfare reform programmes in Germany and the United Kingdom. *Journal of Social Policy, 27,* 207~320.

Hulme, R.(2005). Policy transfer and the internationalisation of social policy. *Social Policy and Society, 4,* 417~425.

Hutton, W. & Giddens, A.(eds)(2001). *On the Edge: Living with Global Capitalism.* London: Vintage.

Huxham, M. & Sumner, D.(1999). Emotion, science and rationality: the case of the Brent Spar. *Environmental Values, 8,* 349~368.

Hwang, G.(2006). *Pathways to State Welfare in Korea: Interests, Ideas and Institutions.* Aldershot: Ashgate.

IBM(2002). *e-Business Utilisation in Social Security: 2001 Update.* Basingstoke: IBM UK Limited.

Immergut, E.(1990). Institutions, veto points and policy results: a comparative analysis of health care. *Journal of Public Policy, 10,* 391~416.

__________(1992a). *Health Politics: Interests and Institutions in Western Europe.* Cambridge: Cambridge University Press.

__________(1992b). The rules of the game: the logic of health policy-making in France, Switzerland, and Sweden. In S. Steinmo, K. Thelen & F. Longstreth(eds), *Structuring Politics: Historical Institutionalism in Comparative Analysis.* Cambridge: Cambridge University Press.

IPPR(Institute for Public Policy Research)(1994). *Social Justice: Strategies for National Renewal.* London: Viking.

James, O. & Lodge, M.(2003). The limitations of "policy transfer" and "lesson drawing" for public policy research. *Political Studies Review, 1,* 179~193.

Jenkins, R. & Sen, K.(2003). Globalisation and manufacturing employment. *Insights: Development Research, No 47.* Brighton: University of Sussex, Institute of Development Studies.

Jessop, B.(1994). *The transition to post-Fordism and the Schumpeterian workfare state?.* London: Routledge.

________(1999). The changing governance of welfare: recent trends in its primary functions, scale, and modes of coordination. *Social Policy and Administration, 33,* 348~359.

________(2000). From the KWNS to the SWPR. In G. Lewis, S. Gewirtz & J. Clarke(eds), *Rethinking Social Policy.* London: Sage Publications.

Johnson, T.(1972). *Professions and Power.* London: Macmillan.

Jones, K.(2000). *The Making of Social Policy in Britain: From the Poor Law to New Labour.* London: Athlone.

Jordan, G.(1998). Indirect causes and effects in policy change: the Brent Spar case. *Public Administration, 76,* 713~740.

Julnes, G., Mark, M. & Henry, G.(1998). Promoting realism in evaluation: realistic evaluation and the broader context. *Evaluation, 4,* 483~504.

Kavanagh, D.(1990). *Thatcherism and British Politics: The End of Consensus?.* Oxford: Oxford University Press.

Keohane, R. & Raustiala, K.(2008). *Towards a Post-Kyoto Climate Change Architecture: A Political Analysis: Havard Project on International Climate Agreement,* Discussion Paper 08-01. Boston: JF Kennedy School of Government. Havard University.

Kettl, D.(2000). *The Global Public Management Revolution: A Report on the Transformation of Governance.* Washington, DC: Brookings Institute.

Keynes, J. M.(1936). *The General Theory of Employment, Interest and Money.* Cambridge: Cambridge University Press. 존 메이너드 케인스 지음. 이주명 옮김.『고용, 이자, 화폐의 일반이론』. 필맥. 2010.

Kickert, W. J. M. & Koppenjan, J. F. M.(1997). Public management and network management: an overview. In W. J. M. Kickert, E. H. Klijn & J. F. M. Koppenjan(eds), *Managing Complex Networks: Strategies for the Public Sector*(pp. 35~61). London: Sage Publications

Kickert, W. J. M., Klijn, E. H. & Koppenjan, J.F.M.(eds)(1997). *Managing Complex Networks: Strategies for the Public Sector.* London: Sage Publications.

Kingdon, J. W.(1984). *Agendas, Alternatives and Public Policies.* Boston, MA: Little Brown.

Klijn, E. -H.(1997). Policy networks. In W. J. M. Kickert, E. H. Klijn & J. F. M. Koppenjan(eds), *Managing Complex Networks: Strategies for the Public Sector*(pp. 14~34). London: Sage.

Knill, C. & Lehmkuhl, D.(1999). How Europe matters: different mechanisms of Europeanization. *European Integration Online Papers, 3(7),* http://eiop.or.at/eiop/texte/1998-007a.htm

Knoke, D.(1998). Who steals my purse steals trash: the structure of organizational influence reputation. *Journal of Theoretical Politics, 10,* 507~530.

Krasner, S.(1988). Sovereignty: an institutional perspective. *Comparative Political Studies, 21,* 66~94.

Kuhn, T.(1970). *The Structure of Scientific Revolution.* Chicago, IL: University of Chicago Press. 토머스 쿤 지음. 김명자 옮김.『과학혁명의 구조』. 까치글방, 1999.

Kühner, S.(2003). *About the dream of perpetual expansion: welfare consolidation in comparative perspective.* Unpublished MA thesis, University of York.

Lasswell, H. D.(1930). *Psychopathology and Politics.* Chicago, IL: University of Chicago Press. ______________(1948). *Power and Personality.* New York: W. W. Norton. 해럴드 라스웰 지음. 백승기 옮김.『권력과 인간』. 전망사, 1981.

Lasswell, H.(1951). The Policy Orientation. In D. Lerner & H. Lasswell(eds), *The Policy Sciences: Recent Developments in Scope and Method.* Stanford, CA: Stanford University Press.

Latour, B.(1999). On recalling ANT. In J. Law & J. Hassard(eds), *Actor Network and After.* Oxford: Blackwell.

Leer, A.(1999). *Masters of the Wired World: Cyberspace Speaks Out.* London: Pearson.

Leicestor, G.(1999). The seven enemies of evidence-based policy. *Public Money & Management, 19,* 5~7.

Lewis, G., Gewirtz, S. & Clarke, J.(2000). *Rethinking Social Policy.* London: Sage Publications.

Lindblom, C. E.(1959). The science of muddling through. *Public Administration Review, 19,*

78~88.

______________(1977). *Politics and Markets*. New York: Basic Books.

______________(1979). Still muddling through. *Public Administration Review, 39(6),* 517~525.

______________(1988). *Democracy and Market System*. Oslo: Norwegian University Press.

Lindblom, C. & Woodhouse, E.(1993). *The Policy-making Process*. Englewood Cliffs, NJ: Prentice Hall.

Linden, G., Kraemer, J. & Dedrick, J.(2007). *Who Captures Value in a Global Innovation System? The Case of Apple's iPod*. California, CA: Personal Computing Industry Center.

Lipsky, M.(1971). Street-level bureaucracy and the analysis of urban reform. *Urban Affairs Quaterly, 6,* 391~409.

__________(1979). *Street-Level Bureaucracy*. New York: Russell Sage Foundation.

Lowe, S.(1986). *Urban Social Movements: The City after Castells*. Houndmills: Macmillan.

________(2004). *Housing Policy Analysis: British Housing in Comparative and Cultural Context*. Basingstoke: Palgrave/Macmillan.

Lowe, S., Keenan, P. & Spencer, S.(1999). Housing abandonment in inner cities: the politics of low demand for housing. *Housing Studies, 14(5),* 703~716.

Lowndes, V.(1997). Varieties of New Institutionalism: a critical appraisal. *Public Administration, 74(2),* 181~197.

Lukes, S.(1974). *Power: A Radical View*. London: Macmillan. 스티븐 룩스 지음. 서규환 옮김. 『3차원적 권력론』. 나남. 1992.

________(2005). *Power: A Radical View*(2nd edition). New York: Palgrave/Macmillan.

Lush, L., Walt, G. & Ogden, J.(2003). Transferring policies for treating sexually transmitted infections: what's wrong with global guidelines?. *Health Policy and Planning, 18,* 18~30.

McGrew, A. G. & Lewis, P.(1992). *Global Politics: Globalization and the Nation State*. Cambridge: Polity Press.

MacKenzie, D. & Wajcman, J.(1999). *Social Shaping of Technology*. Buckingham: Open University Press.

Machlup, F.(1962). *The Production and Distribution of Knowledge in the United States*. Princeton, NJ: Princeton University Press.

March, J. G. & Olsen, J. P.(eds)(1976). *Ambiguity and Choice in Organizations*. Olso: Universitetsforlaget.

March, J. G. & Olsen, J. P.(1984). The new institutionalism: organizational factors in political life. *American Political Science Review, 78,* 734~749.

____________________(1989). *Rediscovering Institutions: The Organizational Basis of Politics*. New York, NY: Free Press.

Marsh, D.(1998). *Comparing Policy Networks*. Buckingham: Open University Press.

Marsh, D. & Rhodes, R. A. W.(1992a). *Implementing Thatcherite Policies: Audit of an Era*. Buckingham: Open University Press.

__________________________(1992b). Policy communities and issue networks: beyond typology. In D. Marsh & R. A. W. Rhodes(eds), *Policy Networks in British Government*. Oxford: Clarendon Press.

__________________________(1992c). *Policy Networks in British Government*. Oxford: Clarendon Press.

__________________________(1992d). Policy networks in British politics. In D. Marsh & R. A. W. Rhodes(eds), *Policy Networks in British Government*. Oxford: Clarendon Press.

Marsh, D. & Smith, M. J.(2000). Understanding policy networks: towards a dialectical approach. *Political Studies, 48,* 4~21.

__________________________(2001). There is more than one way to do political science: on different ways to study policy networks. *Political Studies, 49,* 528~541.

Marsh, D., Richards, D. & Smith, M. J.(2000). Re-assessing the role of department Cabinet ministers. *Public Administration, 78(2),* 305~326.

Marshall, T. H.(1950). Citizenship and social class. In T. H. Marshall(ed), *Citizenship and Class and Other Essays*. Cambridge: Cambridge University Press.

Masuda, Y.(1980). *The Information Society as Post-Industrial Society*. Washington, DC: World Future Society.

May, C.(2002). *The Information Society: A Sceptical View*. Cambridge: Polity Press.

Melucci, A.(1996). *Challenging Codes: Collective Action in the Information Age*. Cambridge: Cambridge University Press.

__________(1998). *The Playing Self*. Cambridge: Cambridge University Press.

Merton, R. K.(1957). *Social Theory and Social Structure*. Glencoe, IL: Free Press.

Michels, R.(1911). *Political Parties*. London: Constable; reprinted 1959.

Middlemass, K.(1979). *Politics in Industrial Society*. London: Andre Deutsch.

Middleton, S., Maguire, S., Ashworth, K., Legge, K., Legge, K., Allen, T., Perren, K., Battistin, E.,Emmerson, C.,Fitzsimmons, E. & Meghir, C.(2003). *The Evaluation of Education Maintenance Allowance Pilots: Three Year Evidence-a Quantitative Evaluation,* DfES Research Report RR499. London: DfES.

Mills, C. W.(1956). *The Power Elite*. Oxford: Oxford University Press. C. 라이트 밀즈 지음. 진덕규 옮김.『파워 엘리트』. 한길사, 1979.

Minton, A.(2003). *Northern Soul: Culture, Creativity and Quality of Place in Newcastle and Gateshead*. London: Demos, online at www.demos.co.uk/publications/northernsoul.

Morris, P.(2006). Steven Lukes on the concept of power. *Political Studies Review, 4,* 124~135.

Morris, P., Bloom, D., Kemple, J. & Hendra, R.(2003). The effects of a time-limited welfare program on children: the moderating role of parents' risk of welfare dependency. *Child Development, 74,* 851~874.

Mossberger, K. & Wolman, H.(2003). Policy transfer as a form of prospective policy evaluation: challenges and recommendations. *Public Administration Review, 63,* 428~440.

Mullins, D. & Riseborough, M.(2000). *What are Housing Associations Becoming.* Birmingham: Centre for Urban and Regional Studies, University of Birmingham.

Myles, J. & Pierson, P.(2001). The comparative political economy of pension reform. In P. Pierson(ed), *The New Politics of the Welfare State.* Oxford: Oxford University Press.

Nadvi, K. & Thoburn, J.(2003). Vietnam in the global garment and textile chain: impacts on firms and workers. *Journal of International Development, 16,* 111~123.

Negroponte, N.(1995). *Being Digital.* London: Vintage Books. 니콜라스 네그로폰테 지음. 백욱인 옮김. 『디지털이다』. 커뮤니케이션북스, 1999.

Newman, J.(2002). Putting the "policy" back into social policy. *Social Policy and Society, 1,* 347~354.

Nora, S. & Minc, A.(1980). *The Computerization of Society.* Cambridge, MA: MIT Press.

Norris, P.(2001). *Digital Divide. Civic Engagement, Information Poverty and the Internet Worldwide.* Cambridge: Cambridge University Press.

Offe, C.(1985). New social movements: challenging the boundaries of institutional politics. *Social Research, 52(4),* 817~868.

Ohmae, K.(1990). *The Borderless World.* London: Collins.

O'Neil, F.(2000). Health: the internal market and the reform of the NHS. In D. Dolowitz(ed), *Policy Transfer and British Social Policy: Learning from the US?.* Buckingham: Open University Press.

Orwell, G.(1945). *Animal Farm.* London: Secker and Warburg. 조지 오웰 지음. 김기혁 옮김. 『동물농장; 파리와 런던의 따라지 인생: 조지 오웰 소설』. 문학동네, 2010.

__________(1949). *Nineteen Eighty-Four.* London: Secker and Warburg. 조지 오웰 지음. 김기혁 옮김. 『1984』. 문학동네, 2009.

Osborne, D. & Gaebler, T.(1992). *Reinventing Government.* Reading, MA: Addison-Wesley.

Packwood, A.(2002). Review article: evidence-based policy: rhetoric and reality. *Social Policy and Society, 1,* 267~272.

Packwood, T., Keen, J. & Buxton, M.(1991). *Hospitals in Transition: The Resource Management Experiment.* Milton Keynes: Open University Press.

Page, E. & Mark-Lawson, J.(2007). Outward-looking policy making. In H. Bochel & S. Duncan(eds), *Policy Making in Theory and Practice.* Bristol: The Policy Press.

Palumbo, D.(1987). Politics and evaluation. In D. Palumbo(ed), *The Politics of Program Evaluation.* Newbury Park, CA: Sage Publications.

Parry, R.(2003). Invest and reform: spending review 2002 and its control regime. In C. Bochel, N. Ellison & M. Powell(eds), *Social Policy Review, 15*. Bristol: The Policy Press/Social Policy Association.

Parsons, W.(1995). *Public Policy: An Introduction to the Theory and Practice of Policy Analysis*. London: Edward Elgar.

Pawson, R.(2002a). Evidence-based policy: in search of a method. *Evaluation, 8*, 157~181.

__________(2002b). Evidence-based policy: the promise of realist synthesis. *Evaluation, 8*, 340~358.

Pawson, R. & Tilley, N.(1997). *Realistic Evaluation*. London: Sage Publications.

Peck, J. & Theodore, N.(2001). Exporting workfare/importing welfare-to-work: exploring the politics of Third Way policy transfer. *Political Geography, 20*, 427~460.

Pemberton, H.(2004). *Policy Learning and British Governance in the 1960s*. London: Palgrave.

Pierson, C.(2003). Learning from Labor? Welfare policy transfer between Australia and Britain. *Commonwealth and Comparative Politics, 41*, 77~100.

Pierson, C. & Castles, F. G.(2002). Australian antecedents of the Third Way. *Political Studies, 50*, 683~702.

Pierson, P.(1994). *Dismantling the Welfare State? Reagan, Thatcher and the Politics of Retrenchment*. Cambridge: Cambridge University Press. 폴 피어슨 지음. 박시종 옮김.『복지국가는 해체되는가: 레이건, 대처, 그리고 축소의 정치』. 성균관대학교 출판부, 2006.

__________(1995). Fragmented welfare states: federal institutions and the development of social policy. *Governance, 8*, 449~478.

__________(2001). *The New Politics of the Welfare State*. Oxford: Oxford University Press.

__________(2004). *Politics in Time: History, Institutions and Social Analysis*. Princeton, NJ: Princeton University Press.

PIU(Performance and Innovation Unit)(2000). *Adding It Up: Improving Analysis and Modelling in Central Government*. London: Cabinet Office/PIU.

Pollitt, C.(1993). *Managerialism and the Public Services*. Oxford: Blackwell.

__________(1994). The Citizens Charter: a preliminary analysis. *Public Money and Management, 14*, 9~14.

__________(1999). Stunted by stakeholders? Limits to collaborative evaluation. *Public Policy & Administration, 14*, 77~90.

__________(2001). Convergence: the useful myth?. *Public Administration, 79*, 933~947.

Pollitt, C. & Bouckaert, G.(2000). *Public Management Reform: A Comparative Analysis*. Oxford: Oxford University Press.

Popper, K.(1957). *The Poverty of Historicism*. London: Routledge & Kegan. 칼 포퍼 지음. 이석윤 옮김.『역사주의의 빈곤』. 벽호, 1993.

Powell, W. & Snellman, K.(2004). The knowledge economy. *Annual Review of Sociology, 30,* 199~220.

Power, A. & Mumford, K.(1999). *The Slow Death of Great Cities?.* York: Joseph Rowntree Foundation.

Pressman, J. & Wildavsky, A.(1973). *Implementation: How Great Expectations in Washington are Dashed in Oakland; or Why It's Amazing that Federal Programs Work at All, This Being a Saga of the Economic Development Administration as Told by Two Sympathetic Observers Who Seeks to Build Morals on a Foundation of Ruined Hopes.* Berkeley, CA: University of California Press(2nd edn, 1984).

Pullman, P.(1995~2000). *His Dark Materials Trilogy.* New York: Scholastic Point.

Quah, D.(1998). *The Weightless Economy in Economic Development,* CEP Discussion Papers 0417. London: Centre for Economic Performance, London School of Economics and Political Science.

Raab, J. & Kenis, P.(2007). Taking stock of policy networks: do they matter?. In F. Fisher, G. J. Miller & M. S. Sidney(eds), *Handbook of Public Policy Analysis: Theory, Politics and Methods*(pp. 187~200). London: CRC Press.

Ravetz, A. with Turkington, R.(1995). *The Place of Home: English Domestic Environments, 1914~2000.* London: E. and F. N. Spon.

Rhodes, R. A. W.(1988). Beyond Westminster and Whitehall: The Sub-Central Governments of Britain. London: Unwin-Hyman.

_______________(1990). Policy networks: a British perspective. *Journal of Theoretical Politics, 2,* 292~316.

_______________(1994). The hollowing out of the state. *Political Quarterly, 65,* 138~151.

_______________(1995). The institutional approach. In D. Marsh & G. Stoker(eds), *Theory and Methods in Political Science.* London: Macmillan.

_______________(1996a). The new governance: governing without government. *Political Studies, 44,* 652~667.

_______________(1996b). Governing without governance: order and change in British politics, Inaugural lecture. Newcastle University.

_______________(1997a). Foreword. In W. J. M. Kickert, E. H. Klijn & J. F. M. Koppenjan(eds), *Managing Complex Networks: Strategies for the Public Sector.* London: Sage Publications.

_______________(1997b). *Understanding Governance: Policy Networks, Governance, Reflexivity and Accountability.* Buckingham: Open University Press.

_______________(2006). Policy network analysis. In M. Moran, M. Rein & R. Goodin (eds), *The Oxford Handbook of Public Policy*(pp. 425~447). Oxford: Oxford University Press.

Richardson, J.(1999). Pressure groups and parties: a "haze of common knowledge" or the empirical advance of the discipline?. In J. Hayward, B. Barry & A. Brown(eds), *The British Study of Politics in the Twentieth Century*. Oxford: Oxford University Press.

Rosamond, B.(2003). The Europeanization of British politics. In P. Dunleavy, A. Gamble, R. Heffernan & G. Peele(eds), *Developments in British Politics 7*. Basingstoke: Palgrave/Macmillan.

Rose, R.(1991). What is lesson drawing?. *Journal of Public Policy, 11*, 3~30.

_______(2005). *Learning from Comparative Public Policy: A Practical Guide*. London: Routledge.

Ross, F.(2007). Questioning path dependence theory: the case of the British NHS. *Policy & Politics, 35*, 591~610.

Rothstein, B.(1998). *Just Institutions Matter: The Moral and Political Logic of the Universal Welfare State*. Cambridge: Cambridge University Press.

Russell, B.(1938). *Power: A New Social Analysis*. London: Routledge, reprinted 2004.

Sabatier, P. A.(1986a). Top-down and bottom-up approaches to implementation research: a critical analysis and suggested synthesis. *Journal of Public Policy, 6*, 21~48.

___________(1986b). What can we learn from implementation research?. In F.-X. Kaufman, G. Majone & V. Ostrom(eds), *Guidance, Control and Evaluation in the Public Sector: The Bielfield Interdisciplinary Project*. New York, NY: Walter de Gruyter.

___________(1988). An advocacy coalition framework of policy change and the role of policy-oriented learning therein. *Policy Sciences, 21*, 129~168.

Sabatier, P. A. & Mazmanian, P.(1979). The conditions of effect implementation: a guide to accomplishing policy objectives. *Policy Analysis, 5*, 481-504.

Sanderson, I.(2000). Evaluation in complex policy systems. *Evaluation, 6*, 433~454.

___________(2001). Performance management, evaluation and learning in "modern" local government. *Public Administration, 79*, 297~313.

___________(2002). Evaluation, policy learning and evidence-based policy making. *Public Administration, 80*, 1~22.

Schattschneider, E. E.(1960). *The Semisovereign People: A Realist's View of Democracy in America*. New York: Holt, Rinehart and Winston. E. E. 샤츠슈나이더 지음. 현재호, 박수형 옮김.『절반의 인민주권』. 후마니타스, 2008.

Scott, J.(1999). Rational choice theory. In G. Browning, A. Halcli, N. Hewlett & F. Webster(eds), *Theory and Society: Understanding the Present*. London: Sage Publications.

Seldon, A.(1994). Consensus: a debate too long. *Paliamentary Affairs, 47*, 501~514.

Servon, L.(2002). *Bridging the Digital Divide: Technology, Community and Public Policy*. Oxford: Wiley-Blackwell.

Simon, H.(1960). *The New Science of Management Decision*(2nd edition). Englewood Cliffs, NJ:

Prentice-Hall.

_________(1982). *Models of Bounded Rationality*. Cambridge, MA: MIT Press.

Skelcher, C.(2000). Changing images of the state: overloaded, hollowed-out and congested. *Public Policy and Administration, 15,* 3~19.

Skelcher, C., McCabe, A., Lowndes, V. & Nanton, P.(1997). *Community Networks in Urban Regeneration.* York: JRF.

Skocpol, T.(1992). *Protecting Soldiers and Mothers: The Political Origins of Social Policy in the United States.* Cambridge, MA: Harvard University Press.

Skocpol, T. & Amenta, E.(1986). States and social policies. *Annual Review of Sociology, 12,* 131~157.

Smith, G., Noble, M. & Wright, G.(2001). Do we care about area effects?. *Environment and Planning A, 33,* 1341~1344.

Smith, M.(1995). Pluralism. In D. Marsh & G. Stoker(eds), *Theory and Methods in Political Science.* Houndmills: Macmillan.

Smith, M. J.(1993). *Pressure, Power and Policy.* Hemel Hempstead: Harvester Wheatsheaf.

Solesbury, W.(2001). *Evidence Based Policy: Whence it Came and Where it's Going,* Working Paper 1. London: ESRC UK Centre for Evidence Based Policy and Practice.

Steinmo, S., Thelen, K. & Longstreth, F.(1992). *Structuring Politics: Historical Institutionalism in Comparative Perspective.* Cambridge: Cambridge University Press.

Stevens, D. & O'Hara, K.(2006). *Inequality.com: Power, Poverty and the Digital Divide.* London: Oneworld.

Stewart, L. H.(1992). *Changemakers: A Jungian Perspective on Sibling Position and the Family Atmosphere.* London: Routledge.

Stiglitz, J.(2001). *Globalization and its Discontents.* London: Penguin. 조지프 스티글리츠 지음. 송철복 옮김. 『세계화와 그 불만』. 세종연구원, 2002.

Stone, D.(1999). Learning lessons and transferring policy across time, space and disciplines. *Politics, 19,* 51~59.

_________(2000). Non-governmental policy transfer: the strategies of independent policy institutes. *Governance-An International Journal of Policy and Administration, 13,* 45~70.

_________(2001). Think tanks, global lesson-drawing and networking social policy ideas. *Global Social Policy, 1,* 338~360.

_________(2007). Recycling bins, garbage cans or think tanks? Three myths regarding policy analysis institutes. *Public Administration, 85,* 259~278.

Stone, R.(2002). *Lending Credibility: The International Monetary Fund and the Post-Communist Transition.* Princeton: Princeton University Press.

Street, J.(1992). *Politics and Technology.* London: Macmillan.

Stubbs, P.(2002). Globalisation, memory and welfare regimes in transition: towards an anthropology of transnational policy. *International Journal of Social Welfare, 11,* 321~330.

Summers, R. & Heston, A.(1991). The Penn world table(Mark 5). *Quarterly Journal of Economics, 106(2),* 327~368.

Swank, D.(2001). Political institutions and welfare state restructuring: the impact of institutions on social policy change in developed democracies. In P. Pierson(ed), *The New Politics of the Welfare State.* Oxford: Oxford University Press.

__________(2002). *Global Capital, Political Institutions and Policy Change in Developed Welfare States.* Cambridge: Cambridge University Press.

Tanzi, V.(2001). Taxation and the future of social protection. In A. Giddens(ed), *The Global Third Way Debate.* Cambridge: Polity Press.

Tatch, J.(2007). Affordability: Are Parents Helping?. *Housing Finance, Issue 3.*

Taylor, F. W.(1911). Scientific Management. New York: Harper and Row; reprinted 1947.

Taylor-Gooby, P.(ed)(2005). *Ideas and Welfare State Reform in Western Europe.* London: Palgrave Macmillan.

Temple, M.(2000). New Labour's Third Way: pragmatism and governance. *British Journal of Politics and International Relations, 2,* 302~325.

Thelen, K. & Steinmo, S.(1992). Historical institutionalism. In S. Steinmo, K. Thelen & F. Longstreth(eds), *Structuring Politics: Historical Institutionalism in Comparative Perspective.* Cambridge: Cambridge University Press.

Theodore, N. & Peck, J.(2001). Searching for best practice in welfare-to-work: the means, the method and the message. *Policy & Politics, 29,* 81~94.

Thompson, G., Frances, J., Levacic, R. & Mitchell, J.(1991). *Markets, Hierarchies and Networks: The Co-ordination of Social Life.* Hemel Hempstead: Harvester Wheatsheaf.

Titmuss, R.(1970). *The Gift Relationship: From Human Blood To Social Policy.* London: Allen and Unwin.

Toffler, A.(1980). *The Third Wave.* London: Pan Books. 앨빈 토플러 지음. 이규행 옮김. 『제3물결』. 한국경제신문사. 1994.

Toke, D. & Marsh, D.(2003). Policy networks and the GM crops issue: assessing the utility of a dialectical model of policy networks. *Public Administration, 81,* 229~251.

Touraine, A.(1969). *La Société Post-Industrielle.* Paris: Denoel.

___________(1995). *The Critique of Modernity.* Oxford: Blackwell. 알랭 투렌 지음. 정수복, 이기현 옮김. 『현대성 비판』. 문예출판사, 1995.

Turok, I. & Edge, N.(1999). *The Jobs Gap in Britain's Cities: Employment Loss and Labour Market Consequences.* Bristol: The Policy Press.

UNDP(United Nations Development Programme)(1999). *Globalization with a Human Face:*

Human Development Report 1999. New York: United Nations.

United Nations(2008). *e-Government Survey 2008: From e-Government to Connected Governance*. New York: United Nations Division for Public Administration and Development Management.

Uttley, S.(1991). *Technology and the Welfare State: The Development of Health Care in Britain and America*. London: Unwin Hyman.

Vickers, G.(1965). *The Art of Judgement: A Study of Policymaking*. London, Chapman and Hall(2nd edition, 1983).

Virilio, P.(1999). *The Information Bomb*. London: Verso. 폴 비릴리오 지음. 배영달 옮김. 『정보 과학의 폭탄』. 울력, 2002.

Ward, H.(2003). Rational choice. In D. Marsh & G. Stoker(eds), *Theory and Methods in Political Science*(2nd edition). Basingstoke: Palgrave.

Weber, M.(1946). Politics as a vocation. In J. Gerth & C. Wright Mills(eds), *From Max Weber: Essays in Sociology*(pp. 77~128). New York: Oxford University Press.

__________(1949). *The Theory of Social and Economic Organization*(edited and translated by T. Parsons) New York: Free Press.

__________(2002). *The Protestant Ethic and the Spirit of Capitalism*. Oxford: Blackwell. 막스 베버 지음. 김덕영 옮김. 『프로테스탄티즘의 윤리와 자본주의 정신』. 길, 2010.

Webster, D.(1999). Employment change, housing abandonment and sustainable development: structural process and structural issues. In S. Lowe, P. Keenan & S. Spencer(eds), *Housing Abandonment in Britain: Studies in the Causes and Effects of Low Demand Housing*. York: Centre for Housing Policy. University of York.

Webster, F.(ed)(2001). *Culture and Politics in the Information Age: A New Politics?*. London: Routledge.

Webster, F.(2006). *Theories of the Information Society*(2nd edition). London: Routledge.

Wellman, B.(1992). Social network research: substantive issues and methodological questions. *Contemporary Psychology, 37,* 1315~1316.

Wendt, A.(1987). The agency-structure problem in international relations. *International Organization, 412,* 335~370.

Westaway, P.(1993). *Mortgage Equity Withdrawal: Causes and Consequences,* Discussion Paper 59. London: National Institute of Economic and Social Research.

Wetherly, R. & Lipsky, M.(1977). Street-level bureaucrats and institutional innovation: implementing special education reform. *Harvard Educational Review, 47(2),* 171~197.

Wildavsky, A.(1979). *Speaking Truth to Power: The Art and Craft of Policy Analysis*. Boston: Little, Brown.

Wilensky, H.(1975). *The Welfare State and Equality: Structural and Ideological Roots of Public Ex-*

penditure. Berkley, CA: University of California Press.

Williamson, O. E.(1985). *The Economic Institutions of Capitalism: Firms, Markets, Relational Contracting*. London: Macmillan.

Winner, L.(1977). *Autonomus Technology: Technics-out-of-Control as a Theme in Political Thought*. Cambridge, MA: MIT Press.

Woods, N.(2000). The political economy of globalization. In N. Woods(ed), *The Political Economy of Globalization*. Basingstoke: Macmillan.

World Bank(1994). *Averting the Old Age Crisis*. New York: World Bank.

Young, K., Ashby, D., Boaz, A. & Grayson, L.(2001). Social science and the evidence-based policy movement. *Social Policy & Society, 1(3)*, 215~224.

ㄱ